Coleção Hip-Hop em Perspectiva

DIRIGIDA POR
Daniela Vieira (UEL)
Jaqueline Lima Santos (Cemi/Unicamp)

CONSELHO EDITORIAL
Ana Lúcia Silva e Souza (UFBA)
Daniela Vieira (UEL)
Derek Pardue (Universidade de Aarhus)
Jaqueline Lima Santos (Cemi/Unicamp)
Karim Hammou (Cresppa/CSU)
Márcio Macedo (FGV/Eaesp)
Walter Garcia (IEB/USP)

Equipe de realização
Coordenação de texto Elen Durando e Luiz Henrique Soares
Edição de texto Marcio Honorio de Godoy
Revisão Adriano C.A. e Sousa, Gessé Marques Jr., Fernanda Silva e Sousa e Simone Zac
Capa, projeto gráfico e diagramação Rodrigo Correa
Produção Ricardo W. Neves e Sergio Kon.

DO BLACK POWER AO HIP-HOP

RACISMO, NACIONALISMO E FEMINISMO

PATRICIA HILL COLLINS

TRADUÇÃO DE RAINER PATRIOTA

PERSPECTIVA

Copyright © Temple University – Of The Commonwealth
System of Higher Education, 2023

CIP-Brasil. Catalogação na Publicação
Sindicato Nacional dos Editores de Livros, RJ

H545b
Hill Collins, Patricia, 1948-
  Do black power ao hip-hop : racismo, nacionalismo e feminismo
/ Patricia Hill Collins ; tradução Rainer Patriota. - 1. ed. - São Paulo
: Perspectiva, 2023.
  368 p. : il. ; 21 cm. (Hip-hop em perspectiva ; 3)

  Tradução de: From black power to hip hop : racism, nationalism,
and feminism
  Inclui bibliografia e índice
  ISBN 978-65-5505-173-5

  1. Afro-americanos – Identidade racial. 2. Afro-americanos
– Condições sociais. 3. Afro-americanos – Política e governo.
4. Racismo. 5. Mulheres afro-americanas – Condições sociais.
6. Estados Unidos – Relações raciais. I. Patriota, Rainer. II. Título.
III. Série.

23-86649   CDD: 305.896073
                            CDU: 316.347(73)

Gabriela Faray Ferreira Lopes – Bibliotecária – CRB-7/6643
16/10/2023   19/10/2023

1ª edição

Direitos reservados em língua portuguesa à
EDITORA PERSPECTIVA LTDA.
Alameda Santos, 1909, cj. 22
01419–100 São Paulo SP Brasil
Tel.: (55 11) 3885-8388
www.editoraperspectiva.com.br
2023

Hip-Hop em Perspectiva
[por Daniela Vieira e Jaqueline Lima Santos] x

Prefácio à Edição Brasileira xvi

Introdução xxii
Do Black Power ao Hip-Hop

I. Raça, Família e o Estado-Nação dos EUA

1. Como Se Fosse da Família 2
Raça, Etnicidade e o Paradoxo da Identidade Nacional Americana

2. Quem É a Mãe "Real", Afinal? 38
Raça, Classe e Planejamento Familiar Nacional Americano

II. Etnicidade, Cultura e Política Nacionalista Negra

3. Nacionalismo Negro e Etnicidade Afro-Americana 66
Afrocentrismo Como Religião Civil

4. Quando Os Discursos de Ódio Não São Suficientes 96
O Conteúdo de Gênero do Afrocentrismo

III. Feminismo, Nacionalismo e Mulheres Afro-Americanas

5. Por Que Políticas de Identidade Coletiva Importam?   138

Feminismo, Nacionalismo e o Trabalho
Comunitário das Mulheres Negras

6. O Pessoal Ainda É Político?   200

Movimento das Mulheres, Feminismo,
Mulheres Negras da Geração Hip-Hop

ANEXO

Entrevista   254

Referências Bibliográficas   278
Índice   295
Agradecimentos   302

Hip-Hop em Perspectiva

Para mim, o hip-hop diz: "Venha como você é."
Somos uma família. [...] O hip-hop é a voz desta geração.
Tornou-se uma força poderosa. O hip-hop une todas
essas pessoas, todas essas nacionalidades, em todo o mundo.
O hip-hop é uma família, então todo mundo tem
como contribuir. Leste, oeste, norte ou sul –
viemos de uma mesma costa e essa costa era a África.

DJ KOOL HERC[1]

---

1 DJ Kool Herc, Introduction to Jeff Chang, *Can't Stop Won't Stop: A History of the Hip-* *-Hop Generation*, New York: St. Martin's, 2005, p. xi–xii.

As palavras de Kool Herc, jovem jamaicano que se sobressai como um dos precursores da cultura hip-hop em Nova York, centram-se no sentimento que mobiliza jovens de distintos contextos marginalizados ao desempenharem as expressões culturais do movimento: "fazer parte". As experiências negras, marcadas pela escravidão moderna e por ações de reexistência, levam pessoas afrodescendentes a construírem referenciais de interpretação das suas realidades e a redesenharem os seus destinos. Em consequência, as culturas afrodiaspóricas, como o hip-hop, apresentam produções que colocam em pauta colonialismo, racismo, nação, classe, gênero, sexualidade e desigualdades sociais; temas não exclusivos desse segmento, mas que impactam as juventudes de diferentes contextos globais cujo passado e/ou presente são marcados por relações de opressão e exclusão social. Isso torna o hip-hop um movimento sociocultural global que se destaca por ser constitutivo e também por constituir sujeitos transgressores e narradores de si próprios. A despeito do colonialismo, do pós-colonialismo, da estratificação social e, ao mesmo tempo, devido a esses marcadores, é possível ser sujeito. Ou seja: fazer parte, ter parte e tomar parte.

Ora, malgrado o contexto de fluxo migratório árduo, segregação racial e exclusão social que marcou o surgimento do hip-hop na década de 1970 por imigrantes jamaicanos, caribenhos e porto-riquenhos residentes no Bronx, essa manifestação segue se renovando na medida em que inspira e sintetiza práticas inovadoras de expressão artística, conhecimento, produção cultural, identificação social e mobilização política. As organizações dos grupos (*crews* e *posses*) vinculados ao mundo do hip-hop têm auxiliado para a compreensão das estratégias de mudança, de construções coletivas, dos associativismos periféricos e, até mesmo, de transformações das trajetórias e ascensão social das classes populares, em sua maioria não brancas. Nesse sentido, contesta e supera as construções convencionais, os limites e os estereótipos de raça, identidade, nação, comunidade, cultura e conhecimento. Por meio de expressões artísticas diversas – rap, breaking, grafite – revela as dinâmicas sociais locais e as suas contradições. Assim, a despeito das possíveis tendências contrárias à sua estruturação, aclimatou-se nos centros urbanos das periferias globais, dando origem ao "global hip-hop". Os estudos sobre o assunto desvelam esses processos.

Em vista disso, a coleção Hip-Hop em Perspectiva reúne livros pioneiros e relevantes sobre esse fenômeno sociocultural e político inicialmente originado das classes subalternizadas. Por meio da edição de obras expressivas de temas candentes da nossa vida contemporânea, a iniciativa demonstra como as práticas, narrativas, visões de mundo e estilos de vida elaborados pelos atores dessa cultura contribuem para análises e intervenções em assuntos significativos para o entendimento da realidade social e de suas possibilidades de mudança. A coleção apresenta um conjunto de obras que evidenciam o quanto esse movimento juvenil configura-se como uma lente amplificadora de visões e de percepções sobre facetas cotidianas de diferentes contextos e sociedades. Uma experiência socioartística que disputa narrativas e imaginários, ampliando os repertórios e se engajando na construção do pensamento social.

A reflexão sobre os impactos de toda ordem desse fenômeno tornou-se matéria de interesse para pesquisas diversas constitutivas dos chamados *hip-hop studies* (HHS), os quais emergem institucionalmente a partir dos anos 2000. Exemplo desse processo é o número de instituições e revistas acadêmicas, conferências, acervos de museus, projetos e assessorias que englobam o universo da cultura hip-hop. Destacam-se como espaços de referência o Hiphop Archive & Research Institute, localizado na Universidade Harvard;

xii

HIP-HOP EM PERSPECTIVA

a Hip-Hop Collection, na Universidade Cornell; a Hiphop Literacies Annual Conference, sediada na Universidade Estadual de Ohio (OSU); a Tupac Shakur Collection, disponível na biblioteca do Centro Universitário Atlanta (AUC); o CIPHER: Hip-Hop Interpellation (Conselho Internacional Para os Estudos de Hip-Hop), localizado na Universidade College Cork (UCC); entre outros.

Esse campo de estudos oportuniza a integração de distintas áreas do conhecimento, como sociologia, antropologia, economia, ciências políticas, educação, direito, história, etnomusicologia, dança, artes visuais, comunicação, matemática, estudos de gênero etc. Ao aliar pesquisas locais e comparativas dessas práticas artísticas nas Américas, Europa, Ásia, Oceania e África, os trabalhos produzidos demonstram o quão as especificidades desse fenômeno sociocultural e político são fecundas para a compreensão das dinâmicas sociais de diversas conjunturas urbanas.

Poderíamos dizer, igualmente, que os próprios artistas combinam as habilidades e competências desses diferentes campos de conhecimento para produzir suas práticas e interpretações a partir dos contextos nos quais estão inseridos. A produção do rap envolve observação e leitura socio-histórica, tecnologia de produção musical com samplings e colagens musicais, além de uma escrita que conecta cenário, análise crítica e perspectivas sobre o problema abordado. Já o grafite é, ao mesmo tempo, um domínio de traços, cores e química e a elevação de identidades marginalizadas e suas ideologias projetadas nas paredes das cidades;. O breaking, por sua vez, hoje inserido nos Jogos Olímpicos, exige conhecimento sobre o corpo, noção de espaço, interpretação da performance do grupo ou do sujeito rival, respostas criativas e comunicação corporal. Em síntese, não seria exagero afirmar que a prática do hip-hop também é uma ciência.

Por isso, a coleção preocupa-se em trazer elaborações sobre os vínculos entre produção acadêmica e cultura de rua. Inclusive, parte significativa de autoras e autores têm suas trajetórias marcadas pelo hip-hop: seja como um meio que lhes possibilitou driblar o destino quase "natural", dados os marcadores de raça, classe e gênero, e por meio da elaboração de um conhecimento embasado nas narrativas críticas do hip-hop entrar na universidade; seja porque, mediante

xiii

as condições de abandono e marginalização, encontraram no movimento componentes constitutivos de suas identidades. Em suma, o hip-hop foi propício ao desenvolvimento do pensamento crítico, da capacidade analítica, de leitura, escrita, chance de trabalho coletivo, garantindo as suas sobrevivências materiais e subjetivas. Da junção desses anseios, os *estudos de hip-hop* foram se desenvolvendo e, finalmente, a audiência brasileira tem a oportunidade de interlocução com essas obras.

Por outro lado, apesar de tudo, embora as pesquisas acadêmicas sobre o tema tenham crescido exponencialmente no país – por exemplo, em 2018 foram defendidos 312 trabalhos, enquanto em 1990 o banco de teses e dissertações da Capes totalizava apenas 54 produções acerca do assunto –, ainda não se estabeleceu um efetivo campo de investigação institucionalizado. Existe uma concentração de estudos nas áreas da educação e das ciências sociais. Contudo, há outros campos de conhecimento (economia, direito, artes, moda, matemática, filosofia, demografia, engenharias, biologia etc.) com os quais as produções desse fenômeno sociocultural poderiam contribuir e que são pouco exploradas no Brasil. Logo, muitos são os anseios e expectativas aqui reunidos.

A coleção visa a circulação de bibliografia especializada sobre o assunto e a inserção dos estudos de hip-hop tanto como agenda de pesquisa acadêmica quanto como possibilidade de diálogo para além do espaço universitário. Não menos importante é o intento de colocar em destaque a produção cultural e artística de autores negros e autoras negras, inspirando a juventude negra e periférica que tem aumentado expressivamente sua presença nas universidades brasileiras, graças também ao sistema de cotas étnico-raciais. Além disso, é notável o interesse de estudantes pela temática. O rap, em particular, durante muito tempo teve centralidade apenas em programas isolados, rádios piratas e nos territórios periféricos. Hoje, conquista cada vez mais espaço no mundo do entretenimento, perpassando o gosto de diversas classes sociais. E, ainda, orienta debates sobre as agendas vinculadas aos direitos humanos e às lutas antirracistas, indígenas, feministas, de classe e LGBTQIA+, e sobre a sua própria estética que igualmente se transfigura. Tais componentes nos

HIP-HOP EM PERSPECTIVA

colocam diante de um panorama favorável para conhecer a fundo a fortuna crítica estrangeira dessa problemática.

Portanto, na certeza de ampliar ainda mais esses debates, a Hip--Hop em Perspectiva estreia como um chamado para a reflexão. Os livros aqui editados trazem ao público brasileiro interpretações dos processos sociais e de suas dinâmicas, em obras produzidas sobre diferentes países e que analisam a complexa e contraditória cultura urbana e juvenil que reposicionou o lugar das periferias globais e de seus artífices.

Num contexto no qual o horizonte é turvo, trazer à superfície literatura especializada sobre a cultura hip-hop é semear alguma esperança.

Daniela Vieira
Jaqueline Lima Santos

Prefácio
à Edição Brasileira

Quando se trata de movimentos por justiça social, é sempre mais fácil olhar para trás e ver onde você esteve do que diagnosticar onde você está no aqui e agora; saber como avançar, então, é ainda mais complicado. Escrevi *Do Black Power ao Hip-Hop* durante um importante período de transição política nos EUA, em que tanto o movimento dos Direitos Civis quanto o do Black Power já não forneciam mais orientações claras para o ativismo negro. No rescaldo desses movimentos sociais de meados do século XX, não estava claro quais rumos o ativismo negro tomaria ou deveria tomar. Os sinais eram contraditórios. As lutas pelos direitos civis abriram portas a muitos afro-americanos, que obtiveram acesso a faculdades, universidades e bons empregos. Os programas de Estudos Negros em faculdades e universidades foram bem-sucedidos em sua crítica ao eurocentrismo curricular, possibilitando a criação de novos cursos de história, teatro, literatura e sociologia negra. O discurso de ódio propagado contra os negros que há muito permeava a cultura popular americana caíra em desuso. O crescimento de uma classe média negra beneficiada pela dessegregação racial sugeria que o racismo sistêmico era coisa do passado. Diante dessas conquistas, as contínuas condenações do racismo antinegro por parte dos ativistas negros pareciam anacrônicas e dissociadas das novas realidades raciais da sociedade dos EUA. Quando tantos afro-americanos pareciam estar bem, incluindo intelectuais negros com bons empregos em universidades de elite, as pessoas que criticavam

xvii

o racismo eram acusadas de promover o racismo. O sonho de Martin Luther King parecia estar se tornando realidade para muitos negros. E quanto ao resto?

Assim como a remoção dos avisos de "apenas brancos" dos bebedouros não significava que todos pudessem beber deles, as declarações de ação afirmativa também não significavam que os negros obteriam educação ou bons empregos. Nas palavras do sociólogo Eduardo Bonilla-Silva, o racismo antinegro sistêmico havia tomado novas formas por meio de políticas baseadas na cegueira de cor do "racismo sem racistas". Por sua vez, a jurista e acadêmica Michelle Alexander apontou como as políticas de persistente guetificação urbana e encarceramento em massa criaram, em suas palavras, um "novo Jim Crow", uma nova segregação. Essas novas políticas, aparentemente com "cegueira de cor", tiveram efeitos devastadores sobre homens e mulheres negros pobres e da classe trabalhadora. A crescente popularidade do encarceramento em massa nunca afirmou "vamos prender negros e pardos", no entanto, foi isso o que aconteceu, com consequências devastadoras para a juventude negra. A combinação de políticas públicas punitivas sobre drogas, educação, bem-estar social e crime empobreceu as famílias, corroeu as comunidades negras e retirou dos negros a possibilidade de construir riqueza. Embora fosse difícil de perceber à época, o novo racismo com cegueira de cor foi tão eficaz quanto o antigo racismo com consciência de cor em manter uma parcela considerável da população negra em situação de pobreza e privação de direitos.

Durante esse período em que muitos americanos, tanto brancos como negros, queriam desesperadamente acreditar que o racismo era uma coisa do passado, o hip-hop desafiou essa visão excessivamente otimista do progresso racial, antes mesmo que os acadêmicos se posicionassem com clareza. O rap de Grandmaster Flash and the Furious Five de 1982, "The Message" (A Mensagem), e o hino de 1988 do Public Enemy, "Don't Believe the Hype" (Não Acredite em Propaganda), capturam a visão de mundo da geração de jovens negros que cresceram em bairros que lutam com problemas sociais difíceis e oportunidades cada vez menores. Por meio do hip-hop, os jovens negros pobres e da classe trabalhadora desestabilizaram o discurso

PREFÁCIO À EDIÇÃO BRASILEIRA

nacional sobre raça, apontando verdades incômodas a respeito das habitações precárias em que viviam, das instalações precárias e dos professores não qualificados das escolas que frequentavam. Também escancararam os problemas provenientes da indústria de drogas ilícitas, que vinha transformando seus bairros em mercados de drogas ao ar livre, e colocaram a nu sua experiência com policiamento punitivo que os prendia desproporcionalmente sem justa causa. Por meio do hip-hop, os jovens negros cultivaram uma política cultural vibrante como local de catarse, reflexão, protesto e rebelião. Rappers e artistas falavam com e para os membros das comunidades onde viviam e para o público em geral, dizendo efetivamente que "as nossas vidas importam".

Quando escrevi este livro, não tinha como saber quão duradouro seria o hip-hop, muito menos prever a força de seu alcance global. Embora seu impacto cultural na cultura americana não possa ser negado, o seu significado político é analisado com menos frequência. Olhar para trás, para os cinquenta anos do hip-hop, oferece uma visão melhor de como ele aborda as controvérsias contemporâneas de justiça racial e social. Porque não apenas sobreviveu como também prosperou durante o mesmo período, ele oferece uma forma de examinar as conexões entre a política cultural e a luta mais ampla dos negros por liberdade. Muitos negros acreditam que na década de 1980 os movimentos sociais negros desapareceram e que a política negra permaneceu adormecida até o surgimento do movimento Black Lives Matter na década de 2010. No entanto, como voz dos despossuídos, o hip-hop oferece uma linguagem comum às pessoas ao longo do tempo. No mínimo, ele fornece uma ponte cultural entre os movimentos sociais negros de meados do século xx e o movimento contemporâneo Black Lives Matter. No entanto, se o hip-hop serve como ponte cultural entre essas duas grandes eras da atividade do movimento social negro, que tipo de ponte é essa? Como a política do hip-hop uniu essas duas eras? O hip-hop permite-nos ver ligações entre dois períodos altamente visíveis de protesto negro como parte de um movimento social negro abrangente.

Olhar para trás, para esse período, desde a era Black Power até as realidades do hip-hop contemporâneo, mostra uma compreensão

xix

cada vez mais profunda do racismo com cegueira de cor. A ideia de interseccionalidade que fundamenta os ensaios deste livro, a saber, que raça, nação e gênero como sistemas de poder estão interligados em seus efeitos, é cada vez mais conhecida. As formas de ativismo negro que examino aqui requerem análises interseccionais das dinâmicas de poder que enfrentam, tanto em contexto nacional como dentro das suas próprias práticas. O racismo sistêmico é muito mais visível na era do Black Lives Matter do que no início dos anos 2000. O nacionalismo sempre existiu, mas a visibilidade da extrema-direita lançou luz sobre a ideologia nacionalista branca. O feminismo negro está bem estabelecido nos EUA, assim como a interseccionalidade, que é uma das suas ideias características. Além disso, os projetos contemporâneos de ativistas negros procuram cada vez mais se inspirar em projetos globais e transnacionais, forjando alianças dessa natureza. Projetos de justiça social de todos os tipos estão cada vez mais conectados em rede, interligados e explorando formas de ir além das fronteiras nacionais, o que é essencial para o seu desenvolvimento.

Sinto-me honrada com a tradução para o português de meu livro *From Black Power to Hip-Hop*. Se, a meu ver, a história do ativismo negro no Brasil e nos Estados Unidos segue caminhos diferentes, o hip-hop é uma fonte generativa de ideias que abastece ambos os países. Quanto mais textos de intelectuais ativistas brasileiros são vertidos para o inglês, mais claramente posso perceber as conexões entre as ideias do ativismo negro, do feminismo negro e do hip-hop no Brasil. Ao desenvolver esse diálogo, convido você, leitor brasileiro, a se debruçar sobre este livro com uma pergunta em mente: quais contribuições o hip-hop pode oferecer para o ativismo negro contemporâneo? O poder do hip-hop não pode ser negado. Mas quando se trata de ativismo negro, qual é a mensagem política do hip-hop? Enquanto política cultural de rebelião e protesto criada por jovens negros, o hip-hop oferece um chamado para sermos críticos da ordem social que nos rodeia. Como essa crítica se traduz em mudança social? Por ser sonoro, visual e desde sua origem alinhado com as novas tecnologias de comunicação, o hip-hop foi adotado por uma geração de jovens no Brasil e nos EUA que enfrentam desafios

PREFÁCIO À EDIÇÃO BRASILEIRA

semelhantes. Racismo, nacionalismo e feminismo, os três importantes sistemas de ideias examinados aqui, assumiram diferentes formas e tiveram efeitos variados no Brasil e nos EUA. Ambos os países compartilham desafios semelhantes, e o hip-hop ofereceu uma voz em ambos os lugares. De que modo ele serve como ponto de contato para lutas semelhantes vivenciadas de forma diferente nos Estados Unidos e no Brasil? Pensar a respeito dessa questão é o convite que deixo a você que ora me lê em português.

NOTA: Neste livro, o termo *framework* é empregado para descrever um conjunto básico de ideias que estruturam uma situação social. Na vida cotidiana, um *framework* conceitual fornece um quadro referencial para a compreensão e interpretação dos fenômenos sociais. Por sua vez, e com maior rigor formal, paradigmas e teorias sociais fornecem estruturas complexas de referência.

Referências

ALEXANDER, Michelle. *The New Jim Crow: Mass Incarceration in the Age of Colorblindness*. New York: New Press, 2010. (Ed. bras.: A Nova Segregação: Racismo e Encarceramento em Massa. São Paulo: Boitempo, 2018.)

BONILLA-SILVA, Eduardo. *Racism without Racists: Color-Blind Racism & Racial Inequality in Contemporary America*. Lanham: Rowman & Littlefield, 2003. (Ed. bras.: Racismo Sem Racistas: O Racismo da Cegueira de Cor e a Persistência da Desigualdade na América. São Paulo: Perspectiva, 2020.)

Introdução
Do Black Power ao Hip-hop

Minha vida era totalmente dominada por tudo o que é próprio de uma vida de gangue... Minhas roupas, meu jeito de andar e falar, minha atitude, tudo refletia meu amor e lealdade a esse mundo. Ninguém era mais importante do que meus amigos, ninguém... Eu tinha seis anos quando os Crips surgiram. Ninguém podia prever sua avassaladora difusão. Os jovens de "South Central" foram engolidos por um poder alienígena que ameaçava ser mais um dentre uma infinidade de outros tantos problemas que já os atormentavam. Uma subcultura quase "inimiga" havia surgido, e ninguém sabia de onde vinha. Ninguém levava suas concepções a sério. Mas, lentamente, ela foi se infiltrando, impregnando casas, quarteirões, bairros e, por fim, o Estado-nação da Califórnia.

SANYIKA SHAKUR, AKA *"Monster" Kody Scott*

Muitos no hip-hop estão simplesmente navegando com cautela nas águas de sua sexualidade. Esses tipos a quem me refiro como homiesexuais [junção de homossexual e homie (parça, mano)] são, clinicamente falando, homossexuais. Mas eles assumem um machismo que os dissocia de tudo aquilo que é associado a palavras como gay, queer e, especialmente, bicha (fag). Eu acho que isso tem muito a ver com segurança, e com uma cultura que te odeia porque você é bicha e te odeia ainda mais porque você é negro.

VILLAGE VOICE

Meu pai teve pelo menos vinte anos de boa vida no ramo [de drogas]... Isso é poder. Ser capaz de estabelecer o seu próprio império em seu bairro, ou mesmo no bairro de outra pessoa. Comprar carros, jipes, caminhões. Ostentar a merda mais elegante feita por designers top de linha todos os dias... Ser capaz de cagar nas pessoas antes que elas tenham a chance de cagar em você. Isso é poder. Quem poderia argumentar contra isso? Um mano comum trabalhou a semana inteira para poder comprar uma cerveja que o faça esquecer o quão duro ele trabalha... Compare dez anos de boa vida e vinte anos de uma vida maravilhosa contra sessenta anos se arrastando para sobreviver. Não há o que dizer...

WINTER SANTIAGA, *personagem de*
The Coldest Winter Ever, *de Sister Souljah.*

Eu não me comporto como a sociedade diz que uma mulher "deve" se comportar. Eu não sou delicada. Eu não escondo minhas opiniões. Não sou o suporte de um homem.
Não estou aqui para viver segundo os padrões de outra pessoa.
Estou definindo o que é para mim ser uma mulher. Em suma, não estou interessada em ratificar o que a sociedade decidiu para metade da humanidade. Eu sou um indivíduo.

QUEEN LATIFAH

O membro de gangue Sanyika Shakur e a estrela de rap Queen Latifah se recusam a "viver segundo os padrões de outra pessoa", mas os padrões que eles adotam para si parecem ser diametralmente opostos um ao outro. Como devemos entender os jovens afro-americanos cuja lealdade à sua gangue supera seu compromisso com suas famílias? Como eles irão lidar com mulheres que se recusam a ser "delicadas" e que possuem sua própria definição "do que é ser uma mulher"? O que fazer com jovens gays que criam identidades "homiesexuais" dentro da armadilha hipermasculina de alguns elementos da cultura hip-hop, mas que evitam se definir como "queer" ou "bicha"? Winter Santiaga, o protagonista do romance *The Coldest Winter Ever* (O Inverno Mais Frio de Todos), da rapper Sister Souljah, abraça sem rodeios um materialismo que parece estar em desacordo com as tradições da luta pela liberdade dos negros: "Ser capaz de cagar nas pessoas antes que elas tenham a chance de cagar em você. Isso é poder." A filosofia de Santiaga aparentemente contradiz o *éthos* de solidariedade negra que se reveste de formas irônicas nas palavras de Shakur, "Ninguém era mais importante do que meus amigos – ninguém…"

Durante a década de 1990, Bakari Kitwana, editor-chefe da revista *The Source: The Magazine of Hip-Hop, Music Culture and Politics*, começou a usar o termo "geração hip-hop" para definir essa população de jovens negros nascidos entre 1965 e 1984 e que compartilhavam um sistema de valores que frequentemente entrava em choque com

xxiii

aquele da geração que os precedera[1]. Descrevendo essa mesma coorte de jovens negros americanos, Mark Anthony Neal usa o termo "pós--soul" para descrever as experiências políticas, sociais e culturais dos afro-americanos que ocorreram desde o fim dos movimentos dos Direitos Civis e do Poder Negro. Neal argumenta que os *soul babies* (bebês do soul) desse período produziram uma "estética pós-alma", de modo que a geração hip-hop e a consciência geracional ligada a ela são agora muito mais amplas do que suas origens nos bairros negro--americanos e latinos[2]. A cultura hip-hop é um fenômeno global, mas os jovens negros americanos continuam sendo seus mais notórios embaixadores. E é por ocupar uma posição tão notória dentro da sociedade americana, e mais recentemente dentro da mídia de massa global, que a juventude afro-americana representa o marco zero para questões de raça, nação, gênero, idade e sexualidade.

Nos Estados Unidos, as crenças paradoxais expressas pelos membros afro-americanos desse grupo refletem as contradições de um novo racismo. Chegando à idade adulta após o declínio dos movimentos dos Direitos Civis e do Poder Negro das décadas de 1950 e 1960, a juventude negra contemporânea cresceu durante um período de promessas inaugurais, mudanças profundas e, para muitos, dolorosas decepções. Durante esse período marcado pelo fim do movimento Black Power e a ascensão do hip-hop, eles viveram a mudança de um racismo com consciência de cor baseado na segregação racial estrita para um racismo aparentemente com cegueira de cor que prometia igualdade de oportunidades, porém não fornecia caminhos duradouros para o progresso afro-americano. Apesar dos protestos em contrário, esse novo racismo com cegueira de cor alegou não ver nenhuma raça e no entanto conseguiu replicar a hierarquia racial de forma tão eficaz quanto a segregação racial de antigamente.

As vidas dos jovens negros pobres e da classe trabalhadora que simbolizam as contradições desse novo racismo são especialmente reveladoras. Ironicamente, essa é uma geração cujos verdadeiros membros permanecem excluídos, marginalizados e praticamente

---

1 B. Kitwana, *The Hip Hop Generation*, p. xiii.
2 M.A. Neal, *Soul Babies*, p. 3.

INTRODUÇÃO

invisíveis na vida cotidiana. Isolados e guetizados dentro da sociedade americana, a juventude "doméstica" afro-americana, ou seja, aqueles que não são migrantes estrangeiros nem filhos de migrantes de países do Caribe, da África continental ou da Europa, representam uma população altamente estigmatizada, porém significativa. Em 2002, 33% de todos os afro-americanos tinham menos de dezoito anos, em comparação aos 23% dos brancos não hispânicos. A proporção de homens com menos de dezoito anos é de 36% entre negros contra 24% entre brancos não hispânicos; uma estatística donde se depreende que a menor expectativa de vida é a dos homens afro-americanos. O nível de pobreza da juventude afro-americana é um dado especialmente revelador. Em 2001, somando toda a população afro-americana com menos de dezoito anos, a taxa de pobreza era de 16%, sendo essa taxa três vezes maior entre as crianças negras (30%)[3].

Ao mesmo tempo que a juventude negra americana experimenta esses problemas sociais, a mídia de massa conta uma história diferente por meio de suas imagens. Na década de 1990, a cultura pop global foi inundada de imagens em que jovens negros americanos pobres e da classe trabalhadora aparecem como atletas e artistas. A verdadeira guetização dos afro-americanos pobres e da classe trabalhadora pode torná-los praticamente invisíveis dentro de shoppings suburbanos, em campos de futebol e em boas escolas públicas, por outro lado, a mídia de massa criou uma cultura negra americana supostamente autêntica que glamourizou a pobreza, as drogas, a violência e a hipersexualidade. Como resultado, as representações desses mesmos jovens negros tornaram-se hipervisíveis em vastas extensões do globo[4]. A música, a moda, a dança, os estilos e a estética pós-soul dos

---

3 Todos os dados foram retirados de Jesse McKinnon, *The Black Population in the United States: March 2002*, v. P-20-541, p. 108-110. Basta rastrear a ressegregação da educação pública americana desde 1954 para entender como os americanos brancos e de classe média se recusaram a enviar seus filhos para a escola com jovens negros americanos. Jovens afro-americanos urbanos também são encarcerados em níveis alarmantemente altos.
4 É preciso distinguir entre a atual geração hip-hop – jovens de diversas origens raciais e étnicas distribuídos ao longo de uma estrutura de classe social cada vez mais heterogênea – e a criação e mercantilização da cultura hip-hop negra dentro da cultura popular. Nos meios de comunicação de massa, a geração hip-hop é reduzida a um segmento específico da juventude negra que tem acesso à cultura negra "autêntica", um fenômeno que se define posteriormente como a produção cultural de artistas selecionados.

XXV

"bebês do soul" aparentemente catalisaram uma indústria de hip-hop multibilionária. "Comprar carros, jipes, caminhões. Ostentar a merda mais elegante feita por designers top de linha todos os dias", como diz a personagem Winter Santiaga de Sister Souljah, era uma ideia que apelava a um vasto público faminto por essas imagens de negritude. Ao que parece, cantar e dançar sobre a dor negra usando as roupas da última moda poderia gerar uma boa grana[5].

Ser tão ignorado e tão visível ao mesmo tempo – quais as consequências desse fato para a juventude negra americana? Recentemente, os sociólogos começaram a definir os efeitos da coorte de uma forma mais específica, o que pode lançar luz sobre a curiosa posição em que se encontra a geração hip-hop negra, a saber, a posição de invisibilidade e hipervisibilidade. Este trabalho enfatiza o impacto de eventos históricos específicos sobre o caráter das gerações. Eventos públicos vividos em um período crítico do curso da vida, geralmente definidos como os anos da adolescência e o início da fase adulta, podem produzir um conjunto específico de atitudes em toda uma geração que irá persistir até o final da vida. Compartilhar grandes eventos pode criar uma consciência geracional distinta. Dentro dessa moldura, jovens americanos de diferentes classes sociais, raças, gêneros, cidades e orientações sexuais que atingiram a maioridade após as conquistas da era dos Direitos Civis e se tornaram adultos durante o duplo processo de declínio econômico e fracasso da integração racial podem partilhar uma consciência geracional comum.

Além de seus números reais, as questões que confrontam a juventude afro-americana têm implicações que vão muito além dessa população em particular. O *status* da juventude negra que atingiu a maioridade durante o período marcado pelo fim do movimento Black Power e ascensão do hip-hop é uma pedra de toque para os temas centrais da democracia americana.

Assim, apesar do crescimento da cultura hip-hop na intersecção de muitas influências, ela continua sendo comercializada como a cultura "autêntica" da juventude negra pobre e serve como um local de reprodução e contestação do novo racismo que aparece em formas específicas de gênero.

5 Para uma discussão sobre imagens negras, consultar P.A. Turner, *Ceramic Uncles and Celluloid Mammies*.

xxvi

INTRODUÇÃO

A visão de democracia americana é notável. Ela se constitui da crença: na prevalência do tratamento igualitário para todos os cidadãos individualmente sobre o tratamento diferenciado para grupos; na garantia de imparcialidade no que concerne a questões como emprego, educação, habitação e mercado consumidor; e na promessa de que, se alguém trabalha duro, há de ter um futuro promissor. Para muitos americanos, essas ideias moldam seu entendimento de si mesmos como americanos e descrevem suas realidades. Porém existem aqueles com uma visão menos otimista. Para negros americanos, latinos, povos indígenas, pessoas pobres, grupos de imigrantes raciais/étnicos e muitos outros, esses ideais permanecem um sonho ilusório. No entanto, em que pese o potencial até agora não realizado desse sonho americano, sua imagem permanece sedutora. Se a juventude negra americana, enquanto grupo, obtiver sucesso, então a sociedade civil afro-americana e a democracia americana como um todo poderão se tornar mais fortes. Infelizmente, como sugere aquele um terço da juventude negra americana com menos de dezoito anos que vive na pobreza, isso ainda não aconteceu.

Como a juventude negra negociará sua consciência geracional, especialmente em relação a questões de raça, gênero, classe, sexualidade e democracia americana? Como seus diversos padrões de participação nos privilégios e nas penalidades inerentes ao novo racismo moldarão sua consciência política? Como a chegada à fase adulta ocorrida durante o período que vai do Black Power ao hip--hop pode moldar as respostas políticas dessa geração ao racismo, ao nacionalismo e ao feminismo?

As citações que abriram esta introdução expõem as contradições do sistema de valores da geração hip-hop negra. Essa coorte abrange as crenças da sociedade americana em relação ao individualismo, à expressão pessoal e ao bem-estar material, mas também faz ver como um conjunto de questões sociais, tais como encarceramento, baixa escolaridade, falta de empregos, drogas e a erosão das estruturas familiares decorrem não apenas de falhas individuais, mas também de tratamentos racialmente desiguais, baseados em grupos. Dito de outra forma, essa população se beneficiou do movimento dos Direitos Civis, que procurou fazer a democracia funcionar

xxvii

para os afro-americanos; de movimentos sindicais, que pressionaram todos os níveis do governo a fim de proteger os interesses dos trabalhadores economicamente mais vulneráveis; de movimentos sociais de influência nacionalista negra, que mantiveram igrejas, escolas e outras instituições de comunicação comprometidas em formar a próxima geração de líderes afro-americanos; de um movimento das mulheres, que exigia direitos para mulheres e meninas iguais àqueles concedidos aos homens; e de movimentos de libertação sexual, que criaram espaço político para novas identidades, para lésbicas, gays, bissexuais e transgêneros (LGBT). No entanto, enquanto grupo, a juventude negra americana também tem sido rotineiramente privada de oportunidades estruturais para exercer seus direitos de cidadania e alcançar objetivos pessoais. Nesse sentido, o *status* da juventude negra americana serve como um barômetro para aferir o *status* da própria democracia americana.

Respostas Políticas Negras ao Novo Racismo

> *Tropas policiais não são mais usadas para bloquear a entrada em escolas e em outras instituições públicas: o braço forte da segregação, os direitos dos estados (states' rights), encontrou um novo lar em uma configuração econômica que simplesmente privatizou tudo. Os brancos se mudaram para os subúrbios e os políticos transferiram fundos de áreas pretas para brancas em planos pouco sutis de reorganização distrital. A lei já não é expressamente discriminatória [...] no entanto, o fenômeno da exclusão laissez-faire resultou num modelo de segregação econômica e residencial tão completo como nunca se viu neste país.*
>
> PATRICIA WILLIAMS[6]

Apontando para "o fenômeno da exclusão *laissez-faire*", a jurista, teórica e crítica da raça Patricia Williams descreve as contradições do novo racismo com cegueira de cor. Por um lado, o novo racismo depende de uma lógica de segregação de longa duração, em que os

---

6 P. Williams, *The Rooster's Egg*, p. 25.

INTRODUÇÃO

brancos se mudam para os subúrbios e os jovens negros permanecem dentro dos limites da cidade cada vez mais empobrecida. Como Williams aponta, o resultado disso é um modelo de segregação econômica e residencial não muito diferente dos padrões da era Jim Crow. As crenças na pureza racial dos bairros segregados perderam força (exceto, talvez, entre os entusiastas da literatura supremacista branca), cedendo lugar a uma nova "América" multicultural que é governada não por um grande Estado, mas por mercados justos e abertos. Como os espaços racialmente puros não podem mais ser instituídos pela legislação, eles ressurgem por meio dos costumes. Por outro lado, são outras as ideologias que sustentam esses espaços agora segregados por via dos costumes. Proclamando a crença de que a sociedade americana é uma meritocracia, a mídia de massa mascara a segregação real na vida cotidiana por intermédio de uma ideologia da cegueira de cor. Lani Guinier e Gerald Torres explicam como essa ideologia se utiliza da tese do esforço individual para explicar o sucesso dos negros da classe média, apontando, por esse mesmo diapasão, a existência de uma cultura negra deficiente crivada de maus valores que seria responsável pelo fracasso dos negros pobres e da classe trabalhadora:

> Na versão sustentada com base na cegueira de cor, o único motivo do movimento dos Direitos Civis era libertar indivíduos negros da difamação patrocinada pelo Estado. Essa representação do movimento dos Direitos Civis colocou a assimilação (uma opção disponível principalmente para negros de classe média e alta) como o motor que impulsionou o movimento dos Direitos Civis. Eliminadas as barreiras formais sancionadas pelo Estado à mobilidade individual, qualquer desigualdade persistente só pode resultar do fracasso pessoal dos indivíduos ou, como se diz modernamente, da disfunção da cultura negra.[7]

Nesse contexto, é válido não apenas celebrar misturas raciais e étnicas de todos os tipos, mas também nutrir sentimentos positivos sobre os estilos de música e dança da empobrecida juventude negra

---

7 L. Guinier; G. Torres. *The Miner's Canary*, p. 35.

americana. A privatização mascara essas relações. Quando o mercado se torna o árbitro final de todas as relações sociais, a segregação e a hierarquia racial que perduram podem ser atribuídas às boas e más qualidades das pessoas que disputam espaços no mercado.

Esse novo racismo com cegueira de cor também é altamente nacionalista. As profundas transformações da economia política global fizeram dos Estados Unidos a única superpotência do planeta. Nesse contexto transnacional, a identidade nacional americana e as políticas de Estado (tanto internas quanto externas) têm crescido em importância. Dentro da política americana, uma série de administrações conservadoras levadas a cabo pelos republicanos redefiniram a identidade nacional americana, engendrando um nacionalismo *de facto* (branco) que mascara seu próprio sucesso. Desde a década de 1980, o Estado americano tem cada vez mais se ocupado em definir o que significa ser americano por meio das ideias de branquitude, cristianismo, riqueza, masculinidade e heterossexualidade. Em consequência, a desigualdade social de raça, classe, gênero, etnia e religião, entre outros, fica parecendo um dado natural e normal e não um fato socialmente construído mediante políticas públicas e hábitos cotidianos. A despeito do apelo à meritocracia, os Estados Unidos tornaram-se profundamente nacionalistas, com o turbulento "Somos o número 1" de fãs de esportes e soldados abafando outras perspectivas onde o poder não faz o que é certo. Os acontecimentos do 11 de Setembro de 2001 serviram como um lembrete trágico de que muitas pessoas no mundo odeiam os Estados Unidos ou, pelo menos, a versão do nacionalismo americano que muitas vezes apoia o lado errado dos movimentos democráticos.

A simultaneidade de invisibilidade e hipervisibilidade da juventude negra americana está situada nesse contexto mais amplo. Essa contradição da invisibilidade de uma efetiva segregação racial e da hipervisibilidade de um novo Estados Unidos multicultural, construído pela mídia de massa, reflete três características importantes do novo racismo, donde decorrem implicações sérias para os afro-americanos em geral e para a juventude negra americana em particular. Primeiro, os efeitos da globalização tiveram um impacto particularmente severo sobre os afro-americanos, com efeitos diversos sobre

XXX

INTRODUÇÃO

jovens homens negros, mulheres negras e crianças negras. Mas os afro-americanos não têm sido os únicos a sofrer as penalidades econômicas associadas à negritude. Pessoas de ascendência africana e aqueles que são socialmente construídos como "negros" dentro de suas respectivas sociedades (a exemplo de povos indígenas no Canadá, afro-brasileiros sob as políticas de democracia racial e pessoas de pele mais escura dentro do sistema de castas da Índia) estão em desvantagem nessa economia global. Sob a globalização, as corporações tomam as decisões, e "a empresa é livre para se mover; mas as consequências da mudança estão fadadas a ficar"[8]. A globalização não é um fenômeno novo, no entanto, a crescente concentração de capital nas mãos de um número cada vez menor de corporações distingue o capitalismo global contemporâneo de sua contraparte do século XIX. Além disso, o enfraquecimento dos governos democraticamente eleitos em virtude do poder cada vez maior das organizações globais no âmbito das decisões políticas, poder que muitas vezes é exercido em sigilo, faz com que as forças do mercado se ergam acima da própria democracia. Hoje, relativamente poucas corporações transnacionais estão impulsionando a economia mundial, e suas decisões afetam a distribuição global da riqueza e da pobreza. Ironias não faltam. O compromisso americano de expandir a democracia por meio de iniciativas políticas, como a guerra no Iraque, parece esbarrar na crescente ineficácia dos governos eleitos democraticamente para melhorar a vida econômica de seus cidadãos.

Dentro de um contexto global, porque vivem em países pobres ou são "socialmente negros" dentro de sociedades multiculturais, os negros e as pessoas de cor são aqueles que estão mais propensos a perder seus empregos nos mercados locais de trabalho. Eles são os que não detêm controle sobre o petróleo, a riqueza mineral e outros recursos naturais em suas terras, os que perdem suas terras para o agronegócio global e a quem são negados os serviços básicos de eletricidade e água potável, para não falar dos artigos de luxo da nova era da informação. Para os afro-americanos, os empregos desapareceram, o financiamento para habitação pública urbana, educação, transporte

---

8 Z. Bauman, *Globalization: The Human Consequences*, p. 9.

e sistemas de saúde minguou, e o público americano cada vez mais culpa os afro-americanos por seu próprio destino[9].

Em segundo lugar, a mídia de massa é de vital importância dentro das relações sociais globais do novo racismo supostamente com cegueira de cor. O multiculturalismo, a privatização e outras ideologias destinadas a justificar as desigualdades não apenas de raça, mas também de classe, gênero, religião, sexualidade, idade e etnia, são cada vez mais reproduzidas por uma influente indústria de cultura popular global que precisa estar constantemente alimentando com novos conteúdos seus cada vez mais amplos departamentos de entretenimento, publicidade e notícias. Apoiada em sua autoridade para construir percepções de mundo, essa indústria da cultura popular faz circular representações de mulheres e homens afrodescendentes em contextos domésticos e transnacionais. A cultura afro-americana pode ser fotografada, gravada e digitalizada e agora pode viajar para todas as partes do globo. Para muitos cidadãos do mundo, as imagens que lhe chegam da presença americana na guerra no Iraque são complementadas por imagens de jogadores negros de basquete e artistas de rap. Essa é a cara dos Estados Unidos.

A liderança afro-americana estabelecida parece incapaz de abordar questões sociais que têm impacto desproporcional na juventude afro-americana. Essa é uma terceira característica definidora do novo racismo com cegueira de cor, qual seja, a ineficácia de estratégias políticas que se esforçam para combatê-lo. Nisso a política afro-americana torna evidente a contradição que consiste em tentar

---

9 Para uma análise detalhada de como a globalização molda as formações raciais contemporâneas, ver no livro *The World Is a Ghetto* a análise que Howard Winant faz de Estados Unidos, África do Sul, Brasil e Europa na Era Pós-Segunda Guerra Mundial. A análise feminista também produziu uma ampla literatura acerca da globalização e do *status* econômico das mulheres, algumas delas focadas no racismo, sexismo e nas questões da globalização. Para trabalhos teóricos representativos dessa tradição, ver M.J. Alexander, Erotic Autonomy as a Politics of Decolonization, em M.J. Alexander; C.T. Mohanty (eds.), *Feminist Genealogies, Colonial Legacies, Democratic Futures*, e C.T. Mohanty, Women Workers and Capitalist Scripts, em M.J. Alexander; C.T. Mohanty (eds.), *Feminist Genealogies, Colonial Legacies, Democratic Futures*. Estudiosos afro-americanos também concentraram mais atenção na economia política global. Para trabalhos representativos dessa tradição, ver: R. Brewer, Race, Class, Gender and U.S. State Welfare Policy, em G. Young; B.J. Dickerson (eds.), *Color, Class and Country*; G.D. Squires, *Capital and Communities in Black and White*; e W.J. Wilson, *When Work Disappears*.

xxxii

INTRODUÇÃO

enfrentar novos desafios sociais com respostas políticas antigas. Por uma variedade de razões, nenhuma das quatro principais filosofias que há muito guiaram a política afro-americana foi bem-sucedida em enfrentar os desafios do novo racismo, especialmente no que diz respeito à juventude negra americana.

A integração racial, a principal estratégia perseguida pelo movimento dos Direitos Civis, produziu ganhos sem precedentes para um segmento considerável da população afro-americana. Mas também falhou em relação a um grande número de afro-americanos da classe trabalhadora e pobres que continuam a lidar com taxas de desemprego mais altas do que os brancos, habitação mais pobre, escolas ruins e resultados desiguais na saúde. Além do mais, apesar de suas conquistas, muitos afro-americanos de classe média se sentem frustrados com as barreiras que, a seus olhos, parecem se erguer continuamente. Mediante algumas estratégias, como a de transformar o sucesso da classe média afro-americana em modelo para a juventude negra pobre, ou a de instituir ações afirmativas no intuito de obrigar as forças policiais, as faculdades, os bairros suburbanos, as escolas públicas e outras instituições sociais a aceitar os afro-americanos, os projetos integracionistas incentivam os jovens afro-americanos a se deixarem assimilar a um sistema social que repetidamente sinaliza que eles não são bem-vindos. Não muito preocupados em alterar os valores básicos da sociedade ou iniciar mudanças institucionais fundamentais, os movimentos integracionistas e assimilacionistas esperavam que a ação coletiva dos afro-americanos aumentasse as oportunidades para os afro-americanos como indivíduos dentro das instituições sociais existentes[10]. Sem dúvida, a nova classe média negra deve seu sucesso

---

10 O integracionismo situa-se num discurso muito mais amplo do liberalismo. Comprometido com o individualismo, o liberalismo toma como base as reivindicações morais, políticas e jurídicas do indivíduo frente às do coletivo e busca princípios universais aplicáveis a todos os seres humanos. O liberalismo procura transcender diferenças históricas, sociais e culturais particulares, preocupando-se com identidades amplas que unem as pessoas em bases morais. Questões de raça, classe, gênero e afins, bem como os grupos formados em torno dessas identidades, são considerados problemáticos porque essas entidades dividem as pessoas. O compromisso do liberalismo com a igualdade leva a programas políticos orientados por princípios, tais como a cegueira de cor e a tolerância às diferenças individuais. D.T. Goldberg, *Racist Culture*, p. 5.

xxxiii

à integração racial. Mas a estratégia de "um de cada vez" da ascensão racial falhou em trazer mudanças significativas para a maioria dos afro-americanos.

Em nenhum lugar isso fica mais evidente do que em um exame das chances de vida dos negros da geração hip-hop. Desemprego, analfabetismo, gravidez não planejada, atividade criminosa, drogas e taxas assustadoramente altas de infecção pelo HIV provocam a mesma resposta: os jovens negros são instruídos a "falar inglês apropriadamente, puxar as calças pra cima e parar de usar minissaia". Esse fracasso se deve em parte ao êxito da reação conservadora por parte dos republicanos contra os ganhos dos movimentos sociais progressistas. Mas também reflete o compromisso constante por parte da liderança estabelecida dos negros americanos com a integração racial, a joia da coroa da agenda dos Direitos Civis. Trabalhando lado a lado com o multiculturalismo, a integração racial é agora a política oficial dos Estados Unidos. No entanto, quando se trata de uma mudança social real, deu-se mais atenção a essa ideologia do que a políticas sociais contundentes que pudessem promover integração em bairros suburbanos ou em escolas públicas americanas. O grande número de afro-americanos que permanecem confinados a bairros pobres racialmente segregados, juntamente com a resistência firme por parte dos brancos à integração racial em habitação, escolas, emprego e instalações públicas, deixa os integracionistas aparentemente desconectados das preocupações da classe trabalhadora contemporânea e dos afro-americanos de baixa renda.

O recuo do governo federal da tarefa de fazer cumprir a legislação dos direitos civis efetivamente reposicionou o Estado, que desse modo se torna não um defensor dos direitos dos despossuídos, porém um defensor dos interesses das elites. O contexto global, por sua vez, reflete um fracasso semelhante em termos de integração, dessa vez refratado por um mercado global que aparentemente controla todas as coisas, mas onde ninguém é responsável pela pobreza, falta de moradia, saúde precária, e a fome que assola uma proporção significativa da população mundial. Os Estados-nação se convertem em unidades políticas caducas, assemelhando-se, de modo impressionante, àquelas cidades americanas que investem

INTRODUÇÃO

em estádios esportivos para equipes perdidas, mas parecem incapazes de financiar estradas, forças policiais e uma rede eficaz de escolas públicas. Ora, quando as eleições abertas e o voto popular entregam tão pouco aos despossuídos, é porque a democracia parece já não importar. Dada essa realidade, muitos afro-americanos não acreditam mais na integração racial como uma estratégia realista para o empoderamento dos negros. A integração racial pode estar viva na retórica pública, no entanto quão realista é argumentar que a integração racial resolverá os problemas sociais enfrentados pela juventude negra em um contexto doméstico e global?

Projetos nacionalistas negros podem oferecer algumas respostas, porém também ficou provado que eles não são páreos para o novo racismo com cegueira de cor. A ampla gama de projetos políticos estimulados pelas três estratégias que nortearam a ideologia nacionalista negra, quais sejam, a autodefinição (cultural), a autodeterminação (política) e a autossuficiência (econômica) encolheram no contexto do novo racismo[11]. Em seu lugar, surgiu uma nova política de representação em que os negros foram integrados às estruturas sociais existentes, uma por uma. Se um indivíduo negro consegue um bom emprego ou é eleito para cargo político, isso supostamente constitui uma vitória para todo o grupo. As limitações dessa abordagem logo se tornaram aparentes. A nomeação de Clarence Thomas para a Suprema Corte em 1992 sinalizou uma mudança na política nacionalista negra. Apesar do histórico de Thomas, os negros americanos apoiaram sua candidatura, porque ainda defendiam normas de solidariedade racial associadas ao nacionalismo negro. Como resultado de decisões desse tipo, os afro-americanos se viram cada

---

11 É difícil encontrar testes empíricos confiáveis acerca das atitudes afro-americanas em relação ao nacionalismo negro em geral e das ideias sobre autodeterminação ou autonomia negra em particular. No estudo *Behind the Mule*, que procura entender como as ideias sobre raça e classe moldam as visões políticas dos afro-americanos, Michael C. Dawson reconhece essas dificuldades. Dawson usa as quatro perguntas de um Estudo do Painel Nacional de Eleições Negras de 1984-1988 a fim de mensurar a autonomia negra: 1. os negros devem dar nomes africanos a seus filhos?; 2. os negros devem sempre votar em candidatos negros?; 3. os negros devem evitar qualquer tipo de relação com os brancos?; e 4. os negros devem formar um partido político independente? As respostas dos afro-americanos a essas quatro perguntas fornecem evidências sobre as atitudes dos afro-americanas em relação à autonomia negra.

vez mais representados por "negros nomeados", os quais, muitas vezes escolhidos a dedo pelos conservadores, não representavam os interesses afro-americanos. Por isso, o nacionalismo negro como ideologia política ficou muito enfraquecido, abrindo caminho para uma política de representação de grupos que se tornou cada vez mais fragmentada em termos de classe-social e sujeita à manipulação e ao abuso por parte de oportunistas.

Ironicamente, no contexto do novo racismo, a política parece ter migrado para o terreno da identidade e da cultura. Projetos de autodefinição, isto é, os projetos nacionalistas negros dedicados a valores, cultura e novas identidades negras, não apenas sobreviveram aos desafios do novo racismo, mas aparentemente floresceram dentro do clima racial cada vez mais persuasivo nos Estados Unidos, onde os argumentos culturais que explicavam as desigualdades de classe ganharam importância. A Nação do Islã e os programas de estudos negros no ensino superior que abraçaram abertamente as filosofias afrocêntricas constituem dois eixos de organização nacionalmente visíveis para o nacionalismo cultural negro. Com sua ênfase na identidade e cultura negra, esses projetos extraíram sua força do aparente fracasso da integração racial. Na ausência de um debate nacionalista negro ricamente texturizado, as ideias e ações de algumas organizações tornaram-se os novos arquétipos do nacionalismo negro. Boa parte da recente crítica intelectual negra ao nacionalismo negro, não raro com poder de convencimento na academia, parece dirigida a um segmento relativamente pequeno do pensamento nacionalista negro, especialmente a seus aspectos misóginos[12]. Afinal, se a Nação do Islã e os programas de estudos negros afrocêntricos se tornarem os espantalhos da falácia na representação do nacionalismo negro, fica fácil descartar o nacionalismo negro como um todo por meio de uma crítica do caráter limitado dessas expressões do nacionalismo cultural negro[13].

---

12 Ver, por exemplo, W. Lubiano, Black Nationalism and Black Common Sense, em W. Lubiano (ed.), *The House That Race Built*; E.F. White, Africa on My Mind, *Journal of Women's History*, v. 2, n. 1.

13 A cultura hip-hop também emergiu como um terreno de expressão do nacionalismo negro. Ver minha discussão sobre feminismo e mulheres de cor da geração hip-hop no capítulo 6 deste volume.

INTRODUÇÃO

O socialismo e as iniciativas similares baseadas em classes, que constituem a terceira maior ideologia a moldar a política negra, também fracassaram em dar uma resposta ao novo racismo. Em contraste com a aceitação do socialismo na Europa, os afro-americanos que defendem o socialismo desde a década de 1950 têm tido dificuldade em se fazerem ouvir na América[14]. Vários fatores jogaram contra a ideologia socialista dentro das comunidades afro-americanas, entre eles: a era McCarthy da década de 1950 e seu ataque ao comunismo; o assassinato de Martin Luther King Jr. em 1968 (quando ele começou a defender uma agenda global baseada em classes para os direitos humanos); e, na década de 1970, a perseguição governamental a organizações radicais negras, como o Partido Pantera Negra para a Autodefesa que desferia críticas ao capitalismo. Além disso, o colapso da União Soviética em 1990 como uma grande potência comunista mundial promoveu simultaneamente o *status* do capitalismo enquanto sistema econômico global e as ideologias nacionalistas no interior das quais os grupos competem entre si no novo mercado mundial. Como resultado disso, o socialismo raramente tem sido testado dentro da política afro-americana, e quando isso acontece, sua linguagem é cooptada.

O feminismo negro, a quarta grande ideologia que molda a política afro-americana, viveu um renascimento nas décadas de 1970 e 1980, mas também se mostrou incapaz de sustentar sua potencial radicalidade em face do novo racismo. Historicamente, como as mulheres afro-americanas levavam vidas racialmente segregadas, o feminismo negro encontrou voz no marco das políticas comunitárias negras. Isso significa dizer que o feminismo afro-americano tinha uma relação dialética e sinérgica com a nação negra, constituindo-se como um "nacionalismo feminista negro" ou um "feminismo nacionalista negro". As mulheres negras atuaram nas

---

14 Para uma das análises mais acessíveis do socialismo e do comunismo e sua influência no pensamento social e político afro-americano, ver R.D.G. Kelley, *Freedom Dreams*. Ver também o trabalho histórico de Kelley sobre a classe trabalhadora negra, especialmente sua discussão a respeito de como a juventude negra da classe trabalhadora respondeu à desindustrialização de Los Angeles por meio da cultura hip-hop: idem, *Race Rebels*, p. 183-227.

políticas comunitárias e os modelos que lá se desenvolveram foram levados posteriormente para o feminismo negro moderno das décadas de 1970 e 1980. Algumas mulheres afro-americanas também tomaram parte no feminismo *mainstream* dos EUA durante esse período, um fato ignorado por aqueles que argumentam que o feminismo é para mulheres brancas. As mulheres afro-americanas fazem parte do feminismo desde a sua concepção, e durante as décadas de 1970 e 1980 elas lançaram um movimento feminista distinto, porque é especificamente negro, embora menos conhecido[15]. Tal como no caso do feminismo *mainstream*, as forças conservadoras que se propuseram a desmantelar os direitos das mulheres também afetaram a política feminista negra nas décadas de 1980 e 1990. O feminismo negro ganhou cada vez mais reconhecimento dentro da academia, mas também começou a sucumbir às pressões do novo racismo para evitar qualquer tipo de política baseada em grupo. Hoje em dia, o afastamento de suas raízes no ativismo político negro levou alguns a perguntar: o que o feminismo negro construiu dentro das comunidades afro-americanas?

Do Black Power ao Hip-Hop: Visão Geral do Volume

Coletivamente, os seis ensaios do presente volume exploram as realidades políticas do período que vai do fim do movimento Black Power à ascensão do hip-hop. Meu foco são as experiências dos afro-americanos; porém, as questões aqui levantadas sobre identidade nacional americana, políticas públicas, ideologias de oposição e movimentos sociais, reformulações estruturais da desigualdade social vão além dessa população. Os ensaios não focam nem na juventude afro-americana nem na cultura hip-hop. Em vez disso, eles visam mapear padrões de racismo, nacionalismo e feminismo que, em suas convergências e transversalidade, são de vital importância para a geração do hip-hop negro.

---

15 B. Roth, *Separate Roads to Feminism*, p. 76-128.

INTRODUÇÃO

Os ensaios apresentam várias características definidoras. Primeiro, eles se concentram na relação entre novas formações raciais e nas respostas políticas a eles. A parte I examina o Estado-nação americano e esboça um modelo *framework* destinado a esclarecer de que modo raça, gênero e classe afetam a identidade nacional americana, especialmente seu ímpeto em direção à democracia. O nacionalismo e o feminismo, foco dos ensaios que constituem as partes 2 e 3, respectivamente, constituem duas ideologias poderosas que catalisaram movimentos sociais de importância capital e que mostraram resiliência onde outras ideias naufragaram. Tenho um interesse especial nesses dois sistemas de crenças porque, tanto individual quanto coletivamente, essas ideologias têm tido mais êxito em envolver a juventude negra politicamente ativa do que as ideologias de integração racial e o socialismo. Como ideologias, o nacionalismo e o feminismo sinalizam novos tipos de relações sociais. O *framework* orientado pelo princípio da justiça social e baseado em grupos associado às ideologias nacionalistas tem sido usado por muitos grupos oprimidos, não simplesmente por minorias raciais/étnicas. Ao mesmo tempo, o *framework* dos direitos individuais defendido pelo feminismo ocidental tem sido fundamental para o movimento global das mulheres. Apesar de sua importância para as políticas afro-americanas, as ideologias integracionistas e baseadas em classes não são o foco dos ensaios, mas reaparecem como temas ao longo de todo o volume.

Em segundo lugar, tomando por base um paradigma da interseccionalidade, os ensaios buscam explorar as conexões entre raça, nação, gênero, classe, etnia, sexualidade e idade. Os paradigmas interseccionais enxergam raça, classe, gênero, sexualidade, etnia e idade, entre outros, como sistemas de poder que se constroem mutuamente. Embora todos esses sistemas estejam sempre presentes, lidar com seus contornos teóricos é muito mais difícil do que simplesmente mencioná-los. Os ensaios reunidos em *Do Black Power ao Hip-Hop* devem ser lidos no contexto de meus esforços continuados para teorizar a interseccionalidade. O foco aqui é nas interseções de raça, nação e gênero, mas alguns ensaios também examinam como esses constructos se cruzam com outros sistemas de poder igualmente importantes. Assim, por exemplo, embora não seja um foco central deste trabalho, classe social é um subtema importante. Foi a formação de uma estrutura social de classe cada vez mais heterogênea entre a população negra que possibilitou um maior grau de proteção dos direitos civis para a classe média afro-americana. Quais são os novos contornos de raça e consciência de classe que acompanham essas novas relações sociais? Historicamente, os afro-americanos mostraram um alto grau de solidariedade racial, em grande parte porque tinham problemas comuns e viam seu destino como intrinsecamente ligado. Apesar das mudanças significativas na era pós-Movimento dos Direitos Civis, o comportamento eleitoral afro-americano ainda mostra um notável grau de solidariedade racial, um indicador de que os negros americanos escolhem raça em vez de classe[16]. Porém o argumento "raça *versus* clase" pode simplificar demais as complexidades da consciência política contemporânea entre os afro-americanos e suas diferenças de classe social. Em vez de escolher raça ou classe, uma questão mais estimulante é a que versa sobre os padrões de consciência política de raça/classe que atravessam as estruturas de classe social da população negra[17]. Por exemplo: será que os afro-americanos de classe média, como grupo, são mais propensos a endossar a integração racial como uma estratégia política, simplesmente, porque são o grupo melhor posicionado para se beneficiar dela? Será que os afro-americanos pobres e da classe trabalhadora hão de abraçar ideologias nacionalistas negras, porque estas possuem maior ressonância com a discriminação racial baseada em grupos que acompanham a segregação racial? Os ensaios não tratam diretamente dessas questões, mas essas questões percorrem o texto de uma forma ou de outra.

Uma terceira característica distintiva deste volume é que seus ensaios exploram um interesse teórico que nutro há muito tempo, qual seja, saber como é que quanto mais as coisas mudam, mais elas permanecem as mesmas. O novo racismo com cegueira de cor de hoje nos Estados Unidos caracteriza essa curiosa combinação

---

16 Ver M.C. Dawson, op. cit.

17 Como argumenta Michael C. Dawson em sua obra já citada, enquanto os afro-americanos são mais estratificados em termos de classe do que em épocas anteriores, eles continuam a votar em bloco, principalmente por haver tão poucas opções em um espectro político americano "truncado".

INTRODUÇÃO

do antigo com o novo. Tal racismo é antigo na medida em que os negros americanos e pessoas de ascendência africana em um contexto global permanecem desproporcionalmente presos no fundo da hierarquia racial, enquanto os brancos americanos e os brancos das antigas potências coloniais continuam a desfrutar dos privilégios associados à condição de estar no topo. Apesar das grandes mudanças ocorridas nos domínios do direito, da economia, da política, dos costumes e normas sociais, persiste a hierarquia racial básica que caracterizou a fundação dos Estados Unidos e todo o período colonial global. No entanto, esse racismo é novo em sua organização econômica, política e ideológica. Especificamente, a segregação racial legal e consuetudinária profundamente enraizada, que historicamente permeou as instituições sociais americanas, deu lugar a escolas desigualmente dessegregadas, categorias de emprego, locais de trabalho, bairros e espaços públicos. A branquitude não é celebrada tanto quanto antes, embora permaneça o padrão normativo implícito por meio do qual tudo o mais é medido. Os ensaios aqui reunidos tentam dar conta desse processo de estase e mudança, com o intuito de conservar aqueles elementos da sociedade que merecem ser mantidos e mudar aqueles que precisam mudar.

Finalmente, os ensaios aqui reunidos se situam dentro da teoria social crítica[18]. A teoria social crítica consiste num conjunto de conhecimentos e de práticas institucionais que lidam ativamente com as questões centrais enfrentadas por diversos grupos em diferentes posições situados em contextos políticos, sociais e históricos específicos caracterizados pela injustiça. Os afro-americanos constituem o grupo que a teoria desenvolvida nestes ensaios tem como foco. Seguindo a linha da teoria social crítica, os ensaios aqui apresentados, no que concerne às interseções de raça, gênero e nação, se valem de um *framework* apto a levantar questões que possam ajudar os afro-americanos, especialmente a juventude negra da geração hip-hop e os seus apoiadores, a criar respostas mais eficazes para o novo racismo com cegueira de cor.

---

18 Para uma discussão mais ampla sobre a teoria social crítica, ver P.H. Collins, *Fighting Words*.

I: *Raça, Família e o Estado-Nação dos* EUA

Quando se trata da nação Estados Unidos contemporânea, é o próprio significado de democracia que está em jogo. Dado seu lugar atual na política global, podem os Estados Unidos promover uma democracia que cumpra suas promessas? Pode um Estado-nação composto por tantos tipos diferentes de pessoas, por sua vez advindas de toda parte do mundo, encontrar uma maneira de usar essa diversidade para criar um todo unificado apto a proteger e nutrir cada indivíduo? A identidade nacional, uma forma de identidade étnica em grande escala, é um *framework* poderoso para nos dizer quem somos, por que estamos aqui, quais são nossas responsabilidades (ou falta delas) uns com os outros e o que podemos esperar de nós mesmos como indivíduos únicos. Em vez de ver o nacionalismo como uma ideologia retrógrada e essencialista, vejo o nacionalismo como um conjunto de ideias que podem ser usadas para uma variedade de propósitos. Tenho sugerido que o poder do nacionalismo, como o da religião, reside em sua capacidade de anexar necessidades expressivas a fins políticos. Decerto, os políticos republicanos que manipularam o patriotismo americano para seus próprios fins – o que me faz lembrar da guerra no Iraque – entendem bem esse processo. Na definição dos contornos do Estado-nação, as ideias sobre patriotismo que se baseiam em noções de raça, gênero, sexualidade, classe e idade são de vital importância. O patriotismo pergunta quem é considerado digno de servir e quem deve ser protegido de danos. O nacionalismo americano se apoia no poder da ideologia nacionalista e é improvável que desapareça no futuro próximo. Assim, é crucial buscar saber que tipo de identidade nacional americana emergirá desses tempos conturbados do novo milênio.

As lutas nas décadas de 1980 e 1990 sobre o significado da identidade nacional americana podem ter sido descritas como "guerras culturais" entre aqueles que se viam como defensores da melhor parte do passado dos Estados Unidos e aqueles cuja raça, classe, gênero, etnia e orientação sexual refletia o presente e o futuro dos Estados Unidos. Tais debates esquecem que o cidadão americano arquetípico pode ser visto como branco, masculino, heterossexual

xlii

INTRODUÇÃO

e rico, mas que, apesar disso, os Estados Unidos têm sido um Estado-nação multirracial, multiétnico e multicultural desde o seu início. A busca sobre o que significa ser americano também provoca profundas ansiedades e aspirações acerca da própria definição de Estados Unidos – eram e são debates nacionalistas sobre o significado da identidade nacional americana e o significado da América.

Como se mostra nos ensaios da parte 1, as noções de família são fundamentais para a compreensão amplamente realizada da identidade nacional americana. É por isso que a direita religiosa e os políticos republicanos conservadores que ela apoia desde a década de 1980 até o presente têm sido tão eficazes. Ambos os grupos reconhecem o significado da família para a população americana e para a ideia do que significa ser americano. Juntos, eles desenvolveram uma posição sobre "valores familiares" a partir da qual a retórica familiar é usada para definir o nacionalismo americano.

Os dois ensaios da primeira parte examinam como as ideologias de nação, raça, classe e gênero operam – com suas interseções – na formação da identidade nacional americana em geral e nas políticas públicas em particular. Ideias sobre nação, raça e gênero ganham significado uma por meio da outra, e esses *framework* inspiram as políticas de Estado nos Estados Unidos, bem como os movimentos sociais nacionalistas e feministas que surgiram para desafiá-las. Juntos, esses dois ensaios fornecem um contexto teórico e histórico para as análises mais específicas sobre o nacionalismo e o feminismo realizadas mais adiante aqui.

Capítulo 1, "Como Se Fosse da Família: Raça, Etnicidade, a o Paradoxo da Identidade Nacional Americana", examina como políticos americanos, acadêmicos, líderes e cidadãos comuns se baseiam em uma ideologia da família para construir suas ideias acerca da identidade nacional americana e da cidadania. As feministas ocidentais há muito identificam na família uma fonte importante de opressão das mulheres. Apontam para a associação entre as mulheres e o espaço doméstico. No entanto, ampliar essas compreensões da família no intuito de enxergá-la como espaço de reprodução social, bem como espaço ideológico onde indivíduos e grupos são socializados em seus lugares apropriados na ordem social torna a família

xliii

um modelo crucial para conceituar nação. O nacionalismo como ideologia e conjunto de práticas sociais extrai significado das concepções ocidentais de família e raça. Além disso, o racismo refratado por meio de uma ideologia da família ocorre dentro de contextos nacionais e internacionais específicos. Tomando diferentes formas na Europa, América Latina, Ásia e África, grande parte do novo racismo que se apropria dessa retórica da família é organizado por intermédio de políticas de Estado e combatido por movimentos antirracistas que, intencionalmente ou não, apoiam-se em ideologias nacionalistas. A questão que permanece é a de como o Estado-nação americano foi capaz de incorporar essas contradições às noções de identidade nacional americana, cidadania, patriotismo e a suas políticas públicas. E se as categorias de raça e nação têm sido construídas em mutualidade, nacionalismo e racismo também precisam ser consideradas em seus vínculos.

A fim de desenvolver as implicações dessa retórica da família para as políticas públicas, o capítulo 2, "Quem É a Mãe 'Real', Afinal? Raça, Classe e Planejamento Familiar Nacional Americano", investiga como as ideias a respeito da maternidade moldam as políticas populacionais contemporâneas. Nacionalismo e gênero não apenas estão ligados na formação da identidade nacional americana como também influenciam as políticas sociais do próprio Estado-nação. As mulheres continuam sendo fundamentais para as ideologias nacionalistas: para o conceito de nação sobre o qual as ideologias nacionalistas são construídas, para a reprodução das populações das nações de ambos os lados do poder e para os movimentos de resistência organizados em torno das ideologias nacionalistas. As análises feministas sobre gênero e nacionalismo têm sido muito úteis para se repensar as ideias em torno dos conceitos de nação, Estado-nação, nacionalismo e identidade nacional[19]. Fundamentalmente, as análises feministas veem o nacionalismo como profundamente generizado, com as mulheres cumprindo funções específicas em todos os tipos de nacionalismos, sejam étnicos ou cívicos, a favor

---

19 Ver, por exemplo: F. Anthias e N. Yuval-Davis, *Racialized Boundaries*; C. Enloé, *Bananas, Beaches, and Bases*; L.A. West, *Feminist Nationalism*; N. Yuval-Davis, *Gender and Nation*.

INTRODUÇÃO

do Estado ou de oposição. Essas funções são: 1. as mulheres como reprodutoras da população do país, por exemplo, exercendo suas atividades maternas; 2. as mulheres como guardiãs da cultura tradicional e suas transmissoras; e 3. as mulheres como símbolos da nação a serem protegidos, por exemplo, como figuras maternas – "Mãe África", "Mãe Irlanda" e "Mãe Índia". Todas essas três ideias operam no sentido de determinar quais mulheres são consideradas aptas a serem mães da nação americana.

Nos capítulos 1 e 2, discuto as mulheres, mas isso não significa que as questões de gênero e nacionalismo sejam da exclusiva competência das mulheres. A relação dos homens com o Estado-nação cria discursos concorrentes de masculinidade, agora altamente visíveis em torno das ideias de patriotismo. O patriotismo também deriva de um discurso público sobre a família. Os homens são encorajados a ver e defender o Estado-nação como se estivessem defendendo suas próprias famílias. Para os homens nas forças armadas, sacrificar a vida por um país equivale a proteger o lar da família e a pátria americana. A defesa da democracia pode ser considerada como a face ideológica do patriotismo, mas garantir a segurança da pátria é o propósito da missão militar. Apesar da entrada das mulheres no serviço militar dos EUA, o patriotismo permanece codificado como uma atividade masculina. Basta ver os nomes dos mortos na guerra no Iraque para ver a porcentagem desproporcional de homens jovens que morrem na guerra. O serviço militar potencializa a masculinidade de tal modo que o cidadão americano ideal é um homem que serviu honrosamente em combate. A violência e o uso da força também se tornam elementos importantes da masculinidade e, por sua vez, pedra de toque do patriotismo. A violência não é apenas um mecanismo apropriado para defender os interesses americanos; também está implicada na reprodução das hierarquias de masculinidade baseadas em raça, classe e orientação sexual.

II: *Etnicidade, Cultura e Política Nacionalista Negra*

Em retrospectiva, é mais fácil ver como as décadas de transição dos anos 1960 e 1970 assistiram ao envelhecimento das agendas tradicionais dos Direitos Civis e o surgimento de novas perspectivas. Em relação aos contornos da opressão racial e da resistência afro-americana, poucos puderam prever todo um conjunto de fatores que moldariam as políticas nessa seara: a ascensão e a supressão do movimento do Poder Negro, o êxito dos conservadores negros em obter papéis de destaque no governo e na indústria, a mudança de rota do feminismo negro, que deixa para trás suas origens como movimento social para se tornar aceito dentro dos ambientes acadêmicos e a clivagem entre a geração dos Direitos Civis e geração hip-hop. Como os afro-americanos responderiam a esse contexto econômico, político e ideológico bastante modificado, em que as velhas hierarquias raciais persistem a despeito de uma atmosfera ideológica aparentemente liberal e juridicamente favorável?

Os ensaios da segunda parte examinam uma pequena faixa da política nacionalista negra. A minha ênfase no nacionalismo negro não se destina nem a defendê-lo nem a condená-lo. Uma vez que o nacionalismo negro tem sido bastante debatido, com viés de crítica ou adesão, tanto por acadêmicos afro-americanos quanto pelos jovens negros, penso que o tema merece uma análise mais aprofundada. Os afro-americanos sofreram na pele o mais alto grau de segregação racial durante um longo período de tempo; como resultado, o nacionalismo negro, em alguma de suas versões, foi de há muito abraçado por essa população. No entanto, os intelectuais afro-americanos têm sido ambivalentes, quando não desdenhosos, a respeito desse tipo de projeto; tipicamente, eles definem o nacionalismo negro sobretudo como o anverso da integração racial e, principalmente, no contexto da política doméstica americana. O pan-africanismo tem profundas raízes históricas, mas o discurso intelectual negro contemporâneo basicamente ignora essas raízes. Como resultado, a integração racial e o nacionalismo negro foram apresentados como estratégias *concorrentes* para enfrentar a desigualdade racial. Dentro de tal contexto, os princípios do nacionalismo negro de buscar soluções grupais para a desigualdade racial e promover a ação social coletiva foi vista frequentemente como antagônica aos ideais americanos por violar os princípios do individualismo liberal que servem de base às leis e aos costumes dos EUA.

INTRODUÇÃO

Os dois ensaios da segunda parte investigam como o princípio da solidariedade negra – inerente ao nacionalismo negro – constitui um tema central na política afro-americana. Em que pese o compromisso de longa data com a solidariedade negra, seu conceito e sua percepção por parte dos negros continuam abertos ao debate. Atualmente, as críticas à solidariedade negra surgem de lugares surpreendentes e bastante diversos. Por exemplo, feministas negras, pessoas negras LGBT, pessoas birraciais e multirraciais de ascendência africana, e outros que se sentem pressionados a sacrificar seus interesses especiais em prol da unidade negra têm cada vez mais desafiado o pressuposto inquestionável de que a solidariedade racial é alcançada mediante a supressão das diferenças[20]. Essa ideia de unidade via uniformidade pode ter sido necessária nas situações em que a falta de uma frente unida representava uma ameaça para todos. No entanto, essa visão de uma comunidade negra que fala a uma só voz se torna cada vez mais difícil de alcançar nas condições atuais, mesmo que isso fosse, de fato, desejável. Muitas vezes, em nome do grupo como um todo, a solidariedade negra acaba levando ao sacrifício dos interesses concretos de mulheres negras, negros LGBT, birraciais e multirraciais, além de outros segmentos da sociedade civil negra.

Outros apontam para a crescente manipulação de uma solidariedade negra inquestionável dentro do novo racismo com cegueira de cor, argumentando que, quando usada de forma estratégica contra afro-americanos, a solidariedade negra pode se tornar um problema. Por exemplo, Kimberlé Crenshaw alega que uma solidariedade racial inquestionável trabalhou contra os interesses afro-americanos na sabatina do juiz da Suprema Corte Clarence Thomas. Ela observa que "o fato de Anita Hill ter sido vilipendiada e Clarence Thomas acolhido revela que uma mulher negra que vira a mesa para reclamar de assédio sexual é vista por muitos afro-americanos como uma ameaça muito maior aos interesses do nosso grupo do que um homem negro que vira a mesa com a nossa política racial"[21]. Numa

---

20 Ver, por exemplo, A. Lorde, *SisterOutsider*.
21 K.W. Crenshaw, Whose Story Is It Anyway? Feminist and Antiracist Appropriations of Anita Hill, em T. Morrison (ed.), *Race-ing Justice, En-Gendering Power*, p. 434.

linha semelhante, a criação de distritos eleitorais afro-americanos para garantir que os candidatos negros possam ser eleitos aparentemente promete representação negra. No entanto, quando esses representantes negros eleitos se encontram em desvantagem numérica em relação aos brancos eleitos por distritos eleitorais brancos, a solidariedade racial dilui a capacidade dos negros de eleger seus próprios representantes.

Outros ainda sugerem que a solidariedade negra é mais ilusão do que realidade e propõem identidades mais fluidas e abrangentes para os indivíduos. Evitando identidades de grupo de todos os tipos, especialmente aquelas impostas de fora, eles desconstroem a categoria "negro". Quem é "negro", perguntam eles? Por um lado, os esforços do censo de 2000 nos EUA para desenvolver categorias birraciais e multirraciais procuram incluir um número crescente de indivíduos que não se encaixam perfeitamente dentro das classificações raciais. Por outro lado, sem uma forma alternativa de resposta à discriminação racial baseada em grupo, é complicado dissolver o *status* de grupo daqueles grupos que atualmente se beneficiam de algum tipo de proteção em virtude do fato histórico da discriminação racial.

Alguém poderia perguntar: se nos Estados Unidos os interesses políticos não são mais formalmente expressos por meio de grupos, então como a injustiça social baseada em grupos pode ser remediada? Se não imaginarmos grupos de negros, mulheres ou jovens na geração hip-hop, fica sem sentido abordar a questão de grupos que são tratados de forma diferente por causa de sua raça, etnia, gênero, sexualidade ou *status* de cidadania com interesses comuns. Diante desses desafios, a solidariedade negra deve ser descartada? Ou deve ser repensada à luz dos desafios atuais enfrentados pelos afro-americanos? Conforme sugere o crítico cultural britânico Kobena Mercer, "a solidariedade não significa que todos pensem da mesma maneira; ela começa quando as pessoas se sentem seguras para discordar sobre questões de importância fundamental precisamente porque estão 'preocupadas' em construir um chão comum"[22].

---

22 K. Mercer, *Welcome to the Jungle*, p. 284.

INTRODUÇÃO

Usando a política controversa do afrocentrismo como uma lente, esses dois ensaios examinam o modo pelo qual as contradições da solidariedade negra, etnia e cultura negra moldam a política nacionalista negra contemporânea. Os nacionalismos têm sido cada vez mais submetidos a um rigoroso escrutínio quanto a suas conexões com outros sistemas de poder, como os de raça, gênero, sexualidade e classe social. Ao mesmo tempo, a ascensão da direita conservadora nos Estados Unidos e sua lógica da cegueira de cor trazem novos desafios para a política nacionalista negra. Como os pensadores nacionalistas negros têm sido bastante eloquentes em reconhecer a importância da identidade e da cultura negra para a luta política, os dois ensaios da da segunda parte se valem do nacionalismo negro contemporâneo para explorar os desafios que os afro-americanos enfrentam na Era Pós-Direitos Civis.

O capítulo 3, "Nacionalismo Negro e Etnicidade Afro-Americana: Afrocentrismo Como Religião Civil", faz um recorte nas contradições que permeiam as interconexões de raça e etnicidade para os afro-americanos, examinando os esforços para reformular o afrocentrismo como uma religião civil com vistas a uma mobilização étnica. A política étnica tem uma longa história nos Estados Unidos. No entanto, quando os afro-americanos buscam estratégias de mobilização *étnica*, tais estratégias são normalmente reformuladas dentro da moldura *racial* dos Estados Unidos e desautorizadas como políticas antiamericanas, de interesses particulares e separatistas. Com certeza, alguns projetos étnicos negros se encaixam nessa descrição, mas não muitos. Essa pressão contínua no sentido de negar aos afro-americanos uma história e uma cultura étnica digna de consideração restringe o espaço político e sugere que a etnicidade afro-americana é aceitável desde que os afro-americanos não façam exigências em demasia ao Estado.

O capítulo 4, "Quando os Discursos de Ódio Não São Suficientes: O Conteúdo de Gênero do Afrocentrismo", busca entender como as principais ideias do nacionalismo cultural negro foram importadas para o ambiente acadêmico. Aqui, as aspirações do afrocentrismo de se tornar uma ciência da negritude naufragaram nos rochedos das normas acadêmicas da ciência. O ensaio contrasta as políticas de gênero

xlix

do movimento nacionalista cultural negro postas em circulação pelo movimento Black Power com as do nacionalismo cultural negro que medrariam no ensino superior americano; essa estratégia analítica é usada para avaliar a viabilidade política do afrocentrismo. O ensaio conclui que os problemas do afrocentrismo dentro da academia não foram apenas o resultado de uma resistência branca (embora este fosse um fator importante). Os problemas inerentes aos próprios paradigmas do afrocentrismo também contribuíram para isso.

III: *Feminismo, Nacionalismo e Mulheres Afro-Americanas*

Teorizar sobre o ativismo político das mulheres sempre foi um tema escorregadio nas duas abordagens predominantes nas literaturas sobre poder e resistência[23]. Nos modelos do *poder-como-dominação*, o poder é definido como uma entidade possuída por um indivíduo ou um grupo que pode ou não optar por usá-lo. Numa realidade marcada por racismo, sexismo, exploração de classe, heterossexismo e sistemas similares de opressão, os grupos de elite usam o poder para manter seus privilégios por meio da dominação econômica, política ou ideológica de negros, mulheres, pessoas pobres e pessoas LGBT. Essa perspectiva vê as relações de poder como um jogo de soma zero, no qual pessoas menos poderosas ganham poder quando este lhes é concedido pelos grupos mais poderosos. Segundo esse modelo do *poder-como-dominação*, a mudança social ocorre por meio da negociação e do planejamento racional: os despossuídos defendem seus argumentos frente aos que estão no poder e, se obtiverem êxito, recebem uma parcela maior do bolo. Quando o planejamento racional falha ou parece ir muito devagar, a resistência também pode significar tirar o poder dos outros, muitas vezes pela força, revolta ou revolução.

---

23 Aqui, reduzo uma grande e complexa literatura a dois principais pontos focais. O primeiro, descrito como o modelo do "poder-como-dominação", baseia-se na sociologia marxista e na teoria do conflito, bem como na atenção da sociologia weberiana à burocracia e às grandes estruturas de poder. A segunda, descrita como a abordagem da "mobilização de recursos", baseia-se na teoria do movimento coletivo, bem como nos modelos de "micropoder" defendido pelo filósofo francês Michel Foucault.

INTRODUÇÃO

Em contraste com essa abordagem do *poder-como-dominação*, outras visões do poder adotam o *framework* da *mobilização de recursos*. Nessa segunda abordagem, o poder consiste no uso de recursos de qualquer natureza a fim de garantir resultados. Como as relações de poder são continuamente reeditadas, as ações de empoderamento são contínuas. Aqui, a resistência pode estar em todos os lugares, em qualquer ação, à medida que os atores sociais se mobilizam para desafiar os poderes existentes. Em vez de adotar uma abordagem estrutural de cima para baixo, o *framework* da *mobilização de recursos* enxerga as disputas de poder na micropolítica da vida cotidiana. Sejam as negociações de parceiros heterossexuais dentro de um relacionamento amoroso, seja a adoção de um determinado corte de cabelo, roupas e estilo no intuito de desafiar as normas da feminilidade, seja o ativismo de base (*grassroots*) dos programas de vigilância compartilhada nos bairros (*blockwatch*), a mobilização de recursos parece ser o principal motor da mudança social.

Como ambas as meta-teorias do poder e da resistência foram desenvolvidas tendo o comportamento masculino como norma, não existe uma abordagem que conceitue adequadamente as mulheres como atores políticos nem explique as formas de resistência que lhes são próprias. Na medida em que a maioria das mulheres evita as táticas de força, revolta ou revolução e costumam ser deferentes aos homens, as mulheres geralmente são percebidas, por meio do *framework* do *poder-como-dominação*, como inerentemente menos políticas do que os homens. As mulheres aparecem com mais frequência no modelo da *mobilização de recursos*, como atores sociais cujo hábitat principal são as relações interpessoais e os pequenos grupos[24]. No entanto, uma vez que as estratégias da *mobilização de recursos* geralmente são concebidas dentro do modelo do *poder-como-dominação*, elas automaticamente se tornam estratégias de segunda classe no que concerne

---

24 A noção mais fluida de poder de Foucault como algo que é continuamente construído e contestado despertou um interesse crescente na construção social do poder. Para essa discussão, ver M. Foucault, *Power/Knowledge*. James Scott analisa esse modelo de resistência da mobilização de recursos para ilustrar como os indivíduos se fortalecem na vida cotidiana. Ver J.C.Scott, *Weapons of the Weak*; idem, *Domination and the Arts of Resistance*. Para uma discussão sobre empoderamento, ver S.M. James, Mothering, em S.M. James; A.P.A. Busia (eds.), *Theorizing Black Feminisms*, p. 51.

à resistência política. Assim, quando combinados, esses dois modelos atribuem às mulheres formas menos eficazes ou ineficazes de resistência política, isso, é claro, quando reconhecem que as mulheres são capazes de praticar atos de resistência.

As mulheres afro-americanas, um grupo que raramente tem sido considerado em qualquer uma das meta-teorias prevalecentes do poder e resistência, fornecem um excelente ponto de partida para se repensar a questão mais ampla da resistência das mulheres. Como se conceitua a resistência política entre mulheres negras nos Estados Unidos, tanto no contexto do racismo com cegueira de cor dos Estados Unidos quanto naqueles que levam em conta a heterogeneidade das mulheres afro-americanas? Quando as diferenças entre as mulheres se torna um prisma prevalecente, é fácil ignorar as muitas semelhanças que as mulheres afrodescendentes, onde quer que estejam situadas, passam a ter frente às várias dimensões do novo racismo. Elas agora enfrentam o sexismo, o racismo, o heterossexismo e a exploração de classes simultaneamente. Isso significa que a resistência política das mulheres negras tem de lidar com sistemas de opressão que se interseccionam[25]. No contexto global, as mulheres afrodescendentes da África continental, do Caribe e das nações latino-americanas, a exemplo do Equador e do Brasil, bem como as minorias raciais da Grã-Bretanha, França, Alemanha, Holanda e outros países europeus, constituem um segmento importante do movimento global das mulheres. Ignorar o tratamento dirigido às mulheres que são visivelmente afrodescendentes ou socialmente construídas como negras é se esquivar da constatação de que o racismo continua a afetar a vida das mulheres.

Faço uso deliberado do termo "mulheres negras" porque sinto ser uma necessidade urgente a criação de uma linguagem unificada que tanto as mulheres afrodescendentes quanto as socialmente construídas como negras possam empregar para descrever suas necessidades como mulheres raciais/étnicas[26]. Suspeito que as condições políticas,

---

25 Para uma introdução às questões das mulheres negras em um contexto transnacional, ver O. Nnaemeka, *Sisterhood, Feminisms, and Power*; e A.O. Pala (ed.), *Connecting Across Cultures and Continents*.

26 O termo de forma alguma descreve uma mulher negra essencial com traços inerentes ou naturais. Em vez disso, conforme utilizado aqui, a expressão "mulheres negras"

INTRODUÇÃO

econômicas e sociais semelhantes das mulheres negras promovem um reconhecimento compartilhado de problemas comuns que assumem diferentes formas em um contexto negro transnacional. É certo que Brasil, África do Sul, Grã-Bretanha, França e Estados Unidos são sociedades muito diferentes, com histórias bastante distintas de colonialismo e capitalismo, no entanto, as mulheres negras (por mais reconhecidas que sejam) enfrentam questões muito semelhantes em todos esses locais. Como as histórias de sucesso de Condoleezza Rice, Oprah Winfrey e Winnie Mandela sugerem, as mulheres negras, individualmente, podem alcançar grande destaque, mas as mulheres negras como coletividade permanecem no fundo da hierarquia social. Em nações racialmente homogêneas e de difícil mobilidade social, como no Caribe e no continente africano, o racismo pode ser menos óbvio. Lá o racismo opera mantendo toda a nação refém de políticas de ajuste estrutural e dívida esmagadora. Dentro dessas sociedades, o *status* das mulheres (que, via de regra, são majoritariamente afrodescendentes) cai a níveis ainda mais degradantes em razão das políticas de gênero que as impede de ascender. Dessa forma, a posição que as mulheres negras assumem nas relações sociais globais produzidas pela globalização, um transnacionalismo que enfraqueceu as nações africanas e caribenhas e promoveu grandes mudanças populacionais, além de um racismo persistente que nega uma plena cidadania às mulheres negras dentro das sociedades industriais avançadas, todos esses fatores convergem para um mesmo ponto: criar um conjunto de desafios comuns para as mulheres negras.

O conteúdo do ativismo político das mulheres negras também é importante, especialmente o modo pela qual as mulheres negras assumem suas posições diante das políticas – em geral concorrentes – do nacionalismo e do feminismo. O feminismo negro constitui um grande desafio às normas da solidariedade negra, à influência

---

denota aqui uma identidade política que tem raízes culturais ou biológicas. Ao adotar essa definição ampla de mulheres negras, reconheço o perigo potencial de privilegiar as experiências das mulheres negras americanas, na medida em que as experiências das mulheres da diáspora africana sejam usadas para ajudar a explicar as realidades das mulheres negras americanas. Esta não é minha intenção.

dessas normas nas ações políticas das mulheres negras, bem como nas formas historicamente enraizadas de desigualdade dentro das comunidades afro-americanas. Porém nesse ponto o histórico dos êxitos é limitado. As mulheres negras uniram-se aos homens negros em torno de questões de classe e raça: questões de emprego, educação e saúde exigiam uma frente única. No entanto, as mulheres e os homens negros muitas vezes se viram em lados opostos em torno de problemas como a violência doméstica, a violência sexual e a homofobia. A teórica política Cathy Cohen refere-se a essas relações contraditórias como questões de consenso fornecidas pela raça e questões transversais fornecidas pelo gênero[27]. O atrito entre, de um lado, as normas de inspiração nacionalista da solidariedade negra e do serviço comunitário (principalmente em torno de questões de raça e classe) e, de outro, as políticas pessoais defendidas pelo feminismo americano (principalmente em torno de questões de gênero e sexualidade) emolduram o feminismo negro moderno.

Para explorar esse tema do ativismo político das mulheres negras, especialmente os contornos do feminismo negro moderno, os dois ensaios da parte 3, "Feminismo, Nacionalismo e Mulheres Afro-Americanas", utilizam as experiências das mulheres negras nos Estados Unidos como trampolim para examinar problemas mais amplos sobre a resistência política dessas mulheres. Quando lidos em conjunto, ambos os ensaios exploram o modo como mulheres com inserções distintas dentro de uma mesma estrutura social podem chegar a visões diferentes a respeito daquilo que seria o papel das mulheres no ativismo político. As diferenças entre mulheres que refletem a disparidade de suas respectivas posições de grupo nas relações hierárquicas de poder no que concerne a raça, classe, nacionalidade, religião e sexualidade, muitas vezes catalisam pontos de vista grupais sobre o ativismo político feminista que apresentam heterogeneidade comparável[28]. É do interesse das mulheres afro-americanas em

---

27 C.J. Cohen, *The Boundaries of Blackness*, p. 8-160.
28 Este ensaio baseia-se nos princípios da teoria do ponto de vista. Para conhecer as principais ideias da teoria do ponto de vista, ver: S. Harding, *The Science Question in Feminism*; e N. Hartsock, The Feminist Standpoint, em S. Harding; M.B. Hintikka (eds.), *Discovering Reality*. Para um tratamento expandido da noção de ponto de vista

liv

INTRODUÇÃO

particular rejeitar o que muitas acreditam ser um feminismo ocidental que teria incorporado, muitas vezes acriticamente, aspectos do individualismo, do materialismo e de uma liberdade pessoal desprovida de responsabilidade, todas elas características da sociedade americana. Além disso, o alto grau de segregação racial dentro da sociedade americana significa que as mulheres negras geralmente encontram suas políticas refratadas por meio de um emergente *framework* nacionalista negro. Ao mesmo tempo, dado que as mulheres negras americanas são americanas, elas também acabam por aceitar uma série de ideias que emanam de uma forma comum de entender a identidade nacional americana. Extrair essa e outras expressões do ativismo político das mulheres provenientes das ideologias de raça e classe que moldam a identidade nacional americana é um ato que não só cria novas estruturas para analisar o ativismo político das mulheres negras em particular, como também cria novas oportunidades para revitalizar o feminismo americano.

O capítulo 5, "Por Que a Política de Identidade Coletiva Importa? Feminismo, Nacionalismo e o Trabalho Comunitário das Mulheres Negras", aborda a questão das tradições de resistência das mulheres negras, mas o faz investigando o trabalho comunitário das mulheres negras americanas, entendido como um lugar importante de seu ativismo político. Usando um *framework* materialista, este ensaio examina o que as mulheres afro-americanas realmente fazem, o que pensam sobre o que fazem e como essas condições materiais e ideológicas catalisam e suprimem simultaneamente sua consciência e comportamento políticos. O ensaio apresenta o conceito de trabalho comunitário das mulheres negras como uma forma tradicional de ativismo político que se articulou com as estruturas da comunidade afro-americana durante a era Jim Crow. Também analiso as interpretações nacionalistas e feministas do trabalho comunitário das mulheres negras que têm sido defendidas dentro das sociedades ocidentais e argumento que nenhuma delas compreende adequadamente as implicações políticas do trabalho comunitário.

---

de grupo, ver o comentário de Nancy Hartsock, Sandra Harding, Dorothy Smith e Patricia Hill Collins no fórum sobre epistemologia do ponto de vista publicado em *Signs*, v. 22, n. 2, 1997.

Sugiro uma abordagem que melhor recontextualize o trabalho comunitário das mulheres negras dentro do *framework* emergente do nacionalismo feminista global, de modo a situar as ideias e ações políticas das mulheres em vista de um "'consenso global sobre a reconstrução do feminismo e do nacionalismo que coloque as preocupações e interesses das mulheres no centro do discurso e da ação"[29]. Essa recontextualização revela as vias pelas quais o trabalho comunitário das mulheres negras se torna mais e não menos feminista. Ela também coloca as questões de gênero mais diretamente no centro da luta afro-americana pela liberdade, onde nem a raça (nacionalismo) nem o gênero (feminismo) podem ganhar primazia sem prejudicar a eficácia política geral. Se as jovens afro-americanas estão na vanguarda da luta política, uma implicação clara do encarceramento de jovens negros e do alto número de famílias negras chefiadas por mulheres, então o gênero precisa estar no *centro* das agendas políticas negras. Além disso, esse *framework* de nacionalismo feminista pode não apenas moldar o comportamento político das mulheres afro-americanas no contexto das condições raciais de dessegregação do novo racismo no contexto dos EUA. Essa relação dinâmica de nacionalismo e feminismo pode estar presente entre mulheres de ascendência africana e outros grupos de mulheres de cor em um contexto transnacional.

O capítulo 6, "O Pessoal Ainda É Político? Movimento das Mulheres, Feminismo e Mulheres Negras da Geração Hip-Hop, explora a política feminista expressa pelas mulheres afro-americanas da geração hip-hop. Um importante foco dessa política parece ser aquele que renova a divisa "O Pessoal É Político". No entanto, sua versão tanto do "pessoal" quanto do que constitui o "político" se assemelha – embora também apresente diferenças profundas – com o que foi expresso pelas feministas dos anos 1960 e 1970. Contemporaneamente, as mulheres de cor parecem trilhar um caminho pessoal para o feminismo diferente daquele que foi tomado pelas mulheres afro--americanas, mexicanas, porto-riquenhas e outras durante os anos 1960 e 1970; e a realidade política que enfrentam ao se tornarem

---

29 L.A. West, op. cit., p. xii.

lvi

INTRODUÇÃO

feministas também parece distinta. Naquela época, um rico contexto de movimentos sociais desempenhou um papel importante na formação de todos os segmentos do movimento das mulheres. Em sentido contrário, desde a década de 1980 até o presente, os governos republicanos conservadores e de direita lideraram o coro de vozes adversárias empenhadas em criticar e ridicularizar não apenas o movimento das mulheres, mas também as aspirações dos sindicatos, grupos de direitos civis, minorias sexuais, grupos de imigrantes e pessoas pobres.

Investigo as maneiras pelas quais as políticas feministas das mulheres da geração hip-hop sinalizam ou uma ruptura significativa com ou uma continuação de expressões anteriores do feminismo protagonizada por mulheres afro-americanas, latinas e outros grupos de mulheres raciais/étnicas. Por um lado, as mulheres de cor da geração hip-hop abraçam uma versão de "O Pessoal É Político" que lhes permite participar ativamente dos cursos voltados para o estudo da mulher, das manifestações da cultura popular e das organizações de base. Isso sinaliza uma continuação das lutas anteriores. Por outro lado, a versão do feminismo expressa pelas mulheres de cor também transpira as ideias da geração hip-hop citadas no início deste ensaio. Lembremos da declaração de Queen Latifah: "Eu não me comporto como a sociedade diz que uma mulher 'deve' se comportar. Eu não sou delicada. Eu não escondo minhas opiniões. Não sou o suporte de um homem. Não estou aqui para viver segundo os padrões de outra pessoa. Estou definindo o que é para mim ser uma mulher. Em suma, não estou interessada em ratificar o que a sociedade decidiu para metade da humanidade. Eu sou um indivíduo."[30] Essa insistência em uma identidade pessoal, única e individual, livre dos "padrões de outra pessoa", é recorrente na música, no estilo e no comportamento daqueles que fizeram parte da geração hip-hop.

Meu objetivo principal nesses dois últimos ensaios é promover as lutas políticas antirracistas baseadas em grupos que respeitam os direitos individuais e os direitos humanos, que, mediante uma análise global, conseguem mostrar como as nossas vidas estão todas

---

30 Q. Latifah, *Ladies First*, p. 126-127.

interligadas, e que se nutrem do que há de melhor no feminismo e no nacionalismo e não de seus aspectos mais incômodos. Nesse sentido, as palavras de Anna Julia Cooper "quando e onde eu entro" ainda soam verdadeiras. Quando e onde as meninas negras acessarem a liberdade, lá outros também encontrarão esperança no futuro.

Parte I

RAÇA, FAMÍLIA E O ESTADO-NAÇÃO DOS EUA

1 Como se Fosse da Família
raça, etnicidade e o paradoxo da identidade nacional americana

Oi Marge! Eu tive um dia agitado... Bem, eu tive que tirar minha bola de cristal e fazer com a Sra. C. uma leitura completa... Bem, ela é uma mulher muito legal e eu nunca tive muitos problemas com ela, mas de vez em quando ela realmente me dá nos nervos com seus modos... Hoje ela trouxe uma amiga dela para almoçar e eu estava muito ocupada depois de limpar as coisas e ela me chamou e me apresentou à mulher... Oh não, Marge! Eu não me opus a isso. Cumprimentei a senhora e depois voltei ao meu trabalho... E então começou! Eu podia ouvi-la falando bem alto... e ela diz a sua amiga: "Nós a amamos! Ela é como se fosse da família e ela adora a nossa pequena Carol! Não sabemos o que faríamos sem ela! Não a vemos como uma criada!" e assim por diante... e toda vez que eu vinha retirar um prato da mesa ambas sorriam para mim como o gato de Alice no País das Maravilhas.

MILDRED, *personagem de ficção*[1]

---

[1] A. Childress, *Like One of the Family*, p. 1-2.

Nessa passagem de *Like One of the Family* (Como Se Fosse da Família), um dos 62 monólogos criados pela escritora afro-americana Alice Childress, encontramos Mildred, uma empregada doméstica afro-americana – típica representante da classe tabalhadora –, e sua boa amiga Marge. Publicadas pela primeira vez no jornal de Paul Robeson, o *Freedom*, sob o título *Conversations from Life* (Conversas Extraídas da Vida), as conversas curtas entre Mildred e Marge continuaram a ser publicadas no *Baltimore Afro-American* como *Here's Mildred* (Aqui Está Mildred). Muitos dos leitores afro-americanos desses jornais eram eles mesmos trabalhadores domésticos, e as afirmações ousadas de Mildred ressoavam com suas vozes silenciadas[2]. Assim, a identidade de Mildred – uma mulher afro-americana da classe trabalhadora – e o veículo inicial da publicação desses relatos fictícios ilustram uma prática cada vez mais rara na produção intelectual de afro-americanos – um autor afro-americano escrevendo para um público afro-americano da classe trabalhadora, usando um meio controlado por pessoas afro-descendentes[3].

---

2 Ver T. Harris, Introduction, em A. Childress, *Like One of the Family: Conversations from a Domestic's Life.*

3 Publicado pela primeira vez em forma de livro em 1956 por uma pequena editora, essa importante coleção de escritos de Alice Childress permaneceu praticamente negligenciada durante duas décadas. Reconhecendo como os monólogos de Mildred fornecem análises feministas afro-americanas provocativas de questões de raça, gênero e classe nos Estados Unidos, a crítica literária Trudier Harris conseguiu que a coleção fosse reeditada em 1986 sob o título *Like One of the Family*, que também intitula a primeira peça do volume. Apesar dos esforços de Harris, o trabalho de Childress permanece amplamente não reconhecido.

RAÇA, FAMÍLIA E O ESTADO-NAÇÃO DOS EUA

Essa passagem de *Like One of the Family* sugere dois temas importantes sobre as conexões entre raça, etnicidade e identidade nacional americana[4]. O primeiro se refere às diferenças muito contundentes que pode haver entre grupos raciais/étnicos na percepção das desigualdades sociais que os cercam[5]. Vemos surgir desse retrato duas visões a respeito do significado de raça e cidadania na sociedade americana: aquela defendida por grupos mais poderosos que minimizam a sua importância, e a outra defendida por grupos menos poderosos e que dispõem de espaços limitados para fazer valer seus próprios argumentos alternativos. O diálogo superficial entre a Sra. C e Mildred é exatamente como convém à Sra. C. Ao conferir a Mildred o *status* de membro de segunda-classe da família, a Sra. C se permite ignorar as relações de poder desse vínculo. Mais do que isso, a confiança que a Sra. C deposita nas estruturas de autoridade aparentemente naturais que moldam sua percepção de família lhe permite mascarar o poder envolvido na relação. O qualificador "como se fosse" é crucial, pois sinaliza o poder da Sra. C para definir o que é família e a posição ocupada por Mildred no seu interior. Enquanto Mildred acatar seu lugar na família como uma empregada subordinada, ela será aceita. Os modos de compreensão da identidade nacional americana, com a cidadania marcando categorias de pertencimento, ressoam juntamente com isso. A percepção que a Sra. C tem da relação, ou seja, que ela tratava Mildred "como se fosse da família", espelha a crença generalizada entre os

---

4 Ao explorar essas conexões, é importante distinguir entre os termos "nação", "estado-nação" e "nacionalismo". Esses termos são frequentemente usados de forma intercambiável, porém eles se referem a coisas diferentes. Uma "nação" consiste em um grupo de pessoas que passaram a acreditar que foram moldadas por um passado comum e estão destinadas a compartilhar um futuro comum. Essa crença costuma ser alimentada por características culturais comuns, como língua e costumes, um território geográfico bem definido, a crença em uma origem e história comuns, a suposição de que existem laços mais estreitos entre os membros da nação do que com estranhos, um senso de diferença em relação aos grupos ao seu redor e hostilidade mútua em relação a grupos externos. O conteúdo específico da língua, cultura e sistemas de crença de um grupo constitui sua identidade nacional. "Nacionalismo" é a ideologia empregada por tais grupos que visam ganhar ou manter o poder político para sua nação. Finalmente, quando um grupo nacional adquire poder estatal suficiente para realizar seus objetivos, ele controla um "estado-nação". Ver N. Yuval-Davis, *Gender and Nation*.
5 P.H. Collins, *Fighting Words*, p. 44-76.

COMO SE FOSSE DA FAMÍLIA

brancos norte-americanos de que afro-americanos, nativos norte-americanos, mexicanos, porto-riquenhos e outros grupos raciais/étnicos historicamente oprimidos são tratados de forma igual dentro da sociedade americana. Marcados com o *status* de trabalhadores subordinados, esses grupos são tolerados enquanto permanecerem nos lugares que lhes são prescritos. Essa não é uma política de exclusão, mas de contenção. Os não brancos americanos são *como* um de nós, eles estão *conectados* a nós, mas *não são* o que somos, é o que essas visões exprimem. Nesse contexto, tal como a verbosidade da Sra. C e os silêncios forçados de Mildred revelam, os americanos brancos raramente ouvem o que os afro-americanos têm a dizer sobre suas experiências americanas aparentemente compartilhadas.

As palavras da Sra. C nessa passagem de *Like One of the Family* também apontam para um segundo tema importante acerca das conexões entre raça, etnia e identidade nacional americana, qual seja, a importância da retórica familiar na normalização e naturalização de todo esse processo[6]. Ao contrário das análises feministas que culpam os homens brancos pela opressão racial, embora permaneçam estranhamente silenciosas em relação à culpabilidade das mulheres brancas, a passagem de Childress revela como o poder racial também opera entre as mulheres. Com esse passo, ela implica homens e mulheres na construção da desigualdade racial e introduz uma importante análise de gênero nas discussões sobre a cidadania americana. Dentro da lógica predominante, dado que as relações familiares são muitas vezes vistas como questões privadas, tanto as famílias quanto as mulheres associadas a elas parecem estar fora das atividades da esfera pública que legislam o *status* racial, étnico e civil. No entanto, tratar as mulheres como o único grupo para o qual o gênero é importante e relegá-las à esfera aparentemente privada da família, remove o gênero de questões políticas importantes sobre raça, etnicidade e cidadania americana. Ao descrever como a hierarquia racial é construída e naturalizada *dentro* de um ambiente familiar, o retrato de Childress dissolve essa binariedade público-privado. Em vez disso, a ficção de Childress nos encoraja a examinar a

---

6 Ver idem, It's All in the Family, *Hypatia*, v. 13, n. 3.

dupla função da família. Por um lado, a família funciona como uma ferramenta ideológica que constrói e mascara relações de poder. A percepção da Sra. C de que Mildred era como se fosse da família construiu e mascarou as dinâmicas de poder em termos de raça e classe que moldaram suas interações cotidianas. Ao mesmo tempo, a família constitui um princípio fundamental da organização social. A Sra. C e Mildred são membros de diferentes famílias biológicas e raciais. Na sociedade americana, onde a família e a linhagem racial têm sido usadas há muito tempo para distribuir direitos e obrigações sociais, o nascimento em uma família americana branca ou negra continua sendo um fato de vital importância.

Valendo-se das experiências de mulheres afro-americanas, a exemplo de Mildred, como uma pedra de toque, exploro neste capítulo o modo pelo qual essa construção da mulher afro-americana mediante a noção de "como se fosse da família" – portanto, como parte legal da nação americana, mas limitada a uma cidadania de segunda classe – pode promover a nossa compreensão acerca das conexões entre raça, etnicidade e identidade nacional americana. A situação de Mildred ilustra um paradoxo fundamental dessa identidade, qual seja: à promessa de direitos individuais que lhe são garantidos por lei justapõe-se a realidade do tratamento diferenciado pelo grupo que ela recebe em seu país devido à sua raça, gênero e classe. A situação de Mildred também fornece pistas importantes para a forma como essas relações são normalizadas e naturalizadas, bem como para a importância da retórica e das práticas familiares dentro desse processo entrelaçado por normalização e naturalização.

A investigação dessas relações revela uma característica aparentemente peculiar da sociedade americana: a curiosa combinação de mudança e continuidade que caracteriza as instituições sociais nos Estados Unidos. Como essa sociedade, que passou por uma reorganização social tão ampla desde as suas origens coloniais em 1600, continua a ser caracterizada por uma hierarquia racial profundamente enraizada? Decerto, as várias mudanças na economia política americana proporcionaram muitas oportunidades para desmantelar a hierarquia racial que caracterizou a fundação dos Estados Unidos. Por que, então, a raça ainda nos importa?

Sobre Mudança e Continuidade: Raça, Etnicidade e Identidade Nacional Americana

Para o filósofo Étienne Balibar, os racismos externos e internos são dois fenômenos inter-relacionados que atravessam diversas sociedades[7]. Os racismos externos ocorrem quando grupos raciais poderosos visam remover grupos menos poderosos de escolas, empregos, bairros, regiões, nações ou quaisquer espaços sociais que considerem como sendo sua propriedade ou direito inato. Como métodos de eliminação ou de extermínio, os racismo externos fomentam ideias e práticas que excluem os *outsiders* ou "os outros" desses espaços. Projetados para manter a homogeneidade racial do bairro, da escola, categoria ocupacional ou nação, esses racismos visam purificar o espaço geográfico ou social da ameaça que as raças inferiores aparentemente representam. Manifestando-se por meio de práticas como xenofobia, genocídio ou a chamada limpeza étnica, os racismos externos visam remover as raças indesejáveis daquilo que é visto como um espaço doméstico privilegiado.

Em contraste, os racismos internos ocorrem quando grupos raciais poderosos subordinam grupos raciais menos poderosos dentro de uma sociedade; via de regra porque eles precisam de tais grupos para manter seu padrão de vida. As práticas associadas ao racismo interno normalmente exploram grupos raciais menos poderosos para beneficiar grupos raciais mais poderosos. Com métodos de opressão e de exploração, os racismos internos promovem ideias e práticas que dividem a sociedade em grupos raciais distintos e que mantêm hierarquias sociais por meio de identidades de grupo racializadas. Manifestando-se por intermédio de práticas como colonialismo, *apartheid* e segregação racial, os racismos internos incluem e controlam grupos raciais menos poderosos dentro do que é visto como espaço nativo privilegiado.

Se as duas formas são analiticamente distintas, nenhuma, de modo geral, aparece por si só; e uma vez que ambos permanecem

---

[7] Ver E. Balibar; I. Wallerstein, *Race, Nation, Class.*

profundamente entrelaçados, os racismos externos e internos muitas vezes reforçam um ao outro dentro das fronteiras dos Estados-nação preexistentes. O virulento antissemitismo que medrou na década de 1930, na Alemanha e na Áustria, influenciando as políticas de Estado do regime nazista, ilustra como o racismo interno, que isolava em guetos as populações judaicas para fins de exploração e controle, acabou se transformando em um racismo externo de genocídio. Ambas as formas de racismo foram anexadas a uma agenda racial nacional, com trágicas consequências. Da mesma forma, o desenvolvimento dos modernos Estados-nação europeus, como Grã-Bretanha, Alemanha, Itália, França, Espanha e Portugal, ocorreu em grande parte em virtude das aquisições coloniais na África, América do Norte e América Latina, bem como das relações imperiais com os povos asiáticos. A aparente pureza dentro das fronteiras dos Estados-nação europeus antes das lutas anticoloniais exigia que o racismo externo excluísse estrangeiros dos espaços nativos europeus, como também removesse os povos nativos selecionados das terras conquistadas. Mais recentemente, no entanto, com o aumento da migração proveniente da África, Ásia e Caribe para esses mesmos Estados-nação, os mecanismos do racismo interno tornaram-se cada vez mais significativos.

O que acontece quando esse duplo racismo se torna parte integrante dos momentos inaugurais de um Estado-nação? A identidade nacional em si própria pode ficar a tal ponto comprometida com processos raciais fundamente enraizados que se torna difícil concebê-la em termos diferentes dos raciais. A formação dos Estados Unidos como um Estado-nação, bem como a identidade nacional americana, infelizmente reflete esse forte nexo com os racismos externos e internos. No devir dessa sociedade colonizadora que privilegiava a branquitude, os colonizadores europeus americanos viam sua busca por terra e recursos como um direito que lhes cabia enquanto povo ou nação em formação. Durante o período colonial nos Estados Unidos, a branquitude, na forma dos brancos com posses ou de servos brancos contratados, veio a ser definida em oposição ao e acima do *status* não branco atribuído aos povos indígenas e aos africanos escravizados. Esse triângulo racial entre colonizadores

COMO SE FOSSE DA FAMÍLIA

brancos, povos indígenas e africanos escravizados está na gênese do novo Estado-nação americano.

Os povos indígenas se depararam com o racismo externo ao serem tratados como intrusos ou "nações" estrangeiras dentro de suas próprias terras. Inicialmente conquistados, e muitas vezes mortos em guerras no período da colonização e durante os primeiros cem anos do Estado-nação, as populações indígenas se tornaram "índios" ou nativos enfrentando uma infinidade de tratados descumpridos e de políticas públicas dedicadas ao seu extermínio[8]. Em contraste, no período da colonização, os africanos escravizados se depararam com o racismo interno ao serem tratados como mercadorias no tráfico de escravos e depois explorados por seu trabalho manual nas fazendas do Sul; no caso das mulheres afro-americanas, a essa exploração somou-se o seu trabalho reprodutivo. Os mecanismos do racismo interno certamente mudaram ao longo do tempo – desde a escravidão à Era Jim Crow, à discriminação racial profundamente enraizada na habitação, educação e emprego –, mas a necessidade de exploração do trabalho negro persistiu. O racismo externo direcionado aos povos indígenas refletiu a necessidade de os colonizadores brancos eliminarem os nativos norte-americanos dos espaços dos brancos, enquanto o racismo interno direcionado aos afro-americanos marcou a dependência da nova nação para com o trabalho africano. Além disso, essas interconexões entre colonizadores europeus, povos indígenas e afrodescendentes não só criaram o modelo para a construção das categorias da cidadania americana – o cidadão branco de primeira classe, o índio estrangeiro que está à margem da cidadania, e o cidadão negro de segunda classe: a relação *entre* esses três grupos cristalizou-se e eles se tornaram os ingredientes

---

8 Existem diferenças significativas de opinião sobre como chamar os povos indígenas. Vários grupos usaram termos como "índios americanos", "índios", "nativos americanos" e "povos nativos". Neste capítulo, escolho "nativos americanos", embora perceba que o termo está longe de ser perfeito. (N. da A.) Para a edição em português, verificamos ser necessário mais um ajuste à escolha do termo em questão, e a tradução de "nativo americano" passou a ser "nativo norte-americano", em virtude do óbvio reconhecimento da existência da América do Sul e América Central, com seus respectivos povos originários, que não se confundem com os povos originários tratados pela autora. (N. da E.)

essenciais para a criação de uma identidade nacional americana fundamentalmente racializada.

Construir essa identidade nacional racializada exigia reduzir a miríade de etnias que caracterizavam as populações europeias, americanas e africanas em três categorias raciais centrais. Ingleses, franceses e noruegueses tornaram-se brancos americanos, cujo poder acabou por lhes permitir apagar a suposta branquitude associada à condição de "americanos" puro-sangue como uma categoria de identidade visível. Contudo, embora a branquitude em si mesma tenha sido apagada, as diferenças de classe entre brancos persistiram como marcadores visíveis da identidade dos EUA. Cherokees, Moicanos e Navajos tornaram-se nativos, sendo removidos do corpo político e alocados em guetos em colônias quase-autônomas ou "reservas". A despeito da ironia do termo, os "nativos norte-americanos" são vistos mais frequentemente como estrangeiros do que como estadunidenses genuínos. Igbo, Ioruba e Ashanti tornaram-se negros que, com a migração para as cidades, encontraram uma forma de colonização urbana que se assemelha àquela reservada aos nativos norte-americanos nas áreas rurais. Sempre subordinados dentro do Estado-nação, os afrodescendentes carregavam o estigma automático da cidadania de segunda classe. Tanto os nativos quanto os negros foram marcados com o selo da raça que servia como um indicador de classe. No geral, a criação desse triângulo fundacional de raças constituído por brancos, nativos e negros, consagrado na lei e nos costumes americanos, exigiu o colapso das múltiplas etnias dentro de cada uma das categorias raciais, que assim também foram criadas individualmente. Brancos, nativos e negros foram construídos tanto pela relação uns com os outros quanto a partir do material das etnias preexistentes.

Como marcadores de direitos de cidadania, as categorias raciais estabelecem diferentes formas de pertencimento ao próprio Estado-nação, quais sejam: cidadania de primeira classe em diferentes graus para os americanos brancos, possuidores de um *status* de classe variável; um *status* de cidadania ambíguo e contestado para os povos indígenas; e cidadania permanente de segunda classe para pessoas afrodescendentes. As relações entre esses três grupos raciais não só

COMO SE FOSSE DA FAMÍLIA

foram parte integrante da criação da identidade nacional americana e sua codificação na fundação do Estado-nação, como esse mesmo triângulo racial tem sido repetidamente reformulado em resposta às exigências dos períodos históricos subsequentes. Historicamente, haja vista que o triângulo racial de brancos, nativos e negros sempre esteve no centro da identidade nacional americana, ele não desapareceu nem se transformou radicalmente. Em vez disso, a flexibilidade dos significados raciais permitiu que ele mudasse de forma, mas não de essência. Para os grupos étnicos existentes e imigrantes, o processo de ser ou tornar-se "americano" exigia disputar uma posição em relação aos pontos de referência do triângulo racial. Enquanto a bússola nacional fornecida por esse triângulo racial permaneceu intacta – ou seja, o racismo externo do extermínio que caracteriza a relação branco-indígena e o racismo interno da escravidão, a segregação da Era Jim Crow, e a segregação cortês, mas não menos real que caracteriza a relação branco-negro –, a identidade nacional americana teve significado. Tudo o mais poderia mudar, porém o triângulo racial permanecia como um importante fator de continuidade à identidade nacional americana.

É importante lembrar que esse triângulo racial fornece um esquema para se conceituar a identidade nacional americana. Grupos populacionais reais nunca se encaixaram facilmente nessas categorias. Por exemplo, a população latina consiste numa mistura variada de todas as três categorias "raciais" e, portanto, desde a sua criação constituiu um importante desafio para o triângulo racial descrito aqui. Na verdade, esse triângulo funciona como um parâmetro pelo qual indivíduos e grupos podem mensurar a categorização racial e o poder político que ela gera.

A tenacidade desse triângulo racial explica em parte como a sociedade americana pode sofrer uma reorganização maciça de suas instituições sociais básicas e de suas populações étnicas em resposta às fases do desenvolvimento capitalista e, apesar disso, de alguma forma, conseguir replicar uma hierarquia racial aparentemente permanente. Os brancos estavam no topo na fundação de um Estado-nação dependente do capitalismo agrário; e eles continuam no topo até hoje. Nativos norte-americanos e afro-americanos estavam na base, e esses grupos continuam nessa base até hoje. Em que pese a reorganização maciça das instituições sociais nos Estados Unidos durante o período de transição do capitalismo industrial para um capitalismo global dependente da indústria de serviços, os contornos básicos do triângulo racial persistem. Definições de branco, nativo e preto, o tamanho, aparência física e atributos culturais das populações incluídas em cada categoria, e a terminologia real usada para descrever essas categorias – por exemplo, se deve--se capitalizar termos como "branco", "*negro*" e "*black*" –, tudo isso muda com o tempo. Etnias vêm e vão, porém, a *necessidade* das próprias categorias raciais persiste[9].

Essa lógica racial/étnica define as visões sobre a identidade nacional americana. Os Estados Unidos são frequentemente vistos como um importante exemplo de nacionalismo cívico; uma forma de nacionalismo que surgiu com o moderno Estado-nação e que se caracteriza pela presença de elementos como instituições democráticas, a proteção dos direitos individuais e a crença na lei como forma de mediar reivindicações de grupos com interesses especiais[10]. Formalmente, os Estados Unidos são uma nação cívica. Os princípios democráticos da Constituição dos EUA prometem igualdade para todos os cidadãos americanos, porque, independentemente da raça, origem nacional, condição anterior de servidão e cor, todos os cidadãos são iguais perante a lei. Por meio desses princípios, os Estados Unidos pretendem construir uma nação a partir de muitos grupos étnicos diferentes e promover a cooperação interétnica entre os cidadãos.

Porém, como o argumento que liga raça, etnia e identidade nacional americana defendido aqui sugere, o funcionamento real da sociedade dos EUA talvez esteja mais perto das ideias associadas ao nacionalismo étnico. Dentro dos pressupostos do nacionalismo étnico, uma "nação" consiste em um grupo de pessoas que compartilham uma etnicidade baseada em laços de sangue. No caso dos Estados Unidos, os brancos constituem tal "nação", estando a branquitude em si mesma fundamentada em laços de sangue de

---

9 Ver M. Omi; H. Winant, *Racial Formation in the United State*.
10 Ver C. Calhoun, Nationalism and Ethnicity, *Annual Review of Sociology*, v. 19.

COMO SE FOSSE DA FAMÍLIA

pureza racial. Para uma nação étnica, as expressões culturais de seu senso de unidade enquanto "povo" – sua música, arte, linguagem e costumes – constituem sua identidade nacional única. Novamente, muitos americanos brancos defendem instituições sociais puramente inglesas e rotineiramente castigam aqueles falantes do inglês americano que se desviam da língua padrão e aqueles cujas instituições sociais não correspondem a uma suposta cultura branca. Segundo esse modelo de nacionalismo étnico, idealmente cada grupo étnico deveria ter seu próprio estado-nação, uma entidade política na qual o grupo étnico pode se autogovernar. Embora essa visão sobre a nação tenha uma longa história dentro das culturas europeias, ela é aplicada com menos frequência às questões relativas à identidade nacional americana[11]. Ironicamente, Estados-nação onde os pertencimentos étnicos ou tribais conferem direitos de cidadania são frequentemente vistos como pré-modernos ou "atrasados", mas quando se trata dos Estados Unidos, o nacionalismo cívico aparentemente apaga as fundações étnicas altamente visíveis da identidade nacional americana. O paradoxo da identidade nacional americana que justapõe as liberdades democráticas associadas aos direitos individuais à realidade do tratamento diferenciado por grupo dispensado a brancos, povos indígenas e afrodescendentes reflete, assim, uma tensão complicada entre duas ideias de nacionalismo: o cívico e o étnico.

Os grupos de imigrantes há muito tempo enfrentam o desafio de negociar uma identidade racial/étnica americana dentro do triângulo racial que é tão essencial para a identidade nacional americana. A enorme imigração europeia para os Estados Unidos e a imigração caribenha para esse país, bem como importantes migrações internas de afro-americanos dentro dos Estados Unidos no início do século xx, ilustram um período importante quando a identidade nacional americana foi renegociada. Ao chegar aos Estados Unidos, certos grupos étnicos europeus – irlandeses, italiano ou judeus – possivelmente vistos como "outras raças" em seus Estados-nação de origem, foram redefinidos como imigrantes étnicos, muitas vezes estrangeiros não

---

11 Ver F. Anthias; N. Yuval-Davis, *Racialized Boundaries*; N. Yuval-Davis *Gender and Nation*, p. 26-29.

brancos. Esses novos imigrantes irlandeses americanos, italianos americanos e judeus americanos possuíam as qualificações biológicas para obter uma identidade branca, mas careciam de um vínculo histórico com o triângulo racial. Os membros desses grupos podiam passar da cidadania de segunda classe para a cidadania de primeira classe mediante a assimilação em novas identidades americanas. Mas quais identidades americanas eram as mais promissoras? Deveriam os imigrantes étnicos europeus se unir aos historicamente desfavorecidos afro-americanos e nativos norte-americanos, cuja subordinação aos racismos internos lhes parecia estranhamente familiar? Ou deveriam reivindicar o privilégio da pele branca requisitado para a obtenção da cidadania americana de primeira classe?

Como Noel Ignatiev nos lembra em *How the Irish Became White* (Como os Irlandeses se Tornaram Brancos), as respostas a essas questões estavam longe de serem claras[12]. Para grupos que haviam sido tratados como "raças" subordinadas na Europa, redefinir a si mesmos como "raça" privilegiada no contexto americano não iria ocorrer sem contestação. A antropóloga Karen Sacks defendeu um argumento semelhante por meio de sua pergunta, "Como os judeus se tornaram brancos?"[13] Apesar dos caminhos divergentes adotados pelos grupos étnicos brancos em sua marcha para a assimilação, reivindicar e depois apagar a branquitude era aparentemente um pequeno preço a pagar pelos benefícios ligados à cidadania americana de primeira classe.

Forçados a assistir a esse processo de assimilação europeia, os afro-americanos muitas vezes tinham de engolir seco. Em um "rap sobre raça", com a antropóloga Margaret Mead, o autor afro-americano James Baldwin descreveu a importância da raça para as definições do que é "ser americano":

> Cansei de ver pessoas descendo a rampa do navio na quarta-feira, digamos, sem falar nem uma palavra de inglês, e na sexta-feira descobrir que eu estava trabalhando para eles e eles estavam me chamando de "negrinho" como todo mundo. De modo que a aventura

---

12 Ver N. Ignatiev, *How the Irish Became White*.
13 Ver K.B. Sacks, How Did Jews Become White Folks?, em S. Gregory; R. Sanjexk (eds.), *Race*.

> italiana ou mesmo a aventura judaica, embora sombria, se distingue da minha própria aventura [...] por uma coisa. Não sou apenas negro, mas sou um dos nossos "negrinhos". Os americanos podem me tratar assim porque sou americano. Eles nunca tratariam um africano da mesma forma que me tratam.[14]

Nessa passagem, Baldwin aponta para as ligações entre assimilação, branquitude e cidadania de primeira classe, bem como para o modo pelo qual o mecanismo de discriminação racial do racismo interno operou para manter os afro-americanos subordinados como cidadãos de segunda classe.

Os imigrantes afro-caribenhos no início do século XX rapidamente descobriram que enfrentavam um desafio semelhante, embora diferente, àquele enfrentado por seus homólogos europeus. Eles também ansiavam pelos benefícios da cidadania americana de primeira classe, mas descobriam que, quando "desciam da rampa do navio na quarta-feira", sua experiência na sexta-feira diferia da "aventura" italiana ou judaica. Distanciar-se dos negros americanos pelo realce da identidade étnica caribenha pode ter rendido a esses imigrantes um tratamento de segunda classe um pouco melhor do que o dispensado aos "negrinhos" afro-americanos; entretanto, não garantiu tratamento de primeira classe. Reconhecendo essas contradições, um grande número de imigrantes afro-caribenhos se juntou ao Movimento Garvey. Optando por se juntar aos afro-americanos e ajudar a redefinir a etnicidade afro-americana, os integrantes do Movimento Garvey e de organizações políticas similares perceberam que permaneceriam cidadãos de segunda-classe enquanto o termo "americano" fosse silenciosamente acompanhado pelo adjetivo "branco". Suas experiências sugerem que o mito da assimilação, como caminho para a mobilidade social ascendente oferecida a todos os novos imigrantes, tinha um significado diferente para aqueles com traços africanos identificáveis.

A aparente permanência desse processo de usar múltiplas etnicidades para construir uma identidade nacional americana racializada

---

14 J. Baldwin; M. Mead, *A Rap on Race*, p. 67-68.

(porém não a forma que as categorias de cidadania racializada assumirão em qualquer época histórica) levanta a seguinte questão: como esse processo de racialização acontece? Certamente deve haver outros fundamentos que se entrelaçam com esse modelo racial. Nesse sentido, o gênero é muito importante. Mas como?

O Ideal Americano de Família: A Normalização e Naturalização da Hierarquia Racial

Uma importante contribuição do feminismo ocidental tem sido demonstrar, por meio de suas análises, como o ideal americano de família favorece a opressão das mulheres[15]. Esse ideal tem vários componentes. Definida como um arranjo natural ou biológico baseado na atração heterossexual, a família ideal é representada por casais heterossexuais que produzem seus próprios filhos biológicos. Uma família que funciona adequadamente protege e equilibra os interesses de todos os seus membros: mães e pais cuidam de suas crianças, adultos cuidam de seus pais idosos e maridos cuidam de esposas. Todo mundo recebe e se beneficia da filiação familiar em proporção às suas respectivas capacidades. Apesar dessa aparente unidade de interesses entre os membros da família, as hierarquias não só existem dentro dela, como também são consideradas naturais, normais e necessárias para a sobrevivência familiar. As famílias normais têm uma estrutura de autoridade natural; ou seja, um pai como chefe de família ganhando um salário adequado para cobrir as despesas familiares, uma esposa como dona de casa e os filhos. Aqueles que idealizam esse modelo de família como um refúgio privado em face do mundo público veem a família como um núcleo sustentado por laços emocionais primários de amor e carinho por meio dessa estrutura de autoridade natural. Pressupondo uma divisão do trabalho sexual relativamente fixa, na qual as mulheres têm seus papéis definidos principalmente no âmbito do lar e os homens

---

15 Ver M.L. Andersen, Feminism and the American Family Ideal. *Journal of Comparative Family Studies*, v. 22, n. 2; e B. Thorne, Feminism and the Family, em B. Thorne; M. Yalom (eds.), *Rethinking the Family*.

no mundo público do trabalho, o ideal americano de família também pressupõe a separação entre trabalho e família.

Como apontam os estudos feministas, esse ideal promove desigualdades de gênero. Em particular, a ideia de um chefe de família concentrado na figura masculina privilegia e naturaliza simultaneamente a autoridade masculina como uma premissa fundamental da sociedade americana em geral[16]. Assim como os pais são chefes de família na esfera privada da família, os homens são chefes de instituições sociais na esfera pública. Além disso, a noção de esferas de influência apropriadas para homens e mulheres promove uma compreensão generizada dos espaços público e privado. Como as mulheres são frequentemente associadas à família, o espaço doméstico torna-se o espaço privado e feminino que se distingue do espaço público-masculino que está fora de suas fronteiras. O espaço familiar é apenas para membros: somente membros da família podem convidar pessoas de fora, as quais, de outro modo, se tornam intrusos. Dentro dessas esferas generizadas do espaço privado e público, mulheres e homens, novamente, assumem papéis distintos. As mulheres devem permanecer em seu lugar de origem. Evitar o espaço perigoso das vias públicas permite que as mulheres cuidem de crianças, doentes, idosos e outros familiares dependentes. Espera-se que os homens apoiem e defendam o espaço privado e feminino que abriga suas famílias. Em geral, as hierarquias naturais de gênero defendidas pelo ideal americano de família – o tratamento diferenciado dispensado a filhos e filhas quanto à autonomia econômica e ao livre acesso ao espaço público – se entrelaçam com práticas como a divisão por sexo das ocupações no mercado de trabalho remunerado e o controle masculino dos mais diversos espaços da sociedade – cargos governamentais, esportes profissionais, ruas e demais locais públicos.

A importância do ideal americano de família para as hierarquias de gênero sugere que esse ideal pode funcionar de maneira semelhante para outras hierarquias sociais. Por exemplo, por meio de sua centralidade enquanto mecanismo de regulação da propriedade,

---

[16] Ibidem.

a família reaparece como uma importante instituição social para a normalização das hierarquias de classe social[17]. As leis de herança nos Estados Unidos foram dedicadas à transferência intergeracional de riqueza, não exclusivamente de indivíduo para indivíduo, mas por meio da linhagem familiar. Ao nascer, os indivíduos herdam a riqueza ou dívida acumulada de suas famílias, as quais, por sua vez, formam o capital social e efetivo que definem sua infância. Essa transferência intergeracional familiar de bens e os benefícios que advêm para aqueles possuidores de bens sugerem que a família constitui uma importante instituição social na regulação de concentrações desiguais de riqueza e pobreza, especialmente entre uma geração e outra[18].

A retórica familiar, portanto, trabalha para naturalizar e normalizar práticas sociais que distribuem a riqueza e a pobreza entre as famílias dos EUA. A transferência intergeracional de riqueza e dívida constitui um importante mecanismo de reprodução das hierarquias de classe social. As práticas do mercado de trabalho que distribuem os indivíduos em vários segmentos desse mercado, e de onde resulta uma importante diferença de renda entre mulheres e homens em empregos distintos, exigem regras que retratem esse processo como fundamentalmente justo. As práticas do mercado de trabalho exigem uma estrutura de autoridade legítima que, em geral, depende do ideal americano de família para ter significado. Por exemplo, dentro da lógica do ideal americano de família, idade ou antiguidade constituem uma forma normal de hierarquia social na qual os adultos têm autoridade natural sobre as crianças, e os irmãos mais velhos são naturalmente responsáveis pelos mais jovens. Aqueles mais antigos ganham maior responsabilidade e maiores benefícios. Ideias como essas parecem benignas e justas na medida em que definem critérios para criar uma estrutura de autoridade equitativa e normal. No entanto, quando mapeadas nas práticas do mercado de trabalho, essas ideias aparentemente naturais se tornam fatores relevantes na criação de oportunidades e desvantagens econômicas. A crença de

---

17 Ver P. Collins, It's All in the Family, *Hypatia*, v. 13, n. 3; e idem, *Black Feminist Thought*.
18 Ver M.L. Oliver; T.M. Shapiro, *Black Wealth/White Wealth*.

COMO SE FOSSE DA FAMÍLIA

que regras como "último contratado, primeiro demitido" promovem uma distinção justa entre os trabalhadores, ignora as práticas excludentes do passado que discriminavam mulheres e grupos raciais/étnicos. Da mesma forma, a transferência intergeracional de riqueza, ironicamente mediante o mecanismo da herança familiar, permanece fundamentada na crença semelhante de que proprietários de escravos, proprietários de terras e outros que fizeram fortunas em épocas pregressas gozavam de uma vantagem legítima no processo de acumulação de propriedades.

Dessa forma, as hierarquias sociais de classe social e gênero dependem da retórica e das práticas associadas ao ideal americano de família. Ao mesmo tempo, essas hierarquias não invocam a família da mesma maneira. Por um lado, as hierarquias de classe dependem fortemente de práticas excludentes que parecem concebidas para manter as famílias separadas umas das outras. Práticas excludentes apelam a noções de pureza de grupo. Evocando os velhos racismos externos, seu objetivo é impedir que o grupo social ofensivo, nesse caso, as famílias pobres e da classe trabalhadora, participe da competição por vagas em universidades, bairros desejáveis e empregos qualificados, encarados como apanágio das famílias de maior poder aquisitivo, ou seja, de renda média e alta. Já as hierarquias de gênero dependem mais fortemente de práticas concebidas para subordinar aqueles membros que integram de forma permanente as unidades familiares individuais. Para mulheres com maridos violentos e crianças com pais abusivos, a dominação e o amor se entrelaçam. Como fica sugerido na percepção que a Sra. C. forma acerca de sua relação com Mildred – "Nós, *simplesmente*, a amamos!" –, a autoridade aparentemente natural dos maridos sobre as esposas, dos pais sobre os filhos e dos empregadores benevolentes sobre sua criadagem negra mascara relações de poder. Evocando as velhas práticas associadas ao racismo interno, as hierarquias de gênero operam no âmbito de uma diferença na proximidade, lá onde se faz necessário manter diferenças de poder entre indivíduos incluídos no mesmo sistema. Enquanto é evidente que classe e gênero operam juntos, práticas familiares que subordinam e exploram no interior da família podem ser menos visíveis em seu caráter de opressão, bem como mais difíceis de enfrentar, em parte porque são aprendidas no contexto da família e de tudo o que a família deve ser.

Tomemos a título de exemplo a crescente compreensão de Carol acerca do privilégio de classe, da subordinação de gênero e do racismo tal como retratada por Childress. No convívio com suas duas mães, Sra. C e Mildred, Carol aprende sobre ambas as formas de hierarquia. Embora a Sra. C esteja sempre dizendo que Mildred é "como se fosse" da família – "Ela *simplesmente adora* nossa pequena Carol!" –, Carol sabe claramente que sua mãe branca é superior à negra. Como uma miniatura da Sra. C em fase de treinamento, Carol está aprendendo pela óptica do binarismo de gênero qual o lugar das mulheres brancas em uma hierarquia de classe racializada. De forma semelhante, legiões de meninas e meninos brancos americanos de classe média e afluentes vivem em bairros praticamente brancos, frequentam escolas praticamente brancas e jogam em times de futebol praticamente brancos. Quando crianças como a pequena Carol se deparam com membros de grupos raciais/étnicos, trata-se, em geral, de indivíduos em papéis subalternos ou, mais contemporaneamente, de amigos escolhidos a dedo com origens sociais semelhantes. Essas crianças aprendem o significado de uma hierarquia de classe social racializada e mediada por um binarismo de gênero a partir da segurança adquirida por suas famílias proprietárias. Essa hierarquia é normalizada porque ocorre dentro de processos familiares aparentemente naturais associados às suas famílias, bairros, escolas, igrejas, instalações recreativas e shoppings locais.

Valendo-se de uma série de práticas inter-relacionadas semelhantes às do racismo externo e interno, a retórica e as práticas associadas ao ideal americano de família naturalizam e normalizam a hierarquia racial. A ideologia da família é especialmente importante para a construção das ideias concernentes à raça. Por exemplo, um componente importante do processo de naturalização diz respeito a como os pressupostos dos "laços de sangue" condicionam os vínculos percebidos entre sangue, família, parentesco e raça. Nos Estados Unidos, os conceitos de família e parentesco ganham força a partir do fluxo de sangue como substância que regula a disseminação de

COMO SE FOSSE DA FAMÍLIA

direitos[19]. As famílias são mecanismos destinados a perpetuar os laços sanguíneos por meio da manutenção das linhagens via reprodução. Considerando que o sistema jurídico está profundamente comprometido com a legitimação do casamento de parceiros heterossexuais, a importância dada aos laços aparentemente naturais entre mães e filhos, irmãos e irmãs, avós e netos sinaliza a importância do sangue na elaboração de definições biológicas e, portanto, naturalizadas de família, bem como de raça. Para apreciar a profundidade dos laços de sangue como base da família, basta ver a profunda resistência ao casamento entre gays e lésbicas. Uma vez que essas uniões são vistas como não procriadoras, elas interrompem a aparente naturalidade da linhagem pelo sangue idealizada pela heterossexualidade e pelo casamento heterossexual. Representando os vínculos genéticos entre indivíduos aparentados, a crença nos vínculos sanguíneos naturaliza os vínculos entre os membros das redes de parentesco.

Dada a importância atribuída à biologia, compreende-se porque são conferidas às mulheres dos mais variados grupos raciais/étnicos tantas responsabilidades no mantimento desses laços sanguíneos aparentemente naturais[20]. Por exemplo, as mulheres brancas de diferentes classes sociais estão especialmente incumbidas de manter a pureza das linhagens familiares e raciais. Antes das tecnologias reprodutivas contemporâneas, o mantimento das famílias brancas proprietárias exigia o controle da sexualidade das mulheres brancas, em grande parte por meio de normas sociais que preconizavam a virgindade antes do casamento. Ao se casar com homens brancos e se envolver em relações heterossexuais apenas com seus maridos, as mulheres brancas proprietárias asseguravam a pureza racial das famílias brancas. Assim, por meio de tabus sociais que privavam as mulheres brancas de contrair relações sexuais pré-maritais bem como pelo casamento inter-racial, as famílias brancas puras podiam evitar a degeneração racial do hibridismo[21]. Quando foram

---

19 Ver B.F. Williams, Classification Systems Revisited, em S. Yanagisako; C. Delaney (eds.), *Naturalizing Power*.
20 Ver P.H. Collins, Producing the Mothers of the Nation, em N. Yuval-Davis (ed.), *Women, Citizenship and Difference*.
21 Ver R.J.C. Young, *Colonial Desire*.

RAÇA, FAMÍLIA E O ESTADO-NAÇÃO DOS EUA

reinseridos em hierarquias naturalizadas de gênero, classe e raça e institucionalmente aplicados por meio de mecanismos tais como os espaços racialmente segregados e a violência sancionada pelo Estado, os esforços para regular a sexualidade e o casamento consolidaram as crenças na santidade dos laços sanguíneos.

Na história dos EUA, as definições de raça embasadas numa biologia racista, normalizaram a importância dos laços do sangue mediante o poder das leis, dos costumes e da infraestrutura de instituições sociais racializadas. Famílias biológicas e famílias raciais dependem de noções semelhantes[22]. Definições de raça no sentido de família tradicionalmente repousam, nos EUA, em classificações biológicas legitimadas pela ciência e sancionadas por lei. Ao agrupar as pessoas por meio de critérios de semelhança física, tais como cor da pele, traços fisionômicos ou tipo de cabelo, sob o amparo das leis dos costumes, os americanos brancos usaram o racismo científico para definir três grupos sociais distintos: os próprios americanos brancos, as pessoas indígenas e os negros americanos[23]. Assim como se esperava que os membros de famílias "efetivas" unidos por laços de sangue se assemelhassem uns aos outros, aqueles que pertenciam a grupos raciais descendentes de uma linhagem comum deviam compartilhar aspectos físicos, intelectuais e morais. Dentro dessa lógica, indivíduos e grupos racialmente diferentes tornavam-se "estranhos".

Além da retórica fornecida pelo ideal americano de família, as práticas relativas às famílias americanas reais operam no sentido de naturalizar e normalizar a hierarquia racial. Os múltiplos significados ligados ao conceito de *lar* (*home*) – lar como agregado familiar doméstico e lar como bairro – também dizem da importância da família na regulação das relações de propriedade que são tão centrais para a hierarquia racial. Dentro da lógica do ideal americano de família, o lar ideal é uma habitação unifamiliar situada em um bairro agradável, onde os valores imobiliários aumentariam com o passar do tempo. O lar onde a família habita é também o seu investimento. No entanto, quando isso se combina com uma ideia racial de família,

---

22 Ver D.T. Goldberg, *Racist Culture*.
23 Ver S.J. Gould, *The Mismeasure of Man*.

em que famílias brancas, nativas e negras são vistas como os blocos de construção de diferentes raças, o que parece ser uma ideia relativamente benigna – o lar da família –, surge como um mecanismo fundamental para reproduzir hierarquias de raça e classe.

A história da habitação segregada por raça e classe que se reflete na identidade igualmente segregada dos bairros constitui um importante pilar da hierarquia racial nos Estados Unidos. Assim como o valor atribuído às famílias reflete a posição que essas mesmas famílias ocupam nas hierarquias raciais e de classe social, os valores imobiliários que caracteriza os bairros onde essas famílias vivem demonstram desigualdades comparáveis. A prática de incentivar as famílias a comprar casas unifamiliares em vez de outras opções de moradia funciona para mascarar o fato de que os valores das moradias ocupadas por diferentes grupos raciais/étnicos é central para a hierarquia racial. Por exemplo, habitação residencial e bairros racialmente segregados nos Estados Unidos, referidos como "apartheid americano", praticamente garantem que famílias como a de Mildred nunca terão como vizinhos famílias como a da Sra. C[24]. O espaço segregado étnico e de classe exige que as famílias americanas e os bairros onde residem sejam mantidos separados.

Se é malvista uma família constituída por indivíduos de diferentes origens raciais, étnicas, religiosas ou de classe, também não se recomenda misturar diferentes raças dentro de um bairro. Bairros supostamente funcionam melhor quando a homogeneidade racial ou de classe prevalece. Bairros segregados e racialmente segregados sugerem que famílias e grupos raciais exigem seus próprios lugares únicos onde eles possam se sentir "em casa". Designar a cada grupo – de brancos, afro-americanos, latinos e dos novos grupos raciais/étnicos de imigrantes – seus próprios espaços separados é a tentativa de manter uma pureza geográfica e racial. Como grupo dominante, os brancos americanos continuam a apoiar medidas legais e extralegais que segregam afro-americanos, nativos norte-americanos, mexicanos americanos, porto-riquenhos e outros grupos similares, perpetuando,

---

24 Para o uso popular do termo "apartheid americano", ver D.S. Massey; N.A. Denton, *American Apartheid*.

assim, as normas culturais associadas ao desejo de pureza racial/étnica em escolas, bairros e instalações públicas. A esse respeito, o contínuo "êxodo branco" (*White flight*) que tomou conta das cidades do interior foi reforçado por um arsenal de políticas públicas, como benefícios fiscais para a aquisição de casa própria, estradas subsidiadas e infra--estrutura para áreas suburbanas de rápido crescimento, zoneamento em comunidades suburbanas que restringem a habitação de baixa renda, a negação de empréstimos e seguros para grupos raciais/étnicos que querem se mudar para áreas totalmente brancas, e resistência à incorporação suburbana em distritos escolares metropolitanos que colocariam crianças brancas de classe média em escolas frequentadas por estudantes raciais/étnicos da classe trabalhadora. Essas políticas públicas são complementadas pelo que parece ser o resultado de escolhas individuais e privadas, as quais efetivamente mantêm espaços domésticos racialmente segregados para homens, mulheres e crianças brancas. Por exemplo, a privatização crescente nos EUA de escolas públicas, assistência médica, instalações de recreação e das forças de segurança, responde à capacidade dos brancos com poder aquisitivo para comprar experiências racialmente homogêneas para si e para a sua prole. O que permanece digno de nota sobre essas práticas é que elas são tipicamente defendidas como não raciais, pois supostamente ocorrem em defesa da família.

O caráter de gênero do ideal americano de família significa que ele eiva profundamente a produção de hierarquia racial por meio do espaço geográfico e social racialmente segregado. Como os espaços racializados são codificados como espaços privados, as casas servem como santuários para os membros da família. Cercadas por indivíduos que aparentemente têm objetivos similares, essas casas representam espaços idealizados e privatizados onde os membros podem se sentir à vontade. As mulheres se tornam importantes na manutenção desse lar como santuário e lugar de renovação. Nesse lar estão as mulheres, que são responsáveis pela reprodução da família, e também as crianças, que representam o seu futuro. Ambas precisam ser protegidas contra os estranhos. Em ambos os lados do poder racial, as mulheres brancas, nativas e negras ocupam, portanto, uma posição irônica: elas devem ser submissas dentro da família, mas

COMO SE FOSSE DA FAMÍLIA

protegidas de ameaças que existem fora do lar. Além disso, em um sistema no qual a retórica e as práticas familiares se tornam os blocos de construção da hierarquia racial, sejam as mulheres que se tornam símbolos das famílias, sejam as "famílias" raciais que são construídas como entidades privadas e femininas que precisam de proteção contra intrusos, a defesa da família torna-se importante.

Nesse sentido, a construção da hierarquia racial é um processo generizado que, por sua vez, trabalha com e por meio de classe social, idade e heterossexismo enquanto formas comparáveis de hierarquia. O gênero dá provas de ser uma categoria maleável que muitas vezes não corresponde ao sexo biológico atribuído aos indivíduos. A infraestrutura de gênero da ideia tradicional de família funciona em conexão com múltiplas hierarquias. Mas como essas ideias sobre a família podem trabalhar com uma identidade nacional americana racializada?

Construindo e Reconstruindo a Identidade Nacional dos EUA

Se nos Estados Unidos o Estado-nação é conceituado como uma grande família nacional nos termos da retórica do ideal americano de família, então esse ideal pode fornecer um modelo para se avaliar a posição do grupo em relação ao bem-estar nacional americano e qual a sua contribuição para esse bem-estar. Dentro dessa lógica, os nativos norte-americanos, os afro-americanos, os porto-riquenhos e os mexicanos tornam-se os "outros domésticos; eles são incluídos no corpo político *como se fossem* da família americana. Em contraste, os imigrantes raciais/étnicos provenientes do México, da América Central, América Latina, Caribe e da África tornam-se os "negros estrangeiros" e os "imigrantes latinos" – os alvos das políticas de exclusão. Ocorre aí uma curiosa inversão. Nativos, negros domésticos e povos nativos norte-americanos tornam-se quase-mulheres. Assim como as mulheres são necessárias à família idealizada, embora desempenhando papéis subalternos, os grupos raciais/étnicos nativos são construídos como *insiders*. Pertencem claramente ao corpo político dos EUA, contudo permanecem subordinados dentro dele. Como um

25

perigo que ameaça de perto o bem-estar do Estado-nação, esses grupos se deparam com uma política de exploração e contenção. Em contraste, as pessoas de ascendência africana, herança hispânica ou origem indígena nascidos fora dos Estados Unidos são construídas como *outsiders*. A natureza de sua ameaça reside em seu desejo de entrar e, assim, poluir o espaço doméstico privilegiado reservado à família nacional americana.

A resposta de Mead à análise de Baldwin sobre o processo de americanização destaca a natureza generizada do tratamento diferente dispensado àqueles que são "como se fossem" da família. Traçando um paralelo entre raça e gênero, ela observa: "Voltando a tratar o que é seu pior do que aos outros: Muitos homens não vão aturar de suas esposas o que vão aturar de outras mulheres, porque suas esposas são suas e elas vão ficar em casa e fazer o que seus maridos querem."[25] Segundo o modelo de propriedade familiar de Mead, negros domésticos e povos nativos se equiparam a esposas ou filhos dentro das famílias. Assim, a "esposa infantil" e as "mulheres e crianças inocentes" tornam-se modelos para a construção de significados raciais e de gênero. Ideologias raciais que retratam grupos raciais/étnicos como crianças intelectualmente subdesenvolvidas e não civilizadas exigem ideias paralelas que constroem os brancos como adultos civilizados e intelectualmente maduros. Quando aplicada à raça, a retórica familiar – que considera os adultos mais desenvolvidos do que as crianças e, portanto, com direito a maior poder – lança mão de uma naturalização da idade e da autoridade para legitimar a hierarquia racial e distribuir direitos, permissões e responsabilidades nacionais. Ironicamente, porque os nativos norte-americanos, afro-americanos, porto-riquenhos e mexicanos são membros "naturais", embora subordinados da família nacional, a ameaça potencial representada por essas minorias formadas pelos chamados "domésticos", ou *insider*, pode ser vista como mais perigosa do que a ameaça representada por grupos de imigrantes raciais/étnicos "estrangeiros".

Noções de identidade nacional americana fundamentadas nessa retórica familiar generizada conceituam os Estados Unidos como

---

25 J. Baldwin; M. Mead, op. cit., p. 70.

COMO SE FOSSE DA FAMÍLIA

uma grande família nacional. Além disso, essa família nacional imaginária estabelece hierarquia dentro da unidade ao invocar os princípios de um nacionalismo cívico, reivindicando uma unidade de interesses capaz de suplantar os interesses especiais de grupo, seja enquanto classe, etnia, raça ou gênero[26]. Ao mesmo tempo, as ideias do nacionalismo étnico compartimentalizam a população dos Estados Unidos em "famílias" raciais/étnicas dispostas hierarquicamente dentro do Estado-nação. Nesse contexto de hierarquia naturalizada dentro da unidade nacional americana, os membros de determinadas famílias raciais/étnicas são bridados com todos os benefícios do pertencimento ao Estado-nação americano, enquanto outros recebem um tratamento inferior associado à cidadania de segunda classe. Curiosamente, as construções contemporâneas da branquitude permitem variações que englobam a etnicidade. Evitando a branquitude vazia de um processo de assimilação que, a fim de se tornar branco, apaga a etnicidade, muitos americanos brancos agora reivindicam etnicidades múltiplas. Mary Waters se refere a esse processo como "etnicidade opcional", mostrando que a etnicidade opera como uma opção apenas para os americanos brancos[27]. E, no entanto, essa etnicidade opcional mascara o poder da branquitude no que concerne à definição da cidadania. Somente os americanos brancos podem abandonar suas identidades raciais e étnicas para defender o cidadão nacional universalizado. Só os americanos brancos podem ser americanos "puro-sangue". Representando o epítome da pureza racial que também é associada aos interesses nacionais americanos, os brancos constituem os cidadãos mais valiosos. Em contraste, os grupos raciais/étnicos são estigmatizados como representantes de particularismo, atraso, infantilidade e interesses especiais.

Num Estado-nação assim racializado, os grupos raciais/étnicos negociam uma paisagem fluida de significados étnicos fortemente vinculados ao entendimento americano sobre raça. Sejam os naturais do país, sejam os estrangeiros, ambos são importantes, com raça, gênero, classe e etnicidade obtendo significado uns dos outros. Povos

---

26 Ver A. McClintock, *Imperial Leather*.
27 Ver M. Waters, Optional Ethnicities, em S. Pedraza; R.G. Rumbaut (eds.), *Origins and Destinies*.

indígenas, afro-americanos, mexicanos, havaianos nativos, porto-
-riquenhos e outras minorias domésticas se tornam cidadãos de
segunda classe. Em contraste, os imigrantes de Caribe, Ásia, América
Latina e África, que não têm como se passar por brancos, encontram
mais dificuldade em obter cidadania do que imigrantes europeus.
Como os grupos de imigrantes raciais/étnicos não podem se tornar
biologicamente brancos e, portanto, não possuem os laços sanguíneos apropriados, tais grupos enfrentam as contradições levantadas
por um triângulo racial profundamente enraizado que aparentemente contradiz os princípios do nacionalismo cívico. Além disso,
uma vez domesticados e incluídos na família americana por meio
da obtenção da cidadania, eles enfrentam os desafios de serem tratados como cidadãos de segunda classe. Ao contrário das ondas
anteriores de imigrantes europeus, que poderiam de fato se tornar
brancos, os grupos recentes de imigrantes raciais/étnicos podem,
na melhor das hipóteses, se tornar "brancos honorários".

No contexto de um nacionalismo étnico racializado, os significados da cidadania americana são moldados pelas ideias das hierarquias
naturalizadas, que emergem por meio da retórica familiar e das efetivas práticas familiares. Entendimentos do senso comum sobre a
família sugerem que os indivíduos se sentem devedores dela e responsáveis por ela. Nesse sentido, os indivíduos normalmente ajudam
os membros de sua família, seja cuidando de crianças, emprestando
dinheiro, localizando emprego e moradia ou cuidando dos doentes.
Os membros consanguíneos da família adquirem esses benefícios
apenas por pertencerem a ela. Mesmo quando carecem de mérito,
eles têm direito a benefícios simplesmente em razão desse pertencimento. Além disso, os indivíduos incorrem em responsabilidades
diferentes que dependem de sua colocação na hierarquia familiar.
Por exemplo, espera-se que as mulheres realizem grande parte do
trabalho reprodutivo, enquanto os deveres dos homens consistem
em fornecer apoio financeiro.

De forma semelhante, sob os princípios do nacionalismo cívico,
os cidadãos americanos, por nascimento ou naturalização, adquirem
certos direitos e responsabilidades inerentes à cidadania. A todos os
cidadãos americanos são prometidos direitos como proteção igual

COMO SE FOSSE DA FAMÍLIA

perante a lei, acesso ao seguro desemprego, aposentadoria por idade, educação pública gratuita e outros benefícios de assistência social. Os cidadãos também devem cumprir certas obrigações para com o Estado-nação, a exemplo de pagar impostos, observar a lei e prestar serviço militar quando necessário. Em contraste com os direitos e responsabilidades conferidos aos *insiders*, os *outsiders* não têm nem os direitos nem as obrigações decorrentes do pertencimento. Semelhante aos que não são da família, os que não são cidadãos americanos não têm direito a benefícios de cidadania nem são responsáveis pelos deveres nacionais.

Nos Estados Unidos, onde a raça é construída por meio de supostos laços de sangue, a distribuição diferenciada de direitos e responsabilidades de cidadania cria categorias de cidadania de primeira e segunda classe que permanecem excessivamente influenciadas pelo triângulo racial fundamental. O *status* de cidadania é conferido ao nascimento, independentemente do mérito individual. Para estar convencido dessa discrepância, basta comparar a distribuição diferenciada dos direitos de cidadania às crianças americanas com base na raça, etnia e classe das famílias em que nascem. A enorme variação na qualidade da educação pública fornece um estudo de caso sóbrio sobre o quanto as origens familiares importam. Compare-se, por exemplo, a qualidade da educação pública normalmente fornecida àquelas crianças que são em grande parte afro-americanas, mexicanas, porto-riquenhas e da classe trabalhadora nas escolas situadas nos centros das cidades com aquela que é concedida aos filhos da classe média, esmagadoramente brancos, nos distritos suburbanos. Apesar da decisão de *Brown vs Conselho de Educação*, de 1954, que proíbe a segregação racial em escolas públicas, um grande número de crianças de famílias da classe trabalhadora e pobres afro-americanas permanecem adstritas às escolas do centro da cidade, escolas mal financiadas, deterioradas e racialmente segregadas. Independentemente do mérito *individual*, essas crianças como *classe* são vistas como desprovidas de mérito e indignas de apoio público e são tratadas como cidadãos de segunda classe. Quando se compara o seu parco quinhão com as instalações escolares e serviços muitas vezes luxuosos fornecidos às crianças que

RAÇA, FAMÍLIA E O ESTADO-NAÇÃO DOS EUA

frequentam predominantemente escolas suburbanas brancas, especialmente em distritos afluentes, evidencia-se o significado de possuir cidadania de primeira classe. Embora muitas crianças suburbanas não tenham mérito *individual*, os valores de propriedade das casas de seus pais, a localização dessas casas em bairros homogêneos com valor de apreciação, o domínio de seus pais em empregos profissionais e gerenciais, e a riqueza familiar acumulada, que pode ter sido transmitida de gerações anteriores, tudo isso confere automaticamente a essa *classe* de crianças o direito a tratamento de primeira classe.

Com base na crença de que as crianças e suas famílias possuem lugares prescritos aos quais pertencem, imagens de lugar, espaço e território fazem um elo entre aquelas noções generizadas de família e as ideias de raça e nação[28]. Nessa lógica em que tudo tem o seu lugar, manter fronteiras de todos os tipos torna-se de vital importância. Preservar a lógica dos espaços domésticos segregados requer regras rígidas que distingam os internos dos externos. Assim como as famílias americanas racialmente homogêneas estão ligadas aos valores de propriedade de seus bairros racialmente segregados, a identidade nacional americana também depende da proteção das fronteiras dos Estados Unidos a fim de garantir os direitos de cidadania aos cidadãos americanos. Garantir a "pátria" ou o território nacional de um povo tem desde há muito um ponto importante para as aspirações nacionalistas[29]. Assim como as famílias e os bairros necessitariam da proteção contra forasteiros, manter a integridade das fronteiras nacionais persiste como um pilar da política externa americana. Uma vez que os Estados Unidos operaram como uma potência mundial dominante desde a Segunda Guerra Mundial, proteger seu próprio solo contra ataques militares foi menos enfatizado do que proteger os chamados interesses americanos no exterior. Os cidadãos americanos e as empresas americanas que estão em solo estrangeiro representam extensões do território americano, os cidadãos da família nacional que devem ser defendidos a todo o custo.

---

28 Ver P. Jackson; J. Penrose, Introduction: Placing "Race" and Nationem P. Jackson; J. Penrose (eds.), *Constructions of Race, Place and Nation*.
29 Ver F. Anthias; N. Yuval-Davis, op. cit.; C. Calhoun, op. cit.

COMO SE FOSSE DA FAMÍLIA

Como é o caso em todas as situações de hierarquia, o uso real ou implícito de força, sanções e violência pode ser necessário para manter relações de poder desiguais. No entanto, em nome de uma identidade nacional americana racializada, a violência requerida, de tão generalizada, pode se tornar praticamente invisível. Exemplo disso é a resistência que há bastante tempo encontram os esforços feministas para que a violência contra as mulheres dentro de suas próprias casas seja levada a sério como uma forma efetiva de violência e não apenas como uma questão familiar privada. De modo semelhante, a violência contra nativos norte-americanos, porto-riquenhos, mexicanos, afro-americanos, havaianos nativos e outros grupos que foram incorporados aos Estados Unidos por meio da conquista e da escravidão permanece sendo ignorada ou distorcida em sua real dimensão. Mesmo a violência atual contra esses grupos continua subnotificada, tornando-se digna de comoção somente quando capturada de forma dramática, como no caso das cenas filmadas de agressão contra o motorista Rodney King por policiais de Los Angeles. Apesar de sua gravidade e aumento na década de 1990, os crimes de ódio contra minorias raciais/étnicas, mulheres, crianças e também gays, lésbicas e bissexuais permanecem praticamente invisíveis. Por meio do silêncio, essas formas de violência não são apenas negligenciadas; elas se legitimam. A retórica familiar também pode operar de modo a minimizar a compreensão da violência em grupos que se definem em termos familiares. Assim como, em muitos lares, o espancamento de mulheres e o abuso físico e sexual infantil se tornam parte dos "segredos de família", a rotina de violência direcionada contra mulheres, pessoas LGBT, crianças e grupos raciais/étnicos torna-se o segredo sujo de família da identidade nacional americana.

Nos Estados Unidos, o período que se inicia em 1965 tem sido marcado pela contradição da mudança e da continuidade. A expressão "o escurecimento da América" aparentemente descreve uma mudança de perfil populacional que aponta para o caráter multiétnico e multirracial dos Estados Unidos. Quando combinadas com a mudança de ideias sobre a família, essas tendências produzem coletivamente novas oportunidades para reconfigurar, nos EUA, o significado, seja do triângulo racial fundamental, seja da

RAÇA, FAMÍLIA E O ESTADO-NAÇÃO DOS EUA

família ideal na formação da identidade nacional americana. Se os antigos significados raciais se reorganizarão sob a rubrica da nova terminologia racial, ou se os Estados Unidos serão capazes de criar uma democracia multiétnica e multirracial que, na realidade, reflete os princípios do nacionalismo cívico, é algo ainda a conferir. No entanto, as recentes mudanças demográficas levantam várias questões interessantes para a investigação.

Uma dessas questões diz respeito ao impacto do número crescente de novos grupos de imigrantes raciais/étnicos da Ásia, América Latina e África que aumentaram o número de mexicanos, porto-riquenhos, chineses-americanos, e nipo-americanos e outros grupos raciais/étnicos historicamente subordinados. As novas populações de imigrantes veem os Estados Unidos como uma terra onde as oportunidades econômicas superam as desvantagens que oneram aqueles que não são brancos. E como a maioria desses imigrantes deixa para trás situações econômicas ou políticas negativas, a América ainda representa uma terra de oportunidades. Novas relações entre cor e poder são renegociadas diante dessas enormes mudanças demográficas. Dentro desse "escurecimento da América", as populações latinas desempenham um papel fundamental, pois simultaneamente reforçam e desafiam significados raciais de longa data. As populações latinas têm uma história estabelecida nos Estados Unidos. O que é novo é o tamanho dessa população e a diversidade de grupos que agora se enquadram na rubrica "latino". Por um lado, as populações latinas podem optar por replicar triângulos raciais *dentro* da categoria de latino, beneficiando aqueles que são biologicamente brancos e discriminando aqueles que parecem ser nativos ou negros. Por outro lado, como as populações latinas englobam múltiplas categorias raciais, tais populações podem dissolver a dinâmica de poder do triângulo racial fundamental, abraçando o caráter multirracial de sua própria população. Além disso, como não existe uma fronteira fixa entre os latinos e outros grupos – existem os latinos "brancos", os latinos "negros" e uma miríade de variações e misturas – a população latina torna-se apta a se estabelecer como um novo centro da identidade nacional americana, um centro que está profundamente atrelado a outras populações.

COMO SE FOSSE DA FAMÍLIA

O relaxamento das longevas regras contra o casamento inter-racial, bem como a crescente aceitação das adoções transraciais realizadas por famílias brancas, levanta outro conjunto de questões sobre o futuro do triângulo racial fundamental. Um clima jurídico diferente deu uma nova visibilidade às crianças de relacionamentos racialmente mistos. Historicamente, como a maioria dessas crianças não brancas decorria de relacionamentos extraconjugais com mulheres raciais/étnicas, muitas delas eram acolhidas pelas comunidades raciais/étnicas existentes. Atualmente, no entanto, essas crianças nascem cada vez mais de mães brancas. As leis conjugais e de apoio à criança permitem que essas crianças reivindiquem os direitos de propriedade que lhes cabem como filhos de mães ou pais brancos. Essas crianças birraciais não se encaixam perfeitamente em nenhuma categoria racial/étnica existente, nem deveriam. De maneira semelhante, crianças raciais/étnicas adotadas e criadas por famílias brancas não se encaixam precisamente em nenhuma categoria racial. Muitas são "brancas honorárias" e, como tal, estão posicionadas de forma única para desafiar como nunca uma identidade nacional americana racializada. Coletivamente, ambos os grupos desafiam entendimentos de longa data sobre pureza e linhagem familiar defendida pelo ideal americano de família.

O caleidoscópio da cor que caracteriza cada vez mais a população dos EUA não significa que o triângulo fundacional de raças desapareceu. Pelo contrário, a questão que se coloca aos novos grupos de imigrantes raciais/étnicos, cidadãos americanos mestiços e crianças raciais/étnicas criadas em lares brancos é semelhante à enfrentada pelos seus homólogos europeus e afro-caribenhos no início do século XX. Nesse sentido, as mudanças demográficas em curso na sociedade americana oferecem, no entanto, mais uma oportunidade para enfrentar o paradoxo básico da identidade nacional americana. Coletivamente, tais grupos demonstram que as fronteiras entre brancos, povos nativos e negros estão longe de serem fixas e invioláveis. Em vez disso, a situação se assemelha a um mosaico mutável de uma contínua renegociação da posição de cada grupo dentro de um triângulo racial relativamente fixo. Esses grupos renegociam suas identidades a partir dos – e também contra os – pontos de referência ainda fixos de branco, nativo e preto. Ainda não se sabe se suas reivindicações à identidade americana implicarão a dissolução do próprio triângulo racial.

Observações Finais

O paradoxo da identidade nacional americana gira em torno de múltiplas contradições, quais sejam: os direitos de cidadania prometidos aos cidadãos dos EUA justapostos à discriminação de grupo; os racismos externos e internos que operam em conjunto e por meio uns dos outros, excluindo e incluindo categorias selecionadas de cidadãos; os nacionalismos cívicos e étnicos que proporcionam uma identidade nacional americana instável e com a face dupla de Jano; a curiosa combinação de mudança e continuidade que permitiu à sociedade americana transformar-se repetidamente, mas mantendo uma hierarquia racial profundamente enraizada; e uma família americana profundamente generizada que simultaneamente constrói e mascara essas contradições.

Para abordar essas contradições é preciso ouvir aqueles com interpretações diferentes sobre o que significa ser tratado "como se fosse" da família nacional americana ou ser completamente excluído dela. A esse respeito, as reações de Mildred às duas mulheres que sorriam para ela "como gatos Chessy" diferem acentuadamente daquelas de sua patroa. Depois de ouvir a Sra. C afirmar que Mildred era como uma da família, Mildred comenta: "Depois que eu não podia mais suportar, eu entrei e tirei o prato da mesa e lancei a elas um olhar que teria fritado um ovo… O silêncio era tal que você podia ouvir um alfinete cair; em seguida, elas começaram a falar sobre outra coisa. Quando a convidada saiu, eu fui à sala e disse à Sra.C, 'quero ter uma conversa com você.'"[30] O que se segue ao pedido de Mildred para "ter uma conversa" com a Sra. C fornece orientações importantes para explorar as contradições que caracterizam a identidade nacional americana.

Primeiramente e antes de tudo, Mildred rejeita sua subordinação dentro da família. Ela não é seduzida pela promessa de um

---

30 A. Childress, op. cit., p. 2.

COMO SE FOSSE DA FAMÍLIA

tratamento melhor ao que lhe é oferecido pelo fato de que, ao contrário de suas homólogas afro-americanas que não são permitidas na casa da Sra. C, ela é "como se fosse da família":

> Sra. C, você é uma boa pessoa para trabalhar, mas gostaria que parasse de falar de mim como se eu fosse um cocker spaniel ou... uma gatinha... Agora apenas se sente e me escute.
>
> Em primeiro lugar, você não me *ama*; você pode gostar de mim, mas isso é tudo... Em segundo lugar, *não* é verdade que eu simplesmente sou como se fosse da família! A família come na sala de jantar e eu como na cozinha. Sua mãe pega emprestado sua toalha de mesa de renda para sua companhia e seu filho entretém seus amigos em sua sala de estar, sua filha tira a soneca da tarde no sofá da sala e o cachorrinho dorme em sua colcha de cetim... Então você pode ver que eu não sou simplesmente como se fosse da família.[31]

Nessa passagem, Mildred descreve claramente as distinções entre cidadania de primeira classe e de segunda classe na família C, e mostra que os benefícios do pleno pertencimento não são concedidos a ela. Em vez disso, a partir de seu lugar específico enquanto mulher afro-americana, Mildred identifica duas dimensões de cidadania de segunda classe aplicadas aos múltiplos grupos raciais/étnicos que agora se desdobram na sociedade dos EUA. Dentro da lógica do ideal americano de família, as mulheres afro-americanas foram subordinadas quer como animais de estimação para servir ao capricho de brancos mais poderosos, quer como mulas, bestas de carga para realizar o trabalho que viabiliza a norma familiar vigente. Tais categorias continuam disponíveis para grupos raciais/étnicos que não conseguem confrontar o próprio triângulo racial, visando apenas coexistir dentro dele.

Mildred então passa a descrever como as ideias atribuídas a ela sobre sua conformação ao próprio *status* subordinado são apenas isto: ideias atribuídas a ela por grupos mais poderosos que precisam de ideologias como a do ideal americano de família para mascarar hierarquias de poder existentes. Tomemos, por exemplo, sua rejeição explícita ao papel de mamãezinha, que retrata as

---

[31] Ibidem.

35

RAÇA, FAMÍLIA E O ESTADO-NAÇÃO DOS EUA

mulheres afro-americanas como possuidoras de amor ilimitado e carinho pelas crianças brancas sob seus cuidados[32]. Compartilhando seus verdadeiros sentimentos sobre a pequena Carol, Mildred refuta claramente essa relação familiar entre mulheres brancas e afro-americanas:

> Agora, tem outra coisa, eu não *simplesmente* adoro a sua pequena Carol. Eu acho que ela é uma criança agradável, mas ela também é fresca e atrevida. Eu sei que você chama isso de "desinibido" e é assim que você quer que sua filha seja, mas *felizmente* minha mãe me ensinou algumas inibições, do contrário eu daria umas boas palmadas na pequena Carol de vez em quando sempre que ela está falando com você como se você fosse um cachorro, porém, eu só faço rir do jeito que você faz, porque ela é sua filha e eu *não* sou como se fosse da família.[33]

Falando de um lugar social particular que revela um ponto de vista distinto sobre raça, gênero e classe, Mildred rejeita as ideologias feministas dominantes segundo as quais as mulheres possuiriam uma consciência feminista comum decorrente de suas relações com a maternidade[34]. Mildred claramente não se impressiona com as crenças da Sra. C sobre como as crianças devem ser criadas. Em vez disso, ela traça uma linha no chão demarcando a diferença entre as meninas brancas da classe média, como a pequena Carol, que recebe tratamento de primeira classe e seus próprios filhos pequenos – crianças afro-americanas da classe trabalhadora – deixados em casa e relegados a um tratamento de segunda classe. Essa linha que demarca a história das relações de raça, classe e gênero nos Estados Unidos torna-se especialmente visível na passagem citada: a Sra. C fica de um lado e Mildred fica do outro.

Mildred também investe contra a linguagem familiar da Sra. C, utilizada para ofuscar as desigualdades de classe. A Sra. C, nesse caso, quer acreditar que Mildred está tão feliz em servir a família C

---

32 Ver P.H. Collins, *Black Feminist Thought*.
33 A. Childress, op. cit., p. 2.
34 P.H. Collins, *Black Feminist Thought*, p. 173-199.

36

COMO SE FOSSE DA FAMÍLIA

que ficaria lisonjeada ao descobrir que a patroa sentiria a sua falta. Novamente, Mildred rejeita essa ideia de que as pessoas exploradas são felizes em seu lugar:

> Agora, quando você diz, "Nós não sabemos o que faríamos sem ela", isso é uma mentira educada... porque eu sei que se eu caísse morta ou tivesse um derrame, você teria alguém para me substituir.
> Você acha que é um elogio quando você diz, "Nós não pensamos nela como uma criada...", mas depois que eu me esfalfei limpando o banheiro e a cozinha... fazendo as camas... cozinhando almoço... lavando os pratos... eu não me sinto como uma convidada na casa de campo. Eu me sinto como uma criada, e em face disso eu gostaria de lhe pedir um ligeiro aumento que vai me fazer sentir muito melhor em relação a todos aqui e me fazer saber que meu trabalho é valorizado.[35]

Nessa conversa, Mildred desafiou não apenas as *ideias* sobre raça e gênero que a construíram como uma pessoa inferior, mas *práticas reais* que determinaram sua subordinação econômica. Porém Mildred não só refutou a ideia de que era "como se fosse da família"; ainda pediu um aumento! Não importa o quanto a Sra. C se compadecia com a situação de Mildred, buscar o dinheiro e conceder a Mildred um aumento significava mais para ela do que sua conversa bem-intencionada, mas impotente sobre raça.

Abordar o paradoxo da identidade nacional americana exige encontrar uma maneira de reconfigurar as relações de longa data entre raça, etnicidade e identidade nacional americana, bem como recuperar a linguagem da família ao fazê-lo. Nesse empreendimento, as palavras e ações de mulheres como Mildred são muito importantes porque revelam perguntas e perspectivas que muitas vezes não são ouvidas. Como Mildred nos lembra, quando se trata das promessas de cidadania, ser *como se fosse* da família simplesmente não é bom o suficiente.

---

35 A. Childress, op. cit., p. 2-3.

2 Quem É a Mãe "Real", Afinal?
raça, classe e planejamento familiar nacional americano

Como constelação de práticas sociais, instituição social e ícone cultural americano, a maternidade permanece central para múltiplos sistemas de opressão nos EUA. Assim como as mães são tidas como importantes para o bem-estar da família, o *status* da maternidade enquanto instituição continua a ser essencial para a saúde e prosperidade americana. Porém, em uma nação como os Estados Unidos, onde classe social, raça, etnia, gênero, sexualidade e nacionalidade constituem dimensões interseccionais da opressão, nem todas as mães são criadas igualmente.

No clima politizado da América do final do século XX, a questão de quais mulheres são as mães "reais" mais adequadas para a tarefa de reproduzir tanto a população americana quanto os supostos valores dos EUA assume uma importância adicional. "Real" tem muitos significados, como autêntico, genuíno, indiscutível e verdadeiro. "Real" também tem conotações físicas, significando concreto, tangível e material. Outra constelação de significados de "real" refere-se à sinceridade – sério, honesto, verdadeiro, leal, confiável. Dentro dessa interseção de significados do conceito de "real", o pensamento binário constrói certos grupos de mulheres – aquelas que estão do lado certo em termos de classe social, raça e cidadania – como mães "reais", dignas e aptas para o serviço. Abastadas, casadas, brancas e detentoras de cidadania americana, as mães "reais" são aquelas que se encaixam nos critérios culturais de uma maternidade idealizada. Contra essas mães "reais" idealizadas, outras categorias

39

de mulheres – aquela do lado errado em termos de classe social, estado civil, raça e cidadania – são consideradas menos aptas e menos dignas de serem mães. Dentro desse *framework* intelectual, as mulheres consideradas aptas a serem mães "reais" encontram opções de planejamento familiar apoiadas pelo Estado que dão suporte à contribuição dessas mulheres como mães para o bem-estar nacional. Em contraste, as mulheres consideradas inaptas para o papel de mães "reais" experimentam políticas reprodutivas marcadamente diferentes.

Neste capítulo, exploro a relação entre maternidade, identidade nacional americana e políticas populacionais. Primeiro, examino como a ideia tradicional de família funciona para estruturar concepções de maternidade "real" e como esse ideal por sua vez molda a identidade nacional americana. Sugiro não só que a metáfora da família nuclear biológica opera para moldar noções acerca de uma nação americana cuja sanidade é aferida por meio da retórica familiar, mas também que essa família nacional americana tem na raça uma base importante para a obtenção de significado.

Em segundo lugar, examino o modo pelo qual uma lógica de cunho eugênico fornece o contexto intelectual para aferir as políticas familiares e reprodutivas contemporâneas com base nas quais o Estado avalia sua sanidade. As sociedades que adotam filosofias eugênicas normalmente visam transformar problemas sociais como desemprego, aumento das taxas de criminalidade, gravidez de adolescentes solteiras e pobreza em problemas técnicos passíveis de soluções biológicas. Por meio da engenharia social, sociedades moldadas pelo pensamento eugênico veem "raça e hereditariedade – as taxas de natalidade do apto e do inapto – como as forças que moldam desenvolvimentos políticos e sociais"[1]. Além disso, movimentos eugênicos que buscam soluções biológicas para o que são fundamentalmente problemas sociais surgem frequentemente quando outros mecanismos de controle de populações subordinadas parecem não mais adequados. Os Estados Unidos do final do século XX podem estar passando por esse período, e aquelas

---

1 M.H. Haller, *Eugenics: Hereditarian Attitudes in American Thought*, p. 78.

políticas populacionais que visam regular as experiências maternas das mulheres de diversos grupos raciais, de classe social e de cidadania podem se beneficiar ao situar tais políticas no contexto de uma lógica de eugenia.

Finalmente, para destacar a centralidade da maternidade nessas relações, faço uma pesquisa sobre políticas familiares e reprodutivas voltadas para mulheres brancas de classe média, mulheres brancas da classe trabalhadora e mulheres afro-americanas da classe trabalhadora. Esses três grupos de mulheres ocupam diferentes locais sociais quanto à sua habilidade para serem mães "reais" da nação. Como resultado, as políticas populacionais aplicadas a cada grupo demonstram como o Estado americano busca regular as experiências com a maternidade das mulheres de diferentes grupos raciais, étnicos, de classe social e de cidadania em defesa dos interesses do Estado.

Mães "Reais" na Família, Raça e Nação

Como observa o sociólogo Paul Gilroy, as diferenças "'raciais' são exibidas na cultura reproduzida pelas instituições educacionais e, acima de tudo, pela vida familiar. As famílias constituem não só um microcosmo da nação, os componentes-chave desta, como também o meio pelo qual os processos sociais se tornam naturais, instintivos"[2]. Nos Estados Unidos, as famílias constituem locais primários de pertença: a família, enquanto entidade biológica pressuposta, a família ou comunidade racial reafirmada por meio de bairros geograficamente identificáveis e racialmente segregados, e a família nacional simbolizada por meio de imagens de mãe, pai, beisebol e torta de maçã.

Esse modelo particular de família é pertinente aqui, uma vez que um ideal específico de família define a retórica familiar nos Estados Unidos. De acordo com o ideal americano de família tradicional, uma família normativa e ideal consiste em um casal heterossexual que gera seus próprios filhos biológicos. Um casamento sancionado pelo Estado confere legitimidade não só à própria estrutura familiar, mas

---

2 P. Gilroy, *"There Ain't No Black in the Union Jack"*, p. 43.

RAÇA, FAMÍLIA E O ESTADO-NAÇÃO DOS EUA

também aos filhos nascidos nessa família. Essa metáfora funciona como uma raiz profunda na política social americana. Os indivíduos adquirem diferentes graus de autoridade, direitos e riqueza conforme o modo como ingressaram em suas respectivas famílias biológicas; a população de uma nação reflete relações de poder semelhantes. A nação ganha significado por meio de metáforas familiares. Além disso, essa metáfora familiar articula-se tanto com as estruturas do racismo institucionalizado quanto com as necessidades trabalhistas do capitalismo; assim, nos EUA, a família nacional americana é definida em termos específicos de raça e classe[3].

Vários elementos caracterizam as ligações entre a família biológica nuclear e a família nacional americana. Primeiro, as presunções de laços de sangue subjazem a ambas as construções. Assim como os corpos das mulheres geram filhos que fazem parte de uma família socialmente construída com base em noções de parentesco biológico, esses mesmos corpos geram a população para a família nacional ou para o Estado-nação, que se define como tendo algum tipo de unidade biológica. Nas famílias nucleares, os filhos e filhas legítimos de um casamento heterossexual, relacionados por sangue a pais biológicos, são contrastados com filhos ilegítimos que, embora também possam ser relacionados por sangue, estão fora das relações conjugais sancionadas pelo Estado. Da mesma forma, aqueles que não têm os laços de sangue adequados com a nação americana são vistos como forasteiros, membros não familiares, sendo tratados de acordo com esse *status*. Mães "reais" continuam sendo decisivas para a reprodução desses laços de sangue genuínos.

Em segundo lugar, as metáforas de família e de nação dependem de noções distintas de lugar, espaço e território. Essa dimensão do vínculo pode ser vista por meio dos múltiplos significados que as pessoas atribuem ao conceito de lar, significados que variam entre níveis de família, vizinhança como família, lar como o local de nascimento e país como casa. Por exemplo, o tema da casa como um santuário contra forasteiros e o tumulto da esfera pública cria limites

---

3 Ver M.L. Andersen, Feminism and the American Family Ideal, *Journal of Comparative Family Studies*, v. 22, n. 2. Apresento uma análise mais abrangente dessas ideias no capítulo 1 deste volume.

QUEM É A MÃE "REAL", AFINAL?

para a família biológica ao longo das linhas da privacidade e da segurança. A noção de pátria ou território nacional que deve ser defendida contra estrangeiros ou saqueadores opera de forma semelhante. Ambos os espaços são vistos como necessitando de proteção contra estranhos. Nos EUA, Mães "reais" são aquelas que cuidam do lar, que fornecem aquele santuário que deve ser protegido[4].

Em terceiro lugar, da mesma forma que aqueles nascidos em uma família biologicamente definida adquirem certos direitos e obrigações vitalícios para com outros membros da família, aqueles nascidos na família nacional americana como os chamados cidadãos naturais ou reais adquirem alguns direitos ligados a essa cidadania. Os cidadãos também devem cumprir certas obrigações uns com os outros. Por exemplo, as pessoas dentro das unidades familiares rotineiramente ajudam os membros de suas próprias famílias fazendo serviço de babá, emprestando dinheiro, ajudando os parentes a encontrar emprego e moradia ou cuidando de membros da família economicamente improdutivos, como os muito jovens ou os idosos. Os membros da família têm direito a esses benefícios apenas por pertencer a ela. Em contraste, aqueles que estão fora da órbita familiar não têm direito a tais benefícios, porém os indivíduos podem ganhá-los por serem redefinidos como parentes fictícios ou por serem pessoas particularmente meritórias. Uma vez que a cidadania é frequentemente conferida por meio do nascimento ou do vínculo afetivo com a mãe, determinar a mãe "real" de uma criança pode servir como um teste de cidadania e pertencimento[5].

Em quarto lugar, dentro das famílias biológicas é normal que ocorram laços preferenciais ou uma hierárquica naturalizada; assim, por exemplo, bons filhos e filhas podem ter preferência em relação àqueles seus irmãos menos ambiciosos ou menos afortunados. Essa hierarquia interna é paralela às noções de cidadania de primeira e segunda classe na família nacional. A hierarquia pode ser determinada por ordem de chegada: ordem de nascimento ou ordem de imigração. As alegações de que os protestantes anglo-saxões brancos

---

4 Ver S. Coontz, *The Way We Never Were*.
5 Ver F. Anthias; N. Yuval-Davis, *Racialized Boundaries*.

que migraram para os Estados Unidos mais cedo têm direito a mais benefícios do que os imigrantes mais recentes refletem essa noção. Ou a hierarquia acompanha o gênero. Em muitas famílias, meninas e meninos são tratados de forma diferente em relação à autonomia econômica e liberdade de movimento no espaço público. Esse tratamento diferenciado serve como base para ocupações baseadas na divisão sexual no mercado de trabalho remunerado e para a dominação masculina de arenas públicas como a política e os esportes profissionais. Como é o caso em todas as situações de hierarquia, o uso real ou implícito de força, sanções e violência pode ser necessário para manter relações desiguais de poder.

Finalmente, as famílias contêm políticas ou regras que regulam a sua própria reprodução. O planejamento familiar compreende uma constelação de opções reprodutivas que vão da coerção à escolha, da permanência à reversibilidade. Dentro de cada família, a tomada de decisão cabe aos membros da família – tecnicamente, são eles que decidem se terão filhos, quantos filhos terão e quando os terão. Mas essa analogia da família com a nação pode ser estendida às políticas públicas em nível nacional? De que forma as políticas sociais destinadas a promover a saúde do Estado-nação americano, especialmente as relativas à maternidade, seguem uma lógica de planejamento familiar semelhante?

Planejamento Para a Família Nacional: A Lógica do Pensamento Eugênico

Os movimentos eugênicos ou de "higiene racial" do início do século XX ilustram de forma convincente o pensamento subjacente às políticas familiares e reprodutivas destinadas a controlar a maternidade de diferentes grupos de mulheres por razões de nacionalidade ou raça. As filosofias eugênicas e as políticas populacionais que elas apoiam emergem dentro de economias políticas com necessidades distintas e dentro de sociedades com relações sociais particulares.

O traço que unifica os movimentos eugênicos em todo o mundo é a visão de que a biologia é central para resolver problemas sociais. Sociedades que adotam filosofias eugênicas, via de regra tentam

QUEM É A MÃE "REAL", AFINAL?

transformar problemas sociais em problemas técnicos passíveis de soluções biológicas mediante engenharia social. As abordagens eugênicas combinam, pois, uma filosofia "do determinismo biológico com a crença de que a ciência pode fornecer uma solução técnica para problemas sociais"[6]. O pensamento eugênico, em geral, apresenta duas facetas: a chamada "eugenia positiva", que consiste no esforço de multiplicar a reprodução entre os "aristogênicos" ou "aptos", que são aqueles que supostamente carregam em seus genes as qualidades excepcionais de seu grupo; e a chamada "eugenia negativa", que visa impedir a reprodução do "cacogênico" ou do "impróprio", aqueles que provavelmente têm descendentes indesejáveis ou defeituosos[7].

O caso das políticas populacionais impostas pelo governo nazista oferece um exemplo incômodo de um Estado-nação que foi capaz de extrair todas as consequências lógicas do pensamento eugênico fundamentado na retórica nacional de planejamento familiar. Na medida em que os cientistas alemães se apropriaram de filosofias eugênicas desenvolvidas em outros lugares na Europa e nos Estados Unidos, as políticas do governo alemão durante a Era nazista de 1933 a 1945 se mostram especialmente convincentes para pôr a descoberto as conexões entre a lógica da eugenia, o racismo institucionalizado, o sexismo institucionalizado e a política social. O clima intelectual que caracterizou o regime alemão nazista não era único. Antes, emergiu de uma herança intelectual comum que envolve os países ocidentais industrializados, incluindo os Estados Unidos[8]. Ao contrário de outros países que mantinham crenças semelhantes sobre eugenia ou "higiene racial", mas foram incapazes de implementá-las plenamente, o Estado-nação nazista alemão impôs na prática as filosofias eugênicas.

Sob a égide nazista, o pensamento eugênico seguiu três caminhos principais. Primeiro, a população alemã foi racializada, com judeus e arianos, entre outros, construídos como categorias irremediavelmente diferentes. Em segundo lugar, essas supostas diferenças raciais estavam

---

6 R.N. Proctor, *Racial Hygiene*, p. 286.
7 Ver M.H. Haller, op. cit.
8 Ver, por exemplo, ibidem.

RAÇA, FAMÍLIA E O ESTADO-NAÇÃO DOS EUA

ligadas a questões de identidade nacional e prosperidade. Estigmatizados como obstáculos à prosperidade nacional alemã, os judeus foram culpados por políticas econômicas e sociais fracassadas e caracterizados como forasteiros no solo pátrio da família nacional alemã. Finalmente, políticas populacionais específicas foram projetadas para os segmentos dignos e indignos da população em geral. Por exemplo, a população judaica foi colocada de forma crescente em face de políticas destinadas a controlar seu número: privar os cidadãos judeus de seus direitos de propriedade, proteções legais e oportunidades de emprego; relegar a população judaica a guetos; implementar políticas reprodutivas específicas, como a esterilização; e a chamada "solução final", isto é, o genocídio de toda a população judaica, constituem coletivamente a eugenia como um conjunto de políticas públicas que tomaram forma a partir de uma lógica eugênica[9].

Historicamente, a política pública dos EUA baseou-se em todos os três elementos do pensamento eugênico. Primeiro, como os Estados Unidos operam como um Estado racializado desde a sua criação, a raça, por sua vez, opera como um conceito central na construção da identidade nacional americana. Apesar das promessas de liberdade política e religiosa para todos os cidadãos americanos presentes na Constituição dos EUA, ao excluir da cidadania segmentos consideráveis da população, essa mesma Constituição codificou simultaneamente raça, gênero e classe nas leis fundamentais do país[10]. Escravizar afro-americanos com o objetivo de explorar suas capacidades laborais e reprodutivas e conduzir ações militares contra nativos norte-americanos para adquirir suas terras constituíram políticas populacionais direcionadas explicitamente para esses grupos racializados. Além disso, a raça continua a ser importante para moldar as instituições básicas das esferas políticas, econômicas e sociais nos Estados Unidos[11]. Enquanto as categorias de raça podem

---

9 Discussões sobre esses conceitos podem ser encontradas em: F. Anthias; Yuval-Davis, op. cit.; G. Bock, Racism and Sexism in Nazi Germany, em R. Bridenthal; A. Grossmann; M. Kaplan (eds.), *When Biology Became Destiny*; S.L. Gilman, Black Bodies, White Bodies, *Critical Inquiry*, v. 12, n. 1; R.N. Proctor, op. cit.

10 Ver M.F. Berry, *Black Resistance, White Law*.

11 Ver, por exemplo, D.S. Massey; N.A. Denton, *American Apartheid*; e M. Omi; H. Winant, *Racial Formation in the United States*.

QUEM É A MÃE "REAL", AFINAL?

sofrer mudanças em resposta às modificações das condições políticas e econômicas, a crença fundamental na raça como princípio orientador na definição dos segmentos da população americana permanece notavelmente resistente[12].

O segundo elemento das políticas públicas inspiradas na eugenia consiste em associar os diversos grupos raciais com os interesses nacionais tais como percebidos. Esse elemento também tem uma longa história nos Estados Unidos. Em vários momentos, isso tomou a forma de uma legislação de imigração restritiva voltada para grupos raciais e étnicos não europeus, uma resposta ao que foi visto como a ameaça não branca situada fora das fronteiras nacionais. A escravidão, a segregação *de facto* e outras políticas repressivas aplicadas a americanos, latinos e outras populações não brancas dentro das fronteiras americanas também operaram em resposta à percepção de ameaças trazidas por populações não brancas. As recentes interconexões entre o racismo e a política nacional podem estar mais encobertas do que no passado, operando, como sugerem os sociólogos Michael Omi e Howard Winant, de forma hegemônica, mas tais laços continuam. Os discursos racializados existem em torno de temas que servem como um sucedâneo para raça: temas como pobreza, crime, imigração, ação afirmativa e política urbana. Nenhum desses termos se refere diretamente a pessoas de cor, mas todos foram usados como códigos para indicar como a presença de pessoas de cor é problemática para a unidade nacional ou as aspirações nacionais[13].

---

12 As formações raciais nos Estados Unidos demonstram uma mudança das teorias de raça baseada na biologia racista que caracterizou a ciência do século XIX e em direção a um racismo cultural mais útil na defesa das práticas raciais atuais. Mas isso não significa nem que o racismo de base biológica tenha se atrofiado nem que não possa assumir novas formas. Troy Duster oferece um argumento perturbador sobre a nova racialização dos argumentos genéticos nos estudos americanos contemporâneos. Ele argumenta que os avanços na pesquisa genética mostram que os distúrbios genéticos são distribuídos de maneira diferente em diferentes grupos raciais/étnicos. Duster questiona: "A importância da raça e da etnia na história cultural reabasteceu a velha lógica para dar origem a uma nova questão: se os distúrbios genéticos são distribuídos diferentemente por raça e etnia, por que outros aspectos e características humanas não o são?" (*Backdoor to Eugenics*, p. 3.)

13 Ver M. Omi; H. Winant, op. cit. A pesquisa sobre o Estado de bem-estar revela como as políticas estatais refletem questões específicas de raça, classe e gênero. Para análises

RAÇA, FAMÍLIA E O ESTADO-NAÇÃO DOS EUA

A terceira característica das políticas populacionais inspiradas na eugenia, a saber, o controle direto de diferentes segmentos da população por meio de diferentes medidas de controle populacional, também caracteriza as políticas públicas americanas[14]. Ironicamente, foram as ciências sociais e naturais da Inglaterra e dos Estados Unidos que lançaram de forma pioneira o pensamento eugênico que influenciou as políticas públicas implementadas pelo Estado-nação nazista. Francis Galton, o fundador do movimento eugênico na Inglaterra, afirmou: "Anglo-saxões superaram os negros da África que, por sua vez, superaram os aborígenes australianos, que não superaram ninguém."[15] Como Galton acreditava na existência de grandes diferenças inatas entre raças, ele apoiou programas destinados a elevar as habilidades inerentes da humanidade mediante a substituição de raças inferiores por raças superiores.

As ideias de Galton se mostraram populares nos Estados Unidos, um país racialmente segregado. Precedendo as leis de esterilização de outros países em vinte anos, as leis eugênicas americanas foram vistas como empreendimentos pioneiros por eugenistas de outros países. A decisão *Buck v. Bell* de 1927 da Suprema Corte dos EUA considerou que a esterilização ficava à cargo do poder policial dos estados. Refletindo a opinião da maioria, Oliver Wendell Holmes afirmou,

> Seria estranho se, a fim de evitar que sejamos inundados pela incompetência, [o poder público] não pudesse convocar aqueles que já sugam as energias do Estado para esse tipo de sacrifício

que mostram como as políticas sociais tiveram impacto distinto em diferentes grupos, ver L. Gordon, *Pitied But Not Entitled*; G. Mink, The Lady and the Tramp, em L. Gordon (ed.), *Women, the State, and Welfare*; B. Nelson, The Origins of the Two-Channel Welfare State, em L. Gordon (ed.), *Women, the State, and Welfare*. Para análises que mostram como a raça emoldura a política estatal de bem-estar social americana, ver R. Brewer, Race, Class, Gender and U.S. State Welfare Policy, em G. Young; B.J. Dickerson (eds.), *Color, Class and Country*; C.T. Gilkes, From Slavery to Social Welfare, em A. Swerdlow; H. Lessinger (eds.), *Class, Race, and Sex: The Dynamics of Control*.

14 Esse processo não é histórico nem restrito aos Estados Unidos. Para discussões de políticas populacionais semelhantes, ver o trabalho sobre Cingapura em G. Heng; J. Devan, State Fatherhood, em A. Parker et al. (eds.), *Nationalisms and Sexualities*, e sobre África do Sul em M.B. Kuumba, Perpetuating Neo-Colonialism Through Population Control, *Africa Today*, v. 40, n. 3.

15 Conforme citado em M.H. Haller, op. cit., p. 11.

menor, muitas vezes nem sentido como tal pelos interessados. É melhor para todo o mundo se, em vez de esperar por sua imbecilidade, a sociedade puder impedir os notoriamente incapazes de dar continuidade à sua espécie. O princípio que sustenta a vacinação compulsória é amplo o suficiente para cobrir os custos da ligadura de trompas [...] Três gerações de imbecis é suficiente.[16]

Diante desse contexto intelectual, parece razoável concluir que as políticas populacionais direcionadas para diferentes segmentos da população americana, especialmente aqueles identificáveis por raça, cidadania e classe social, existem há muito tempo em relação direta com as percepções de valor de qualquer grupo dentro dos Estados Unidos. Em vez da definição mais familiar de políticas populacionais que põe a ênfase nas políticas reprodutivas, busco definir as políticas populacionais de forma mais ampla. As políticas populacionais compreendem uma constelação de políticas sociais, arranjos institucionais e construções ideológicas que moldam as histórias reprodutivas de diversos grupos de mulheres dentro de diferentes grupos raciais/étnicos, formações de classe social e *status* de cidadania. Examinar as políticas populacionais através dessa lente revela a falácia de ver as políticas baseadas em raça e as políticas baseadas em gênero como essencialmente regulando diferentes formas de relações sociais. As pressuposições atuais veem os homens negros como tendo raça, as mulheres brancas como tendo gênero e as mulheres afro-americanas como possuindo raça e gênero, enquanto os homens brancos não possuem nem raça nem gênero. Tais pressupostos se dissipam quando confrontados com as políticas populacionais reais que visam regular as experiências maternas de diferentes grupos de mulheres. Desde a década de 1970, grandes mudanças na economia política americana provocadas pela globalização causaram a perda de empregos e o declínio dos padrões de vida dos trabalhadores americanos. Além disso, uma série de administrações conservadoras, inaugurada com a eleição que elegeu Ronald Reagan para presidente em 1980, tem tido por objetivo

---

16 Conforme citado em ibidem, p. 139.

instaurar políticas populacionais diferenciadas para diferentes grupos de mulheres nos Estados Unidos. Diante desse contexto, fica a pergunta: como a lógica do pensamento eugênico molda as políticas populacionais direcionadas a distintos grupos de mulheres?

Políticas Para Mães "Aptas": Mulheres Brancas de Classe Média

De acordo com a lógica da eugenia, a queda das taxas de natalidade do grupo dominante constitui "suicídio racial". Nos Estados Unidos, a reprodução das mulheres brancas permanece central para as aspirações nacionais americanas. Atualmente, os esforços para incentivar as mulheres brancas a produzir mais bebês brancos, o que é tido como um objetivo eugênico positivo, ocorrem por várias razões. Primeiro, apenas as mulheres brancas possuem o material genético necessário para criar bebês brancos. Assim, todas as mulheres brancas possuem a chave biológica para as noções de pureza racial central para sistemas de supremacia branca. Em segundo lugar, as mulheres brancas de classe média ocupam um papel central na socialização da juventude branca em um sistema de racismo institucionalizado. As atividades que desempenham como mães são elogiadas à luz desse objetivo. Finalmente, as mulheres brancas de classe média supostamente cumprem a função simbólica das mães da família nacional. As mulheres brancas têm sido centrais tanto como símbolos de uma nação a ser protegida e defendida quanto como grupo responsável pela transmissão da cultura nacional aos jovens.

No geral, o acesso a novas tecnologias reprodutivas, as ideologias dominantes sobre a maternidade divulgadas na mídia e as instituições sociais trabalham para preservar a ideia enraizada na cultura popular e numa certa tradição acadêmica de que as mulheres brancas de classe média encarnam a essência da maternidade desejável e digna de proteção. As políticas de saúde, em particular, refletem um fascínio com o aumento da fertilidade das mulheres brancas de classe média, muitas vezes em detrimento de outras necessidades prementes de saúde materna e infantil. Especificamente, a construção da infertilidade como uma tragédia nacional e a enorme

QUEM É A MÃE "REAL", AFINAL?

atenção da mídia a essa condição refletem essa preocupação com o aumento da reprodução entre as mulheres do grupo dominante. Via de regra, a infertilidade é apresentada ou como uma tragédia humana – o caso da mulher infeliz que não pode carregar a criança que ela tanto quer – ou, e cada vez mais, como uma falha pessoal – mulheres que seguiram carreiras, esperaram muito tempo para ter bebês, e agora se encontram sem filhos porque viraram as costas para seus papéis legítimos como mulheres[17]. Mulheres de classe média consideradas inférteis são assistidas com uma deslumbrante variedade de avanços médicos para curar essa tragédia socialmente construída. Geralmente amparadas por portadoras privadas, essas mulheres são capazes de custear parte dos enormes custos dos procedimentos contra a infertilidade. Novas tecnologias reprodutivas, como a fertilização *in vitro*, a escolha do sexo e a transferência de embriões substitutos, são rotineiramente distribuídas dependendo da raça, classe e orientação sexual das mulheres[18].

A cultura popular e as representações da mídia participam desse processo duplamente: projetando a maternidade branca de classe média como ideal e celebrando a chegada e a criação de bebês brancos saudáveis. A partir da década de 1980, as capacidades maternas das mães trabalhadoras passaram a ser particularmente examinadas. Por exemplo, no filme *Baby Boom* (Presente de Grego) (1987) temos o retrato de uma mulher bem-sucedida profissionalmente que, de repente, ao herdar um bebê, descobre o quanto sua vida fora pobre de sentido até então; esse filme parece querer dizer às mulheres brancas de classe média que mães que trabalham são aceitáveis desde que a maternidade venha em primeiro lugar. Da mesma forma, *The Hand That Rocks the Cradle* (A Mão Que Balança o Berço) (1992), cujo enredo centra-se em uma mulher branca afluente que inocentemente contrata uma babá ensandecida que tenta roubar seu bebê,

---

17 Ver L.C. Ikemoto, The InFertile, the Too Fertile, and the Dysfertile, *Hastings Law Journal*, v. 47, n. 4.

18 Ver L. Nsiah-Jefferson, Reproductive Laws, Women of Color, and Low-Income Women, em S. Cohen; N. Taub (eds.), *Reproductive Laws for the 1990s*; D.E. Roberts, *Killing the Black Body*, p. 264-272; R. Rowland, Technology and Motherhood: Reproductive Choice Reconsidered, *Signs*, v. 12, n. 3.

proclama a mensagem social de que as crianças devem viver em casa com suas mães "reais".

As instituições sociais também incentivam as mulheres brancas de classe média a sonhar com uma experiência idealizada da maternidade "real". Apesar do aumento no número de mães que trabalham, os horários das escolas, que podem começar bem cedo, por volta das 7:30 da manhã, e terminar em torno das 13:30, continuam a privilegiar as mães que passam o dia em casa. Reformas modestas projetadas para fazer com que o local de trabalho acomode as necessidades familiares das mulheres continuam sendo mais uma reação às reivindicações das profissionais brancas de classe média no sentido de conciliar família e carreira do que um efetivo compromisso nacional com o cuidado infantil. Embora as mães da classe trabalhadora se beneficiem da creche corporativa, na medida em que poucas são aquelas que trabalham para grandes empresas, os filhos das mulheres da classe média branca continuam sendo os principais beneficiários desse cuidado infantil de padrão superior.

A segregação racial e, em menor grau, a segmentação da classe social em termos de habitação, educação e serviços públicos também servem de apoio, no contexto da realidade americana, à maternidade branca de classe média. O crescimento de condomínios fechados e empreendimentos planejados em regiões suburbanas, cujo objetivo é deixar de fora os outros indesejáveis, dizem da necessidade de proteger as crianças brancas e suas mães. Privatizar as experiências educacionais e recreativas das crianças brancas de classe média reflete os esforços para isolar esse grupo dos danos que, em tese, adviriam de uma convivência escolar com os filhos e filhas da classe trabalhadora, brancos ou de cor. Os sinais de segregação racial foram derrubados, mas os resultados que esses sinais foram programados para produzir não mudaram tão rapidamente. As crianças brancas de classe média ainda recebem um tratamento notavelmente melhor do que todas as outras crianças em áreas como educação, saúde, habitação, instalações recreativas, nutrição e instalações públicas, como bibliotecas e delegacias. Por meio de políticas públicas, mecanismos ideológicos e políticas institucionais, suas mães são alvos de uma mensagem eloquente: reproduzam!

Políticas Para "Mulheres Brancas da Classe Trabalhadora"

A posição ocupada pelas mulheres brancas difere dramaticamente entre si de acordo com a classe social a que pertecem. Por um lado, a capacidade de gerar bebês brancos torna o grupo das mulheres brancas da classe trabalhadora "apto" a produzir a base biológica ou populacional da nação. Por outro lado, quando se trata de transmitir a cultura nacional, produzir cidadãos acadêmica e economicamente produtivos e se tornar símbolos da nação, as mulheres brancas da classe trabalhadora permanecem menos "aptas" para a maternidade. Incentivando-as a ter e criar filhos, as políticas públicas, a ideologia popular e a estrutura das instituições sociais operam no sentido de encorajar as mulheres brancas da classe média a cumprir seu papel esperado como mães da nação. Em contraste, embora encorajadas a ter filhos, as mulheres brancas da classe trabalhadora recebem muito menos apoio para criá-los.

As políticas sociais refletem essa contradição básica. Com o caso *Roe v. Wade* (Roe *versus* Wade) em 1973, as mulheres brancas pobres e da classe trabalhadora ganharam acesso legal a abortos seguros. Como resultado, muitas mulheres brancas jovens optaram por não levar sua gestação até o fim. Ao mesmo tempo, o estigma decrescente associado à maternidade solteira, juntamente com as mudanças na elegibilidade para benefícios sociais, diminuiu as barreiras sociais e econômicas enfrentadas por todas as mães solteiras. Muitas mulheres brancas jovens e solteiras, que anteriormente teriam dado seus filhos para adoção, escolheram criar seus próprios filhos, muitas vezes sozinhas. Juntos, esses fatores, dentre outros, resultaram em uma diminuição acentuada de bebês brancos saudáveis que estariam disponíveis para adoção de famílias brancas de classe média.

Nos anos 1980 e 1990, os políticos Republicanos conservadores e os membros da direita religiosa tiveram êxito em diminuir os benefícios sociais, enfraquecer a legislação antidiscriminação contra as mulheres no local de trabalho e limitar o acesso ao aborto e outros serviços de planejamento familiar voltados para as mulheres pobres e da classe trabalhadora. Como resultado, as "escolhas" reprodutivas das mulheres brancas da classe trabalhadora mudaram. Se as mulheres brancas da classe trabalhadora levarem sua gestação até o fim, o resultado será um aumento no número de bebês brancos saudáveis. Esse novo clima político sugere que as jovens mães brancas terão mais dificuldade em criar seus filhos na pobreza e, desprovidas da opção de levar ou não sua gestação até o fim, elas serão empurradas cada vez mais para a "opção" da adoção.

Segundo as representações ideológicas vigentes, ainda que as mulheres brancas da classe trabalhadora sejam biologicamente aptas à maternidade, não são as mais aptas em termos sociais. Em alguns casos, as mulheres brancas da classe trabalhadora se tornam aptas enquanto mães justamente ao desistir de seus filhos. Em seu estudo da década de 1950, comparando mães brancas e afro-americanas solteiras, Rickie Solinger revela como as mulheres afro-americanas da classe trabalhadora foram ativamente desencorajadas a colocar seus bebês para adoção, enquanto as mulheres brancas da classe trabalhadora eram pressionadas a desistirem de seus filhos, colocando-os para adoção. Era dito a elas que se tornariam boas mulheres fazendo o que era melhor para a criança. Por meio dessas políticas, as mulheres brancas da classe trabalhadora poderiam ganhar respeitabilidade[19]. As representações das mulheres brancas da classe trabalhadora na mídia de massa também devem caminhar nessa linha tênue entre construí-las como simultaneamente adequadas para algumas dimensões da maternidade e impróprias para outras. Tomemos, por exemplo, *Roseanne* e *Grace Under Fire* (Graça Sob Fogo), dois programas de televisão americanos populares da década de 1990 que retratavam mães brancas da classe trabalhadora. Roseanne claramente viola muitas das regras de uma maternidade correta, mas, por continuar casada, ela ganha legitimidade. Em contraste, Grace, apesar de ser mãe solteira e ter três filhos, é retratada com dignidade, embora seu passado de sexualidade ilícita, esposa vítima de espancamento e alcoolismo falem de suas transgressões anteriores. À medida que a série avança, Grace também revela ter tido um filho ilegítimo que fora entregue para adoção. É assim que

---

19 Ver R. Solinger, *Wake Up Little Susie: Single Pregnancy and Race Before Roe vs. Wade*.

Roseanne e Grace ganham respeitabilidade dentro dos parâmetros estabelecidos para as mulheres brancas da classe trabalhadora.

Instituições sociais como habitação, escola, emprego e assistência médica também moldam de forma coletiva as experiências maternais das mulheres brancas da classe trabalhadora. Muitas mulheres brancas da classe trabalhadora estão no mercado de trabalho, na maior parte das vezes em empregos de meio período ou em setores, como o de serviço, que oferecem salários e benefícios menores, especialmente benefícios em saúde. As mulheres brancas da classe trabalhadora deparam assim com uma constelação específica de políticas populacionais, construções ideológicas e instituições sociais. São-lhes negados serviços abrangentes de planeamento familiar e aborto. São-lhes negadas oportunidades para apoiar financeiramente os seus filhos. Elas se acham mais expostas a mensagens culturais que as encorajam a ter seus bebês biologicamente brancos e a entregá-los para adoção em "boas casas de família". Dada a posição desfavorável no mercado de trabalho reservada a mulheres e homens brancos da classe trabalhadora, além da falta de um apoio robusto do governo para as famílias pobres, as mulheres brancas da classe trabalhadora enfrentam dificuldades econômicas para criar seus filhos e por isso são cada vez mais encorajadas a entregar seus bebês para mulheres brancas de classe média que sofrem de infertilidade.

Políticas Para Mães "Inaptas": Mulheres Afro-Americanas da Classe Trabalhadora

As mulheres afro-americanas da classe trabalhadora, especialmente aquelas que vivem na pobreza, recebem um tratamento bem diferente. Nesta seção, enfatizo as experiências das mulheres afro-americanas da classe trabalhadora não por considerar que essas experiências reflitam algum tipo de negritude essencial, mas porque os brancos normalmente percebem as experiências desse grupo como normativas para todos os afro-americanos. A aptidão das mulheres brancas da classe trabalhadora para a maternidade é medida com base nas normas fixadas para as mulheres brancas de classe média. As mulheres afro-americanas experimentam uma reversão desse processo. Em termos mais específicos, as experiências das mulheres afro-americanas da classe trabalhadora são estereotipadas e rotuladas como desviantes em relação às das mulheres brancas de classe média, ao mesmo tempo que são consideradas normativas para as mulheres afro-americanas como um todo. Nas discussões políticas sobre reprodução, as mulheres afro-americanas de classe média são comparadas não com as mulheres brancas de classe média, mas com as mulheres afro-americanas da classe trabalhadora (quando essas são visíveis).

Controlar a reprodução biológica e as experiências maternais das mulheres afro-americanas da classe trabalhadora tem sido essencial nos EUA para dar sustentação a um tipo de nacionalismo americano racializado. Em épocas anteriores, a necessidade de mão de obra barata e não qualificada somada à impotência política das populações negras contribuíram para produzir políticas populacionais encorajando as mulheres afro-americanas a ter muitos filhos. Como a juventude negra não requeria treinamento caro e podia ser facilmente demitida, esses jovens custavam pouco aos empregadores. Nos estados do Sul, por exemplo, os anos escolares das crianças afro-americanas costumavam ser mais curtos do que os das crianças brancas e ajustados para permitir que os jovens negros trabalhassem na agricultura. Por não terem sido contemplados com aqueles benefícios da educação e da assistência social, que eram normalmente concedidos a outros grupos, eles custavam pouco ao Estado. Crianças negras eram vistas como prescindíveis.

A economia política do Pós-Segunda Guerra Mundial mudou tudo isso. A mecanização da agricultura, a realocação industrial para longe das áreas do centro da cidade e outras tendências econômicas promoveram uma demanda decrescente por mão de obra pouco qualificada[20]. Ao invés disso, a chamada economia pós-industrial buscou mão de obra mais qualificada que exigia investimentos caros em escolaridade e assistência médica. Durante esse mesmo período, os afro-americanos ganharam direitos políticos que não estavam

---

20 Ver G.D. Squires, *Capital and Communities in Black and White*.

QUEM É A MÃE "REAL", AFINAL?

disponíveis antes da aprovação da Lei dos Direitos Civis de 1964 e da Lei dos Direitos de Voto de 1965; essas novas legislações permitiram que eles fossem beneficiados por programas de direito há muito desfrutados pelos brancos[21]. Do ponto de vista dos empregadores, uma grande massa de afro-americanos, que agora tinha direito legal aos benefícios da cidadania de primeira classe, tornou-se economicamente inviável e politicamente perigosa. Diante da necessidade de um número menor de afro-americanos, políticas populacionais, construções ideológicas de mulheres afro-americanas e a estrutura de instituições sociais se combinaram para desencorajar a classe trabalhadora e as mulheres afro-americanas pobres de terem filhos.

Fornecer serviços robustos de combate à infertilidade para mulheres brancas de classe média e ao mesmo tempo restringir os serviços de planejamento familiar, exceto a esterilização, para mulheres afro-americanas pobres são iniciativas que refletem como a lógica do pensamento eugênico molda as políticas populacionais do final do século xx. Atualmente, mulheres pobres e mulheres de cor são muitas vezes desencorajadas a ter filhos, sendo inclusive recompensadas pelo governo se seguirem essa diretriz. Em *Killing the Black Body: Race, Reproduction, and the Meaning of Liberty* (Matando o Corpo Negro: Raça, Reprodução e o Significado da Liberdade), Dorothy Roberts detalha a gama de políticas públicas destinadas a limitar a liberdade reprodutiva das mulheres negras e a tratá-las como mães inaptas. Essas políticas incluem: a esterilização compulsória de mulheres negras com base nos programas de bem-estar do governo dos anos 1970; a distribuição, por meio do Medicaid[22], de contraceptivos arriscados e de efeito prolongado, como o *Norplant*; a criminalização da reprodução, instituída ao se processar mulheres que fazem uso de drogas durante a gravidez; e as controvérsias sobre a adoção transracial. Como Roberts afirma: "mães negras pobres são culpadas por perpetuar problemas sociais ao transmitir para suas crianças genes

---

21 Ver, por exemplo, a discussão no artigo "Black Women and AFDC", de Teresa Amott, que trata de mulheres afro-americanas e do programa do governo federal Aid to Families with Dependent Children.

22 Programa federal de saúde dos EUA voltado para pessoas de baixa renda que não conseguem pagar o seguro-saúde privado. (N. da T.)

RAÇA, FAMÍLIA E O ESTADO-NAÇÃO DOS EUA

defeituosos, danos irreparáveis por uso de crack e um estilo de vida desviante"[23]. No contexto da falta de serviços de aborto, a esterilização permanente financiada pelo governo muitas vezes se torna um dos poucos métodos viáveis de controle de natalidade.

As construções ideológicas a respeito das mulheres afro-americanas também contribuem para difundir a tese de que essas mulheres não são boas mães e por isso não deveriam procriar. Imagens midiáticas de mulheres afro-americanas como matriarcas ou mães "inaptas" são agora acompanhadas por novas imagens que as retratam como sexualmente irresponsáveis, como mães abusivas e/ou como rainhas da assistência social. O estereótipo sobre os afrodescendentes como pessoas menos aptas intelectualmente, mais impulsivas e emocionais do que os brancos, em especial a imagem da rainha da assistência-social, fornece um contexto para a adoção de métodos de quase-esterilização, a exemplo do *Norplant* e do *Depo-Provera*. Ironicamente, as representações veiculadas pela mídia de massa de mulheres afro-americanas de classe média, especialmente as profissionais de alta performance, também podem ajudar a perpetuar a imagem da mulher afro-americana como uma mãe inapta. Ao optar por não ter filhos, essas mulheres são vistas como egoístas e ambiciosas, focadas em acumular e concentrar recursos, excessivamente agressivas e pouco femininas, numa palavra, como pessoas que pensam apenas em si mesmas. Além disso, essas novas e superdotadas "damas negras", como Wahneema Lubiano as descreve, são construídas simultaneamente como empregadas das ações afirmativas, beneficiárias indignas de favores do governo que se assemelham às suas irmãs, as rainhas do bem-estar social menos abastadas. A partir dessas imagens, as mulheres afro-americanas da classe média e da classe trabalhadora podem ser construídas como o inimigo que, por meio da procriação ou da não procriação, ameaça os interesses nacionais americanos. No entanto, as mulheres afro-americanas pobres e da classe trabalhadora permanecem mais vulneráveis aos ataques que resultam dessa lógica[24].

---

23 D.E. Roberts, op. cit., p. 3.
24 Para uma discussão dessas imagens, ver W. Lubiano, Black Ladies, Welfare Queens, and State Minstrels: Ideological War by Narrative Means, em T. Morrison (ed.). *Race-ing*

QUEM É A MÃE "REAL", AFINAL?

Num ambiente em que as mulheres afro-americanas são construídas como mães inaptas, as instituições sociais assumem, em face delas, um perfil particularmente punitivo. As mães negras e pobres da classe trabalhadora normalmente conseguem algum emprego, mas em condições severamente desfavoráveis. Os cuidados infantis continuam sendo difíceis de encontrar, os benefícios no âmbito da assistência médica são restritos àqueles que trabalham meio período ou realizam trabalho sazonal, e a falta de segurança no emprego dificulta o planejamento. Uma história de segregação racial que resulta numa realidade em que as mulheres afro-americanas da classe trabalhadora encontram oportunidades limitadas em termos de educação, moradia, emprego, acesso a assistência médica, a escolas e a instalações recreativas de alta qualidade para seus filhos[25].

Novas Realidades

Se o Estado-nação é definido como uma família nacional, com a ideia tradicional de família estruturando valores normativos familiares, então os padrões utilizados para avaliar as contribuições dos membros de uma família – concebida como união heterossexual entre pessoas casadas "de papel passado" e com filhos – tornam-se fundamentais para avaliar as contribuições de cada grupo social para o bem-estar da nação em geral. Os Estados Unidos podem estar vivendo um momento histórico importante, em que a lógica da eugenia vem sendo apropriada por grupos de interesse que visam resgatar a família nacional americana em sua antiga glória. Para a compreensão dessas novas realidades, vários temas são de uma importância especial.

Justice, En-Gendering Power. As mulheres afro-americanas de classe média ocupam um lugar peculiar no nexo das políticas populacionais voltadas para as mulheres afro-americanas como grupo. Por um lado, essas mulheres claramente têm recursos econômicos para cuidar de seus filhos. Nesse sentido, as crianças afro-americanas de classe média não drenarão os recursos do Estado-nação. Mas, por outro lado, essas crianças não são do estoque genético "certo" para se tornarem símbolos da nação. Elas competem por recursos com os "herdeiros legítimos" da nação – seus filhos brancos. A analogia entre o herdeiro legítimo do rei e o filho bastardo do rei parece adequada aqui: ambos são vistos como parte da família real, mas seu *status* não é o mesmo.

25 Ver B. Omolade, *The Rising Song of African American Women*.

RAÇA, FAMÍLIA E O ESTADO-NAÇÃO DOS EUA

Primeiro, a gama de escolhas reprodutivas disponíveis para as mulheres brancas não poderia ter sido oferecida sem a exploração do trabalho das mulheres afro-americanas e de outras mulheres de cor. Como mulheres do grupo desejável, as mulheres brancas de classe média há muito dependem do trabalho de mulheres pobres e mulheres de cor para cumprir suas responsabilidades como mães. Historicamente, por exemplo, as mulheres afro-americanas trabalhavam cuidando das crianças e realizando o trabalho doméstico que permitia que as mulheres brancas da classe média mantivessem sua posição social de mães aptas. Mais recentemente, essas funções tradicionais estão sendo assumidas por novas "mães empregáveis" – a saber, mulheres de cor que vivem nos EUA como imigrantes em situação ilegal. Em sua análise sobre as latinas em situação ilegal, Grace Chang observa que, no passado, as análises sobre a imigração focavam em trabalhadores masculinos que supostamente roubavam empregos de trabalhadores americanos. "Desde meados da década de 1980, essa preocupação mudou, dando ênfase ao peso que os imigrantes representam para a manutenção das políticas de bem-estar social nos EUA, penalizando, assim, os nativos norte-americanos." Como observa Chang, "o problema da imigração não é mais o de imigrantes homens que roubariam os empregos. A grande ameaça agora vem das imigrantes mulheres, vistas como mães ociosas que dependem das políticas de bem-estar social e de maneira desordenada geram filhos também dependentes"[26]. Nesse contexto, o tratamento dispensado às mães latinas em situação ilegal e a outras mulheres desprovidas dos benefícios da cidadania americana se assemelha bastante aos padrões históricos de regulação das mães afro-americanas. Nesses casos, a noção de mães não brancas como empregáveis coexiste ao lado da opinião predominante de que o emprego das mães é prejudicial ao desenvolvimento dos filhos pequenos.

Em segundo lugar, a conexão entre o capitalismo de bem-estar e os interesses nacionais percebidos permanece significativa, especialmente em relação às mulheres de diferentes raças, classes sociais

---

26 G. Chang, Undocumented Latinas, em E.N. Glenn et al. (eds.), *Ideology, Experience, and Agency*, p. 263.

QUEM É A MÃE "REAL", AFINAL?

e grupos de cidadania. O Estado de bem-estar social medeia as demandas conflitantes colocadas a todas as mulheres. Por um lado, as normas sociais incentivam as mulheres a permanecerem em casa para cuidar de seus filhos e, assim, reproduzir e manter a força de trabalho. Mas, por outro lado, essas mesmas normas incentivam as mulheres de todas as classes sociais a realizarem um trabalho tradicionalmente feminino de baixa remuneração como atendentes de hospitais, cuidadoras infantis, auxiliares de enfermagem doméstica, trabalhadores de *fast-food*, caixas de bancos, secretárias e trabalhadoras domésticas. Ao incentivar – inclusive com subsídios – algumas mulheres a permanecerem em casa para nutrir a força de trabalho atual e futura, enquanto força outras a trabalhar com baixos salários, o Estado de bem-estar usa as diferenças de raça, classe social e cidadania entre as mulheres para resolver esse conflito. As mulheres de cor da classe trabalhadora, não importando qual seja seu *status* de cidadania, sustentam o peso do desenvolvimento capitalista. Essas mulheres estão simultaneamente envolvidas em trabalhos de baixos salários como funcionárias remuneradas fazendo o trabalho reprodutivo para famílias que não as suas próprias[27].

Em terceiro lugar, as novas tecnologias reprodutivas estão reorganizando de forma potente as experiências de todas as mulheres com a maternidade[28]. Na medida em que não se libertam dos padrões de raça e classe social longamente vigentes nos Estados Unidos, esses avanços tecnológicos fragmentam o significado da maternidade. A proliferação das tecnologias reprodutivas no pós-Segunda Guerra Mundial permitiu a divisão da maternidade em três categorias: genética, gestacional e social. As mães genéticas são aquelas que fornecem o material genético para outro ser humano. Mães gestacionais são aquelas que carregam o feto em desenvolvimento no útero até o nascimento. Mães sociais cuidam de crianças nascidas. As visões tradicionais da maternidade amparadas na ideia tradicional de família apresentam uma mulher branca de classe média

---

27 Ver G. Chang, op. cit.; B.T. Dill, Our Mothers Grief: Racial Ethnic Women and the Maintenance of Families. *Journal of Family History*, v. 13, n. 4; E.N. Glen, From Servitude to Service Work, *Signs*, v. 18, n. 1.

28 Ver J. Raymond, *Women as Wombs*; R. Rowland, op. cit.

RAÇA, FAMÍLIA E O ESTADO-NAÇÃO DOS EUA

que, auxiliada por suas criadas domésticas, cumpre todas as três funções. Mas as novas tecnologias reprodutivas trouxeram a possibilidade de que as mulheres se especializassem em uma dessas três categorias maternas. Com a crescente capacidade tecnológica de fazer distinções entre maternidade genética, gestacional e social, afro-americanas, latinas e outras mulheres de cor tornam-se candidatas à maternidade gestacional, complementando e talvez até suplantando a participação das mulheres brancas da classe trabalhadora como mães genéticas e gestacionais.

Quarto, a glorificação da figura materna direcionada às mulheres brancas de classe média coexiste com um conjunto heterogêneo de políticas sociais destinadas a manter a imagem da maternidade como de vital importância para todas as mulheres, ao mesmo tempo que desencorajam determinados grupos de se tornarem mães, na medida em que eles não alcançam os padrões estabelecidos para as mães "reais". Considere-se alguns exemplos: fenômenos da década de 1990, como o ataque às políticas de ação afirmativa no ensino superior e no local de trabalho; a aprovação da Lei de Responsabilidade Pessoal e Oportunidade de Trabalho e Reconciliação de 1996, que aboliu efetivamente a Ajuda às Famílias com Filhos Dependentes, colocando-a sob a supervisão de cinquenta estados individuais; o surgimento da estridente retórica anti-imigração no discurso público; e a crescente privatização de escolas, assistência médica e determinados serviços públicos – todo eles podem ser vistos como parte de um quadro abrangente concebido para manter as diferenças entre mães aptas e inaptas. Mas essa retórica de glorificação da figura materna não deve ser motivo para que percamos de vista a forma como as crianças são realmente tratadas nos Estados Unidos. As crianças foram desproporcionalmente prejudicadas pelas políticas sociais da década de 1980 e continuam sendo a faixa etária mais empobrecida dos Estados Unidos. Em 1974, 15% das crianças americanas (menores de dezoito anos) viviam na pobreza. Em 1986, já eram 21%: um aumento de 40% em apenas doze anos. Os números mais recentes colocam a pobreza da juventude negra em 30%, quase o dobro da taxa geral de pobreza infantil nos Estados Unidos (16%). No entanto, apesar dessas estatísticas surpreendentes, a infertilidade

QUEM É A MÃE "REAL", AFINAL?

continua a ser apresentada como um grande problema de saúde pública que afeta um grande número de americanos[29].

Uma quinta dimensão crucial das novas realidades diz respeito à resposta do movimento dos direitos reprodutivos. A luta pelos direitos reprodutivos é muitas vezes vista como liderada por mulheres brancas de classe média, mas mulheres negras, mulheres pobres e mulheres de cor também participam das lutas pelos direitos reprodutivos. Por exemplo, as declarações de missão do Projeto Nacional de Saúde da Mulher Negra e do grupo As Mulheres Afro-Americanas São Pela Liberdade Reprodutiva explicitam as questões nocivas que confrontam as mulheres negras. Da mesma forma, as mulheres de cor que se esforçam para vincular as lutas pela liberdade reprodutiva aos direitos humanos apontam a necessidade de uma iniciativa ampla, multiétnica e multicultural que possa responder aos desafios detalhados neste ensaio[30].

Finalmente, o surgimento de novas formas de família nos Estados Unidos tem o potencial de apoiar ou desafiar a ideia tradicional de família, o edifício das políticas populacionais que ela sanciona e as compreensões fundamentais sobre a identidade nacional americana, imaginada como uma grande família nacional. Por exemplo, o apoio crescente às categorias de birracialidade e multirracialidade no censo dos EUA responde às novas e emergentes formas de família que desafiam os limites da raça. De particular interesse são as mães brancas que, por meio de adoção ou reprodução biológica, criam filhos birraciais ou multirraciais. Como podemos interpretar os esforços atuais para incluir categorias multirraciais nos dados do governo? Seriam os esforços de reclassificação um esforço para transformar essas crianças em crianças brancas honorárias, com todos os benefícios concedidos àquelas crianças que, além de brancas, pertencem à classe média? Ou estariam tais esforços comprometidos em desconstruir um sistema de categorização racial que rotineiramente distribui

---

29 M.B. Katz, *The Undeserving Poor*, p. 127.

30 D.E. Roberts, op. cit., p. 294-312; L.J. Ross et al., Just Choices, em J. Silliman; A. Bhattacharjee (eds.), *Policing the National Body*; e "TWO Mission Statements – National Black Women's Health Project and African American Women Are for Reproductive Freedom", em K. Springer (ed.), *Still Lifting, Still Climbing*.

privilégios com base nessas classificações? De maneira semelhante, o surgimento de famílias organizadas em torno de casais gays e lésbicas com filhos levanta desafios semelhantes à ideia tradicional de família e às estruturas sociais complexas que ela simultaneamente molda e sanciona. A própria existência dessas formas de família emergentes e sua crescente legitimidade dentro das agências estatais significam que o alicerce da família, conforme definido pela ideia tradicional de família, não pode mais servir para cimentar o sistema de raça, gênero, classe, nacionalidade e opressão heterossexista. O que virá desses desafios ainda é uma incógnita.

Parte II

ETNICIDADE, CULTURA E POLÍTICA NACIONALISTA NEGRA

3 Nacionalismo Negro e Etnicidade Afro-Americana

afrocentrismo como religião civil

As mudanças engendradas pela pós-colonialidade, pelo capitalismo global e pelas novas tecnologias suscitaram um vivo debate acerca dos contornos e do significado do novo racismo nos Estados Unidos em uma América em profunda mudança[1]. Estruturalmente, os negros americanos ficaram atrás de outros grupos quando se tratou de aproveitar os ganhos da dessegregação em termos de habitação, escola e oportunidades de emprego[2]. Um estudo de Atlanta revelou que uma nova segregação racial está emergindo em certos bairros das principais cidades americanas, mesmo aquelas com uma classe média negra politicamente emancipada e altamente visível[3]. Outras pesquisas enxergam o crescimento de um complexo prisional-industrial como um novo e importante segmento do racismo institucionalizado em face da classe trabalhadora e dos afro-americanos e latinos pobres[4]. Ideologicamente, certa

---

1 Para exemplos de trabalhos sobre os contornos do novo racismo, ver: E. Bonilla-Silva, Rethinking Racism: Toward a Structural Interpretation. *American Sociological Review*, v. 62, e *White Supremacy and Racism in the Post-Civil Rights Era*; P. Essed, *Understanding Everyday Racism: An Interdisciplinary Theory*; A.L. Ferber, *White Man Falling*; P. Gilroy, *Against Race*; S. Jhally & J. Lewis, *Enlightened Racism*; A. Memmi, *Racism*; R. Miles, *Racism*; K.J. Neubeck & N.A. Cazenave, *Welfare Racism*; T.A. Van Dijk, *Elite Discourse and Racism*. A análise de John Calmore da nova demografia da América multirracial é especialmente intrigante. (J.O. Calmore, Race-Conscious Voting Rights and the New Demography in a Multiracing America, *North Carolina Law Review*, v. 79, n. 5.)
2 Ver D.S. Massey; N.A. Denton, *American Apartheid*.
3 Ver G. Orfield; C. Ashkinaze, *The Closing Door*.
4 Ver A.Y. Davis, Race and Criminalization: Black Americans and the Punishment Industry, em W. Lubiano (ed.), *The House That Race Built*; J.G. Miller, *Search and Destroy*; W.F. Pinar, *The Gender of Racial Politics and Violence in America*.

ETNICIDADE, CULTURA E POLÍTICA NACIONALISTA NEGRA

crença na legitimidade da cegueira de cor tem servido para mascarar as desigualdades contínuas do racismo contemporâneo. Ao proclamar que a igualdade de tratamento dos indivíduos no plano jurídico é suficiente para enfrentar o racismo, essa ideologia acaba rotulando as soluções antirracistas baseadas em grupos, a exemplo das ações afirmativas, como "racistas"[5].

Como os afro-americanos devem responder à promessa e às decepções desse novo racismo que opera por meio da curiosa combinação de uma dessegregação estruturalmente incompleta, camuflada por uma ideologia de inclusão daltônica? Neste capítulo, descrevo como alguns afro-americanos reformularam as ideias centrais do nacionalismo negro na tentativa de negociar os dilemas do novo racismo. Apesar da considerável variabilidade na forma como os afro-americanos entendem e articulam a ideologia nacionalista negra, eu sugiro que as principais ideias de autodefinição, autodeterminação, bem como a autossuficiência do nacionalismo negro ressoam em consonância com as experiências de um grande número de afro-americanos e com importantes normas culturais da sociedade americana. Nesse contexto, as ideias centrais do nacionalismo negro podem ser usadas para criar uma identidade racial/étnica afro-americana que, por sua vez, remonta a modelos históricos de mobilização étnico-política usados por outros grupos raciais/étnicos[6].

5 Para discussões sobre essa lógica da cegueira de cor, ver: K.W. Crenshaw, Color Blindness, History, and the Law, em W. Lubiano (ed.), *The House That Race Built*; E. Bonilla-Silva, *White Supremacy and Racism in the Post-Civil Rights Era*; L. Guinier & G. Torres, *The Miner's Canary*.

6 Baseio-me na distinção do sociólogo Eduardo Bonilla-Silva entre raça e etnicidade como diferentes bases para a associação de grupos. Ao contrário da etnicidade, os sistemas sociais racializados contêm hierarquias de poder que distinguem entre superiores e subordinados. Eu uso o termo grupos "raciais/étnicos" para me referir à interação entre a atribuição de grupos raciais/étnicos pelo Estado-nação e a identificação racial/étnica construída por indivíduos e grupos dentro dele. (E. Bonilla-Silva, Rethinking Racism, *American Sociological Review*, v. 62.) Usando uma linguagem semelhante de "atribuição etnorracial" e "identidade etnorracial", Karen Brodkin, em *How Jews Became White Folks and What That Says about Race in America*, aponta a distinção conceitual entre os dois. Rastreando a história das classificações do censo demográfico dos EUA por categorias raciais e por categorias de cidadania que diferenciam nativos e imigrantes, Brodkin examina os padrões de mudança de atribuição racial/étnica dentro da sociedade dos EUA. Em contraste com esse processo de classificação, indivíduos e grupos constroem identidades raciais/étnicas, mas o fazem dentro do contexto de suas atribuições raciais/

NACIONALISMO NEGRO E ETNICIDADE AFRO-AMERICANA

O meu argumento se desvia fortemente das abordagens do nacionalismo negro que se tornaram padrão. A maioria dos estudiosos define o nacionalismo negro como uma ideologia política, uma das muitas (por exemplo, socialismo ou integracionismo) que historicamente moldaram a política afro-americana[7]. Tais abordagens criam ainda mais categorias para as distinções filosóficas entre os nacionalismos negros. O nacionalismo cultural, o nacionalismo revolucionário, o nacionalismo religioso, o nacionalismo feminista negro e similares foram classificados como vertentes distintas de uma ampla filosofia nacionalista negra[8]. Essa abordagem, embora valiosa, permanece limitada, porque ignora como os afro-americanos podem usar a ideologia nacionalista negra para enfrentar os desafios do racismo contemporâneo. Por exemplo, apesar das diferenças de classe social entre os afro-americanos que podem produzir orientações distintas de votação, os afro-americanos continuam a votar a partir de uma perspectiva racial[9]. Além disso, focar nas vertentes ideológicas do nacionalismo negro ofusca o modo como os afro-americanos podem usar suas ideias centrais como um sistema de sentido. O nacionalismo negro pode ser usado para organizar não só as instituições sociais e as relações sociais nas comunidades afro-americanas, como também o comportamento de grupos afro-americanos na sociedade americana.

Algumas coisas podem ajudar a explicar parte do apelo exercido pelo nacionalismo negro: ele pode ser utilizado, no plano individual, pelos afro-americanos em busca de significado nas suas vidas cotidianas; como instrumento de mobilização coletiva para uma gama de atividades que não são abertamente políticas; e em sua versatilidade

---

étnicas. Coloco em maiúsculas os termos "negro" e "branco" porque ambos se referem a grupos raciais/étnicos específicos na sociedade americana. Os afro-americanos usam os termos "afro-americanos" e "negros" de forma intercambiável para autodescrever essa identificação racial/étnica. Se identidades nacionais como "francesa", "italiana" ou "britânica" podem ser substituídas por "negras", então coloco o termo em maiúscula. Capitalizar "branco" é mais problemático, precisamente porque os brancos rejeitam essa identificação étnica como "brancos". (N. da E.: nesta tradução, os gentílicos continuam grafados com iniciais minúsculas como é a regra em português.)

7 Ver D.E. Robinson, *Black Nationalism in American Politics and Thought.*

8 Ver W.J. Moses, *The Golden Age of Black Nationalism, 1850-1925*; A. Pinkney, *Red, Black, and Green*; W.L. Van Deburg, *Modern Black Nationalism.*

9 Ver M.C. Dawson, *Behind the Mule.*

ETNICIDADE, CULTURA E POLÍTICA NACIONALISTA NEGRA

para adquirir significados diversos junto a segmentos da sociedade civil afro-americana que se distinguem por classe social, cor, gênero, status de imigrante e religião. Essa maleabilidade tanto constitui a promessa do nacionalismo negro quanto seu perigo. Ideologias políticas e religiões reivindicam essa capacidade de construir identidades de grupo que movem as pessoas para a ação. Aqueles que acreditam no cristianismo, no capitalismo, no islamismo, no marxismo e em sistemas de pensamento semelhantes usam as principais ideias de seus respectivos sistemas de crença como base para tomadas de decisão cotidianas e para a mobilização de grupos. Ao mesmo tempo, embora compartilhem um conjunto de ideias, a forma como os indivíduos interpretam essas ideias centrais, bem como as práticas reais realizadas sob sua orientação, podem variar muito.

Lapidado na intersecção entre ideologia política e religião, o nacionalismo negro pode ter uma utilidade semelhante para os afro-americanos. A flexibilidade do nacionalismo negro permitiu que os afro-americanos o remodelassem em resposta aos sucessivos desafios políticos levantados ao longo da história pela escravidão, pela segregação da Era Jim Crow, pela industrialização e pela urbanização. Dada essa sua resiliência e potencial funcionalidade nos nossos tempos, não parece correto interpretar o nacionalismo negro como uma ideologia política excessivamente homogênea a fim de reivindicá-lo ou rejeitá-lo (nacionalismo *versus* integracionismo), nem restringir a análise ao conteúdo específico das vertentes do nacionalismo negro (nacionalismo cultural *versus* nacionalismo religioso). Em vez disso, uma abordagem mais interessante e potencialmente útil consiste em explorar as diversas maneiras pelas quais os afro-americanos empregam o nacionalismo negro como sistema de significado, especialmente na construção de respostas ao novo racismo.

Racismo: O Apagamento da Etnicidade Afro-Americana

O racismo e a religião foram fundamentais para a formação tanto da própria identidade nacional americana quando das políticas de Estado dos EUA. O racismo externo dirigido contra os povos indígenas

NACIONALISMO NEGRO E ETNICIDADE AFRO-AMERICANA

que ocupavam a terra desejada pelos colonizadores europeus e o racismo interno dirigido contra os trabalhadores africanos escravizados foram parte integrante dos momentos *fundacionais* dos Estados Unidos como Estado-nação[10]. Durante o período colonial dos Estados Unidos, a branquitude, seja na forma dos brancos com posses ou de servos brancos contratados, tornou-se definida em oposição e acima do status não branco atribuído aos povos indígenas e aos africanos escravizados. Esse triângulo racial entre colonizadores brancos, povos indígenas e africanos escravizados está na gênese do novo Estado-nação americano. No vir a ser dessa sociedade colonizadora que privilegiava a branquitude, os colonizadores europeus americanos viam sua busca por terra e recursos como um direito que lhes cabia enquanto povo ou nação em formação. O resultado disso é que a identidade nacional americana ficou a tal ponto comprometida com processos raciais fundamente enraizados que tem sido difícil concebê-la em termos diferentes dos raciais. Além disso, construir essa identidade nacional racializada exigia reduzir a miríade de etnias que caracterizavam as populações europeias, americanas e africanas em três categorias raciais centrais[11].

A religião cristã foi muito importante durante esse período fundacional e serviu como modelo para a criação de uma religião civil americana também capaz de se articular com a identidade nacional americana. Por um lado, o princípio fundamental da identidade nacional americana – a identidade da "nação" ou "povo" americano – protege a liberdade religiosa por meio da separação entre Igreja e Estado. Por outro, embora os colonizadores europeus fossem profundamente cristãos e valorizassem a religião, o mesmo princípio de proteção da liberdade religiosa proibia que o cristianismo se convertesse em religião oficial do novo Estado-nação. Essa aparente contradição seria resolvida com a criação de uma religião civil americana que cultuasse a identidade nacional americana, mas que o fizesse de forma legalmente secular. Por definição, a religião civil constitui o culto a uma forma de governo e aos princípios políticos

---

10 Ver P.H. Collins, Like One of the Family: Race, Ethnicity, and the Paradox of US National Identity, *Ethnic and Racial Studies*, v. 24, n. 1.

11 Apresento uma análise abrangente dessas questões no capítulo 1 deste volume.

ETNICIDADE, CULTURA E POLÍTICA NACIONALISTA NEGRA

a ela associados. A afirmação de que os Estados Unidos possuem uma religião civil sugere que os americanos não são apenas um povo religioso no sentido de uma adesão generalizada à crença religiosa, mas que os americanos compreendem a identidade nacional americana *como* um povo em termos religiosos. No contexto americano, a substância da religião civil pressupõe o culto à democracia e ao governo republicano, culto este enraizado em princípios como liberdade, igualdade, justiça e direito. Em suma, a religião civil americana é o patriotismo construído em conjunto com os "valores cristãos" e sob sua influência. Como os Estados Unidos claramente não possuem nenhuma religião de Estado na qual a adesão a uma fé verdadeira – e a ser protegida – funcione como princípio sobre o qual o governo funda sua autoridade, o princípio da religião civil surgiu como um mecanismo capaz de resolver a contradição entre a América enquanto república e a América enquanto Estado constitucional e liberal[12]. Desde a sua criação, a religião e o nacionalismo estiveram profundamente entrelaçados dentro da política americana e é devido a esse entrelaçamento que as pessoas de ascendência africana sempre estiveram na estranha posição de pertencer ao corpo político como força de trabalho, mas não pertencer a ele enquanto membro da comunidade republicana ou como cidadão pleno do Estado constitucional liberal[13].

Com identidades étnicas organizadas em torno da língua, cultura, religião e costumes compartilhados, os novos grupos de imigrantes que chegaram no início do século XX estabeleceram

---

12 R.N. Bellah, *The Broken Covenant*, p. 169-173.

13 Por meio de um conjunto de ideias, símbolos e práticas culturais, a religião civil americana encoraja os membros da sociedade americana a adorar o "estilo de vida americano". Dois dos textos sagrados da religião civil americana, a Declaração de Independência e a Constituição dos EUA, estão em conflito. A Declaração abrange as ideias de uma forma republicana de governo com atenção explícita a uma divindade, enquanto a Constituição representa o estado democrático liberal do Iluminismo (ver R.N. Bellah, op. cit.). Na religião civil americana, os chamados Pais Fundadores podem ser vistos como semideuses. Os presidentes americanos servem como sumos sacerdotes, e os cidadãos que morrem a serviço da democracia (guerra) tornam-se os mártires. Essa ideologia religiosa também se assemelha à retórica da família que molda tanto a identidade nacional americana quanto as políticas públicas do Estado-nação. Ver os ensaios na Parte I deste volume.

NACIONALISMO NEGRO E ETNICIDADE AFRO-AMERICANA

enclaves étnicos que protegeram seus membros e estabeleceram uma "cabeça de praia" na sociedade dos EUA. Muitos grupos rapidamente perceberam que politizar essas etnias e fazê-las competir com outros grupos étnicos rendia benefícios políticos e econômicos tangíveis. Implantando uma forma de competição étnica em que os grupos competiam entre si pelo poder do Estado, recursos e desenvolvimento, os grupos étnicos disputavam posição na hierarquia racial dos EUA[14]. Os grupos de imigrantes europeus foram capazes de usar sua aparência para se tornar perfeitamente "brancos", enquanto outros – a exemplo dos judeus do Leste europeu – se contentaram em se tornar "brancos, mas não totalmente"[15]. A alavancagem política e econômica criada por meio da mobilização dos *grupos* étnicos gerou oportunidades suficientes para que seus filhos se tornassem *indivíduos* "brancos", portanto, livres dos limites de uma etnicidade fechada[16]. Imigrantes afrodescendentes do Caribe encontraram uma realidade diferente. Seu desafio consistia em tentar não "ser negro".

A implantação de identidades étnicas competitivas de jamaicanos, trinitários, cubanos e afins serviu por um tempo para evitar que esses indivíduos caíssem nas malhas de uma dura classificação racial que apagava suas individualidades e os convertia simplesmente em "negros". A rígida segregação racial politizou muitos, e aqueles que acreditavam que, por serem muito "negros", corriam o risco de não terem acesso aos benefícios da cidadania de primeira classe, em muitos casos se aliaram com os afro-americanos e se tornaram "negros". Na década de 1920, afro-caribenhos e afro-americanos juntaram-se ao Movimento Negro Nacionalista Garvey, que até hoje é o movimento de massas dos EUA que reúne o maior número de afrodescendentes.

Enquanto a categoria racial de "branco" construída a partir de etnias europeias se manteve proeminente na sociedade americana, ironicamente, a branquitude não foi racializada, sobretudo porque

---

14 Ver J.N. Pieterse, Ethnicities and Multiculturalisms, em S. May et al. (eds.), *Nationalism, Ethnicity and Minority Rights*.

15 K. Brodkin, op. cit., p. 103-137.

16 D.E. Robinson, op. cit., p. 104-117.

ETNICIDADE, CULTURA E POLÍTICA NACIONALISTA NEGRA

detinha o poder de apagar sua própria operação. Se é verdade que a raça era um fato, também é certo que, ao desfrutarem, enquanto grupo racial dominante, das proteções governamentais, os americanos brancos podiam afetar uma estranha ignorância acerca dos privilégios que acumulavam em suas vidas cotidianas pelo fato de serem brancos. De um modo geral, os americanos brancos podiam se autodefinir como indivíduos, em vez de membros de um grupo étnico branco. Ao mesmo tempo, uma vez que esse grupo estava longe de ser homogêneo, alguns brancos podiam escolher entre algumas "etnicidades opcionais" que, dependendo do tempo histórico e do local de chegada nos Estados Unidos, abririam as portas para os privilégios de cidadania de primeira classe. As estruturas de segregação racial se articulavam bem com essas rigorosas categorias raciais. Para os afro-americanos, a etnia foi negada e a raça tornou-se primordial. Para os americanos brancos, a etnia operava como uma categoria maleável, que podia ser utilizada em defesa do grupo étnico ou então completamente descartada, se o preço a pagar valesse a pena. E o que é mais importante, para os americanos brancos, a raça desapareceu.

Ao contrário de outros grupos de imigrantes que chegaram aos Estados Unidos com suas culturas étnicas intactas, os afro-americanos enfrentaram o desafio de construir uma nova identidade de grupo ou etnicidade afro-americana que oferecesse resistência aos significados depreciativos ligados à categoria racial de "negro". Essa nova etnicidade teve que se basear na herança cultural sincrética criada pelos diversos grupos étnicos africanos, e isso dentro do ambiente religioso claramente americano de uma religião civil americana abrangente. Nesse contexto, a religião derivada da teologia cristã assumiu grande importância na cultura e etnicidade afro-americanas[17]. Como C. Eric Lincoln aponta: "Para os afro-americanos, um povo cuja experiência em seu todo tem sido uma condição permanente de múltiplos estresses, a religião nunca está longe do limiar da consciência, pois, seja abraçado com fervor ou rejeitado

---

17 Ver J.H. Cone, *The Spirituals and the Blues*; R.E. Hood, *Begrimed and Black*; P.J. Paris, *The Spirituality of African Peoples*.

NACIONALISMO NEGRO E ETNICIDADE AFRO-AMERICANA

com desdém, ela é o elemento focal da experiência negra."[18] Como o próprio sistema social racializado mudou de forma ao longo do tempo, a etnicidade afro-americana também foi continuamente reconstruída num contexto marcado por um triângulo racial persistente, pela chegada de novos imigrantes de ascendência africana e pela importância da religiosidade na sociedade civil afro-americana.

Na medida em que os afro-americanos experimentaram essa história racial/étnica única nos Estados Unidos, lidar com esse novo racismo constitui um desafio especial. Historicamente, os afro--americanos desenvolveram uma série de iniciativas antirracistas em resposta aos padrões profundamente enraizados de segregação racial que lhe bloquearam oportunidades de empregos, habitação, educação e votação[19]. No contexto do apartheid racial legalmente sancionado, as estratégias antirracistas pareciam repousar sobre uma equação relativamente simples: ao se desmantelar o edifício legal da segregação racial, o racismo desaparece. Atualmente, apesar das mudanças dramáticas na infraestrutura legal levadas a efeito nas décadas de 1950 e 1960, a segregação racial está longe de desaparecer. Em consequência, os Estados Unidos permanecem caracterizados por uma dessegregação racial desigual, especialmente na área de habitação e escola, estando os afro-americanos mais fortemente segregados no que tange à habitação, escolarização e padrões conjugais do que qualquer outro grupo racial/étnico[20]. Além disso, como uma parcela considerável da população em geral acredita que a sociedade americana é mais racialmente integrada do que é realmente o caso, muitos não conseguem ver novos padrões de ressegregação racial. Como as vitórias do Movimento dos Direitos Civis desmantelaram a segregação legal e deram aos afro-americanos direitos iguais, muitos brancos americanos entendem que falar de raça é uma forma equivalente de produzir o racismo. A linguagem racialmente codificada prolifera dentro dessa nova ideologia da cegueira de cor, em que termos como "crime de rua", "fraudes do

---

18 C.E. Lincoln, *Race, Religion, and the Continuing American Dilemma*, p. xxiv.
19 Ver M.F. Berry, *Black Resistance, White Law*.
20 Ver D.S. Massey; N.A. Denton, op. cit.

ETNICIDADE, CULTURA E POLÍTICA NACIONALISTA NEGRA

bem-estar", "mães solteiras", e "valores familiares" entram em vigor no lugar da linguagem racialmente explícita de eras anteriores[21].

Como o novo racismo opera no contexto organizacional da dessegregação e com a ilusão de igualdade proporcionada pela lógica da cegueira de cor, ele oferece novos desafios para os afro-americanos. Por um lado, o novo racismo parece estar replicando o triângulo racial fundacional, embora o faça trabalhando de forma diferente com a etnicidade. As mudanças na legislação de imigração que datam de meados da década de 1960 promoveram um enorme crescimento da imigração, dessa vez de migrantes provenientes não de nações europeias, mas sobretudo da América Latina, Ásia e, em menor escala, do Caribe e da África continental. Esses novos imigrantes não se encaixavam nos critérios biológicos da branquitude e, portanto, fisicamente não podiam ser classificados como biologicamente brancos.

O uso da etnicidade por esses novos grupos de imigrantes proporciona um fascinante vislumbre de como as identificações étnicas reivindicadas por eles se articulam com uma ordem racial de longa data. Tal como ocorrera com a população judaica na década de 1950, aos asiáticos também são oferecidos o status de "minoria modelo" como uma maneira de reivindicar os benefícios da branquitude[22]. Eles permanecem "não brancos", mas podem aspirar a ser o melhor dos "não negros". Os diversos tons e cores de pele, tipos de cabelo e características físicas das populações latinas, bem como as histórias muito diferentes que distinguem os cubanos americanos dos porto-riquenhos, os imigrantes dominicanos dos mexicanos, por exemplo, estimulam desafios interessantes para esse grupo "étnico" criado burocraticamente. Além disso, as populações latinas normalmente apresentam uma sensibilidade diferente sobre raça e racismo que, na superfície, parece ser mais tolerante do que os binários raciais dos Estados Unidos. No entanto, a ausência de uma divisão racial entre negros e brancos nos países latinos não significa que as populações afro-latinas não tenham experimentado um tipo distinto de racismo organizado em torno da ideia de "clareamento". Assemelhando-se

---

21 P.H. Collins, *Fighting Words*, p. 82-83.
22 Para uma discussão sobre judeus e branquitude, ver K. Brodkin, op. cit., p. 144-153. Sobre asiáticos, ver M. Tuan, *Forever Foreigners or Honorary Whites?*

à situação que enfrentaram os imigrantes caribenhos durante a era Garvey, os imigrantes de ascendência africana do Caribe e da África continental também são pressionados a aplanar suas identidades étnicas e se tornarem simplesmente "negros". Nigerianos, camaroneses, somalianos, haitianos e jamaicanos permanecem "não brancos", mas também precisam lutar para permanecer "não negros", isto é, para evitar o estigma e os estereótipos que os negros americanos enfrentam. Nesse caso, aferrar-se aos costumes étnicos, assumindo-se como um "negro estrangeiro", é aparentemente uma forma de se escudar contra os ataques do racismo, em que o objetivo é ser qualquer coisa menos um "negro doméstico".

Mobilização Racial/Étnica, Religião e Nacionalismo Negro

Os afro-americanos têm se deparado com esse contexto racial/étnico em que praticamente qualquer identidade étnica é considerada melhor do que a condição de afro-americano ou "negro doméstico". Para muitos, reivindicar a identidade étnica afro-americana pode eventualmente servir como escudo contra uma classificação racial negativa, bem como para formar uma base de mobilização política baseada em grupos. Nesse ambiente político e social, as ideias centrais do nacionalismo negro podem assumir importância para além de seus méritos lógicos e empíricos. Tais ideias podem guiar os processos de construção de uma etnicidade afro-americana que possa contar com a intermediação do poder político e social no contexto do pluralismo americano. Além disso, as ideias nacionalistas negras podem ser reconfiguradas de modo a ter como base tanto a religiosidade dos afro-americanos, tão central dentro da cultura afro-americana, quanto o clima da religião civil que molda a sociedade americana em geral.

Apesar do fato de que a maioria dos afro-americanos muito provavelmente não é capaz de definir nem o nacionalismo negro nem suas principais vertentes ideológicas, as ideias em si podem circular na vida cotidiana como um modelo para a etnicidade afro-americana. As ideias não precisam ser associadas à política nacionalista

ETNICIDADE, CULTURA E POLÍTICA NACIONALISTA NEGRA

negra formal para servir a essa função no cotidiano afro-americano. C. Eric Lincoln revela essas inter-relações entre etnia, religião e nacionalismo negro:

> Como a etnicidade e a identidade negras são frequentemente expressas por meio da religião negra, esta última é muitas vezes confundida com o nacionalismo negro. Elas podem, e muitas vezes viajam juntas, mas os objetivos e interesses desses dois aspectos da experiência negra não são os mesmos [...]. Para as massas negras, a religião negra e o nacionalismo negro são muitas vezes a mesma coisa. Ambos abordam as fontes de sua aflição, e estas não requerem rótulos. Para o sofredor, quanto mais arbitrário parece ser o sofrimento, menor a paciência para distinções sutis; é no fervor da união negra que eles podem confrontar o espectro que os persegue a todos. Assim, o nacionalismo negro às vezes assume o caráter de religião porque promete aos deserdados a rápida e certa reversão das circunstâncias de sua opressão e sofrimento.[23]

O nacionalismo negro, a religião e a etnicidade afro-americana podem se entrelaçar por vias que parecem extremamente semelhantes às conexões do patriotismo americano com a religião civil americana.

Religião, nacionalismo e etnicidade certamente são proeminentes nos projetos nacionalistas negros do Movimento do Poder Negro dos anos 1960 que, de alguma forma, sobreviveram até aqui. A Nação do Islã sob a liderança de Louis Farrakhan e a afrocentricidade de Molefi Kete Asante constituem duas manifestações proeminentes do nacionalismo negro contemporâneo desde meados de 1970[24]. Ambas as formas de nacionalismo negro trabalham com o paradigma da mobilização étnica tão proeminente na história americana. Ambos os projetos nacionalistas negros se baseiam simultaneamente na religiosidade histórica dos afro-americanos, mas o fazem com o objetivo de obter reconhecimento étnico entre os americanos. Ao mesmo tempo, nenhum dos projetos preconiza a mobilização política usada por irlandeses, italianos, judeus e outros grupos étnicos europeus. Dean

---

23 C.E. Lincoln, op. cit., p. 91-92.
24 D.E. Robinson, op. cit., p. 118.

NACIONALISMO NEGRO E ETNICIDADE AFRO-AMERICANA

Robinson afirma: "Ambos fazem algumas exigências ao Estado: no entanto, até agora, nenhuma tendência vincula firmemente sua trajetória política aos esforços do movimento operário, do feminismo ou de outras forças políticas tipicamente progressistas. Em vez disso, ambas oferecem propostas altamente idealistas – uma explicitamente religiosa, outra quase religiosa – para o empoderamento do grupo."[25]

Ambos os projetos nacionalistas negros se concretizaram durante a década de 1980 e o início da seguinte, época em que a direita cristã fez novas exigências ao Estado-nação dos EUA por meio das presidências republicanas de Ronald Reagan e George Bush (1980-1992); época que foi caracterizada pela reformulação da religião, da etnicidade, da raça e dos chamados valores da família dentro da política americana[26]. Por mais que sua teologia se desviasse dos ensinamentos islâmicos tradicionais, ao criar suas próprias mesquitas e outras organizações sociais, a Nação do Islã (NOI) tornou-se reconhecida como uma religião formal. Apesar do pequeno número de membros reais da NOI, muito tem sido escrito sobre a intersecção entre religião e política nessa organização, e eu não vou tentar resumir essa literatura aqui[27]. Parece adequado apontar que os afro-americanos comuns passaram ao largo ou não tomaram consciência dos debates, frequentemente controversos, travados entre os intelectuais afro-americanos na década de 1990 que fustigavam os programas patriarcais e heterossexistas da NOI. Participando em números recordes da Marcha do Um Milhão de Homens de 1995, em Washington, organizada pelo NOI e por Louis Farakkhan, os afro-americanos comuns aparentemente acharam as ideias centrais dessa versão conservadora do nacionalismo negro mais atraentes do que os argumentos defendidos por renomados intelectuais negros que se opuseram à marcha.

O afrocentrismo levanta uma série de problemas que giram em torno de uma questão central: como o nacionalismo negro "assume o caráter de religião" para lidar com a "opressão e o sofrimento"

---

25 Ibidem.
26 Para uma discussão abrangente de como as ideias sobre família moldam a identidade nacional americana, ver o capítulo 1 deste volume.
27 Ver, por exemplo, M.F. Lee, *The Nation of Islam*.

ETNICIDADE, CULTURA E POLÍTICA NACIONALISTA NEGRA

causados pelo novo racismo? O surgimento do afrocentrismo na década de 1980 entre os acadêmicos afro-americanos e sua disseminação na década de 1990 no terreno da cultura popular ilustram o quanto a ideologia nacionalista negra pode ser reformulada como uma religião civil[28]. Dentro do ensino superior americano, Asante e outros acadêmicos afro-americanos reformularam as principais ideias do nacionalismo cultural negro para orientar os programas de estudos negros incipientes[29]. Apesar da função expressa do afrocentrismo enquanto teoria social no ensino superior americano, seu uso real se assemelhava mais ao de uma religião civil. Como religião civil, o afrocentrismo reinterpretou a etnicidade afro-americana, desenvolvendo referências culturais de influência africana que prescreviam os valores gerais das comunidades da diáspora africana, proporcionavam coesão social com base nesses valores e facilitavam a cura emocional dos afro-americanos. Em essência, os intelectuais afrocêntricos tomaram o *framework* da religião civil americana, retiraram-lhe os símbolos e rituais "americanos" projetados para promover o compromisso patriótico com o Estado-nação dos EUA e os substituíram por um sistema de valores negros projetado para alcançar fins semelhantes.

Uma das razões pelas quais as expressões religiosas do nacionalismo negro ganharam apoio é que os afro-americanos há muito tempo usam a religião e as fontes religiosas de resistência ao racismo[30], ao contrário do uso da religião por grupos étnicos imigrantes, em que a prática da religião tradicional se torna um aspecto importante do êxito do grupo na manutenção de sua herança étnica; já a religião afro-americana em geral, e o cristianismo em particular, evoluíram em resposta ao sofrimento dos afro-americanos sob as condições do racismo americano. No início, a sociedade civil afro-americana

---

28 Nesta seção, faço uma distinção entre o afrocentrismo estrito senso defendido por acadêmicos do ensino superior dos EUA (ver M.K. Asante, *Kemet, Afrocentricity, and Knowledge*) e uma definição mais ampla de afrocentrismo que faz referência a costumes influenciados pelos africanos entre os afro-americanos. É importante notar que os afro-americanos podem implantar as ideias de consciência negra ou afrocentrismo sem usar essa terminologia para descrever suas crenças e/ou atividades.

29 P.H. Collins, *Fighting Words*, p. 155-183.

30 Ver M. Sobel, op. cit.

80

NACIONALISMO NEGRO E ETNICIDADE AFRO-AMERICANA

era praticamente sinônimo de igreja negra. Ao longo do tempo, no entanto, especialmente com a migração do Sul rural para as áreas industriais urbanas do Sul e do Norte, essa esfera pública negra desenvolveu uma divisão entre o sagrado e o secular como dimensões interconectadas da vida comunitária negra. As duas esferas compartilhavam da mesma crença na espiritualidade. Nesse sentido, a divisão entre as tradições religiosas predominantemente cristãs e em grande parte batistas na cultura da igreja negra e a espiritualidade secular que, como princípio criativo, está na origem da música, dança, e outros aspectos da produção cultural criativa afro-americana, constituem os dois lados da mesma moeda. Quando combinada, uma espiritualidade que pode tomar forma sagrada ou secular constitui uma dimensão importante da etnicidade afro-americana[31].

O estudo da socióloga Mary Patillo-McCoy sobre a cultura da igreja como uma estratégia de ação em uma comunidade afro-americana fornece evidências etnográficas a respeito da natureza recursiva do sagrado e do secular dentro da sociedade civil negra e de como tal sociedade é eivada de uma religiosidade afro-americana[32]. Pesquisas existentes indicam que os afro-americanos são, por diversos critérios, pessoas altamente religiosas, o que fica demonstrado pela importância de Deus e da religião na vida dos afro-americanos, pela elevada taxa de adesão e assiduidade à igreja e pela prevalência da oração na vida diária. Definindo a cultura da igreja como variando "do uso ardente da oração formal aos murmúrios sutis de encorajamento que pontuam os encontros públicos", Patillo-McCoy afirma que "a igreja negra fornece um modelo cultural para atividades comunitárias e, portanto, influencia o roteiro e a encenação de organizações comunitárias afro-americanas"[33]. Como Patillo-McCoy aponta, "o poder da oração, as imagens cristãs e as interações de chamada e resposta residem [...] na familiaridade *cultural* dessas ferramentas entre os afro-americanos enquanto mídia com a

---

31 Ver D. Richards, The Implications of African-American Spirituality, em M.K. Asante; K.W. Asante (eds.), *African Culture*.
32 Ver M. Patillo-McCoy, Church Culture as a Strategy of Action in the Black Community, *American Sociological Review*, n. 63.
33 Ibidem, p. 767.

finalidade de interagir, conduzir uma reunião, realizar um comício ou angariar eleitores. A cultura da igreja negra constitui uma linguagem comum que motiva a ação social"[34].

Essa fluidez entre o sagrado e o secular fornece o pano de fundo histórico para que os intelectuais – afrocêntricos ou não – façam uso dos princípios do nacionalismo negro com o intuito de criar novas identificações étnicas, as quais, na medida em que compartilham algumas características centrais com as religiões organizadas, podem conectar aqueles que frequentam com frequência a igreja com afro-americanos que raramente põem os pés em uma igreja, mesquita ou sinagoga. Além disso, identificações étnicas negras que assumem formas religiosas ou espirituais, ao invocarem tradições religiosas, espirituais e culturais preexistentes, podem ser mais facilmente reconhecíveis por um número muito maior de afro-americanos. Baseando-se nessa cultura comum da igreja negra, o afrocentrismo anexa o conteúdo específico do nacionalismo negro aos processos pelos quais a ação social é construída dentro das comunidades afro-americanas. O afrocentrismo visa fornecer um modelo para a etnicidade afro-americana fundamentada em um sentido compartilhado de "negritude" que pode ser simultaneamente teorizado (afrocentricidade) e realizado (cultura da igreja negra).

Nacionalismo Negro como Religião Civil: O Caso do Afrocentrismo

Examinar o modo como os intelectuais afrocêntricos reformularam as funções normalmente desempenhadas pelas religiões oficiais revela o modo de operar do afrocentrismo enquanto religião civil. As religiões organizadas têm várias características distintivas; algumas delas o afrocentrismo enquanto religião civil visa reproduzir, ao passo que outras permanecem menos atingíveis. Aqui eu discuto quatro características sobrepostas: 1. os sistemas de crenças compartilhados que formam os valores fundamentais da religião; 2. os artigos de fé que separam os verdadeiros crentes de todos os

---

34 Ibidem, p. 768.

outros e que fornecem orientação para a vida cotidiana; 3. as explicações para o sofrimento, a morte e outros mistérios da vida que interferem na adesão à religião; e 4. as estruturas organizacionais, especialmente os rituais compartilhados, as reuniões e outros mecanismos que confirmam a adesão ao grupo.

Primeiro, as religiões organizadas têm um sistema compartilhado de crenças que constitui os valores fundamentais e duradouros da fé. Sem essas ideias centrais, a religião não poderia existir. Dentro do afrocentrismo, um amor incondicional pelo povo negro está no coração dessa religião civil. O afrocentrismo se esforça por dar uma resposta à sugestão do filósofo Cornel West de que o niilismo constitui uma nova ameaça fundamental para os afro-americanos. Levando a sério a afirmação de West de que "uma ética do amor deve estar no centro de uma política de conversão", "o afrocentrismo se esforça por afirmar a humanidade do povo negro"[35]. No afrocentrismo enquanto religião civil, a busca por desenvolver a consciência negra ou um amor pela negritude decorre dos esforços para promover um amor incondicional pelo seu povo ou "nação".

Identificar e valorizar a "negritude" está na origem dos esforços afrocêntricos para desenvolver esse artigo de fé. Em seu ensaio de 1966, "Negritude: A Humanism of the Twentieth Century" (Negritude: Um Humanismo do Século xx), Leopold Sedar Senghor oferece duas definições de negritude que servem como pilares para os valores compartilhados que constituem o afrocentrismo enquanto religião civil. Senghor sugere que "negritude [...] é enraizar-se em si mesmo, e autoconfirmação; confirmações de seu *ser*. Negritude não é nada mais do que aquilo que alguns africanos de língua inglesa têm chamado de the *African personality* (a personalidade africana)"[36]. Esse uso da negritude prefigura a abordagem de Asante sobre a afrocentricidade como sendo centrada em um mundo de crenças negras. Como observa Asante: "Afrocentricidade é centralização ativa do africano enquanto sujeito de nossa paisagem histórica. Esta sempre

---

35 C. West, *Race Matters*, p. 19.
36 L. Senghor, Negritude: A Humanism of the Twentieth Century, em F.L. Hord; J.S. Lee (eds.), *I Am Because We Are*, p. 45. (Grifo no original.)

ETNICIDADE, CULTURA E POLÍTICA NACIONALISTA NEGRA

foi minha busca; uma busca pela sanidade."[37] Em essência, o afrocentrismo permite que os afro-americanos reconheçam a irracionalidade do racismo e reivindiquem "sanidade" em face dela. Asante define a afrocentricidade como *"uma perspectiva que permite que os africanos sejam sujeitos de experiências históricas ao invés de objetos* à margem da Europa"[38]. A ênfase de Senghor na "personalidade africana" concentra a atenção nos valores e na composição psicológica dos indivíduos negros e ele está interessado em saber o quão centrado, consciente, africano ou negro um indivíduo realmente é.

Senghor sugere um outro significado de negritude que influenciou outro componente do sistema compartilhado de valores que, no afrocentrismo enquanto religião civil, distingue os crentes dos não membros. Aqui Senghor define a negritude como "a soma dos valores culturais do mundo"[39]. Enquanto Asante propõe elementos relativos aos valores negros que constituem o centro cultural da negritude, a criação e disseminação de um sistema de valores negros por parte de Maulana Karenga tem ofuscado todos os outros esforços. Os sete princípios do *Nguzo Saba* de Karenga, ou "sistema de valores negros", fornecem princípios de organização para o afrocentrismo enquanto religião civil[40]. Ao descrever por que criou o *Nguzo Saba*, Karenga observa que o *Nguzo Saba* é projetado para "organizar e enriquecer nossas relações [afro-americanas] umas com as outras no nível pessoal e comunitário; [...] estabelecer padrões, compromissos e prioridades que tenderiam a melhorar nossas possibilidades humanas como pessoas e um povo; [...] e servir como uma contribuição para um

---

37 M.K. Asante, Racism, Consciousness, and Afrocentricity, em G. Early (ed.), *Lure and Loathing*, p. 43.

38 Idem, *Kemet, Afrocentricity, and Knowledge*, p. 2. (Grifo no original.)

39 L. Senghor, op. cit., p. 46. (Grifo no original.)

40 Os sete princípios do *Nguzo Saba* parecem projetados para fornecer orientação ao comportamento afro-americano na experiência cotidiana. Eles são: *Umoja*, ou unidade; *Kujichagulia*, ou autodeterminação; *Ujima*, ou trabalho coletivo e responsabilidade; *Ujamaa*, ou economia cooperativa; *Nia*, ou propósito; *Kuumba*, ou criatividade; e *Imani*, ou fé. (ver M.R. Karenga [ed.], *Reconstructing Kemetic Culture*). Da mesma forma que as religiões formais identificam artigos de fé usados para guiar o comportamento cotidiano, o *Nguzo Saba* cumpre uma função semelhante. Juntos, os sete princípios descrevem um modo de vida para os verdadeiros crentes e especificam um *framework* dentro do qual os afro-americanos podem expressar a solidariedade negra por meio da consciência negra.

84

NACIONALISMO NEGRO E ETNICIDADE AFRO-AMERICANA

sistema central de valores éticos comunitários destinados à orientação moral e instrução da comunidade, especialmente das crianças"[41]. Essas funções são rotineiramente realizadas pelas religiões organizadas e articuladas de forma simultânea com as noções de solidariedade negra defendidas dentro do nacionalismo negro.

O afrocentrismo enquanto religião civil deriva de uma segunda característica das religiões organizadas, qual seja, a importância dos artigos de fé na orientação do comportamento dos verdadeiros crentes. Os princípios e crenças das religiões oficiais são normalmente preservados em algum tipo de escritura autorizada, como bíblias, griots e outras fontes de conhecimento legitimado. Os princípios do afrocentrismo parecem projetados para funcionar como artigos de fé. Em particular, a importância de avaliar todos os pensamentos, feitos e ações com base nos interesses percebidos não de Deus, mas do povo negro, sugere que centrar-se na negritude pode ser o principal veículo para alcançar esse estado de graça (uma trégua do racismo branco). Esse uso da afrocentricidade não só tem uma semelhança impressionante com os artigos de fé que preconizam que Deus seja considerado em cada ação e pensamento desperto, como também se encaixa numa pré-orientação existente na cultura religiosa afro-americana, em que a espiritualidade e a religiosidade impregnam a sociedade civil afro-americana[42].

Enquanto religião civil, certos elementos do afrocentrismo não acadêmico são tomados como artigos de fé – eles não devem ser questionados. Nesse contexto, assim como as escrituras oficiais fornecem *frameworks* interpretativos para as religiões oficiais, o *Nguzo Saba* de Karenga pode ser implantado como uma série de artigos de fé que integram uma escritura autoritária maior. Mas se o *Nguzo Saba* opera como uma reunião fundamental de artigos de *fé*, como é que se pode analisá-lo ou, pior ainda, criticá-lo? Quem ousaria argumentar contra a criatividade, o propósito ou a unidade? Nesse contexto baseado na fé, o que *está* disponível para interpretação é a questão de saber *como* esses artigos de fé estão sendo implementados. Por

---

41 M.R. Karenga [ed.], *Reconstructing Kemetic Culture*, p. 276.
42 Ver P.J. Paris, op. cit.; M. Patillo-McCoy, op. cit.

exemplo, uma coisa é endossar o princípio da economia cooperativa (*Ujamaa*), como foi o caso durante a era do Black Power, outra é decidir quais as melhores estratégias para implementar a economia cooperativa. Esses debates dentro da rubrica do *Nguzo Saba* são, decerto, teoricamente possíveis, mas não são comuns entre os pensadores afrocentristas. Em vez disso, assim como dentro das religiões oficiais é possível distinguir entre artigos de fé e doutrina religiosa, o uso do afrocentrismo enquanto religião civil pode gerar uma confusão entre uma coisa e outra. Artigos de fé são princípios que unem as pessoas. Já as doutrinas religiosas constituem as regras gerais cuja obediência separa os crentes verdadeiros dos demais. Por um lado, os esforços para elaborar artigos de fé em contextos sociais historicamente específicos – por exemplo, as novas formas de praticar a economia cooperativa no contexto do novo racismo – podem dar uma nova vida a agendas políticas afro-americanas aparentemente fracassadas. Por outro lado, como muitos intelectuais negros apontam com razão, implantar o afrocentrismo como uma doutrina religiosa, na qual alguns são mais autenticamente negros do que outros, serve apenas para fragmentar os afro-americanos[43].

Terceiro, assim como as religiões organizadas normalmente fornecem explicações para o sofrimento, a morte e outros mistérios da vida, o afrocentrismo enquanto religião civil se esforça para explicar as origens e o propósito do sofrimento e da morte dos negros sob a opressão racial. Uma vez que as religiões organizadas devem fornecer algum tipo de história compartilhada para seus membros, as narrativas que explicam as origens da religião, bem como seus princípios fundamentais, geralmente são bem conhecidos pelos membros da congregação. Para os afro-americanos que lutam contra as consequências da escravidão, essa necessidade de estabelecer um ponto de origem assume um significado especial. As origens do sofrimento negro são claras: o tráfico de escravos constituiu o pecado original, interrompendo o que é descrito como sociedades africanas harmoniosas e introduzindo quatrocentos anos de sofrimento negro.

---

43 Ver M.E. Dyson, *Reflecting Black*; e W. Lubiano, Black Nationalism and Black Common Sense, em *The House That Race Built*.

NACIONALISMO NEGRO E ETNICIDADE AFRO-AMERICANA

Nos mitos de origem afrocêntrica, a África surge como "mátria" ou pátria de todos os afrodescendentes. Os filhos da diáspora africana possuem uma terra natal que devem reverenciar, recuperar e proteger. Vendo suas conexões com a África e definindo-se como povo africano, os filhos desgarrados da África que foram escravizados na América podem recuperar uma consciência negra e ter novamente como seu centro uma verdadeira personalidade africana.

Essa disposição para explicar o sofrimento dos negros muitas vezes vem acompanhada de uma ênfase correspondente na redenção dos negros por meio da adesão a artigos de fé afrocêntricos. De acordo com os modelos que culpam a supremacia branca por todo o sofrimento negro, o sofrimento dos indivíduos afro-americanos ocorre porque eles permanecem hipnotizados pela cultura branca. Se os brancos e a cultura que eles criam são de fato "maus", então a salvação ocorre por meio da rejeição a tudo o que seja "branco". Mas ao re-centrarem-se na negritude, os indivíduos irão reverter essa falta de consciência sobre a sua própria importância. "A pessoa se torna afrocêntrica explorando as conexões, visitando os lugares tranquilos e permanecendo conectada", aconselha Asante[44]. Ao destruir tanto uma autêntica identidade centrada na África quanto uma cultura centrada na África, o racismo institucionalizado promoveu uma "psicologia da opressão" entre os afro-americanos[45]. Dentro dessa visão de mundo, os negros sofrem quando se desviam de seu verdadeiro senso de negritude e se tornam excessivamente influenciados pelas instituições da supremacia branca. Como passo necessário para recuperar sua identidade e subjetividade, os negros precisavam passar por uma experiência de conversão: de "negro" a "black". Os "negros" hipnotizados pela branquitude poderiam ser distinguidos dos autênticos negros, aqueles que estão preparados para participar das lutas de libertação, completando sua experiência de conversão. O caminho de transformação para a nova identidade negra é formado por quatro estágios: pré-encontro, encontro com

---

44 M.K. Asante, Racism, Consciousness, and Afrocentricity, em G. Early (ed.), *Lure and Loathing*, p. 143.
45 Ver J. Baldwin, The Psychology of Oppression, em M.K. Asante (ed.), *Contemporary Black Thought*.

ETNICIDADE, CULTURA E POLÍTICA NACIONALISTA NEGRA

brancos, imersão na cultura negra e interiorização de uma nova identidade negra. Assim como os membros de muitas religiões organizadas se veem como os escolhidos porque são verdadeiros crentes, os indivíduos que seguem essa vertente particular do afrocentrismo podem se ver como "negros" mais conscientes, autênticos e corretos do que outros. Além disso, a certeza que acompanha o afrocentrismo como fonte de fé e a inerente bondade atribuída ao povo negro dentro desse sistema de pensamento podem servir como armas coletivas valiosas na luta contra os assaltos diários das instituições supremacistas brancas, trazendo, assim, algum alívio ao sofrimento[46].

Uma quarta característica das religiões organizadas diz respeito à necessidade de manter práticas e estruturas organizacionais destinadas a atividades religiosas. A realização de cultos regulares em locais específicos e coletivamente aprovados permite que as comunidades de fé reproduzam suas histórias, ensinamentos e rituais. Essas práticas repetitivas são projetadas para construir a solidariedade na comunidade dos verdadeiros crentes ao longo do tempo e do espaço. Nessa tentativa de desenvolver estruturas organizacionais duradouras para o afrocentrismo enquanto religião civil, estar localizado dentro ou fora da academia faz toda a diferença. Assim como as religiões organizadas possuem locais institucionais onde a fé é ritualizada, celebrada e reproduzida, o afrocentrismo enquanto religião civil aspirava a uma estabilidade organizacional semelhante. Na década de 1980, os programas e departamentos de estudos negros criaram bases institucionais dentro de instituições brancas aparentemente hostis. A partir desses locais, eles visaram fazer do afrocentrismo a teoria social capaz de orientar a pesquisa e o ensino dos estudos negros[47]. Independentemente de seus resultados intelectuais, a própria existência de iniciativas desse tipo suscitou animosidade. Essa mesma hostilidade poderia ser usada como evidência da retidão dos estudos negros e do martírio de seus praticantes e discípulos. Não deve causar surpresa que Asante e Karenga tenham presidido dois programas proeminentes de estudos

---

46 Para uma discussão sobre esse processo de conversão e identidade negra, consultar W. Cross, The Negro to Black Conversion Experience: Toward a Psychology of Black Liberation, *Black World*, v. 20, n. 9.

47 P.H. Collins, *Fighting Words*, p. 90-91, 155-157.

negros conhecidos pelo afrocentrismo – aquele na Temple University, na Filadélfia, e este na California State University, em Long Beach.

Aqui está o problema: uma vez que os estudos negros estão concentrados no ensino superior secular e, portanto, dependem do dinheiro proveniente de impostos públicos e da captação de recursos privados por suas instituições para financiar seus programas, eles devem ser sensíveis às questões que suas instituições de acolhimento considerem importantes. A aparente separação entre Igreja e Estado deixa a religião sem lugar na academia, exceto como tema de estudo. Daí que o afrocentrismo tenha grande dificuldade para funcionar nesse contexto, precisamente porque ele se organizou como uma religião civil, tanto no conteúdo quanto na prática. Esse posicionamento social é responsável pela peculiar identidade híbrida do afrocentrismo acadêmico. Por um lado, ao ingressar nas faculdades e universidades dos EUA, o afrocentrismo enquanto religião civil ficou exposto aos critérios epistemológicos da ciência que são valorizados dentro da academia. Os próprios padrões de julgamento na academia evitam abordagens baseadas na fé para entender o mundo e, em vez disso, valorizam as epistemologias científicas como moeda corrente[48]. Todo conhecimento, incluindo o saber afrocêntrico, que se deixa contagiar pela sensibilidade de uma religião civil, costuma ser alvo de censuras. Por outro lado, o antídoto para essa censura, ou seja, a tentativa de obter credibilidade acadêmica para o afrocentrismo como um campo legítimo de investigação, estabelecendo-o como uma ciência da negritude, estava igualmente condenado. Dentro da academia, uma reação visível e virulenta contra o afrocentrismo na década de 1990 desafiou suas pretensões teóricas e apontou suas inconsistências[49]. Quando se tornou seguro fustigar Asante como porta-voz de uma versão estreita do afrocentrismo, sua credibilidade na academia, que nunca tinha sido alta, praticamente desapareceu.

Uma crítica importante ao afrocentrismo acadêmico que promoveu seu desaparecimento como teoria social concentrou em suas práticas excludentes, em particular, a criação de definições

---

48 Ibidem, p. 97-105.
49 Ver, por exemplo, M. Lefkowitz, *Not Out of Africa*.

ETNICIDADE, CULTURA E POLÍTICA NACIONALISTA NEGRA

estreitas e essencialistas de negritude. Como os rituais estabelecem categorias de pertencimento, algumas versões do afrocentrismo acadêmico se degeneraram na prática de policiar os limites cada vez mais estreitos da autêntica negritude[50]. Ser de ascendência africana faz de cada afro-americano um potencial convertido ao afrocentrismo, mas ser racialmente categorizado como "negro" não é suficiente. A pessoa *nasce* negro e *torna-se* negro. O afrocentrismo instituiu rituais para identificar o negro autêntico e para distingui-lo de seus irmãos menos conscientes. Assim como os cristãos passam pelo batismo para demonstrar sua adesão à comunidade baseada na fé, os verdadeiros crentes afrocêntricos deveriam passar por rituais de conversão semelhantes[51]. Por exemplo: mudar de nome, abandonando o nome de escravo em prol de um nome africano; mudar o estilo de se vestir por um outro considerado mais alinhado aos estilos tradicionais africanos; e usar tranças no cabelo, *dreadlocks*, ou algum outro estilo "natural" – todos operaram como elementos da experiência de conversão de um indivíduo. Todos esses indicadores foram usados como formas de sinalizar para a comunidade maior que o indivíduo havia passado pela experiência de conversão de um tipo de negritude para outro. O problema com as definições estreitas de negritude e a experiência de conversão necessária para realizá-la é que alguns segmentos da comunidade afro-americana nunca poderiam se tornar "negros o suficiente". Dentro das versões excludentes do afrocentrismo, mulheres, gays, lésbicas e outras minorias sexuais, indivíduos birraciais e multirraciais, assim como os negros ricos, deveriam "provar" seu direito de ser objeto do amor incondicional dos negros. Um número crescente de pessoas afrodescendentes, especialmente aqueles da geração hip-hop, simplesmente se recusou a fazê-lo. Em vez disso, a juventude afro-americana levou o nacionalismo negro a uma direção diferente na produção cultural negra[52]. Em essência, o sexismo e a homofobia

---

50 Ver W. Lubiano, op. cit.

51 Ver W. Cross, op. cit.

52 Ver C. Lusane, Rap, Race and Politics. *Race and Class*, v. 35, n. 1; K.B. Zook, Reconstructions of Nationalist Thought in Black Music and Culture, em R. Garofalo (ed.), *Rockin' the Boat*.

dentro do afrocentrismo acadêmico que aspira a ser uma religião civil negra comprometeram suas próprias reivindicações por uma ética de amor abrangente e promoveram seu desaparecimento[53].

A organização do afrocentrismo como uma religião civil fora da academia seguiu um caminho diferente e mais complexo. Atualmente, uma sensibilidade afrocêntrica mais difusa caracteriza a cultura afro-americana, em que o significado de negritude é cada vez mais objeto de debate. Curiosamente, os feriados, eventos sociais e outras práticas inicialmente desenvolvidas por Asante e Karenga no ensino superior migraram para fora da academia e começaram a cumprir algumas das funções do afrocentrismo enquanto religião civil em igrejas, em grupos comunitários e em algumas escolas públicas urbanas. Por exemplo, na sociedade civil negra, os programas de ritos de passagem fornecem um exemplo importante de como os rituais do afrocentrismo enquanto religião civil foram criados para ambientes não acadêmicos. Tais programas visam dar aos jovens afro-americanos novas identidades por meio de uma experiência de conversão que consiste em colocá-los em contato com seu verdadeiro eu e assim marcar seu ingresso na idade adulta. Os programas de ritos de passagem são de pequena escala, mas o ritual de *Kwanzaa* foi além da academia e das comunidades afro-americanas e faz parte da cultura popular americana. Organizadas em torno dos sete princípios do *Nguzo Saba* e ocorrendo durante um período de sete dias entre o Natal e o Dia de Ano Novo, as celebrações de *Kwanzaa* variam de reuniões familiares a eventos da igreja e outros grandes eventos comunitários. O sucesso desse feriado é evidente na indústria que gerou: cartões comemorativos e outras parafernálias *Kwanzaa* podem ser encontrados em lojas locais. *Kwanzaa* permanece viável em parte porque se articula com o mercado capitalista. Há tempos os consumidores afro-americanos têm sido alvo de uma publicidade de nicho direcionada a projetos de combate ao alcoolismo e tênis de ginástica. Adicionar cartões afrocêntricos e outras parafernálias associadas aos rituais étnicos afro-americanos constitui uma extensão lógica dessas práticas.

---

53 P.H. Collins, *Fighting Words*, p. 174-179.

Outros rituais inspirados pelo afrocentrismo assumiram uma aura mais democrática e inclusiva. Por exemplo, as reuniões anuais da família negra organizadas pelo Conselho Nacional de Mulheres Negras (em inglês, NCNW) representam a expressão mais visível desse empreendimento "afrocêntrico" organizacional. Muitas famílias afro-americanas extensas usam esses eventos maiores para organizar seus próprios encontros familiares específicos. Preocupado com a erosão do tecido vivencial das famílias extensas, o CNMN concebeu as reuniões anuais como uma forma de promover a solidariedade familiar e, portanto, a solidariedade comunitária e "nacional". Essas reuniões refletem os valores familiares e a ideologia baseada na fé da identidade nacional americana e, assim, se encaixam bem no modelo da religião civil americana. Ao mesmo tempo, os afrodescendentes constituem a maior parte dos participantes da reunião, mas as famílias reais que participam também incluem brancos, latinos e pessoas de muitos grupos raciais/étnicos diferentes. Esta não é uma identificação racial excludente e patriarcal defendida a partir de algumas versões estreitas do afrocentrismo. Em vez disso, as reuniões da família negra se assemelham mais a rituais projetados para reforçar o princípio central afrocêntrico do amor incondicional dos negros, recrutando pessoas diversas para essa tarefa.

Etnicidade Afro-Americana e o Novo Racismo

A história conturbada do afrocentrismo na academia não apaga o significado de sua abordagem sobre a questão da identificação étnica. A ligação das ideias nacionalistas negras com uma espiritualidade preexistente influenciou os contornos sagrados e seculares da sociedade civil afro-americana contemporânea. Programas de rito de passagem, celebrações *Kwanzaa* e reuniões de famílias negras constituem ações tangíveis que os afro-americanos de hoje adotam para lidar com o sofrimento associado ao novo racismo. Se Cornel West está certo sobre os perigos do niilismo para os afro-americanos, então respostas culturais como as do afrocentrismo, que colocam uma ética do amor no coração da mobilização política negra, tornam-se de vital importância.

NACIONALISMO NEGRO E ETNICIDADE AFRO-AMERICANA

Além do caso específico do afrocentrismo, os esforços inspirados pelos nacionalistas negros para construir a etnicidade afro-americana levantam uma questão crucial: pode essa estratégia – ou outras estratégias – de identificação étnica trazer benefícios econômicos e políticos para os afro-americanos que enfrentam o novo racismo tanto quanto as estratégias de mobilização étnica do passado trouxeram para irlandeses, italianos, judeus e outros grupos étnicos? O cenário racial de hoje cada vez mais segregado e obscurecido por uma ideologia daltônica é hostil a todo tipo de política grupal. Segundo as premissas do Estado liberal e constitucional, os grupos não devem fazer reivindicações ao governo americano.

Esse direito é reservado aos indivíduos. Assim, a ideologia da cegueira de cor fala da igualdade de tratamento dos indivíduos pelo Estado e perante a lei como a penúltima expressão do Estado-nação. Republicanos conservadores que atacam ações afirmativas e outros remédios baseados em grupos para práticas raciais do passado acreditam que qualquer tratamento baseado em grupos viola os direitos dos indivíduos. As políticas sociais que parecem promover os direitos do grupo, não importa quão bem-intencionadas reconhecem, de fato, a política baseada em grupos como constituindo "interesses especiais" e violam os princípios fundamentais da religião civil americana que protegem os indivíduos das incursões do Estado-nação. Os projetos baseados na fé assumem uma importância a mais dentro desse contexto interpretativo porque visam dar conta não de um grupo, mas dos indivíduos.

Ao mesmo tempo, a política baseada em grupos continua sendo uma realidade importante em relação a todos os aspectos da sociedade americana. Apesar dos compromissos expressos com o individualismo americano, a chegada de novos grupos de imigrantes de cor reavivou o velho entendimento de que a mobilização étnica pode ser uma rota para o poder político no Estado-nação americano. Grupos de imigrantes raciais/étnicos são aconselhados a se mostrarem dignos da americanização, não fazendo exigências aos governos locais, estaduais ou federais. Os grupos asiáticos são descritos como o "modelo das minorias", não apenas porque se engajam em negócios familiares e promovem a educação de seus filhos. Esses grupos também demandam pouco dos serviços estatais. Por sua vez, aqueles grupos considerados menos dignos são duramente criticados. Por exemplo, as imigrantes mexicanas americanas são estigmatizadas como usurpadoras de direitos, principalmente porque seus filhos nascidos nos EUA têm acesso legal a serviços educacionais e sociais concedidos aos cidadãos americanos. A mensagem parece clara: os grupos são bem-vindos, desde que façam poucas exigências ao Estado.

Nesse contexto político, as soluções são dolorosamente lentas, pois só existem para as reivindicações individuais, sendo administradas caso a caso. Em tal contexto, o governo americano se abstém de adotar reformas que enfrentem as disparidades raciais contemporâneas em saúde, escolaridade, educação e emprego mediante soluções orientadas por grupos. Daí que os afro-americanos ficam totalmente à deriva. Os grupos tradicionais de direitos civis conquistaram poucas vitórias tangíveis ao confrontar esse Estado-nação não responsivo. De forma plenamente justificável, eles esgotaram suas energias na tentativa de defender as conquistas dos direitos civis que medraram no período do novo racismo. Nessa situação, a persistência de iniciativas nacionalistas negras não pode ser simplesmente condenada como uma ideologia equivocada imposta às massas afro-americanas falsamente conscientes. Apesar da rejeição dos afro-americanos à política defendida tanto pela Nação do Islã quanto pelo afrocentrismo conservador, o fato de que muitos afro-americanos estejam familiarizados ou respeitem essas versões do nacionalismo negro fala mais do vácuo na política e no pensamento intelectual afro-americano do que da força dos programas oferecidos por qualquer versão desse nacionalismo. Como Robinson observa: "apesar de sua estranha cosmologia, a Nação do Islã permanece sendo a única organização política nacional negra com uma estratégia explicitamente destinada a melhorar as condições dos mais desfavorecidos"[54]. Enquanto for assim, é provável que o nacionalismo negro não desapareça tão cedo.

---

54 D.E. Robinson, op. cit, p. 119.

4 Quando os Discursos de Ódio Não São Suficientes

o conteúdo de gênero do afrocentrismo

você não pode escapar da patologia de um país em que você nasceu. Você pode resistir, você pode reagir, você pode fazer todo tipo de coisas, mas você está enredado nela.

JAMES BALDWIN[1]

---

1 J. Baldwin; M. Mead, *A Rap on Race*, p. 24.

No ensino superior americano, o afrocentrismo gera algumas contradições curiosas. Por um lado, muitos intelectuais afro-americanos apoiam firmemente o afrocentrismo, afirmando que o compromisso de suas pesquisas com os afrodescendentes, com uma abordagem em que o povo negro aparece como sujeito em vez de objeto da história, que o alto valor que conferem à negritude, que suas tentativas de falar para e não simplesmente sobre os negros e a diáspora negra, fornecem aos afro-americanos uma métrica muito necessária para as pesquisas atuais sobre raça[2]. Porém, existem outros respeitados acadêmicos afro-americanos que discordam. Definindo o afrocentrismo como uma ideologia ou dogma, afirmam que ele romantiza o passado da África e da zona rural afro-americana, ignorando as questões sociais de hoje em dia enfrentadas pelo negros nas grandes cidades; que elimina a heterogeneidade entre os negros em busca de uma solidariedade racial elusiva; que apresenta uma definição problemática de negritude como a qualidade essencial e inata de uma conexão ancestral com a África; e, finalmente, que ele permanece centrado na figura do homem e numa mentalidade heterossexista[3].

---

2 Ver M.K. Asante, *The Afrocentric Idea*; idem, *Kemet, Afrocentricity, and Knowledge*; M.R. Karenga, Afro-American Nationalism, *Black Books Bulletin*; idem, *Introduction to Black Studies*; idem, The Nguzo Saga (The Seven Principles), em W.L. Van Deburg (ed.), *Modern Black Nationalism*; idem, *Reconstructing Kemetic Culture*; e F.C. Welsing, *The Isis Papers*.
3 Ver H.L. Gates, *Loose Canons: Notes on the Culture Wars*; P. Gilroy, It's a Family Affair, *Small Acts*, e *The Black Atlantic*; M.R. Karenga, *Introduction to Black Studies*; M. Marable,

ETNICIDADE, CULTURA E POLÍTICA NACIONALISTA NEGRA

Para além dessas divergências acadêmicas, o afrocentrismo possui uma história e um significado mais amplos. Como um dos vários projetos nacionalistas negros nos Estados Unidos do final do século XX, o afrocentrismo representa e molda simultaneamente as aspirações políticas negras por liberdade e justiça[4]. Grande parte da teoria social só raramente considera o público negro, exceto como marcadores de diferença. O afrocentrismo, por sua vez, fala principalmente aos negros, "centrando-se" em suas experiências e preocupações. Em um clima de crítica pós-moderna em que a retórica do descentramento possui forte influência, qualquer discurso que ouse centrar-se em qualquer coisa parece irremediavelmente condenado ao fracasso. No entanto, a frustração negra com o novo racismo explica por que os afro-americanos parecem mais dispostos a aceitar o afrocentrismo e outras filosofias nacionalistas negras durante um período em que os acadêmicos viam cada vez mais os nacionalismos de todos os tipos com desdém. Alguns vêem o ressurgimento do interesse afro-americano no nacionalismo negro nas décadas de 1980 e 1990 como resultado direto de um clima político cada vez mais conservador no Estados Unidos, da deterioração da base econômica nas comunidades afro-americanos resultante das mudanças

---

Beyond Identity Politics, *Race and Class*, v. 35, n. 1; B. Ransby & T.A. Matthews, Black Popular Culture and the Transcendence of Patriarchal Illusions, *Race and Class*, v. 35, n. 1; C. West, *Race Matters*; E.F. White, Africa on My Mind, *Journal of Women's History*, v. 2, n. 1. Ao livro de Molefi Asante, *The Afrocentric Idea*, costuma ser creditado a criação do termo "afrocentrismo". *Kemet, Afrocentricity and Knowledge*, de Asante, e *Introduction to Black Studies*, de Maulana Karenga, são considerados textos fundacionais do afrocentrismo. Para uma visão geral do afrocentrismo formulada por um praticante afrocêntrico, consulte Terry Kershaw, Afrocentrism and the Afrocentric Method, *Western Journal of Black Studies*, v. 16, n. 3. Para uma visão geral de quem está de fora que resume sucintamente seu escopo e práticas reais, consulte Manning Marable, Beyond Identity Politics, *Race and Class*, v. 35, n. 1, especialmente p. 119-122. Marable distingue entre afrocentrismo "acadêmico" e "vulgar", vendo pensadores como Asante como acadêmicos e figuras da mídia associadas a questões políticas como vulgares. Marable não justapõe simplesmente erudito e vulgar como variações da dicotomia de positivo e negativo; ele também critica as inconsistências do afrocentrismo acadêmico. Barbara Ransby e Tracye Matthews, no artigo "Black Popular Culture and the Transcendence of Patriarchal Illusions", também oferecem uma discussão acerca do ressurgimento do nacionalismo cultural negro nas comunidades afro-americanas. Elas ligam o afrocentrismo ao interesse em Malcolm x e ao rap dentro da cultura hip-hop.

4 Ver W.L. Van Deburg, *New Day in Babylon*.

no capitalismo global e da persistência de uma segregação racial cada vez mais sofisticada[5].

Uma vez que o afrocentrismo visa influenciar o pensamento e o comportamento dos negros fora da academia, ele participa de controvérsias distintas daquelas que afetam outros discursos. Diferentemente da maioria dos outros discursos acadêmicos, o afrocentrismo recebeu substancial cobertura da mídia na década de 1990, a maioria negativa e centrada em dois temas. Um deles dizia respeito às incursões do afrocentrismo na questão da estrutura curricular das escolas públicas urbanas. Escolas povoadas predominantemente por afro-americanos, crianças pobres que tinham sido descartadas por todos, de repente passaram ao centro das atenções num momento em que se tentou instituir currículos afrocêntricos. Outro ponto de controvérsia decorria da tese defendida por alguns afrocentristas, segundo a qual o Egito antigo não era apenas uma civilização africana, mas a civilização que moldara as subsequentes civilizações clássicas europeias. Sob os holofotes da mídia, essa controvérsia contribuiu, em parte, para que o significado do afrocentrismo se deslocasse de seu foco inicial na consciência negra para os chamados afrocentristas autênticos vestidos com trajes tradicionais africanos. Além disso, apesar do tratamento negativo dado pela imprensa popular ao tema dos currículos afrocêntricos e das teses sobre as origens africanas da civilização, o afrocentrismo como sinônimo de consciência negra permanece significativo para a juventude negra (veja, por exemplo, a autobiografia da Sister Souljah)[6], para muitos acadêmicos afro-americanos e afro-americanos de diversas classes econômicas e gêneros, cumprindo dessa forma um papel que nem as teorias sociais consideradas mais respeitadas e prestigiadas no ensino superior conseguiram até agora alcançar. Já encontrei estudantes universitários afro-americanos receptivos a ofertas de cursos, simpósios e programas afrocêntricos. Como parte de uma coorte maior de jovens negros que veem suas comunidades sendo devastadas, muitos consideram o afrocentrismo como

---

5 Ver D.S. Massey & N.A. Denton, *American Apartheid*; G.D. Squires, *Capital and Communities in Black and White*.

6 Ver Sister Souljah, *No Disrespect*.

ETNICIDADE, CULTURA E POLÍTICA NACIONALISTA NEGRA

a única teoria social crítica interessada em abordar os problemas sociais que enfrentam[7].

A inserção institucional de muitos intelectuais negros no ensino superior também pode contribuir para a permanência do nacionalismo negro em geral e do afrocentrismo em particular como um *framework* interpretativo orientador dos estudos negros[8]. Apesar da considerável atenção da mídia a alguns privilegiados intelectuais negros, a maioria dos afro-americanos no ensino superior não desfruta de um *status* comparável. Quando a iniciativa de abraçar os estudos negros se disseminou em universidades historicamente brancas nos Estados Unidos, os acadêmicos afro--americanos ganharam um nicho institucional crucial, que permitiu que eles se tornassem profissionais da área de estudos negros, muitos atuando dentro de programas e departamentos especializados nos estudos negros. Além disso, a colocação de acadêmicos negros em instituições historicamente brancas significava que tais pensadores haveriam de se deparar com os efeitos residuais do racismo científico, no qual os negros eram vistos como objetos do conhecimento em áreas como sociologia, psicologia, história e outras disciplinas acadêmicas[9]. Com poder limitado para mudar essas instituições, muitos pensadores negros voltaram-se para a tarefa de criar comunidades culturais que pudessem dar a si mesmos e a seus alunos algum consolo em ambientes acadêmicos muitas vezes

---

7 Ver C. Lusane, Rap, Race and Politics. *Race and Class*, v. 35, n. 1.
8 Darlene Clark Hine, no artigo "The Black Studies Movement", classifica os estudos negros em três orientações paradigmáticas: tradicionalista, feminista e afrocentrista. Estudiosos individuais muitas vezes não podem ser classificados facilmente dentro de um paradigma e podem se mover entre os três. Hine argumenta que os praticantes dos estudos negros refletem diversas origens raciais e podem ser encontrados em uma variedade de disciplinas acadêmicas. No entanto, enquanto os núcleos de estudos negros abrigam praticantes de todos os três paradigmas, o paradigma afrocentrista é encontrado quase exclusivamente nos programas e departamentos de estudos negros. A visão de Hine difere de outras taxonomias. Para exemplos disso, ver os ensaios em *Black Studies: Theory, Method, and Cultural Perspectives*, de Talmadge Anderson, especialmente o ensaio introdutório, "Black Studies: Overview and Theoretical Perspective" (Estudos Negros: Visão Geral e Perspectiva Teórica).
9 Ver S.J. Gould, *The Mismeasure of Man*; J.B. McKee, *Sociology and the Race Problem*; W.H. Tucker, *The Science and Politics of Racial Research*.

QUANDO OS DISCURSOS DE ÓDIO NÃO SÃO SUFICIENTES

carregados de hostilidade branca. O afrocentrismo floresceu em tais ambientes[10].

Dados os laços políticos e intelectuais característicos do afrocentrismo com o nacionalismo negro, a crença profunda na promessa do afrocentrismo compartilhada por muitos afro-americanos comuns não pode ser vista como mera falsa consciência. Isso só serve para agravar as divisões existentes entre acadêmicos negros e afro-americanos fora da academia e entre intelectuais negros dentro do ensino superior. Há muito mais em jogo do que questões relativas à consistência lógica ou ao mérito empírico do afrocentrismo. Como as filosofias nacionalistas negras em geral, ter consciência negra ou ser afrocêntrico possui um apelo cuja força decorre em parte da capacidade do afrocentrismo de significar coisas diferentes para diferentes afro-americanos. Em vez de tentar definir o afrocentrismo com precisão – ou, pior ainda, elevar uma forma de afrocentrismo acima de outra e proclamá-la "correta" –, uma abordagem mais instigante e

---

10 Para interpretações contrastantes da história dos programas de estudos negros no ensino superior, ver James H. Conyers, *The Evolution of African American Studies* e Nathan Huggins, *Afro-American Studies*, especialmente p. 45-46. A ex-pantera negra Elaine Brown, em *A Taste of Power*, fornece uma análise política do nacionalismo cultural negro de Karenga e seu impacto na formação dos estudos negros na Universidade da Califórnia, em Los Angeles. Henry Louis Gates, em *Loose Canons*, oferece uma interessante comparação dos diferentes caminhos percorridos pelos estudos negros e estudos das mulheres e seu impacto nos estudos das mulheres negras. Gates observa que o movimento das artes negras da década de 1960 gerou estudos negros, mas não teve impacto no currículo universitário tradicional. Em contraste, as mulheres brancas na academia e os programas de estudos das mulheres que elas criaram influenciaram o currículo geral e, por sua vez, fazem parte da revitalização dos estudos das mulheres negras. Explicar o apelo do afrocentrismo para alguns acadêmicos negros no ensino superior é outra questão. Descrevendo a relação dos assistentes sociais negros britânicos com sua clientela, o sociólogo negro britânico Paul Gilroy especula sobre como a posição contraditória de negros trabalhando em nome de questões negras em contextos institucionais apoiados por brancos aumenta o apelo das abordagens da consciência negra, como o afrocentrismo, nesse público: "É possível ver a invocação da identidade e cultura raciais nas formas místicas de parentesco e sangue características do nacionalismo cultural como os meios com os quais os profissionais negros dessas instituições têm buscado justificar a qualidade especial de seu relacionamento com sua clientela negra. Essas ideias fornecem uma resposta ideológica superficialmente coerente à posição contraditória que os profissionais negros ocupam." (P. Gilroy, *"There Ain't No Black in the Union Jack"*, p. 66-67). Em suma, o afrocentrismo pode fornecer um mecanismo para permanecer ideologicamente conectado à sociedade civil negra quando os praticantes se encontram distanciados por estarem em instituições controladas por brancos.

útil consiste na identificação das diversas maneiras pelas quais os afro-americanos empregam o afrocentrismo como um sistema de significado. Eu sugiro que o afrocentrismo é usado alternadamente por diferentes segmentos da sociedade civil afro-americana como um paradigma político nacionalista negro, uma religião civil e uma teoria social crítica ou de oposição[11].

Neste ensaio, limito minha análise ao afrocentrismo enquanto teoria social crítica no ensino superior. Enquanto teoria social crítica, o afrocentrismo almeja teorizar sobre questões sociais que confrontam os negros com o objetivo de promover a justiça econômica e social. Em vez de estabelecer uma estrutura taxonômica projetada para classificar os pesquisadores afrocêntricos (veja, por exemplo, a discussão útil de Darlene Clark Hine sobre o afrocentrismo como um dos três paradigmas que operam nos Estudos Negros), examino algumas estratégias de orientação que moldam a prática do afrocentrismo enquanto teoria social crítica[12]. Como a progênie de um nacionalismo cultural negro que acabou sendo institucionalizado no ensino superior, o afrocentrismo empenha seus esforços em desafiar o novo racismo.

Uma variedade de temas se presta a analisar o caráter antagonista do afrocentrismo, entre eles, classe econômica, heterossexismo e religião, no entanto, gênero é o que oferece a perspectiva mais promissora. O gênero opera como um princípio central, porém amplamente não examinado, da maioria dos projetos nacionalistas, seja o nacionalismo veiculado pelos grupos dominantes em defesa do racismo institucionalizado, do colonialismo ou do imperialismo, ou por grupos como os afro-americanos, que usam as aspirações nacionalistas para desafiar as relações hierárquicas de poder[13]. A grande mídia

---

11 Para obras populares sobre o nacionalismo negro e seu lugar na política afro-americana, ver: V.P. Franklin, *Black Self-Determination*; Y.V. Jones, African-American Cultural Nationalism, em J.F. Hutchinson (ed.), *Cultural Portrayals of African Americans*; M.R. Karenga, Afro-American Nationalism, *Black Books Bulletin*; W.J. Moses, *The Golden Age of Black Nationalism, 1850-1925*; A. Pinkney, *Red, Black, and Green*; D.E. Robinson, *Black Nationalism in American Politics and Thought*; W. Van Deburg (ed.), *Modern Black Nationalism*. Para uma análise do afrocentrismo como religião civil, ver o capítulo 3 deste volume.
12 Ver D.C. Hine, op. cit.
13 Ver N. Yuval-Davis, *Gender and Nation*.

QUANDO OS DISCURSOS DE ÓDIO NÃO SÃO SUFICIENTES

retrata o afrocentrismo como uma doutrina monolítica e estática, mas a produção intelectual afrocêntrica permanece vigorosamente heterogênea e incorpora diversas perspectivas sobre uma variedade de tópicos, incluindo o gênero. Apesar dessa heterogeneidade entre os estudiosos, nem a produção intelectual afrocêntrica em geral nem o afrocentrismo na academia mostraram um interesse firme pelas questões do gênero. Nem as experiências específicas das mulheres afro-americanas decorrentes da opressão de gênero, nem o gênero como uma categoria importante de análise que estrutura as experiências de mulheres e homens negros têm recebido atenção sustentada. Assim, a abordagem do afrocentrismo sobre o problema do gênero pode lançar luz sobre os desafios enfrentados pelas teorias sociais críticas que tentam responder ao novo racismo.

Do Nacionalismo Cultural Negro ao Afrocentrismo

Para avaliar a eficácia do afrocentrismo como teoria social crítica é preciso examinar a política de gênero contida na versão do nacionalismo cultural negro que surgiu durante o Movimento do Poder Negro nos anos 1960 e o início dos anos 1970. Enquanto os movimentos nacionalistas negros têm uma longa história nos Estados Unidos, o nacionalismo cultural negro é o antecessor político e intelectual do afrocentrismo contemporâneo[14]. Para os afro-americanos, a década de 1960 representou um período de expectativas crescentes sobre a igualdade negra, juntamente com uma crescente percepção de que a mudança não ocorreria de modo fácil. As esperanças geradas pelos movimentos de descolonização bem-sucedidos na África e o desmantelamento da segregação *de jure* nos Estados Unidos contrastavam fortemente com a aparente permanência da pobreza e da impotência que assolam as comunidades urbanas negras. O desencanto com os direitos civis, visto como uma solução ultrapassada, levou muitos afro-americanos mais jovens a aportar nos

---

14 Para discussões sobre o nacionalismo cultural negro, ver: V.P. Franklin, *Black Self--Determination*; W.J. Moses, *The Golden Age of Black Nationalism, 1850-1925*; A. Pinkney, *Red, Black, and Green*.

ETNICIDADE, CULTURA E POLÍTICA NACIONALISTA NEGRA

nacionalismos negros e a buscar uma identidade nacional heroica ou uma "negritude" que pudesse servir de base para um ativismo político revigorado. O nacionalismo cultural negro surgiu nessas condições sociais e encontrou sua expressão no movimento das artes negras guiado por uma estética negra[15].

Em contraste com outros projetos nacionalistas negros, o nacionalismo cultural negro se preocupa em reconhecer como impróprio o tratamento que o ocidente dá à cultura negra e em construir novas análises da experiência negra[16]. As ciências sociais sobre raça geralmente veem a cultura negra nos Estados Unidos de duas maneiras. Por um lado, as contribuições afro-americanas para o *mainstream* cultural foram desracializadas e consideradas simplesmente como "americana" ou "universal". Por outro, as dimensões da cultura afro-americana que resistem à absorção e permanecem relevantes são negligenciadas ou descartadas como desviantes[17]. Considere-se, a título de exemplo, o tratamento diferente oferecido ao jazz e ao inglês negro no discurso dominante. Apesar de suas raízes compartilhadas com *frameworks* filosóficos derivados da África – sua expressividade, improvisação e enraizamento no diálogo e a importância do som ou "voz" individual – a teoria acadêmica dominante vê o jazz como a única música clássica produzida nos Estados Unidos e frequentemente esnoba a língua negra. Ignorando e minimizando tanto as origens africanas quanto os jazzistas afro-americanos, essa abordagem efetivamente desracializa uma grande dimensão da cultura americana. Em contraste, ao avaliar a língua negra, esses intelectuais interpretam as mesmas características como patologias que retardam o avanço social dos afro-americanos[18]. A negritude que criou o jazz permanece ignorada, ao passo que a mesma negritude que produz o inglês negro é difamada.

Com base na premissa de que os negros formam uma grande nação cultural, o nacionalismo cultural negro visa reconstruir a

---

15 Ver A. Gayle, *The Black Aesthetic*; W.L. Van Deburg, *New Day in Babylon*.

16 Ver, por exemplo: D.T. Goldberg, *Racist Culture*; T.F. Gossett, *Rac*; S.J. Gould, *The Mismeasure of Man*; W.D. Jordan, *White Over Black*; J.B. McKee, op. cit.

17 Ver K.W. Crenshaw, Beyond Racism and Misogyny, em M.J. Matsuda et al. (eds.), *Words That Wound*.

18 Ver G. Smitherman, *Talkin' and Testifyin'*.

QUANDO OS DISCURSOS DE ÓDIO NÃO SÃO SUFICIENTES

consciência negra, substituindo os discursos prevalecentes sobre raça por análises que colocam os interesses e necessidades do povo africano no centro de qualquer discussão[19]. Para os afro-americanos, recuperar a cultura negra envolve identificar dimensões de uma cultura negra supostamente autêntica que a distingue das visões de mundo derivadas da Europa. Reconstruir a história negra localizando o passado mítico e as origens da nação ou do povo é um projeto que visa produzir orgulho e compromisso com a nação[20]. Esses elementos supostamente podem ser usados para organizar a consciência negra dos afro-americanos como "povo escolhido". Identificar os elementos únicos e heroicos da cultura nacional, nesse caso a cultura negra, idealmente permite que os membros do grupo lutem pela nação[21].

Quatro princípios orientadores ou pressupostos de domínio moldam a estética negra do nacionalismo cultural negro[22]. Primeiro, uma vez que o pensamento afro-americano estava ausente da sociologia e de outras disciplinas acadêmicas, as abordagens das ciências sociais há muito tempo viam a cultura negra como primitiva, inferior e desviante. Em resposta a esse racismo científico, a estética negra visou reconstruir uma cultura negra positiva e filosoficamente distinta. Central para essa cultura reconstruída era a tese da "alma",

---

19 Ver M.K. Asante, *The Afrocentric Idea*; idem, *Kemet, Afrocentricity, and Knowledge*.

20 Ver, por exemplo, C.A. Diop, *The African Origin of Civilization*.

21 F. Fanon, *The Wretched of the Earth*; M.R. Karenga, Afro-American Nationalism: Beyond Mystification and Misconception. *Black Books Bulletin*. Nesse esforço, o nacionalismo cultural negro não é uma aberração; em vez disso, assemelha-se às aspirações nacionalistas de grupos passíveis de comparação. Analisando o nacionalismo mexicano, o teórico Genero M. Padilla observa: "O que vemos se repetir várias vezes, seja na Hungria ou na Checoslováquia do século XX, no movimento nacionalista irlandês, nas revoltas anticoloniais africanas ou mesmo na guerra franco-canadense [...] é uma estreita relação entre o desejo de um povo de determinar seu próprio destino político e sua paixão por relatar seus próprios mitos culturais, um componente psíquico vital da identidade nacional que dá energia e propósito à sua luta política." (G.M. Padilla, Myth and Comparative Cultural Nationalism, em R. Anaya; F.A. Lomeli (eds.), *Aztlan*, p. 113.) O nacionalismo cultural negro visa dar um propósito semelhante à luta política negra – a saber, o propósito de autodefinição e autodeterminação. Como aponta Padilla: "Sem sonhos heroicos e símbolos culturais de proporção mítica [...] os objetivos materiais de um movimento nacionalista podem carecer do centro espiritual que sustenta a luta." (Ibidem, p. 114.)

22 Ver M. Dubey, *Black Women Novelists and the Nationalist Aesthetic*; A. Gayle, op. cit.

interpretada como uma expressão condensada da energia inconsciente da experiência negra. A alma não podia ser adquirida: você nascia com ela ou não. A alma ou a negritude essencial foi naturalizada, e os verdadeiros crentes ou acreditavam que ela existia ou a descartavam completamente. Assim, o conceito de alma visava nomear a qualidade essencial, autêntica e positiva da negritude[23].

Um segundo princípio orientador da estética negra envolveu a recuperação da identidade ou subjetividade negra por meio dessa cultura negra reconstruída. Para os afro-americanos, o racismo institucionalizado cortou esse vínculo entre a identidade negra autêntica e uma cultura negra afirmativa no intuito de criar uma "psicologia da opressão"[24]. A opressão internalizada substituiu essa identidade autêntica expressa por meio da solidariedade com a comunidade negra por uma identidade construída sob as premissas do racismo científico que consideravam os negros como intelectual e moralmente inferiores. Para recuperar sua identidade e subjetividade, os negros tinham de passar por uma experiência de conversão de Nigrescência – de "nigger" para "black"[25]. Ao longo de uma transformação em quatro estágios – pré-encontro, encontro com brancos, imersão na cultura negra e internalização de uma nova identidade negra – efetivava-se a distinção entre "negros" (nigger) hipnotizados pela branquitude e os negros (black) autênticos aptos a participar das lutas de libertação[26].

Um terceiro pressuposto dizia respeito à importância de manter a solidariedade racial baseada em uma noção distinta de comunidade negra. A raça tornou-se família, a família racial significava comunidade e a comunidade negra simbolizava a "comunidade imaginada" da nação[27]. Reconstruir a cultura negra e alicerçá-la em um modelo familiar de organização comunitária deu a esses negros renovados

---

23 Para uma discussão mais abrangente sobre "alma", consulte P.H. Collins, *Black Sexual Politics*, p. 282-289.
24 Ver J. Baldwin, The Psychology of Oppression, em M.K. Asante (ed.), *Contemporary Black Thought*.
25 Ver W. Cross, The Negro to Black Conversion Experience, *Black World*, v. 20, n. 9.
26 Ver W. Cross, op. cit.; F. Fanon, *Black Skin, White Masks*; W. Nobles, African Philosophy, em R.L. Jones (ed.), *Black Psychology*.
27 Ver B. Anderson, *Imagined Communities*.

QUANDO OS DISCURSOS DE ÓDIO NÃO SÃO SUFICIENTES

pela conversão um lar, uma família à qual estavam ligados por laços de sangue. Essa postura reforçou os laços de consanguinidade, ou laços de sangue, da família/raça com um senso de obrigação política que acompanha os laços de sangue. As metáforas familiares e suas suposições tácitas sobre gênero permearam o discurso nacionalista negro desse período. Por exemplo, o influente livro de Yosef Ben-Jochannan postulando origens africanas para a civilização e o pensamento europeus foi intitulado *Black Man of the Nile and His Family* (O Homem Negro do Nilo e Sua Família)[28]. Os laços familiares de consanguinidade exigem submissão absoluta porque suas bases não são questões políticas ou sociais, mas o mero pertencimento.

Finalmente, quando nutrida por essa comunidade negra unificada a partir de uma concepção de família, essa nova identidade negra estimularia uma nova política para os afro-americanos. Os afro-americanos em contato com sua negritude essencial estariam mais dispostos a servir à nação, definida como a comunidade/família negra. Essa ética do compromisso ou do serviço à família negra/comunidade/nação, na qual os negros funcionariam como "irmãos" e "irmãs" na fixação da família negra/comunidade/nação, surgiu da experiência de conversão proporcionada pela imersão na cultura negra, que reivindica a identidade negra por meio da solidariedade racial[29].

Na década de 1980, Molefi Asante, Maulana Ron Karenga e outros intelectuais afro-americanos basicamente importaram esses quatro princípios para os programas e departamentos de estudos negros e os reformularam como premissas do afrocentrismo na academia. No entanto, enquanto esses temas ingressavam na academia, cada um ia recebendo um tratamento distinto – reflexo do novo racismo dos anos 1980 e 1990. Nos anos 2000, a maior parte da produção intelectual afrocêntrica contemporânea, particularmente aquela abrigada em programas de estudos negros, enfatizou

---

28 Ver Y. Ben-Jochannan, *Black Man of the Nile and His Family*.
29 Para uma análise e contexto histórico a respeito dessa abordagem e seus vínculos com análises raciais anteriores, ver K.A. Appiah, *In My Father's House*. O capítulo "Etnofilosofia e seus Críticos" é especialmente útil, sobretudo sua crítica a Cheikh A. Diop (p. 101) e as ligações entre o pan-africanismo e o nacionalismo cultural negro.

107

ETNICIDADE, CULTURA E POLÍTICA NACIONALISTA NEGRA

o primeiro tema central da estética negra. Explorava-se as características distintivas da cultura negra por meio da identificação dos elementos distintivos de uma cosmovisão afrocêntrica[30]. Embora o termo "alma" tenha desaparecido e sido substituído por uma busca pela "essência" da negritude, o afrocentrismo continuou a se opor à interpretação das ciências sociais que enxerga a cultura negra como desviante. Com a reformulação da cultura negra através de lentes corretivas essencialmente negras e muitas vezes enaltecedoras, a história africana e suas filosofias, religiões e sistemas sociais suscitaram um novo interesse[31]. A premissa que norteou grande parte dessa pesquisa foi a de que havia um núcleo essencial da cultura negra e que desvendar as bases filosóficas de uma visão de mundo negra ou afrocêntrica – que ganha formas diversas de expressão ao longo da diáspora negra – forneceria um novo contexto afrocêntrico para examinar a organização da comunidade negra[32].

A partir da busca pela alma que caracteriza todo o movimento das artes negras, a pesquisa afrocêntrica postulou várias características distintivas da negritude essencial, a saber: 1. uma relação diferenciada do indivíduo negro com a comunidade negra capaz de promover uma definição coesa do self; 2. o reconhecimento da

---

30 Ver M.K. Asante, *The Afrocentric Idea*; idem, *Kemet, Afrocentricity, and Knowledge*; M.R. Karenga, *Introduction to Black Studies*; L.J. Myers, *Understanding an Afrocentric World View*. A invocação de *frameworks* derivados da África para explicar e interpretar a vida e a cultura negra surgiu muito antes (M. Herskovitz, *The Myth of the Negro Past*). Por exemplo, o trabalho *The Negro American Family*, de William E.B. Du Bois, sobre a família negra americana abordou explicitamente as origens africanas dessa vida familiar. A situação de Du Bois ilustra como os fatores políticos moldaram os contornos do afrocentrismo. Du Bois não conseguiu uma posição como acadêmico e fez do ativismo político a principal orientação de sua produção intelectual. Como resultado, embora ele pudesse ter se dedicado aos estudos afrocêntricos se tivesse conseguido encontrar os recursos para isso, ele se voltou para o ativismo político fora da academia. (Ver F.L. Broderick, W.E. B. Du Bois: History of an Intellectual, em J.E. Blackwell; M. Janowitz [eds.], *Black Sociologists*; D.S. Green & E. Driver [eds.], *W.E. B. Du Bois*). Assim, a questão é menos a longevidade do afrocentrismo como orientação teórica que orienta os estudos do que a falta de recursos institucionais disponíveis para o desenvolvimento do afrocentrismo.

31 Para obras clássicas nessas áreas, ver C.A. Diop, *The African Origin of Civilization*; J.S. Mbiti, *African Religions and Philosophy*; T. Serequeberhan, *African Philosophy*; R.F. Thompson, *Flash of the Spirit*.

32 Ver J. Holloway (ed.), *Africanisms in American Culture*; M. Herskovitz, op. cit.

108

QUANDO OS DISCURSOS DE ÓDIO NÃO SÃO SUFICIENTES

harmonia como princípio fundamental da organização comunitária, em que os indivíduos encontram seu valor na relação com sua comunidade, com a natureza e alguma ideia ou ser supremos; 3. uma relação entre os aspectos espirituais e materiais do ser em que a vida material não é privilegiada em detrimento da espiritualidade; e 4. uma concepção cíclica – contra a linear – do tempo, da mudança e da ação humana, que permite que os indivíduos vejam sua conexão com a vida em sua totalidade e percebam que, embora a aparência dos fenômenos esteja sempre mudando, a essência subjacente permanece basicamente inalterada[33].

Os esforços para verificar como esses elementos-chave da tradição filosófica africana moldam as culturas de influência africana em toda a diáspora também estimularam os estudos sobre as chamadas civilizações clássicas africanas[34]. As pesquisas acerca das raízes da cultura negra são esforços paralelos para recuperar a história negra e verificar empiricamente como os elementos de uma tradição filosófica africana moldaram a história negra e, em algumas versões, a própria civilização ocidental[35]. Isso promoveu o aumento do interesse em civilizações e culturas africanas, especialmente o estudo do Egito antigo. De fato, houve um importante crescimento no interesse pelo Egito antigo, ou Kemet, percebido como a civilização "negra" original, servindo como base filosófica para todas as sociedades subsequentes formadas por pessoas de ascendência africana[36].

A identificação de elementos constitutivos de uma visão de mundo afrocêntrica forjaria o espaço conceitual para os estudiosos começarem a árdua tarefa de reinterpretar uma série de instituições

---

33 Para discussões sobre o self, ver L.J. Myers, op. cit.; sobre a preocupação com a harmonia como um princípio fundamental da organização comunitária em que os indivíduos encontram seu valor em relação a uma comunidade e à natureza, e em relação a alguma ideia ou ser supremos, ver M.K. Asante, *The Afrocentric Idea*; sobre a relação entre os aspectos espirituais e materiais do ser e para uma concepção cíclica *versus* linear de tempo, mudança e atividade humana, consultar D. Richards, European Mythology, em M.K. Asante; A. Vandi (eds.), *Contemporary Black Thought*.

34 Ver M.K. Asante & K.W. Asante (eds.), *African Culture*; J. Holloway (ed.), op. cit.

35 Ver F. Brodhead, The African Origins of Western Civilization, *Radical America*, n. 21; C.A. Diop, op. cit.

36 Ver M.K. Asante, *Kemet, Afrocentricity, and Knowledge*; M.R. Karenga (ed.), *Reconstructing Kemetic Culture*.

ETNICIDADE, CULTURA E POLÍTICA NACIONALISTA NEGRA

sociais na sociedade civil negra. Os estudos sobre a família negra representam uma área em que as interpretações afrocêntricas desafiaram os pressupostos das ciências sociais em relação à família negra como desviante, especialmente aquelas famílias chefiadas por mulheres. A expressão religiosa e a espiritualidade negra compreendem outra importante área de estudos sobre a cultura negra. Já a produção cultural negra, especialmente a música, a dança, as artes visuais e a literatura, foram alvos de uma importante reinterpretação. Finalmente, a língua negra se beneficiou muito com o estabelecimento de um novo centro normativo derivado das sociedades africanas[37].

Apesar dessas contribuições de trinta anos de estudos afrocêntricos destinados a abordar mais de 150 anos de racismo científico, a definição de cultura que atualmente molda boa parte da produção intelectual afrocêntrica corre o risco de restringir sua eficácia. O nacionalismo cultural negro nas décadas de 1950 e 1960 foi inspirado pelo uso da cultura nas lutas de libertação nacional, lutas *reais* e não *imaginadas*. Daí que as definições de cultura apresentadas por pensadores como Amilcar Cabral e Frantz Fanon difiram marcadamente das de hoje. Estes e outros pensadores nacionalistas negros viam a cultura como dinâmica e mutável, como uma complexa rede de práticas sociais que determinam posições de dominação, igualdade e subordinação. Os laços estreitos entre as ideias e as ações na luta política fomentavam uma visão particular da práxis fundamentada em uma cultura negra constantemente colocada à prova[38].

Em contraste, em 2000, as construções afrocêntricas da cultura negra substituíram essa autorreflexividade dinâmica por um conjunto

---

37 Para discussões sobre família, consultar B.J. Dickerson, Introduction, em B.J. Dickerson (ed.), *African American Single Mothers*; N. Sudarkasa, Interpreting the African Heritage in Afro-American Family Organization, em H.P. McAdoo (ed.), *Black Families*. Sobre expressão religiosa negra e espiritualidade, ver R.E. Hood, *Begrimed and Black*; H.H. Mitchell & N.C. Lewter, *Soul Theology*; M. Sobel, *Trabelin' On*. Sobre a produção cultural negra, ver M.K. Asante & K.W. Asante (eds.), op. cit.; J.H. Cone, *The Spirituals and the Blues*; R.F. Thompson, op. cit. Sobre linguagem, consultar G. Smitherman, *Talkin' and Testifyin'*.

38 Ver A. Cabral, National Liberation and Culture, em African Information Service (ed.), *Return to the Source*; F. Fanon, *The Wretched of the Earth*; E. San Juan Jr., *Racial Formations/Critical Transformations*.

QUANDO OS DISCURSOS DE ÓDIO NÃO SÃO SUFICIENTES

a priori de normas culturais retiradas dos sistemas de crenças de algumas sociedades africanas previamente selecionadas. Essas normas foram frequentemente usadas como critérios para avaliar as qualidades normativas da cultura negra[39]. A preocupação afrocêntrica em apresentar visões "positivas" da cultura negra é uma reação às construções "negativas" uniformes que de há muito têm permeado a pesquisa acadêmica ocidental e a cultura popular. No entanto, como observa Michele Wallace, "concentrar-se em imagens boas e ruins pode ter mais a ver com o dualismo metafísico ocidental que é a base filosófica da dominação racista e sexista do que com os esforços radicais para reconceitualizar as identidades culturais negras"[40]. Ironicamente, esse tipo de pensamento reifica a noção de uma negritude fundamentalmente boa, essencial e cada vez mais subjugada por uma branquitude invasora e inerentemente má. A partir dessa perspectiva, a negritude essencial teria muito a oferecer a um mundo branco intelectual e espiritualmente falido e de pouco de valor[41].

Reconstituir a identidade negra, o segundo tema central da estética negra, pode permanecer um objetivo menos focado, mas suposições tácitas sobre identidade permeiam a produção intelectual afrocêntrica. O empenho da psicologia negra consiste justamente em usar os elementos centrais da cultura negra a fim de ajudar os afro-americanos a lidarem com a opressão racial. Como o proeminente afrocentrista Na'im Akbar observa: "agora sabemos que a psicologia não é apenas o que os cientistas behavioristas europeus ensinaram. Temos uma nova compreensão sobre a ideia de que os africanos veem o mundo de forma diferente"[42]. Há um esforço teórico substancial de criar novas bases para a visão da identidade e personalidade afro-americanas[43].

---

39 Ver M.K. Asante, *Kemet, Afrocentricity, and Knowledge*.
40 M. Wallace, *Invisibility Blues*, p. 19.
41 Ver, por exemplo, F.C. Welsing, *The Isis Papers*.
42 N. Akbar, *Visions for Black Men*, p. 36.
43 Ver J. Baldwin, op. cit.; L.J. Myers, op. cit.; J.L. White & T.A. Parham, *The Psychology of Blacks*. Para pesquisas representativas em psicologia negra, consultar os artigos de Wade Nobles, Na'im Akbar e William E. Cross, entre outros, na edição especial "Psychological Nigrescence", *Consulting Psychologist*, v. 12, n. 2. Além disso, o *Journal of Black Psychology* examina rotineiramente as questões relativas à identidade negra.

ETNICIDADE, CULTURA E POLÍTICA NACIONALISTA NEGRA

Tal como ocorreu com a cultura negra, a reconstrução da identidade negra enfrentou seu próprio conjunto de desafios. Em alguns casos, a construção de uma identidade negra normativa facilmente caiu na tentação de descrever a pessoa negra ideal, normativa e "autêntica": a busca pela pessoa negra "autêntica", como mostrado na glorificação da herança biológica africana "pura"; a associação de uma negritude essencial com o som (e não com o campo da visibilidade), tomando a oralidade, o ritmo e a "alma" como a fonte da negritude; a listagem dos componentes da personalidade negra "normativa" que pode ser utilizada para medir a saúde mental afro-americana; a crença de que uma essência negra ou "alma" existe de modo distintivo para os negros e que só os negros podem acessar – tudo isso veio a ser estigmatizado como exemplos de um essencialismo negro[44]. Em essência, essa abordagem afrocêntrica da identidade interpreta a cultura negra como um pacote de traços isolados possuídos em graus variados por indivíduos negros e, a partir disso, avalia a saúde mental negra usando o padrão normativo dos traços culturais negros.

Embora desenvolvido em oposição aos pressupostos de domínio da ciência positivista, definições afrocêntricas de cultura e identidade inadvertidamente repousam sobre os mesmos pressupostos. Por exemplo, um pressuposto da ciência positivista é de que as ferramentas científicas podem representar ou descrever com precisão a realidade. Dentro de contextos científicos de justificação, o empirismo e a racionalidade tornam-se ferramentas para descobrir a "verdade" dos fenômenos sociais. As visões afrocêntricas de cultura e identidade compartilham essa crença numa verdade que aguarda ser descoberta pela ciência do afrocentrismo. Essa permeabilidade do afrocentrismo aos pressupostos científicos sobre cultura e identidade teve um profundo impacto na crítica cultural negra. Escritores afro-americanos cujo trabalho parece desafiar aspectos da negritude essencial retratada como "verdade" se tornam, muitas vezes, alvo de censura. Por exemplo, algumas críticas aos romances de Alice Walker, como *The Color Purple* (A Cor Púrpura) e *Possessing the Secret of Joy* (Possuindo

---

44 Ver P. Gilroy, *Against Race*.

112

QUANDO OS DISCURSOS DE ÓDIO NÃO SÃO SUFICIENTES

o Segredo da Alegria) com frequência questionaram a precisão de Walker em retratar a experiência negra. Embora Walker nunca tenha afirmado que estava tentando representar ou descrever a experiência negra, enquadrar seu trabalho nesse padrão permitiu desacreditá-la.

Diferentemente do tratamento relativo à cultura e identidade, os temas da solidariedade racial e da ética do serviço são tratados menos como áreas de investigação acadêmica do que como regras inquestionáveis que regulam as relações entre profissionais em alguns programas de estudos negros. Muito menos atenção foi dada à análise dos mecanismos reais e potenciais pelos quais os afro-americanos criam solidariedade racial ou se engajam em serviço comunitário na sociedade civil negra. Em vez disso, a vigilância entre os negros parece projetada para garantir que a solidariedade racial e uma ética do serviço sejam observadas como artigos de fé. Em alguns *campus* universitários, manter a solidariedade racial a todo custo muitas vezes degenera na prática de policiar as fronteiras de quem é autenticamente negro. Às vezes, essa postura provou ser extremamente cara. Por exemplo, durante as audiências de confirmação do juiz da Suprema Corte, Clarence Thomas, os conservadores republicanos manipularam essa invocação automática de solidariedade racial em seu próprio benefício. Muitos afro-americanos fizeram a suposição equivocada de que, uma vez na cadeira, Thomas demonstraria sua lealdade racial por meio de uma ética do serviço à comunidade negra. Eles estavam muito enganados.

A falta de atenção no interior do afrocentrismo às questões políticas e econômicas atuais pode ser parcialmente consequência das normas acadêmicas. O apoio só vem quando se trata de uma pesquisa apolítica sobre cultura, especialmente a de um passado distante e seguro, evitando realidades políticas afro-americanas contemporâneas mais controversas. Asante desenvolve análises afrocêntricas há anos. Quando seu trabalho foi considerado politicamente inócuo, ele foi deixado em paz. Mas o trabalho de Asante se tornou o centro de uma controvérsia a partir do instante em que começou a ser utilizado na formulação de programas escolares em Milwaukee, Detroit e Portland, Oregon. Só então foi publicamente censurado. Análises afrocêntricas que sugerem que a liberdade psicológica deve

ETNICIDADE, CULTURA E POLÍTICA NACIONALISTA NEGRA

preceder a ação política concreta também corrobora pressupostos acadêmicos. As abordagens relativas à identidade negra, quando confinadas a estudos sobre a baixa autoestima negra e a necessidade de um maior número de modelos inspiradores, representam um outro tópico seguro. Mentes não livres limitam a participação negra tanto na solidariedade racial quanto na ética do serviço. A solução: tenha foco. Essas abordagens criam uma dissociação entre as análises da cultura e da identidade constitutivas da sociedade civil afro-americana e desafios políticos como a segregação racial e a vigilância que se originam fora das comunidades negras. Em outras palavras, não só a cultura e a política são dissociadas uma da outra – o que é um atrofiamento da noção de práxis –, como os seus respectivos significados são distorcidos em virtude dessa separação. Assim, restringir a atividade intelectual negra ao terreno da cultura e da psicologia pode sinalizar mais uma estratégia de cooptação por parte do novo racismo[45]. Como apontam Barbara Ransby e Tracye Matthews: "a receita para o progresso afrocêntrico baseia-se na noção de que os principais problemas enfrentados pela comunidade afro-americana e pela diáspora nessa conjuntura histórica são internos à própria comunidade negra. Os problemas são definidos como de ordem comportamental e psicológica, não como de ordem política, econômica ou estrutural. Em outras palavras, o problema somos nós"[46].

Comparar as relações de poder que confrontam o nacionalismo cultural negro na década de 1960 com as que enfrentaram o afrocentrismo na década de 1990 lança luz sobre as visões contrastantes da cultura implantadas por ambos. O Movimento das Artes Negras da década de 1960 reflete claramente uma postura de "essencialismo estratégico", em que uma cultura negra essencialista desempenhou um papel fundamental nas lutas nacionalistas negras[47]. No entanto, alguns intelectuais daquela época reconheceram que a cultura nacional poderia se tornar problemática para as lutas de libertação se o momento do essencialismo estratégico petrificasse em dogma.

---

45 Ver H. Winant, *Racial Conditions*.
46 B. Ransby: T.A. Matthews, op. cit., p. 59.
47 Para uma discussão sobre essencialismo estratégico, ver G.C. Spivak, *Outside in the Teaching Machine*, p. 1-25.

Cabral, Fanon e outros nunca conceberam o essencialismo negro como base para os princípios organizadores da organização social negra. Em vez disso, viam a cultura como uma ferramenta essencial para a libertação política[48].

A questão para os afro-americanos é saber se ainda estamos nesse momento histórico. Produzir uma cultura nacional da negritude produzirá resultados políticos semelhantes aos que caracterizam períodos históricos anteriores? Mais importante, quem se beneficia de posições essencialistas negras que parecem incapazes de gerar argumentos teoricamente convincentes para a prática política? Num artigo apropriadamente intitulado "Afro-kitsch", a crítica cinematográfica Manthia Diawara faz uma alusão mordaz às limitações políticas de algumas versões do afrocentrismo:

> Enquanto o afrocentrismo não aprender a linguagem do povo negro em Detroit, Lingala no Zaire e Bambara no Mali, e se basear nas condições materiais do povo em questão, ele não passará de um kitsch da negritude. Não passará de uma imitação de um discurso de libertação. Os acadêmicos afrocêntricos fixam a negritude, reduzindo-a ao Egito e ao tecido kente. Assim, como o judaísmo, o cristianismo e o islamismo, a teoria social afrocêntrica tornou-se uma religião, um movimento *camp*, onde se pode encontrar refúgio em face das condições materiais vividas pelos negros em Washington, D.C., Londres ou Nairobi.[49]

Em sua configuração atual, algumas dimensões do afrocentrismo parecem projetadas para apaziguar aqueles seus defensores que estão confortavelmente abrigados em cargos de ensino e pesquisa no ensino superior. Seu valor como teoria social crítica parece muito mais questionável.

Gênero e a Estética Negra

Os pressupostos de domínio afrocêntrico em termos de cultura, identidade, solidariedade e serviço têm implicações marcadamente

---

48 Ver A. Cabral, op. cit.; F. Fanon, *Black Skin, White Masks*.
49 M. Diawara em G. Dent (ed.), *Black Popular Culture*, p. 289.

ETNICIDADE, CULTURA E POLÍTICA NACIONALISTA NEGRA

diferentes para homens e mulheres afro-americanos. Essas diferenças decorrem, em grande parte, da dependência do afrocentrismo em relação a noções estéticas negras de comunidade que, por sua vez, se baseiam em visões convencionais sobre família[50]. Como nos movimentos nacionalistas em escala global, mulheres e gêneros possuem funções predefinidas[51]. Usando as experiências de famílias de classe média branca escolhidas como normativas, a ideologia de gênero dos anos 1960 postulou que as chamadas famílias normais separavam a esfera pública da economia política reservada aos homens da esfera privada da família relegada às mulheres. Essas famílias nucleares governadas pela autoridade benevolente masculina, com as mulheres assumindo seus papéis próprios e naturais como esposas e mães, reproduziam papéis de gênero apropriados para homens e mulheres[52]. Dentro desse *framework* interpretativo, mulheres afro-americanas fortes em famílias negras e na sociedade civil negra foram rotuladas como desviantes[53]. Além disso, os papéis de gênero aparentemente disfuncionais nas famílias afro-americanas promoveriam uma série de problemas, entre eles a pobreza negra, a criminalidade, o mau desempenho escolar e a gravidez na adolescência. Em outras palavras, por não refletir a ideologia de gênero dominante, as famílias negras reproduziam um desvio cultural negro que, por sua vez, era responsável pela desvantagem econômica dos negros como classe social[54].

Apesar de as feministas negras escreverem textos contestando essas opiniões, dada a ausência de um movimento político feminista negro elas foram incorporadas à agenda do nacionalismo

---

50 Para uma discussão estendida de como a identidade nacional americana foi construída a partir da ideia tradicional de família e como as políticas públicas são influenciadas por esse processo, ver os ensaios da Parte I deste volume.

51 Ver N. Yuval-Davis, op. cit.

52 Ver M.L. Andersen, Feminism and the American Family Ideal, *Journal of Comparative Family Studies*, v. 22, n. 2; B. Thorne, Feminism and the Family, em B. Thorne; M. Yalom (eds.), *Rethinking the Family*.

53 Ver S. Coontz, *The Way We Never Were*; M.B. Zinn, Family, Race, and Poverty in the Eighties, em B. Thorne; M. Yalom (eds.), *Rethinking the Family*.

54 Ver P.H. Collins, A Comparison of Two Works on Black Family Life, *Signs*, v. 14, n. 4. Ver também idem, *Black Sexual Politics*, p. 181-185.

116

cultural negro[55]. Autobiografias de mulheres negras ativistas desse período descrevem o sexismo nas organizações nacionalistas culturais negras. Por exemplo, Elaine Brown, uma ex-líder do Partido dos Panteras Negras, descreve o sexismo em sua própria organização política. Brown identifica práticas semelhantes em US, um movimento nacionalista cultural negro liderado por Karenga, o criador de *Kwanzaa* e uma figura intimamente associada à institucionalização de programas de estudos negros no ensino superior[56]. Ecoando Brown, Angela Davis também relata elementos de sexismo na organização nacionalista cultural negra de Karenga. Brown, Davis e outras ativistas negras assumiram um lugar particular nos esforços nacionalistas culturais negros para reconstruir a cultura negra, reconstituir a identidade negra, promover a solidariedade racial e instituir uma ética do serviço à comunidade negra[57]. Mesmo se opondo firmemente à opressão racial, o nacionalismo cultural negro incorporou de modo acrítico as ideologias dominantes sobre os papéis de gênero para brancos e negros em seus pressupostos de domínio. Considere a seguinte passagem, que cita Imamu Amiri Baraka, na época um proeminente nacionalista cultural negro dos Estados Unidos. Em seu artigo de 1970, "Mulher Negra", Baraka oferece um exemplo particularmente conciso da ideologia de gênero que permeou o nacionalismo cultural negro:

> Nós não acreditamos na "igualdade" de homens e mulheres [...] Nós nunca poderíamos ser iguais [...] a natureza não providenciou as coisas assim [...] Mas isso significa que iremos nos completar, que você, a quem chamo de minha casa, porque não há casa sem um homem e sua esposa, é o único elemento no universo que completa perfeitamente minha essência. Você é essencial para o desenvolvimento de qualquer vida na casa, porque você é a conclusão dessa casa. Quando dizemos complemento, completar, queremos dizer que temos certas funções que são mais naturais para nós, e vocês têm certas graças que são só suas. Dizemos que uma mulher negra deve

---

55 Ver os ensaios em T.C. Bambara (ed.), BAMBARA, Toni Cade (ed.), *The Black Woman*.
56 Ver E. Brown, *A Taste of Power*.
57 Ver A.Y. Davis, *Angela Davis: An Autobiography*.

primeiro ser capaz de inspirar seu homem, então ela deve ser capaz de ensinar nossos filhos e contribuir para o desenvolvimento social da nação. Como você inspira o Homem Negro? Sendo a essência consciente em ascensão da negritude [...] Pela raça, pela identidade e pela ação. Você inspira o Homem Negro sendo a Mulher Negra. Sendo a nação, como a casa, que é o menor exemplo de como a nação deve ser. Então você é minha "casa", eu vivo em você, e juntos temos uma casa, e isso deve ser o microcosmo, por exemplo, de toda a nação negra. Nós somos a nação.[58]

É óbvio que a adesão a essas crenças se deu de modo bastante heterogêneo entre aqueles envolvidos em projetos nacionalistas negros; mas, afirmando de forma ousada teses tipicamente mais difusas, a interpretação de Baraka permanece incomum e, portanto, útil. A importância dessa passagem reside justamente em expor de forma particularmente concisa a ideologia de gênero que permeia o nacionalismo cultural negro dos anos 1960. Além disso, ilumina o modo como ideias-chave sobre gênero constituíram as suposições subsequentes do afrocentrismo. Quatro áreas são de especial relevância. São elas: 1. a importância atribuída ao controle da reprodução e da sexualidade das mulheres negras; 2. a importância das mães negras na transmissão da cultura negra; 3. a noção de papéis complementares de gênero como base para a construção da masculinidade negra e da feminilidade negra; e 4. a associação simbólica das mulheres negras com a nação.

Primeiro, como as mulheres são o único grupo que pode reproduzir biologicamente a população da família negra, da comunidade negra ou da nação negra, regular a reprodução das mulheres negras torna-se central para as aspirações nacionalistas. Controlar a reprodução biológica para produzir mais "pessoas" da própria estirpe ou,

---

58 I.A. Baraka, Black Woman, *Black World*, v. 19, n. 9, p. 8. Desde então, Baraka passou por mudanças substanciais em termos de filosofia política. Smitherman relata que Baraka teve a seguinte reação à Marcha do Um Milhão de Homens de 1995 em Washington: "Alguns negros, como o ativista e escritor dos anos 1960, Amiri Baraka, discordaram da Marcha porque ela não incluía mulheres. Baraka observou que, se ele fosse para a guerra, não deixaria metade do exército em casa." G. Smitherman, A Womanist Looks at the Million Man March, em H.R. Madhubuti; M. Karenga (eds.), *Million Man March/ Day of Absence*, p. 105.

QUANDO OS DISCURSOS DE ÓDIO NÃO SÃO SUFICIENTES

dependendo da política e da proposta econômica, mais ou menos "pessoas" de um grupo de fora, é típico das filosofias nacionalistas em geral e das filosofias nacionalistas negras em particular[59]. Respondendo em grande parte às políticas públicas eugenistas e ao cientifismo a ele associado que há muito se ergueram contra os negros e outros tidos como socialmente indesejáveis, os projetos nacionalistas negros afirmam que, sem população suficiente, não pode haver indivíduos negros cujas identidades estejam em questão[60]. Sem população, a nação negra deixa de existir. Dentro desse contexto intelectual e político, os projetos nacionalistas negros da década de 1960 muitas vezes se opuseram aos métodos contraceptivos e reprodutivos disponibilizados às mulheres afro-americanas pelos serviços de saúde. Vendo-os como "genocídio", eles argumentaram que, como os serviços de planejamento familiar eram em grande parte administrados por brancos, tais serviços representavam uma continuação das antigas políticas de eugenia voltadas para os negros. Em um clima de experimento médico com negros tipificado pelo "experimento Tuskegee", em andamento na época, as demandas por esforços governamentais para eliminar a população negra pareciam altamente plausíveis[61]. No entanto, se o lema nacionalista negro "Tenha um bebê para a nação" produziu uma boa retórica política, ele falhou em abordar a questão de saber quem haveria de cuidar da população existente. Apesar de suas análises, não foram poucas as vezes em que os grupos nacionalistas negros se desentenderam com as mulheres afro-americanas, incumbidas da obrigação de criar os futuros guerreiros da nação com poucos recursos. Muitas dentre elas encaravam o veto aos serviços reprodutivos de maneira bastante diferente.

Na questão do controle da reprodução biológica das mulheres negras está embutida uma outra: a de quem controlaria a sua sexualidade. Teses sobre a sexualidade das mulheres negras também

---

59 Ver N. Yuval-Davis, op. cit.
60 Para discussões sobre raça e eugênia, ver: T. Duster, *Backdoor to Eugenics*; e M.H. Haller, *Eugenics*. Ver também A.Y. Davis, *Women, Race, and Class*, p. 202-221.
61 Para uma discussão sobre o experimento Tuskegee, ver J.H. Jones, *Bad Blood*.

ETNICIDADE, CULTURA E POLÍTICA NACIONALISTA NEGRA

influenciam projetos nacionalistas negros[62]. Por exemplo, a passagem supracitada de Baraka reflete a ideologia de gênero dominante, dividindo as mulheres em duas categorias: a das meninas virgens, casadas, boas, em contraste com as meninas más sexualmente promíscuas, imorais e solteiras. Dentro dessa lógica binária, boas meninas são sexualmente ativas apenas no contexto do casamento e da família. Em contraste, as meninas más representam a mulher sexualizada, sem a proteção do casamento e cuja sexualidade faz dela uma desviante. Nesse contexto, as mulheres afro-americanas que compõem a "essência consciente em ascensão da negritude" devem ser protegidas, reverenciadas e vistas como "boas", enquanto aquelas que não se enquadram nesse tipo de união com os homens negros são menos favorecidas. Esse modelo legitima a sexualidade das mulheres negras apenas em relação aos homens negros, mas não oferece uma legitimação paralela da sexualidade dos homens negros quanto ao seu vínculo com as mulheres negras. Além disso, declarações como "uma mulher negra deve primeiro ser capaz de inspirar seu homem" sugerem que todas as mulheres negras devem ser heterossexuais e que a principal utilidade da sexualidade das mulheres negras consiste em inspirar seu homem negro na privacidade de sua casa. Mas o prazer dela raramente é mencionado[63].

O controle da sexualidade das mulheres negras envolve mais outra questão de grande preocupação dentro dos projetos nacionalistas negros. Ao reverter a hierarquia do pensamento supremacista branco que desqualifica a negritude, o negro se torna bonito. Se o ditado "quanto mais negra a amora, mais doce o suco" resume um padrão de beleza negra e de autoridade moral, as mulheres negras se tornam muito superiores às mulheres brancas e às outras mulheres de cor em sua capacidade de produzir os corpos negros "autênticos" que essa ideologia exige. Além disso, manter a raça biologicamente negra e pura leva a um policiamento da sexualidade das mulheres negras. As mulheres negras que dormem com o inimigo

---

62 Ver P.H. Collins, *Black Feminist Thought*. Ver também idem, *Black Sexual Politics*, p. 119-148.
63 Para uma discussão extensa dessas questões, ver Prisons For Our Bodies, Closets For Our Minds, em P.H. Collins, *Black Sexual Politics*, p. 87-116.

QUANDO OS DISCURSOS DE ÓDIO NÃO SÃO SUFICIENTES

colocam a raça/família/comunidade negra em risco, pois essa escolha perpetua a bastardização da raça negra. Enquanto mães da raça, as mulheres negras precisam ser heterossexuais e se comportar como boas meninas, e boas meninas não dormem por aí. Dentro de um duplo padrão sexual, as mulheres negras se tornam mães da nação, enquanto os homens negros servem como guerreiros na revolução. Como guerreiros, eles mantêm o direito de dormir com, possuir e, em alguns casos, estuprar as mulheres da nação estrangeira – nesse caso, mulheres brancas – e até mesmo recebem elogios por essas ações[64]. Tal *framework* ideológico restringe mulheres negras e homens negros de forma diferente; as escolhas feitas por mulheres e homens afro-americanos reais vão refletir suas lutas com essa ideologia de gênero que, embora velada, exerce poderosa influência sobre a reprodução, a sexualidade e o nacionalismo cultural negro.

A importância das mulheres afro-americanas como mães na transmissão da cultura negra também constitui uma característica importante dos projetos nacionalistas negros. Dentro das filosofias nacionalistas, as pessoas de uma nação existem não apenas como uma população mensurável e quantificável; elas também representam um grupo que habita uma pátria ou se encontra longe dela e possui uma cultura nacional simbólica da nação[65]. Uma vez que o nacionalismo permanece intimamente associado às noções de autodeterminação sobre o território e a pátria, as mulheres negras, em virtude de sua associação com a terra, a família e os lares, tornam-se guardiãs da família, do lar, da comunidade e da nação. Por exemplo, Baraka observa que a autodeterminação coletiva de um povo é expressa por meio da construção de uma nação composta de "casas". Essas casas formam um microcosmo para a nação como um todo. Assim, a família tradicional idealizada torna-se o local natural e autorizado para a reprodução da cultura negra e da identidade racial. Essa visão das famílias como blocos de construção de uma nação, em que as mulheres ocupam um papel mais central que os homens na promoção do bem-estar e no funcionamento da

---

64 Ver, por exemplo, E. Cleaver, *Soul on Ice*.
65 Ver F. Anthias; N. Yuval-Davis, *Racialized Boundaries*.

ETNICIDADE, CULTURA E POLÍTICA NACIONALISTA NEGRA

família dentro da casa/comunidade, aumenta a responsabilidade das mulheres negras enquanto mães. Uma vez que nas famílias afro--americanas é sobre as mulheres que costumam recair o fardo e a responsabilidade de cuidar das crianças, conceituar a família como intrinsecamente ligada à comunidade e à nação acaba por vincular as atividades das mulheres na socialização dos jovens em seus respectivos lares à transmissão dos símbolos, dos significados e da cultura da própria nação negra. Se as mulheres afro-americanas são as mães morais ou guardiãs da nação, argumenta Baraka, as mulheres negras devem ser capazes de "ensinar nossos filhos e, assim, contribuir para o desenvolvimento social da nação". Preservar os elementos da cultura, tais como o aprendizado da língua, as formas de vida e os valores culturais de um "povo", é essencial para a continuação do grupo nacional. Atuando como mães, as mulheres negras reproduzem a "autêntica" cultura negra, nesse caso, as qualidades supostamente positivas que garantiriam a lealdade dos membros do grupo nacional. Assim, a grande missão das mulheres negras seria inspirar os homens negros e cuidar da "casa", dos blocos de construção da nação.

Essa exaltação da figura da mãe não poderia deixar de produzir certo clima de censura em relação às mulheres negras que se abstêm desse papel. Uma distinção pode ser feita entre aquelas mulheres que defendem os valores da nação, mas não aderem a eles, e aquelas mulheres que, recusando proteção, desafiam as premissas do sistema. Nesse contexto, gays, lésbicas e mulheres negras que abraçam o feminismo se tornam suspeitos, porque cada grupo, à sua maneira, desafia a centralidade da maternidade para as famílias negras, comunidades e, finalmente, para a própria nação negra. A homofobia no nacionalismo cultural negro parece ligada a essa crença de que a manutenção de uma ideologia de gênero conservadora é essencial para as famílias negras, comunidades e para a nação negra enquanto família. Como Henry Louis Gates aponta, se a ideologia do nacionalismo negro não diz nada sobre a homofobia, "esse é um motivo quase obsessivo que atravessa os principais autores da estética negra e dos movimentos do Black Power. Em suma, a identidade nacional tornou-se sexualizada nos anos 1960 de tal forma que gerou uma

QUANDO OS DISCURSOS DE ÓDIO NÃO SÃO SUFICIENTES

curiosa conexão subterrânea entre homofobia e nacionalismo"[66]. Em geral, as mulheres negras que não têm filhos ou que rejeitam a política de gênero da família nuclear heterossexista precisam lidar com o rótulo de traidoras da raça, demasiado "brancas" ou lésbicas.

Como Baraka aponta, embora extremamente importante, as ações das mulheres negras como mães permanecem secundárias em relação ao objetivo maior de "inspirar seu homem". Assim, a parceria das mulheres negras com os homens negros em direção a um objetivo comum de construção da nação, ou a serviço da nação em empreendimentos apropriados a cada gênero, constitui uma terceira ideia-chave sobre gênero. A tese da complementaridade de homens e mulheres trabalhando em parceria na construção de uma família e de uma comunidade negra forte funciona como uma raiz profunda no nacionalismo cultural negro. Nesse discurso, a complementaridade simboliza a igualdade, em que o papel de mãe negra reverenciada complementa o pai benevolente, mas guerreiro. Embora igualdade e complementaridade estejam relacionadas, elas não são a mesma coisa. Baraka afirma categoricamente que homens e mulheres afro-americanos nunca podem ser iguais. Ao dizer isso, ele endossa uma concepção de identidades naturais e distintas para homens e mulheres que é paralela à noção de identidades naturais e de complementaridade para negros e brancos. Essa noção de complementaridade de gênero se encaixa numa ética do serviço em que mulheres e homens negros demonstram solidariedade racial subordinando suas necessidades individuais, objetivos e preocupações aos interesses da comunidade negra como uma coletividade. Teoricamente, todos fazem sacrifícios para que a solidariedade racial possa ser mantida. Porém, na vida real, as mulheres afro-americanas normalmente são as que mais se sacrificam[67].

As mulheres negras devem não só reproduzir a população da nova nação e transmitir a cultura nacional; dentro dos limites da complementaridade de gênero, elas também devem servir como símbolos da família nacional ou da cultura nacional a ser protegida e preservada.

---

66 H.L. Gates, op. cit., p. 79.
67 Para uma crítica da complementaridade de gênero nas comunidades afro-americanas, ver P.H. Collins, *Black Sexual Politics*, p. 119-212.

ETNICIDADE, CULTURA E POLÍTICA NACIONALISTA NEGRA

Os símbolos do nacionalismo americano, como "mamãe", "Deus", a "bandeira" e a "torta de maçã" são imagens profundamente generizadas. Elas giram em torno de um conjunto articulado de valores tradicionais próprios da família nuclear, em que uma mãe carinhosa se encontra bem no centro sob o olhar atento e protetor de um marido/pai solidário, bom cidadão e vigiado por um poderoso Deus masculino. Se o nacionalismo cultural negro, por um lado, altera os símbolos da nação – a criação de uma bandeira de libertação negra, um sistema de valores negros, feriados negros, como *Kwanzaa* –, por outro, ele simultaneamente importa a visão das mulheres como figuras simbólicas da nação. Táticas como a de se referir à África como "Mãe África" e identificá-la como a terra natal mítica dos negros espalhados pela diáspora negra funcionam como imagens específicas de gênero. Dentro do nacionalismo cultural negro, como "essência consciente em ascensão", apenas certas mulheres negras simbolizam a própria nação, "por raça, identidade, ação". Nesse sentido, as mulheres negras são definidas como "guardiãs da raça", tanto literal quanto simbolicamente.

Compreendidas por meio da rubrica da família, a comunidade negra, a raça e a nação são ideias construídas em relação a certas noções de gênero que, embora não tão explícitas quanto a interpretação de Baraka, dependem de mulheres e homens afro-americanos aderindo a uma ideologia de gênero particular. Uma mulher negra deve ser capaz de "ensinar nossos filhos e contribuir para o desenvolvimento social da nação". As contribuições das mulheres negras permanecem biológicas (como mãe, ela produz fisicamente as crianças para a nação e fornece serviços sexuais para guerreiros do sexo masculino) e simbólica ou cultural (como mãe, ela socializa crianças negras para a nação por meio de modelos exemplares de feminilidade negra autêntica). Em contraste, os homens negros reivindicam sua masculinidade protegendo suas famílias, suas comunidades e sua nação, tal como simbolizado por suas mulheres negras.

Os perigos para as mulheres afro-americanas se tornam evidentes aqui. Se a proteção das mulheres negras se confunde com a construção da masculinidade negra, qualquer mulher vista como indigna desse tipo de proteção se torna uma ameaça para toda a comunidade e, portanto, fica exposta à censura do grupo. Uma coisa é se recusar ter um bebê para a nação e ainda apoiar a importância dessa atividade. Outra é rejeitar o próprio papel, ou seja, a família nuclear heterossexual sob a liderança masculina negra. As ações de uma mulher em particular são muito menos ameaçadoras do que o símbolo que sua rebeldia representa para toda a comunidade.

Gênero e Afrocentrismo

Convergente com os princípios reitores do afrocentrismo é a ideia do nacionalismo cultural negro como caminho para a reconstrução da cultura negra, o que pressupõe reconstituir a identidade negra, usar a solidariedade racial para construir a comunidade negra e promover uma ética do serviço em prol do desenvolvimento da comunidade negra. E o que é mais importante, a poderosa, ainda que não escrutinada, ideologia de gênero do nacionalismo cultural negro, enfrentando os temas da reprodução, maternidade, integração de gênero e a associação simbólica das mulheres negras com aspirações nacionalistas, também encontrou seu caminho para os estudos afrocêntricos.

Nas discussões da cultura negra que operam dentro dos pressupostos do domínio afrocêntrico, o mais comum é que o gênero seja deixado completamente de lado em nome de uma discussão sobre "pessoas negras". Em algumas versões, a frase "o homem negro" é usado como equivalente para "pessoas negras". No entanto, em muitos casos, a expressão "o homem negro" realmente se refere aos homens, sugerindo que as experiências dos homens negros representam adequadamente as dos afro-americanos em geral. Essa abordagem torna invisíveis as experiências distintivas das mulheres afro-americanas e reforça a noção de que, se as mulheres negras não são explicitamente discutidas, então o discurso em si carece de uma análise de gênero. Assim, embora possa parecer que as mulheres negras em particular e uma análise de gênero em geral permaneçam ausentes dos esforços para reconstruir a cultura e a identidade negra, a verdade é que a ausência e a invisibilidade das mulheres afro-americanas funcionam para estruturar os próprios termos do argumento defendido.

ETNICIDADE, CULTURA E POLÍTICA NACIONALISTA NEGRA

Outra abordagem consiste em contemplar o trabalho de algumas mulheres negras notoriamente excepcionais, isso, é claro, desde que elas não desafiem os pressupostos afrocêntricos. Essa incorporação de mulheres negras que atendem a um padrão de grandeza derivado da experiência masculina permitiu que Harriet Tubman, por exemplo, passasse a ser frequentemente retratada como o "Moisés do Seu Povo". Esse tipo de abordagem reforça as noções de grandeza derivadas dos padrões masculinos de liderança e guerra militar. As mulheres, cujos feitos parecem orientados ao duplo objetivo de promover tanto o desenvolvimento de uma cultura negra positiva quanto o de identidades negras positivas, mas sem desafiar os papéis de gênero prescritos nas comunidades negras, também conquistam o status das mulheres negras dignas de respeito. Em alguns casos, apenas uma parte dessa mulher afro-americana digna de respeito pode ser considerada: pois, se sua parte nacionalista é abraçada, quaisquer ideias feministas, socialistas e anti-heterossexistas que desafiem os pressupostos de domínio afrocêntrico são convenientemente deixadas de fora. Por exemplo, as contribuições raramente mencionadas de Mary McLeod Bethune para a sociedade civil negra (fundar uma faculdade e cuidar das crianças da comunidade) permanecem mais proeminentes do que suas contribuições como habilidosa negociadora do "gabinete de cozinha" de Franklin Delano Roosevelt. Suas atividades de desenvolvimento comunitário reforçam as normas da maternidade negra na sociedade civil negra, enquanto sua participação na esfera pública desafia a visão de que tais atividades devem ser deixadas aos homens afro-americanos. Mesmo as personalidades femininas negras mais radicais podem ter problemas em reconhecer a si próprias dentro do cânone afrocêntrico. Apesar de sua análise política socialista-feminista e antirracista, reconfigurar a imagem de Angela Davis como a essência de um estilo de mulher negra "natural" e "autêntica" típico dos anos 1960 – o que seria o caso quando vemos Davis usando um grande penteado "natural" – é, na verdade, reformular seu complexo ativismo político nos termos de um *framework* nacionalista cultural bastante reducionista. Como a própria Davis observa: "é humilhante e pedagógico descobrir que, uma única geração após os

QUANDO OS DISCURSOS DE ÓDIO NÃO SÃO SUFICIENTES

eventos que me construíram como personalidade pública, eu sou lembrada por um penteado. É humilhante porque reduz uma política de libertação a uma política de moda"[68].

Em resposta à óbvia exclusão das mulheres negras nas análises da cultura negra, alguns estudos afrocêntricos tentam apresentar as experiências das mulheres afro-americanas como iguais e complementares às dos homens afro-americanos. Respondendo aos padrões anteriores de exclusão e marginalização das mulheres afro-americanas, as pesquisadoras negras em particular pretendem corrigir a interpretação afrocêntrica, destacando as atividades das mulheres negras na formação da cultura e da história negras. Enquanto publicações do tipo *Women in Africa and the African Diaspora* (Mulheres na África e a Diáspora Africana) promovem a visibilidade das mulheres negras no afrocentrismo e trabalham dentro dos pressupostos da complementaridade ao destacarem as atividades das mulheres negras na sociedade civil negra, elas rompem com a ideologia de gênero que relega as mulheres negras exclusivamente ao âmbito da casa e da família[69]. Nessa obra, ao explorar a resistência das mulheres negras nas sociedades africanas, caribenhas e afro-americanas, vários autores sugerem que as atividades das mulheres negras não ficaram confinadas à chamada esfera privada ou doméstica. Obras como essas criam espaço conceitual para investigar como homens e mulheres afro-americanos têm sido ambos centrais para a criação e continuação da cultura negra nas áreas de religião, música, linguagem e famílias. Esse foco nas contribuições complementares das mulheres negras para a cultura negra desafia as formulações em que esta aparece como criada por homens e definida por homens. Por exemplo, ao demonstrar que as mulheres negras têm sido centrais na criação e na continuação da cultura negra, o trabalho de Bernice Johnson Reagon sobre as mulheres negras como trabalhadoras culturais aprofunda as análises afrocêntricas da cultura negra. Da mesma forma, a análise de Niara Sudarkasa das atividades de gênero

---

68 A.Y. Davis, Afro Images: Politics, Fashion, and Nostalgia, *Critical Inquiry*, v. 21, n. 2, p. 37.
69 Ver R. Terborg-Penn et al. (ed.), *Women in Africa and the African Diaspora*.

ETNICIDADE, CULTURA E POLÍTICA NACIONALISTA NEGRA

das mulheres africanas fornece uma perspectiva muito necessária para a compreensão das mulheres afro-americanas[70].

A profusão de obras de escritoras negras da atualidade publicadas nos Estados Unidos pode ser vista como um primeiro ajuste corretivo no viés masculino da literatura afro-americana. Ao focar em temas diferentes, mas igualmente importantes, que permeiam a sociedade civil negra, essas autoras ilustram a complementaridade sem deixar de demonstrar solidariedade com os homens negros[71]. Por exemplo, a antropóloga e romancista Zora Neale Hurston escreve sobre a vida e cultura dos negros; o contato com os brancos não figura em sua principal obra, *Their Eyes Were Watching God* (Seus Olhos Estavam Observando Deus). Em contraste, Richard Wright, que é contemporâneo dela, escreve sobre a interação inter-racial, principalmente entre os homens. O trabalho de Hurston é afirmação; o de Wright é protesto. Ambos oferecem abordagens válidas para a experiência afro-americana, pois a afirmação negra e o protesto contra a dominação branca podem ser vistos como momentos complementares do mesmo processo. No entanto, este tem sido tradicionalmente apontado como superior àquela. Recuperar as ideias de Hurston e outras escritoras negras é uma forma de corrigir esses desequilíbrios de longa data[72].

Ao mesmo tempo, o tratamento que as escritoras afro-americanas dão aos temas da reprodução, sexualidade e maternidade rompe definitivamente com a ideologia de gênero idealizada do nacionalismo cultural negro, em que os homens são vistos como guerreiros e as mulheres como nutrizes. Suas obras são reveladoras nesse ponto, principalmente porque, ao contrário de cientistas sociais ou historiadoras, os escritores de ficção podem descrever a realidade de modo mais livre e assim explorar e discutir todos os seus aspectos controversos. Por exemplo, a ficção de Alice Walker tem sido criticada há muito tempo porque, apesar de invocar a cultura negra tradicional, ela se recusa a render tributo à construção de gênero dessa cultura.

---

70 B.J. Reagon, African Diaspora Women, em R. Terborg-Penn et al. (eds.), *Women in Africa and the African Diaspora*; e N. Sudarkasa, op. cit.

71 Ver C. Tate (ed.), *Black Women Writers at Work*.

72 Para uma discussão sobre essa questão, ver J. Jordan, *Civil Wars*.

QUANDO OS DISCURSOS DE ÓDIO NÃO SÃO SUFICIENTES

Assim como Walker, as escritoras afro-americanas evitam cada vez mais tratar a cultura negra de forma não crítica, optando antes por se colocar dentro do espaço criado pelo discurso nacionalista negro com o compromisso de reelaborar alguns de seus temas mais caros[73].

Não obstante seu apelo ao princípio de longa data da solidariedade racial, a hipótese da complementaridade de gênero pode ser aplicada apenas a alguns tópicos bem específicos. A igualdade de mulheres e homens negros em um imaginado e remoto passado africano tem recebido mais atenção do que a complementaridade de gênero na sociedade civil negra contemporânea nos Estados Unidos ou nas próprias sociedades africanas contemporâneas. Por exemplo, no seu popular *The Isis Papers: The Keys to the Colors*, Frances Cress Welsing afirma que a civilização clássica negra de Kemet promoveu uma complementaridade de gênero em que mulheres e homens eram essencialmente iguais. Seu argumento sugere que antes do racismo institucionalizado da Europa existir, os africanos viviam uma vida idílica em Kemet. Ransby e Matthews discordam, alegando que "o grande passado africano que dizem que precisamos recriar é também um passado patriarcal no qual homens e mulheres conheciam cada um seu respectivo lugar. Esses papéis desiguais de gênero são agora redefinidos eufemisticamente como 'complementares' e não como relações de subordinação e dominação"[74]. Os cenários históricos da antiguidade africana parecem ser mais favoráveis a esse tipo de reinterpretação do que a sociedade civil afro-americana contemporânea, em parte porque não é fácil refutar análises históricas dessa natureza e, em parte, porque aplicar argumentos semelhantes às condições contemporâneas geraria uma tempestade de protesto. Certamente, não faltaria reações como a do historiador E. Frances White, segundo quem "a ideologia da complementaridade e da família coletiva continua a trabalhar contra a libertação das mulheres negras"[75]. Feitas essas ressalvas, situar a complementaridade num passado distante é uma sábia decisão.

---

73 Ver M. Dubey, op. cit.
74 B. Ransby; T. Matthews, op. cit., p. 59.
75 E.F. White, op. cit., p. 75.

ETNICIDADE, CULTURA E POLÍTICA NACIONALISTA NEGRA

Em parte como resposta às críticas feitas pela feminista negra Toni Cade Bambara por meio de E. Frances White, os estudos afrocêntricos mais recentes têm reconhecido a importância do gênero, mas encaram-no como secundário em relação à tarefa mais premente de combate ao racismo. Alinhado aos pressupostos da complementaridade de gênero, estudiosos como Asante, Linda Jane Myers e Haki Madhubuti reconhecem diferenças nas experiências de homens e mulheres, mas minimizam os efeitos da opressão de gênero na vida de mulheres e homens negros[76]. Declarar-se a favor das mulheres negras pode servir para ignorar o gênero como uma categoria importante de análise. Por exemplo, em *Kemet, Afrocentricity and Knowledge* (Kemet, Afrocentricidade e Conhecimento), amplamente reconhecido como um texto central do afrocentrismo contemporâneo, Asante aconselha seus leitores a incorporar o gênero como uma questão cosmológica fundamental na investigação afrocêntrica. Os pesquisadores afrocêntricos devem conhecer "a linguagem, a terminologia e as perspectivas sexistas", aconselha Asante, e devem investigar o "impacto histórico e a realização das mulheres dentro da comunidade africana"[77]. Asante aconselha seus leitores a "examinar os papéis que as mulheres têm desempenhado na libertação de africanos e outros da opressão, na resistência contra a repressão e a subjugação sexistas e no exercício da autoridade econômica e política"[78]. O conselho de Asante é especialmente estranho porque ele faz pouca referência ao gênero em seu texto, em que pese seu conselho para que essa questão seja levada a sério. Evitando as análises interseccionais de raça, classe, gênero e sexualidade, sua abordagem repousa sobre os seguintes pressupostos: que apenas as mulheres negras são afetadas pelo gênero e pela sexualidade; que o ativismo político das mulheres negras pode ser analisado unicamente no âmbito do *framework* nacionalista negro da "raça como família"; que o sexismo é algo que existe fora da esfera doméstica da família racial negra; e que LGBTs negros não

---

76 Ver M.K. Asante, *The Afrocentric Idea*; idem, *Kemet, Afrocentricity, and Knowledge*; H.R. Madhubuti, *Black Men, Obsolete, Single, Dangerous?*; L.J. Myers, op. cit.

77 M.K. Asante, *Kemet, Afrocentricity, and Knowledge*, p. 9.

78 Ibidem, p. 10.

QUANDO OS DISCURSOS DE ÓDIO NÃO SÃO SUFICIENTES

são autenticamente negros. Nesse sentido, em sua obra o gênero tem pouco poder explicativo.

Incluir as mulheres negras de boa reputação, incorporar material sobre as mulheres negras e investigar as experiências das mulheres negras segundo os pressupostos de complementaridade de gênero, tudo isso amplia a base de conhecimento sobre as mulheres negras. Dada a triste história da pesquisa acadêmica nas ciências sociais sobre os afro-americanos em geral e sobre as mulheres negras em particular, os esforços afrocêntricos, por mais falhos que sejam, podem servir a um propósito. Infelizmente, esses corretivos, de modo geral, não conseguem desafiar os pressupostos de domínio generizados do afrocentrismo em relação à cultura, identidade, solidariedade e serviço. Ao mesmo tempo, reforçam a ideia de que as mulheres negras são pessoas que, estranhamente, escaparam ao impacto do racismo e para quem o sexismo é um problema menor. Com essas restrições e na ausência de qualquer interesse mais firme em análises intersseccionais a respeito de raça, classe, gênero e sexualidade, certas dimensões das experiências das mulheres negras nos Estados Unidos não podem ser adequadamente abordadas. Uma série de temas explorados pelo pensamento feminista negro – numa esforço permanente de redefinição conceitual – são com frequência negligenciados por aqueles que trabalham exclusivamente dentro dos pressupostos de domínio afrocêntrico[79], quais sejam: estupro, violência e toda a extensa estru-

---

79 Sobre violência, ver: P.H. Collins, The Tie That Binds, *Ethnic and Racial Studies*, v. 21, n. 5; K.W. Crenshaw, Mapping the Margins: Intersectionality, Identity Politics, and Violence against Women of Color,*Stanford Law Review*, v. 43, n. 6; J.D. Hall, The Mind That Burns in Each Body, em A. Snitow et al. (eds.), *Powers of Desire*; T. Harris, *Exorcising Blackness*; T.C. West, *Wounds of the Spirit*; E.C. White, *Chain, Chain, Change*. Sobre o ativismo político das mulheres negras, ver: B.Y. Avery, Breathing Life into Ourselves, em E.C. White (ed.), *The Black Women's Health Book*; B. Collier-Thomas & V.P. Franklin (eds.), *Sisters in the Struggle*; C.T. Gilkes, *If It Wasn't for the Women*; B.J. Reagon, African Diaspora Women, em T. Terborg-Penn et al. (eds.), *Women in Africa and the African Diaspora*; C.M. Rouse, *Engaged Surrender*; K. Springer (ed.), *Still Lifting, Still Climbing*; R. Terborg-Penn et al. (eds.), *Women in Africa and the African Diaspora*; D.G. White, *Too Heavy a Load*. Sobre análises generizadas do trabalho e da família, ver: B.T. Dill, Our Mothers Grief, *Journal of Family History*, v. 13, n. 4; D.L. Franklin, *Ensuring Inequality*. Sobre direitos reprodutivos, ver: V. Hartouni, Breached Birth, *Cultural Conceptions*; M.B. Kuumba, Perpetuating Neo-Colonialism Through Population Control, *Africa Today*, v. 40, n. 3; L. Nsiah-Jefferson, Reproductive Laws, Women of Color, and Low-Income Women, em S. Cohen et al.

ETNICIDADE, CULTURA E POLÍTICA NACIONALISTA NEGRA

tura da política sexual; o ativismo político das mulheres negras e a resistência fora dos modelos familiares tradicionais; as relações entre trabalho e família para mulheres e homens negros; as questões relativas aos direitos reprodutivos, como sexualidade, acesso a serviços de planejamento familiar e o direito de escolha das mulheres negras; a homofobia e suas consequências para a identidade, as famílias e as comunidades negras; e o entrelaçamento de raça, classe e gênero na realidade das mulheres negras pobres.

Apesar de suas contribuições, o afrocentrismo como teoria social crítica continua incapaz de abordar a postura inerentemente problemática em relação ao gênero que assolou o movimento das artes negras. O movimento das artes negras continha as sementes de uma ideologia de gênero bem diferente. Por exemplo, o primeiro livro inovador da teoria feminista negra contemporânea, o volume editado de Toni Cade Bambara, *The Black Woman* (A Mulher Negra), publicado em 1970, contém vários ensaios de mulheres negras cuja ideologia feminista se desenvolveu em grande parte dentro do contexto das lutas do nacionalismo negro. Apesar desse recurso, a erudição afrocêntrica convenientemente ignora essas análises feministas negras, optando por incorporar uma análise de gênero semelhante à da ciência social dominante e uma política de gênero que às vezes é indistinguível da "postura dos políticos republicanos conservadores. Não precisava ser assim, porque o movimento das artes negras serviu como um catalisador não só para o afrocentrismo, mas também para um movimento feminista negro nas décadas de 1970 e 1980[80]. O fracasso do afrocen-

---

(eds.), *Reproductive Laws for the 1990s*; K. Springer (ed.), *Still Lifting, Still Climbing*. Sobre heterossexismo e homofobia, ver: J. Battle et al., *Say It Loud, I'm Black and I'm Proud*; C. Clarke, The Failure to Transform, em B. Smith (ed.), *Home Girls*; C.J. Cohen, *The Boundaries of Blackness*; C.J. Cohen & T. Jones, Fighting Homophobia Versus Challenging Heterosexism, em E. Brandt (ed.), *Dangerous Liaisons*; B. Smith, *The Truth That Never Hurts*. E sobre análises interseccionais da economia política negra, ver: R. Brewer, Race, Class, Gender and U.S. State Welfare Policy, em G. Young & B.J. Dickerson (eds.), *Color, Class and Country*; P.H. Collins, Gender, Black Feminism, and Black Political Economy, *Annals of the American Academy of Political and Social Science*, n. 568; B. Omolade, *The Rising Song of African American Women*.

80 Para histórias da política do movimento social do feminismo negro, ver: B. Roth, *Separate Roads to Feminism*, p. 76-128; e D.G. White, op. cit., p. 212-256. Também discuto o feminismo negro no contexto do movimento feminino moderno no capítulo 6 deste volume.

132

QUANDO OS DISCURSOS DE ÓDIO NÃO SÃO SUFICIENTES

trismo em examinar sua própria ideologia de gênero representa uma profunda oportunidade perdida[81]. Infelizmente, como um discurso que segue o nacionalismo cultural negro dos anos 1960 e 1970 e as análises feministas negras dos anos 1970 e 1980, o afrocentrismo contemporâneo parece ter levado apenas um a sério.

Quão Oposicionista é o Afrocentrismo?

No contexto do novo racismo, a própria existência do afrocentrismo enquanto projeto declaradamente antirracista diz algo sobre seu caráter oposicionista. Como se deduz de sua abordagem da questão de gênero, uma vez que os princípios norteadores do afrocentrismo foram em grande parte forjados segundo os pressupostos de domínio de uma ciência adversária, ele permanece limitado como teoria social crítica. Infelizmente, para os afro-americanos em busca de uma teoria social crítica antirracista baseada na experiência vivida, projetos nacionalistas negros como o afrocentrismo muitas vezes parecem ser a única opção existente. Com efeito, o afrocentrismo parece cada vez mais eficaz em atrair esses segmentos da sociedade civil negra que, por uma série de razões, têm pouca esperança de que a integração racial possa resolver as injustiças econômicas e sociais. Dada a polarização racial nos Estados Unidos, e ao contrário do que acreditam alguns intelectuais negros, a dependência do afrocentrismo para com o essencialismo negro pode não ser tão descabida enquanto estratégia *política*. O discurso afrocêntrico que trata a negritude como uma essência negra flutuante e ahistórica, manifestando-se de forma diferente em distintos momentos históricos, propicia uma continuidade com o passado e, ao dar aos membros das comunidades identidade e propósito, traça linhas de orientação para o futuro.

Num contexto em que as ideias nacionalistas negras podem ser usadas para a mobilização étnica dos negros americanos, as críticas

---

[81] Para uma discussão de como o movimento das artes negras afetou o feminismo negro, ver M. Dubey, op. cit.

de que o afrocentrismo continua a abrigar pensamentos essencialistas problemáticos que prejudicam mulheres e homens, especialmente quando defendidas por intelectuais negros sem muito contato com a segregação racial, correm o risco de cair no vazio. O afrocentrismo pode ser limitado como teoria social crítica, mas sua forte postura pró-negritude, combinada com seu impulso masculinista, também pode contribuir para sua popularidade entre muitos afro-americanos. A Nação do Islã, um projeto nacionalista negro concorrente, há muito reconheceu a eficácia do pensamento binário "nós contra eles" como estratégia para mobilizar afro-americanos. Dentre os cerca de 800 mil homens negros e suas apoiadoras do sexo feminino que participaram da Marcha de 1 Milhão de Homens de 1995 em Washington, D.C., poucos manifestaram alguma preocupação com o essencialismo negro e sua suposta supressão das diferenças entre os negros. Eles estavam lá como uma demonstração de unidade. Se todos os acadêmicos negros nos Estados Unidos tentassem organizar uma manifestação dessa magnitude, quantos afro-americanos compareceriam? Além disso, em um clima onde o discurso de ódio aumenta e a violência racial direcionada aos afro-americanos ganha força por meio do racismo científico ressuscitado pela extrema direita, o pensamento essencialista continua a ser amplamente bem-sucedido na mobilização de um grande número de brancos em defesa do privilégio branco. Em uma situação como essa – situação em que, por exemplo, 32 igrejas negras do sul dos Estados Unidos sofreram incêndios criminosos durante os dezoito meses que precederam a campanha presidencial de 1996 – o nacionalismo negro pode ser a melhor defesa estratégica contra o essencialismo branco. Enquanto os intelectuais da academia desconstroem tudo, incluindo a sua própria política de esquerda, pouco resta para construir uma nova política capaz de responder ao desemprego, à brutalidade policial, à violência dos adolescentes, à gravidez das adolescentes, à AIDS e a outras questões sociais de premente preocupação para os afro-americanos.

Os negros nos Estados Unidos precisam de uma teoria social crítica que ofereça liderança e esperança diante dessas condições problemáticas. Nesse sentido, a contribuição distintiva e fundamental do afrocentrismo pode ser aquela que outras teorias, por ora, não podem oferecer. Cornel West sugere que o niilismo, ou o sentimento de que a vida não tem sentido, constitui uma nova e fundamental ameaça à existência afro-americana. "O niilismo não é superado por argumentos ou análises; antes, é domado pelo amor e pelo cuidado. Qualquer doença da alma deve ser suplantada por uma mudança da alma. Essa mudança requer a afirmação do próprio valor – afirmação que se nutre da atenção de outras pessoas. É por isso que uma ética do amor deve estar no centro de uma política da conversão."[82] Apesar do tratamento problemático de West no que se refere a gênero, classe socioeconômica e sexualidade, é possível que ele tenha tocado no motivo pelo qual o afrocentrismo continua sendo importante para mulheres e homens negros. Contra o racismo institucionalizado que valoriza a branquitude, o afrocentrismo oferece uma afirmação da negritude, uma ética do amor direcionada aos negros. Nesse sentido, sua mensagem atinge mulheres e homens afro-americanos com uma eficácia desconhecida até mesmo pelas melhores teorias sociais acadêmicas, sejam elas antirracistas, feministas, marxistas ou pós-modernas. Enquanto a sociologia fornece conhecimento e o pós-modernismo enfatiza suas ferramentas de crítica, o afrocentrismo oferece esperança.

Apesar dessa contribuição essencial, as manifestações atuais do afrocentrismo têm sido insuficientes tanto para mudar a educação superior quanto para orientar o ativismo político negro. A exclusividade em nome da construção da nação acaba sendo contraproducente. O medo da dissidência destrói a criatividade que deve estar no coração de toda luta verdadeira, contínua e significativa. Uma política nacionalista negra que se coloca de modo analiticamente autocrítico, questionando de forma permanente suas próprias ideias, práticas e atores, bem que poderia se engajar com seriedade nas questões de raça, gênero, classe econômica, nação e sexualidade. Ao se guiar por definições dinâmicas da cultura negra e não por modelos essencialistas, um nacionalismo negro revitalizado talvez conseguisse criar uma solidariedade negra difusa que fosse tanto sensível às diferenças entre os negros quanto capaz de se

---

[82] Ver C. West, op. cit.

ETNICIDADE, CULTURA E POLÍTICA NACIONALISTA NEGRA

envolver em coalizões de princípios com latinos, mulheres e outros movimentos sociais em prol da justiça social. Até lá, dominação é dominação, não importa quem esteja no poder. Qualquer teoria social crítica que recomende as mulheres afro-americanas ou qualquer outro grupo a ficar em silêncio e recuar em nome de uma unidade mal explicada finda por prejudicar as mulheres negras, privar as comunidades afro-americanas de seus melhores talentos e líderes e, finalmente, empobrecer todos nós.

Parte III

FEMINISMO, NACIONALISMO E MULHERES AFRO-AMERICANAS

5 Por Que Políticas de Identidade Coletiva Importam?

feminismo, nacionalismo e o trabalho comunitário das mulheres negras

> Eu costumava pensar que se eu pudesse ir para o norte e contar às pessoas sobre a situação dos negros no estado do Mississippi, tudo ficaria bem. Mas, viajando por aí, me dei conta de uma coisa: de norte a sul não é muito diferente [...] Pessoal, temos um problema [...] Eu não vou ficar obcecada por essa coisa da libertação do homem negro, eu não vou entrar nessa. Tenho um marido negro, 1,90 m, 100 quilos, sapato 46, do qual não quero ser libertada. Mas estamos aqui para trabalhar lado a lado com esse homem negro na tentativa de trazer libertação a todas as pessoas.
>
> FANNIE LOU HAMER[1]

> Ocupando o mesmo terreno geográfico, estão tanto o gueto, onde estamos presos em um campo de concentração de horror, quanto a comunidade, onde promulgamos rituais diários de validação de grupo em uma zona independente – uma condição global de toda a diáspora africana.
>
> TONI CADE BAMBARA[2]

> Geralmente, os crimes que os homens cometem contra mulheres de quem são ou foram íntimos são agrupados sob o termo "violência doméstica". Observe como a frase soa de alguma forma menos horrível por causa dessa palavra "doméstica". Basta essa palavra para a gente imaginar uma adorável casinha presidida por um pai forte e generoso e uma mãe sorridente e bem organizada. Coisas que acontecem em um ambiente como esse podem ser um pouco desagradáveis de vez em quando, mas a gente consegue lidar com isso. A palavra violência nesse contexto parece quase benigna.
>
> PEARL CLEAGE[3]

---

1 Em G. Lerner (ed.), *Black Women in White America*, p. 611-612.
2 *Deep Sightings and Rescue Missions*, p. 95.
3 What Can I Say?, em B. Guy-Sheftall (ed.), Words of Fire, p. 431.

omo Fannie Lou Hamer, Toni Cade Bambara e Pearl Cleage trabalharam incansavelmente para atender às necessidades da comunidade negra, poucos questionariam seu compromisso com as lutas de libertação afro-americanas[4]. A biografia de Hamer – a de uma proeminente ativista dos Direitos Civis do Sul dos Estados Unidos na década de 1960 – revela uma história notável

---

4 Apesar dos significados sobrepostos e concorrentes atribuídos ao termo "comunidade", esse termo permanece central para a política afro-americana. Dois usos são comuns. Primeiro, o termo pode se referir a um bairro ou localizações geográficas específicas semelhantes. Esse senso de comunidade invoca um lar, uma pátria e uma base doméstica. Entre os afro-americanos, esse uso de "comunidade" muitas vezes se refere tanto às comunidades rurais do Sul que oferecem moradia para a maioria dos afro-americanos quanto aos bairros urbanos que serviram como pontos de chegada para migrantes negros. Mesmo depois que os americanos negros da classe trabalhadora e da classe média se afastaram desses bairros negros, eles continuam simbolizando o coração da comunidade negra. Esse conceito geográfico também caracteriza os usos dentro da cultura hip-hop contemporânea. O uso do termo "o bairro" (*the hood*) e mensagens sobre "seja autêntico" e "não se esqueça de onde você veio" falam sobre a importância do lugar entre os jovens negros do centro da cidade. Em um segundo uso, o termo "comunidade" também pode se referir a um grupo populacional que não está preso a localizações geográficas específicas. Aqui, "comunidade" torna-se um eufemismo para grupo étnico negro, nação negra, coletividade negra ou negros como raça. Nesse sentido, o termo "comunidade" descreve a organização social e as práticas culturais da sociedade civil negra, especialmente suas famílias, igrejas, grupos fraternos e organizações populares, bem como sua produção cultural musical, dança, literatura, cinema e arte. Em ambos os usos, "a noção de 'comunidade' pressupõe uma totalidade orgânica. A comunidade é uma unidade social 'natural'. Está 'lá fora' e se pertence a ela ou não" (F. Anthias; N. Yuval-Davis, *Racialized Boundaries*, p. 163).

FEMINISMO, NACIONALISMO E MULHERES AFRO-AMERICANAS

em prol do empoderamento dos despossuídos[5]. Em 1970, Bambara organizou a antologia *The Black Woman*, uma importante novidade para os estudos sobre as mulheres negras. Autoproclamando-se escritora, "artista engajada", "ativista da mídia" e "operária cultural", Bambara passou sua vida trabalhando em prol dos bairros pobres e da classe trabalhadora da Filadélfia que arcaram com os custos ligados ao processo de globalização[6]. Cleage, uma dramaturga e artista performática de Atlanta, estreou no ativismo político negro com o Movimento Poder Negro. Cleage é filha do reverendo Albert Cleage, uma figura importante na fusão da política nacionalista negra com o cristianismo em Detroit. Tanto em seus ensaios quanto em sua ficção, ela permanece firmemente a favor dos negros[7].

Essas mulheres afro-americanas são "feministas"? Tem alguma importância a forma como elas se denominam? Debates aparentemente intermináveis sobre quem é "negro" e quem não é, quem é "feminista" e quem não é, sobre se um indivíduo "transexual" pode se juntar à equipe de tênis feminina ou não acabam com a energia que devia ser direcionada a preocupações mais urgentes. Essas políticas de identidade pessoal são certamente importantes para os indivíduos envolvidos, mas tais disputas também obscurecem uma

---

5 Como o vigésimo filho de uma família de meeiros, Hamer, como outros negros do Mississippi antes da década de 1960, teve sua educação negada e foi trabalhar como cronometrista em uma *plantation*. Depois de dezoito anos nesse cargo, ela compareceu a uma reunião em massa sobre votação e ficou tão inspirada pelos discursos que concordou em ser um dos dezessete afro-americanos que tentariam se registrar para votar. O reconhecido ativismo político de Hamer começou com esse ato e levou a outras atividades, como chefiar uma delegação na Convenção Nacional do Partido Democrata, que desafiou a exclusão de representantes afro-americanos do partido, e organizar uma cooperativa de alimentos aberta a negros pobres e brancos pobres. (Ver V. Crawford et al. (eds.), *Women in the Civil Rights Movement*.)

6 Os ensaios e a ficção de Toni Cade Bambara examinam todos os aspectos das experiências afro-americanas, especialmente a importância dos artistas e intelectuais negros para o desenvolvimento da comunidade negra. Para obras representativas, ver T.C. Bambara, *The Salt Eaters*; idem, *Deep Sightings and Rescue Missions*; T.C. Bambara (ed.), *The Black Woman*.

7 *What Looks Like Crazy on an Ordinary Day* (O Que Parece Louco em um Dia Comum) (1997) e *I Wish I Had a Red Dress* (Eu Gostaria de Ter um Vestido Vermelho) (2001), os dois livros de ficção de Pearl Cleage, examinam a política de gênero nas comunidades afro-americanas. Nesses romances, ela não apenas denuncia a violência contra mulheres e meninas, mas também é uma das poucas autoras a abordar questões de sexualidade e HIV/AIDS.

POR QUE POLÍTICAS DE IDENTIDADE COLETIVA IMPORTAM?

política de identidade coletiva mais fundamental que é essencial para o sucesso dos movimentos sociais[8]. Uma definição funcional de identidade coletiva é "a conexão cognitiva, moral e emocional de um indivíduo com uma comunidade, categoria, prática ou instituição mais ampla. É a percepção de um *status* ou relação compartilhada, que pode ser imaginada em vez de experimentada diretamente, e é distinta das identidades pessoais, embora possa fazer parte da identidade pessoal"[9]. Dar uma olhada mais de perto nos tipos de política de identidade coletiva que influenciaram as mulheres afro-americanas pode lançar luz sobre o tipo de política negra necessária para abordar adequadamente as questões que confrontam a geração hip-hop[10].

Hamer, Bambara e Cleage participam de um tipo de trabalho comunitário que nasce de uma identidade negra coletiva que enfatiza as necessidades das comunidades afro-americanas. Principalmente por causa dessa participação e porque todas as três defendem agendas antirracistas em termos que são mais amplos do que o *framework* das relações raciais americanas, todas elas acabam por colocar diferentes graus de ênfase no gênero. Quanto ao impacto da opressão de gênero sobre as mulheres afro-americanas, elas enxergam esse problema por meio da ideia de "tentar trazer libertação para todas as pessoas" a partir da estratégia de desenvolvimento da comunidade negra. Por exemplo, em seu discurso de 1971 proferido em uma reunião do Fundo de Defesa Legal da NAACP – Associação Nacional Para o Progresso de Pessoas de Cor (National Association for the Advancement of Colored People), Fannie Lou Hamer admite se recusar a separar as questões das mulheres afro-americanas

---

8 Os sociólogos se voltaram para o conceito de identidade coletiva no intuito de preencher lacunas na literatura dos movimentos sociais. Os conceitos de mobilização de recursos e processo político têm sido especialmente úteis para examinar como e por que os movimentos sociais surgem e funcionam. Para uma análise dessa literatura, ver F. Polletta; J.M. Jasper, Collective Identity and Social Movements, *Annual Review of Sociology*, v. 27.
9 Ibidem, p. 285. Uma característica fundamental das identidades coletivas é que, para os indivíduos dentro de tais grupos, a identidade coletiva traz consigo sentimentos positivos ou negativos em relação a outros membros do grupo.
10 Esse *framework* de identidade coletiva tem sido usado para estudar o feminismo. Ver, por exemplo, a aplicação do *framework* por Verta Taylor e Leila J. Rupp ao movimento internacional das mulheres do século XX no artigo "Women's Culture and Lesbian Feminist Activism".

FEMINISMO, NACIONALISMO E MULHERES AFRO-AMERICANAS

daquelas dos homens afro-americanos. Em vez disso, ela entende que os temas combinados do racismo e da exploração de classe "de norte a sul" são mais significativos para a sua vida pessoal. Ou seja, para a sra. Hamer, suas experiências pessoais como mulher parecem menos importantes do que analisar as questões sociais enfrentadas por mulheres e homens afro-americanos como classe ou grupo. Já para Bambara, a comunidade negra com a qual a sra. Hamer está totalmente comprometida exibe a contradição da violência e do amor – uma justaposição de "gueto" como um "horror de um campo de concentração" e "comunidade" como uma "zona independente", onde homens e mulheres afro-americanos podem obter um alívio do racismo e se organizar contra ele. Bambara localiza as contradições das comunidades negras lá onde os homens negros podem cometer "crimes contra mulheres" e receber de volta o tipo de amor e lealdade contidos na declaração da sra. Hamer: "Tenho um marido negro, 1,90 m, 100 quilos, sapato 46, do qual não quero ser libertada."

Cleage também deseja trabalhar "lado a lado" com homens negros para promover a libertação de todas as pessoas. No seu caso, a violência dos homens afro-americanos contra as mulheres afro-americanas é um obstáculo ao desenvolvimento de uma comunidade negra que atue como "zona independente" para enfrentar o racismo. Mais importante, a combinação de amor e violência prejudica as mulheres afro-americanas e não deve ser tolerada. O *corpus* de seu trabalho identifica claramente o modo pelo qual a violência da sociedade americana somada à intersecção das opressões de raça, classe, gênero, sexualidade e nacionalismo moldam a vida da comunidade negra, mas seu desafio de repensar o termo "doméstico" torna-se um desafio lançado às mulheres e aos homens negros de se repensar os próprios termos da "comunidade". Assim como a violência contra as mulheres pode ocorrer nos espaços "domésticos" da família de forma praticamente impune, a violência coletiva contra as mulheres negras nas mãos de homens negros pode esgarçar o tecido dos bairros negros e das organizações da sociedade civil negra.

A história da segregação residencial racial, que tem atormentado os afro-americanos mais do que qualquer outro grupo racial/ étnico, é o que explica que mulheres negras como Hamer, Bambara e

POR QUE POLÍTICAS DE IDENTIDADE COLETIVA IMPORTAM?

Cleage tenham se dedicado a uma série de atividades conhecidas como trabalho comunitário. Como uma forma de trabalho reprodutivo, o trabalho comunitário foi projetado para: 1. garantir a sobrevivência física das crianças afro-americanas; 2. construir identidades negras que protegeriam os afro-americanos dos ataques da supremacia branca; 3. assegurar que famílias, organizações e outras instituições da sociedade civil negra se viabilizem; e 4. transformar escolas, ambientes de trabalho, agências governamentais e outras instituições sociais importantes de modo a garantir uma participação justa e igualitária dos negros[11]. Antes das décadas de 1960 e 1970, o trabalho comunitário das mulheres estava no centro da política afro-americana. Empoderar os afro-americanos significava "tentar trazer libertação para todas as pessoas". Trabalhar para mudar práticas institucionais como escolas segregadas, procedimentos eleitorais tendenciosos, orientação racial na habitação e políticas de emprego discriminatórias foi visto como o caminho da dignidade pessoal e liberdade individual para homens e mulheres afro-americanos, constituindo uma dimensão importante da política das mulheres negras. Ao mesmo tempo, as mulheres negras também trabalharam para desenvolver as comunidades afro-americanas, atuando em colaboração com os homens negros, apontando as contradições da combinação de violência e amor dentro da sociedade civil negra, e denunciando a violência contra as mulheres negras e outros problemas sociais semelhantes. O trabalho comunitário das mulheres negras tinha por objetivo promover a sobrevivência de grupo. Assim, o ativismo político das mulheres negras se manifestou mediante ações voltadas tanto para a transformação institucional quanto para a sobrevivência de grupo dentro de um quadro maior de lutas coletivas por justiça social[12].

Desde as décadas de 1960 e 1970, a mudança de contornos das comunidades afro-americanas e da política do movimento social levantaram novos desafios para o tipo de política de identidade

---

[11] Para uma leitura mais aprofundada do trabalho comunitário, ver C.T. Gilkes, *If It Wasn't for the Women*, p. 15-20. Ver também P.H. Collins, Shifting the Center, em E.N. Glenn et al. (eds.), *Mothering*.

[12] Apresento uma análise extensa dessa questão em P.H. Collins, *Black Feminist Thought*, p. 201-225.

coletiva sustentada por Hamer, Bambara e Cleage. Este capítulo analisa mais de perto a relação entre as políticas de identidade coletiva que caracterizam o trabalho comunitário das mulheres negras, as transformações pelas quais passou entre a época do Black Power até a geração hip-hop e como ela pode ser revitalizada pela síntese de ideias colhidas tanto do feminismo quanto do nacionalismo. Tal como os perfis das comunidades afro-americanas, o trabalho comunitário das mulheres negras sofreu mudanças substanciais.

A Mudança no Perfil do Trabalho Comunitário das Mulheres Negras

Dentro dos pressupostos individualistas baseados em direitos do feminismo ocidental, a declaração da sra. Hamer, "Eu não vou ficar obcecada por essa coisa da libertação do homem negro, eu não vou entrar nessa", aparentemente carece de consciência feminista e demonstra ingenuidade política[13]. A sra. Hamer estava longe de ser ingênua, e sua política pode ser melhor compreendida dentro do contexto do trabalho comunitário das mulheres negras. Como mães, esposas e mulheres da igreja, as mulheres afro-americanas, a exemplo da própria sra. Hamer, há muito assumiram a responsabilidade de cuidar das instituições comunitárias negras que protegem as crianças negras e as preparam para o tratamento ofensivo dispensado aos negros na América. As mulheres negras participavam de atividades de desenvolvimento comunitário em nome das gerações futuras, assim como as gerações anteriores haviam trabalhado por elas. Historicamente, foi se aproximando de suas famílias, igrejas e comunidades que muitas mulheres se tornaram membros importantes e valiosos da sociedade civil negra. Como ilustrado pelo caso das mulheres afro-americanas da igreja, quando desafiadas por suas igrejas, muitas delas respondem: "Se não fosse pelas mulheres, você não teria uma igreja."[14]

---

[13] Para uma discussão detalhada de como os temas do individualismo, direitos e propriedade afetam o feminismo ocidental, ver o capítulo 6 deste volume.
[14] C.T. Gilkes, op. cit., p. 4.

POR QUE POLÍTICAS DE IDENTIDADE COLETIVA IMPORTAM?

Seja no sul ou no norte, crescer sob segregação racial quer dizer que mulheres afro-americanas como Hamer, Bambara e Cleage chegaram à luta política *não só* como indivíduos singulares, *mas também* como membros de um grupo racial historicamente constituído e oprimido. Antes da dessegregação racial que ganhou força após a aprovação da legislação dos Direitos Civis na década de 1960, era praticamente impossível que indivíduos afro-americanos crescessem sem saber que eram negros e o que isso significava na América. Legados históricos de opressão contra grupos, como escravidão, colonialismo e segregação racial, estimularam políticas baseadas em grupos de identidade coletiva que foram cruciais para as lutas contra o racismo. Por exemplo, em seu estudo sobre a vida política afro-americana no período de transição da escravidão à liberdade, a historiadora Elsa Barkley Brown examina a dinâmica peculiar dessa orientação para o pertencimento a grupos raciais em Richmond, Virgínia:

> Uma compreensão da autonomia coletiva foi a base sobre a qual os afro-americanos reconstruíram famílias, desenvolveram instituições comunitárias, construíram escolas e se envolveram em políticas formais após a emancipação. A participação de mulheres e crianças nas arenas políticas externas e internas foi parte de uma visão de mundo política maior por parte de ex-escravizados e homens e mulheres livres, uma visão de mundo fundamentalmente moldada pelo entendimento de que a liberdade, na realidade, só iria crescer para cada um deles individualmente quando fosse adquirida por todos eles coletivamente.[15]

Durante a era Jim Crow, as políticas sociais de segregação racial legal deixaram os afro-americanos mais segregados dentro da sociedade americana do que qualquer outro grupo. Essa segregação racial, por sua vez, moldou o ativismo político das mulheres negras.

Sob o regime de segregação, a solidariedade negra veio a ser um elemento vital da política afro-americana. Em condições sociais onde a violência racial direcionada a mulheres e homens negros

---

15 E.B. Brown, Negotiating and Transforming the Public Sphere, *Public Culture*, v. 7, n. 1, p. 125.

FEMINISMO, NACIONALISMO E MULHERES AFRO-AMERICANAS

permeava todos os aspectos da sociedade americana, a solidariedade negra não era um luxo. Era essencial[16]. Manter-se unido e unificado muitas vezes era o que decidia entre a vida e a morte. Nesse contexto, promover a unidade negra emergiu como um objetivo fundamental do ativismo político negro e como estratégia para alcançar outros objetivos. Esse *éthos* de solidariedade também serviu para proteger os indivíduos negros dos ataques contínuos na forma de imagens e ideologias supremacistas brancas a respeito de suas identidades enquanto pessoas negras. Num ambiente em que era habitual retratar as mulheres afro-americanas como criadas sexualmente disponíveis, os homens negros como estupradores violentos e as crianças afro-americanas como versões em miniatura de seus pais, as instituições comunitárias negras americanas trabalhavam para proteger seus membros dessas representações negativas. Famílias, igrejas e outras instituições serviam de anteparo contra os rotineiros estereótipos negativos difundidos nos meios de comunicação, nos currículos escolares, filmes, livros, televisão, anúncios e pronunciamentos públicos do governo e da indústria[17]. Como forma de preservar sua dignidade humana individual, as crianças negras de ambos os sexos foram encorajadas a não levar o racismo para o "lado pessoal". Ao mesmo tempo, um sistema sincrético de valores culturais da diáspora africana promovia um "eu" coletivo, um senso de solidariedade negra fundamental para preservar as tradições e oferecer uma frente unida em resposta aos ataques da supremacia branca[18].

Essa crença profundamente enraizada na importância da solidariedade negra também promoveu uma ênfase paralela nos remédios

---

[16] Ver M.F. Berry, *Black Resistance, White Law*.

[17] A longevidade e o alcance das representações negativas de pessoas negras na mídia geraram um corpo abrangente de literatura. Para trabalhos selecionados dentro dessa tradição, ver D. Bogle, *Prime Time Blues*; R.M. Entman & A. Rojecki, *The Black Image in the White Mind*; H. Gray, *Watching Race*. Para uma discussão de como os afro-americanos contemporâneos têm usado a mídia para expressar pontos de vista alternativos, consultar M.A. Neal, *Soul Babies*. Para uma análise de como raça, classe, gênero e sexualidade se interseccionam na cultura popular contemporânea, consultar P.H. Collins, *Black Sexual Politics*, p. 119-180.

[18] Ver F.L. Hord; J.S. Lee, *I Am Because We Are*.

POR QUE POLÍTICAS DE IDENTIDADE COLETIVA IMPORTAM?

estruturais – em detrimento dos meramente individuais – para a privação de direitos e a pobreza dos afro-americanos. O objetivo da política negra americana talvez fosse conquistar os direitos de cidadania de primeira classe, em particular, as proteções e privilégios concedidos aos cidadãos brancos, mas a solidariedade negra e a ação coletiva pareciam ser a melhor maneira de alcançar esse objetivo. Em condições de apartheid racial, a solidariedade negra representou uma resposta razoável e eficaz ao racismo institucionalizado operante nas áreas de habitação, educação, emprego, saúde e acesso público. Esse racismo não era direcionado para indivíduos afro-americanos, mas para os afrodescendentes em geral. Sem mudanças nas regras, leis, práticas e costumes que normalmente discriminavam os afro-americanos enquanto grupo, pouco espaço havia para a individualidade negra fora das comunidades afro-americanas. Uma história completamente diferente muitas vezes existia dentro das comunidades negras, especialmente nos bairros urbanos negros. Lá, a individualidade e o estilo dos negros podia florescer.

Durante a época da segregação racial, o trabalho comunitário das mulheres afro-americanas consistia em atividades destinadas a combater o racismo e capacitar suas comunidades para sobreviver, crescer e avançar em uma sociedade hostil. Algumas organizações, como as fraternidades e sororidades, o movimento das escolas negras independentes e as igrejas negras, voltaram-se para si mesmas e miraram no desenvolvimento da comunidade negra em termos de educação, atividades culturais e serviços sociais comunitários. Outras organizações, como a Associação Nacional Para o Progresso de Pessoas de Cor (NAACP) e a Liga Urbana (Urban League), adotaram um foco externo ao desafiar políticas institucionais que discriminavam os afro-americanos. As mulheres afro-americanas também fundaram organizações dirigidas por mulheres negras – a exemplo do Conselho Nacional de Mulheres Negras (NCNW) – que lhes permitiu exercer uma forma distinta de liderança como "mulheres de raça"[19]. Historicamente, os afro-americanos incutiram no termo "raça" um

---

19 Para uma discussão detalhada desse termo, ver E.B. Higginbotham, *Righteous Discontent*. Ver, também, o artigo "African Diaspora Women", de Bernice Johnson Reagon, para uma descrição de como esse conceito se intersecciona com as atividades das mulheres

FEMINISMO, NACIONALISMO E MULHERES AFRO-AMERICANAS

significado mais profundo: o de identidade cultural e herança e não inferioridade biológica. O historiador Evelyn Brooks Higginbotham refere-se a isso como "o poder da raça para significar nação – especificamente, raça como o sinal das relações de parentesco percebidas entre os negros na África e por toda a diáspora"[20]. Nesse contexto, trabalhar para a "raça" via trabalho comunitário tinha implicações nacionalistas que transcendiam as questões individuais.

O trabalho comunitário das mulheres negras foi um lembrete constante da centralidade da justiça social na luta pela liberdade do povo negro. As tradições da justiça social surgiram não apenas da teologia abstrata, mas também da ação política concreta. A historiadora Darlene Clark Hine descreve como essa tradição agiu sobre Sojourner Truth e Harriet Tubman:

> Para Truth e Tubman, a liberdade e a busca incessante pela liberdade foram os pilares de suas identidades. Seu apaixonado aferro à liberdade não nasceu de algum compromisso abstrato com a Constituição ou os nobres sentimentos incorporados na Declaração da Independência, mas alheio à realidade da escravidão e opressão em que se encontravam. Elas sabiam por experiência própria o que significava ser propriedade de outro, ser considerado pouco mais do que uma vaca ou uma mula [...] A escravidão e a resistência a ela foram o momento decisivo do nascimento da consciência de oposição das mulheres negras.[21]

Em se tratando de igualdade racial, essa crença na justiça social também agiu em estreita colaboração com a teologia das igrejas cristãs negras[22]. Quando unidas a uma base organizacional fornecida pelas igrejas negras, as mulheres afro-americanas conseguiram encontrar

---

afro-americanas como agentes culturais. Para uma visão histórica abrangente das organizações de mulheres negras, consultar D.G. White, *Too Heavy a Load*.

20 Ver E.B. Higginbotham, op. cit.

21 D.C. Hine, In the Kingdom of Culture, em G. Early (ed.), *Lure and Loathing*, p. 343.

22 Ver K.G. Cannon, *Black Womanist Ethics*. Dentro da teologia afro-americana, questões de justiça racial foram enquadradas em *frameworks* de justiça social. Uma questão importante enfrentada pelas feministas negras tem sido a extensão desse *framework* para assuntos de gênero e, mais recentemente, a extensão contínua dessa lógica para questões de sexualidade. A teologia mulherista examina essas contradições. Ver K.B. Douglas, *Sexuality and the Black Church*.

148

POR QUE POLÍTICAS DE IDENTIDADE COLETIVA IMPORTAM?

apoio institucional e começar a explorar uma tradição ética baseada em uma visão ampla da justiça social[23]. A ação das mulheres afro-americanas dentro das igrejas negras – que possuem um papel fundamental na sociedade civil negra – resultou numa arena importante para o ativismo político das mulheres negras, bem como para a sua consciência em relação à política. Essa tradição moral e ética, especialmente quando representada por portadores institucionais de igrejas cristãs negras, proporcionou outro contexto em que as mulheres afro-americanas foram encorajadas a abandonar seus interesses especiais como mulheres pelo bem maior da comunidade global. Dentro desse *framework* interpretativo, lutar em nome da liberdade e da justiça social por toda a comunidade negra e por uma sociedade mais inclusiva baseada na justiça social era, de fato, lutar pela própria liberdade pessoal. As duas coisas não podiam ser facilmente separadas.

Fundamentadas nessas tradições da justiça social, as mulheres negras engajadas no trabalho comunitário costumam defender agendas políticas mais complexas *dentro* dos quadros da solidariedade negra do que normalmente se crê. No entanto, como a pesquisa sobre o ativismo político das mulheres afro-americanas indica, as atividades feministas/femininas das mulheres negras ocorreram dentro de vários tipos de organizações[24]. Por exemplo, até hoje a Unia – Universal Negro Improvement Association (Associação Universal Para o Progresso Negro), liderada por Marcus Garvey na década de 1920, continua sendo uma das maiores organizações negras já desenvolvidas nos Estados Unidos. Amy Jacques Garvey, esposa de Marcus Garvey, não só participou da formação da organização por meio de sua influente coluna de jornal, como realmente dirigia a organização na ausência de Marcus Garvey. Especialmente marcante nas análises ideológicas de Amy Garvey é a conexão fundamental

---

23 Ver E.B. Higginbotham, op. cit.

24 Muita discussão se concentra nos padrões e significados das práticas de autodenominação das mulheres negras – nesse caso, feminismo e mulherismo. Aqui uso o termo feminismo, embora grande parte do que defendo neste ensaio possa ser reconhecido por muitas mulheres afro-americanas como mulherismo. Para um resumo desses debates, ver P.H. Collins, *Fighting Words*, p. 61-70.

FEMINISMO, NACIONALISMO E MULHERES AFRO-AMERICANAS

que ela estabelece entre o movimento nacionalista e o movimento de libertação das mulheres. Apesar de afirmar que sua principal causa era a libertação negra, ela acreditava que as mulheres negras representavam a espinha dorsal da luta nacionalista negra[25]. O ativismo subsequente das mulheres negras refletiu esse modelo de trabalho como parte de um projeto mais amplo de justiça social no contexto das lutas da comunidade negra – por exemplo, as estratégias de liderança das mulheres negras no Movimento dos Direitos Civis dos anos 1950[26]. Além disso, as mulheres afro-americanas não eram meramente participantes da luta política negra. Elas frequentemente desempenhavam importantes funções de liderança, embora não fossem reconhecidas por isso[27]. No geral, como foi o caso de Amy Jacques Garvey, as mulheres afro-americanas abordaram as questões das mulheres por meio de uma rede preexistente de organizações já posicionadas para trabalhar pela mudança social no âmbito racial. Como resultado, as expressões do feminismo negro emergiram dentro dessas estruturas organizacionais e refletiram essas preocupações.

Dentro das igrejas negras e de outras organizações da sociedade civil negra, as mulheres afro-americanas expressaram um compromisso mais abrangente com a justiça social do que o inicialmente defendido pelo feminismo ocidental[28]. Em contraste com um modelo de organização que coloca em primeiro plano a defesa individual dos

---

25 Ver K.S. Adler, Always Leading Our Men in Service and Sacrifice, *Gender and Society*, v. 6, n. 3.

26 Ver V. Crawford et al., *Women in the Civil Rights Movement*.

27 Ver B.M. Barnett, Invisible Southern Black Women Leaders in the Civil Rights Movement, *Gender and Society*, v. 7, n. 2; K.B. Sacks, Gender and Grassroots Leadership, em A. Bookman; S. Morgen (eds.), *Women and the Politics of Empowerment*.

28 P.H. Collins, *Black Feminist Thought*. Creio que o feminismo ocidental contemporâneo avançou bastante ao incorporar essas ideias em sua retórica. Em parte, isso pode refletir as críticas constantes à sua política de raça e de classe levantadas por mulheres raciais/étnicas que se encontram em grupos minoritários nos Estados Unidos, Canadá, Grã-Bretanha e outras sociedades ocidentais avançadas. Essas mudanças também resultam das grandes mudanças demográficas do movimento das mulheres no contexto global, em que os diversos grupos de mulheres nas sociedades pós-coloniais catalisaram novas questões dentro do movimento das mulheres e desafiaram alguns dos pressupostos predominantes do feminismo ocidental.

próprios interesses[29] (*personal advocacy*) e cujo alvo são os direitos de cidadania de primeira classe, as mulheres negras muitas vezes se envolveram primeiramente com o trabalho comunitário em prol dos outros. Um incidente pessoal de racismo podia ser o catalisador desse processo – por exemplo, ser maltratada pelo professor de seu filho –, mas também a preocupação com um ente querido, na maioria das vezes os filhos, alimentou um compromisso de longo prazo[30]. As mulheres afro-americanas viram seus pais e seus filhos serem linchados, perderam seus filhos para as armas e drogas, cuidaram dos filhos de suas filhas adolescentes e visitaram seus irmãos na prisão. O sofrimento pessoal de seus entes queridos continua a funcionar como um poderoso catalisador para a ação. Um resultado desse tipo de entrada é que as mulheres afro-americanas desenvolveram uma sensibilidade peculiar para as questões das mulheres, ampliando as análises preexistentes sobre o racismo e a exploração de classe social ao incluir a esse rol a opressão de gênero. Trabalhar por justiça social para um ente querido em particular muitas vezes promoveu maior consciência sobre os efeitos da opressão sobre o povo afro-americano enquanto grupo.

Desde então, o trabalho materno das mulheres negras muitas vezes surge como um poderoso catalisador de seu ativismo, politizando-as ao mesmo tempo que viabiliza suas ações. O trabalho materno consiste em um conjunto de atividades que englobam o trabalho reprodutivo das mulheres (remunerado ou não remunerado) dentro das famílias, comunidades, redes de parentes e economias locais informais e formais. Recusando-se a aceitar o que se espera delas e de seus filhos, as mulheres negras se envolvem em trabalhos comunitários que permanecem não reconhecidos. Por exemplo, após um debate noturno em uma faculdade em Detroit, Michigan, com a participação de muitas alunas adultas, uma mulher afro-americana se aproximou de mim para perguntar se eu planejava escrever algo a respeito de algumas das ideias do livro *Black Feminist Thought* (Pensamento Feminista Negro) em um formato adequado

---

29 No contexto estadunidense, o ativismo em prol dos direitos individuais ou sociais que beneficiam o próprio ativista. (N. da T.)

30 C.T. Gilkes, op. cit., p. 4.

FEMINISMO, NACIONALISMO E MULHERES AFRO-AMERICANAS

para adolescentes. Enquanto conversávamos, ela compartilhou um pouco de sua vida. Mesmo trabalhando em tempo integral, essa mãe decidiu voltar para a escola depois que seu casamento se dissolveu. Seu marido a deixou com oito filhos. Como ela descreveu, seus filhos queriam saber o que ela estava aprendendo na escola, e quando perguntaram: "O que você está lendo, mamãe?", ela parou e mostrou alguns de seus trabalhos da faculdade. Quando suas duas filhas adolescentes a viram lendo *Black Feminist Thought*, elas perguntaram do que tratava o livro. Ela traduziu as ideias para elas, mas queria algo semelhante que pudesse colocar diretamente em suas mãos. As ações tomadas por essa mãe são certamente excepcionais, porém a maneira como ela conceituou seu trabalho materno não é.

Como essa mãe afro-americana de Detroit, algumas mulheres optam por se tornar "mães da comunidade". Outras encaram isso como algo imposto. Ver as políticas raciais e de gênero que confinam seu trabalho materno pode levar as mulheres negras a tomar decisões que de outra forma não teriam considerado. Por exemplo, quando o filho de 14 anos de Mamie Till Bradley, Emett Till, foi brutalmente assassinado no Mississippi no verão de 1955, Bradley encontrou-se no centro de uma controvérsia nacional. Essa moradora de Chicago de 33 anos "queria que o mundo inteiro visse" o que tinha acontecido com seu filho. Bradley certamente entendeu as várias dimensões do trabalho materno. Sua decisão de enviar seu filho para o sul provavelmente fora estimulada pelas circunstâncias familiares e pelos desafios de criar um adolescente na cidade de Chicago. Ao mesmo tempo, suas ações para fazer o "mundo inteiro ver" o que tinha acontecido com seu filho claramente politizaram-na[31]. Infelizmente, nesse caso, seu filho não pôde se beneficiar dos atos de sua mãe em seu nome. Seu trabalho politizado de mãe se deu então em nome de muitos outros jovens afro-americanos que enfrentaram desafios semelhantes àqueles de seu filho.

Apesar do fato de que sem a solidariedade negra não poderia haver luta efetiva pela liberdade, a solidariedade negra não era inerentemente desejável nem efetiva. Apoiadas numa tradição de justiça

---

31 R. Feldstein, *Motherhood in Black and White*, p. 86-110.

POR QUE POLÍTICAS DE IDENTIDADE COLETIVA IMPORTAM?

social que associava política, ética e igualdade, algumas mulheres foram sensibilizadas pelo trabalho político dentro das organizações negras para as questões de gênero. Por exemplo, muitas afro-americanas que trabalharam no SNCC – Student Nonviolent Coordinating Committee (Comitê de Coordenação Estudantil Não Violenta) durante o Movimento Pelos Direitos Civis adquiriram maior consciência feminista em decorrência das políticas de gênero da organização[32]. Outras mulheres afro-americanas se utilizaram de uma igreja regida por homens para defender causas femininas, enquanto outras questionaram as interpretações das escrituras cristãs advogadas por seus pastores sobre o real lugar das mulheres[33]. Assim, as mulheres negras frequentemente deparavam com as questões das mulheres não em encontros de grupos feministas voltados à conscientização, mas por meio de interações diárias dentro de organizações que formavam a esfera pública das comunidades afro-americanas.

O Trabalho Comunitário das Mulheres Negras e o Novo Racismo

Desde a década de 1970, a demanda pelo trabalho comunitário das mulheres negras não diminuiu. De fato, se pudermos tomar a situação das crianças e dos jovens afro-americanos como um indicador, então muitas comunidades afro-americanas estão em crise. Problemas com habitação, escolas, pobreza, empregos e saúde ainda afligem segmentos consideráveis da população afro-americana[34]. Para muitos, o influxo de drogas nos bairros urbanos negros na década de 1980, como descrito por Bambara de forma assustadora, transformou esses bairros da classe trabalhadora no "horror de um campo de concentração". As drogas, o crime e a falta de emprego

---

32 Ver K. Anderson-Bricker, "Triple Jeopardy": Black Women and the Growth of Feminist Consciousness in SNCC, 1964-1975, em K. Springer (ed.), *Still Lifting, Still Climbing*.

33 Ver o estudo *Righteous Discontent*, já citado aqui, de Evelyn Brooks Higginbotham sobre a liderança feminina nas igrejas batistas.

34 Para obter informações sobre a situação da população afro-americana, consultar *The Black Population in the United States* (A População Negra nos Estados Unidos), March 2002. Disponível em: <www.census.gov/prod/2003pubs/p-20-541.pdf.>

153

corroeram a estrutura dos bairros urbanos negros em Baltimore, Detroit, Filadélfia, Cleveland, Washington, D.C., e outras cidades com grandes populações afro-americanas.

Os fracassos da política local e nacional têm sido especialmente difíceis para a juventude negra da geração hip-hop, um grupo que deveria ter sido beneficiado com as lutas dos movimentos dos Direitos Civis e do Black Power e que desperta grande preocupação nas mulheres afro-americanas. As políticas punitivas direcionadas aos jovens negros pobres e da classe trabalhadora, presos em grandes guetos urbanos com escolas pobres e nenhum emprego, e que são alvos de um crescente complexo prisional-industrial, têm sido uma grande preocupação para suas mães, avós e as "outras mães" da comunidade. Apesar de uma poderosa mídia de massa que, simultaneamente, satura as ondas de rádio com imagens de pessoas negras bem-sucedidas (o *Cosby Show* dos anos 1980) e lucra com a pobreza e a raiva dos negros, transformando a música, a moda e os diferentes estilos de vida da juventude urbana negra dos EUA em mercadoria, as mulheres negras perceberam como as coisas se tornaram difíceis para a maior parte da juventude negra[35]. Muitas mulheres afro-americanas também se deram conta do fato de que as mudanças na sociedade civil negra ocasionadas pelo êxodo da classe média negra das cidades do interior e pela intensificação da pobreza negra dentro dessas mesmas cidades erodiu a base institucional para a luta política antirracista[36].

Nesse contexto, mudanças importantes no trabalho das mulheres negras e nas experiências familiares continuam a corroer as bases organizacionais para o ativismo das mulheres negras nos bairros afro-americanos. Vários fatores importantes agora afetam as comunidades afro-americanas, que por sua vez influenciam os contornos contemporâneos do trabalho comunitário das mulheres negras. Primeiro, a dispersão geográfica de alguns afro-americanos em bairros dessegregados tem mascarado os altos níveis contínuos de segregação racial residencial em geral, deixando muitos com a impressão de que um número bem maior de negros vive vidas integradas, o que

---

35 Para uma análise perspicaz dessas tendências na mídia de massa, consultar M.A. Neal, *Soul Babies*.

36 Ver S. Radford-Hill, *Further to Fly*.

POR QUE POLÍTICAS DE IDENTIDADE COLETIVA IMPORTAM?

absolutamente não é o caso[37]. Em segundo lugar, os afro-americanos tornaram-se muito mais heterogêneos em relação à classe social, como mostrado por uma nova e expandida classe média negra e uma população, ao que parece, em permanente estado de pobreza. O aumento da visibilidade de ambos os grupos não apenas desafia as noções de longa data de que o racismo é a causa fundamental da desvantagem dos negros, mas também torna cada vez mais invisível o grupo muito maior de negros da classe trabalhadora que estão lutando para sobreviver[38]. Uma terceira tendência reflete essa convergência de mudança geográfica e heterogeneidade de classe social. Embora haja evidências recentes de que essa situação está diminuindo, os afro-americanos em situação de pobreza permanecem mais concentrados em bairros pobres e racialmente segregados do centro da cidade do que outros grupos[39]. Com essa concentração ocorreu uma mudança surpreendente na organização comunitária da classe trabalhadora negra: a indústria das drogas e o crime, a erosão das estruturas familiares, perspectivas ruins de emprego, gangues e outros problemas sociais ligados ao bloqueio das estruturas de oportunidades surgiram com uma vingança em muitos bairros do centro da cidade povoados por afro-americanos[40]. Finalmente, as estruturas familiares e as relações de gênero entre os afro-americanos sofreram uma mudança significativa sob

---

37 Para uma visão geral da dessegregação racial na habitação, consulte: D.S. Massey; N.A. Denton, *American Apartheid*; G. Orfield; C. Ashkinaze, *The Closing Door*. Para uma discussão acerca de como a segregação racial persiste entre as famílias negras de classe média, ver M. Patillo-McCoy, *Black Picket Fences*.

38 Para um trabalho representativo a respeito dos contornos e do significado das mudanças na estrutura de classes sociais afro-americanas, ver: E. Anderson, *Streetwise*; M.C. Dawson, *Behind the Mule*; L.O. Graham, *Our Kind of People*; R.D.G. Kelley, *Race Rebels*; M. Patillo-McCoy, op. cit.; W.J. Wilson, *The Declining Significance of Race*; idem, *The Truly Disadvantaged*; idem, *When Work Disappears*.

39 Ver G.D. Squires, *Capital and Communities in Black and White*.

40 Para discussões sobre mudança de bairro e seus efeitos nos bairros afro-americanos, ver: E. Anderson, op. cit.; R. Brewer, Gender, Poverty, Culture, and Economy, em B. Dickerson (ed.), *African American Single Mothers*; S. Brooks, Black Feminism in Everyday Life, em D. Hernández; B. Rehman (eds.), *Colonize This! Young Women of Color on Today's Feminism*; D.L. Franklin, *Ensuring Inequality*; D.G. Glasgow, *The Black Underclass*; D. Simon; E. Burns, *The Corner*; M.L. Small; K. Newman, Urban Poverty After The Truly Disadvantaged, *Annual Review of Sociology*, v. 27; W.J. Wilson, *The Truly Disadvantaged*; idem, *When Work Disappears*.

155

FEMINISMO,NACIONALISMO E MULHERES AFRO-AMERICANAS

o novo racismo. As mulheres negras se viram na condição de mães solteiras, assumindo mais do que nunca responsabilidades financeiras e trabalho familiar não remunerado. Com o ritmo veloz que caracteriza a sociedade americana em geral, onde agora um grande número de mulheres de todos os grupos raciais trabalha para sobreviver, a carga de trabalho das mulheres negras aumentou[41].

Essas mudanças afetaram muito os tipos de bairros em que as mulheres afro-americanas vivem e sua capacidade de realizar trabalhos em nome das comunidades negras. Em essência, assim como as famílias negras, as igrejas, as organizações de base e as organizações de direitos civis fracassaram em responder ao novo racismo, cujo legado tem sido uma enorme concentração de negros em situação de pobreza nas grandes cidades; as mulheres negras enfrentaram maior pressão para dar conta do recado com aparentemente menos recursos para fazê-lo[42]. No geral, com o desaparecimento dos bairros afro-americanos autossuficientes que sediavam uma variedade de organizações comunitárias negras, a necessidade de trabalhar mais horas e de levar mais tempo para chegar ao emprego, a dupla jornada de pais solteiros, os perigos que rondam os moradores de comunidades empobrecidas e a aceleração geral do ritmo da vida cotidiana, o ativismo das mulheres negras não tinha como permanecer incólume. Menos mulheres negras estão se envolvendo em trabalho comunitário da maneira como tradicionalmente ele era organizado nos bairros afro-americanos racialmente segregados, mas homogêneos em termos de classe social.

Diante de mudanças sociais dessa magnitude, que tipo de trabalho comunitário pode ser realizado pelas mulheres negras nessas novas condições políticas, geográficas, ideológicas e sociais? Além disso,

---

41 Para análises sobre mulheres negras como mães solteiras, ver: R. Brewer, op. cit.; B.J. Dickerson, Introduction, em B.J. Dickerson (ed.), *African American Single Mothers*; D.L. Franklin, op. cit.; S.M. Geiger, African-American Single Mothers, em K.M. Vaz (ed.), *Black Women in America*; R.L. Jarrett, Living Poor, *Social Problems*, v. 41, n. 1; A. Okongwu, Some Conceptual Issues, em J.P. Mencher; A. Okongwu (eds.), *Where Did All the Men Go?*. Para análises sobre o trabalho das mulheres negras, ver: T.L. Amott; J. Matthaei, *Race, Gender, and Work*; B.T. Dill, Work at the Intersections of Race, Gender, Ethnicity, and Other Dimensions of Difference in Higher Education, *Connections: Newsletter of the Consortium on Race, Gender and Ethnicity*; E.N. Glenn, From Servitude to Service Work, *Signs*, v. 18, n. 1; J. Jones, *Labor of Love, Labor of Sorrow*.
42 Ver S. Radford-Hill, op. cit.

POR QUE POLÍTICAS DE IDENTIDADE COLETIVA IMPORTAM?

quais são as implicações dessas mudanças para as mulheres afro-
-americanas que veem o gênero como um componente importante
do desenvolvimento da comunidade negra? As mulheres afro-americanas têm mostrado uma gama de respostas tanto às normas de
solidariedade negra associadas à segregação racial quanto ao legado
do trabalho comunitário das mulheres negras que as acompanhou.
Em muitos casos, a base estabelecida pelo trabalho comunitário das
mulheres negras permitiu que as mulheres afro-americanas dessem
continuidade às formas tradicionais de ativismo político das mulheres negras por meio de suas igrejas, bem como frequentassem a
faculdade e ocupassem espaços mais amplos. Por exemplo, algumas
mulheres negras organizaram projetos dentro das comunidades afro-
-americanas visando especificamente às preocupações das mulheres
afro-americanas, a exemplo do Projeto Nacional de Saúde da Mulher
Negra[43]. Fundamentadas no *éthos* religioso da sociedade civil negra,
outras mulheres usaram igrejas negras e organizações religiosas para
levantar questões de gênero nas comunidades negras. Por exemplo,
teólogas e pensadoras feministas negras têm estado na vanguarda
no que se refere à introdução da ética e das práticas femininas nas
igrejas afro-americanas; elas também têm lançado desafios significativos aos ensinamentos cristãos negros sobre gênero e sexualidade[44].
Outras atuaram dentro de organizações negras de base. Como exemplo, o caso das mulheres que ajudaram a organizar a Marcha de Um
Milhão de Homens de 1995, evento criticado por algumas pessoas
por supostamente defender o patriarcado negro, mas visto por outras
como alinhado com a tentativa de rever a masculinidade negra[45].

---

43 B.Y Avery, Breathing Life into Ourselves, em E.C. White (ed.), *The Black Women's
Health Book*.
44 Para uma introdução à ética mulherista e seu papel potencial e real nas políticas
da comunidade negra, ver: K.G. Cannon, op. cit.; K.L. Douglas, op. cit.; J. Grant, *White
Women's Christ and Black Women's Jesus*. Para uma discussão de como o *éthos* religioso
na sociedade civil negra molda a política afro-americana, ver: C.E. Lincoln, *Race, Religion, and the Continuing American Dilemma*; M. Patillo-McCoy, Church Culture as a
Strategy of Action in the Black Community, *American Sociological Review*, n. 63. Ver
também minha discussão sobre as interseções de religião, etnia e nacionalismo negro
no capítulo 3 deste volume.
45 Para uma análise de por que algumas mulheres afro-americanas apoiaram a marcha,
ver: G. Smitherman, A Womanist Looks at the Million Man March, em H.R. Madhubuti;

FEMINISMO, NACIONALISMO E MULHERES AFRO-AMERICANAS

Mencionem-se ainda as mulheres afro-americanas cuja atuação principal é defender medidas econômicas e políticas específicas a favor da população negra americana, mas que o fazem dentro de alianças multirraciais e multiétnicas. Tomemos como exemplo os esforços para organizar trabalhadores do *workfare* como parte do movimento sindical[46]. Nessa mesma tradição de "trabalhar para a libertação de todas as pessoas", outras mulheres negras formaram alianças específicas de classe com mulheres de outros grupos – por exemplo, os esforços das mulheres negras para obter benefícios sociais[47]. Em essência, as mulheres afro-americanas podem promover um tipo de feminismo cotidiano que raramente é rotulado como tal, mas que contém uma importante agenda de gênero[48]. Para se engajar nas tradições do trabalho comunitário das mulheres negras, não é preciso atuar primordialmente dentro dos limites dos bairros afro-americanos reais ou dentro de organizações negras de influência nacionalista. Ao mesmo tempo, essas mesmas comunidades permanecem lugares onde os princípios fundamentais do ativismo das mulheres negras continuam prementes.

Feminismo, Nacionalismo e o Trabalho Comunitário das Mulheres Negras

Em *Further to Fly: Black Women and the Politics of Empowerment* ("Further to Fly": Mulheres Negras e a Política de Empoderamento), Sheila Radford-Hill afirma que a política tradicional de

---

M. Karenga (eds.), *Million Man March/Day of Absence*; W.G. Smooth; T. Tucker, Behind But Not Forgotten, em K. Springer (ed.), *Still Lifting, Still Climbing*.

46 Ver V. Tait, "Workers Just Like Anyone Else": Organizing Workfare Unions in New York City, em K. Springer (ed.), *Still Lifting, Still Climbing*.

47 Ver T.L. Amott, Black Women and AFDC, em L. Gordon (ed.), *Women, the State, and Welfare*.

48 Siobhan Brooks (Black Feminism in Everyday Life, em D. Hernández & B. Rehman (eds.), *Colonize This! Young Women of Color on Today's Feminism*, p. 115) usa esse termo para descrever as mulheres de seu bairro afro-americano da classe trabalhadora. Aqui, apresento o trabalho comunitário como historicamente tendo bases organizacionais em bairros negros, mas Brooks descreve um *éthos* semelhante que não está vinculado a instituições comunitárias. Para discussões sobre como as mulheres dentro das comunidades raciais/étnicas expressam esse *éthos* do "feminismo cotidiano", ver: D. Hernández; B. Rehman (eds.), *Colonize This! Young Women of Color on Today's Feminism*.

POR QUE POLÍTICAS DE IDENTIDADE COLETIVA IMPORTAM?

empoderamento das mulheres afro-americanas, o tipo que identificamos aqui como trabalho comunitário, se deteriorou desde o surgimento do feminismo negro moderno. Ela afirma que, "em comparação com nossas tradições históricas, o empoderamento das mulheres negras – que eu defini como o poder que elas expressam por meio de sua ação social e política – tinha realmente diminuído"[49]. Olhando para a miríade de problemas sociais que as comunidades afro-americanas continuam a enfrentar e reconhecendo a necessidade de uma análise incisiva de como a opressão de gênero afeta as comunidades afro-americanas, Radford-Hill lança dúvidas sobre a capacidade do feminismo de empoderar as mulheres negras. Nesse contexto, ela sugere que o "desafio do feminismo negro é conectar teorias negras da opressão de gênero com um novo ativismo popular que ressuscite o poder cultural negro para reconstruir comunidades negras"[50].

Trata-se de um enorme desafio. Se Radford-Hill está correta, não só o feminismo negro moderno não empoderou as mulheres e

---

49 S. Radford-Hill, op. cit., p. xi.

50 Ibidem, p. xiii. Compartilho das preocupações de Radford-Hill, mas creio que ela dá ao feminismo negro moderno muito mais poder do que realmente ele tem. O feminismo negro constitui um fator frente a uma ampla gama de forças negativas que corroeram o *status* de mulheres e meninas na era pós-Direitos Civis. A tarefa é menos conectar teorias de opressão de gênero ao ativismo de base do que analisar como tais teorias foram isoladas do ativismo de base. Um fator crítico foi a diminuição do ativismo de base em um ambiente midiaticamente saturado. Ironicamente, os êxitos dos movimentos dos Direitos Civis e do Black Power predispuseram as organizações de base à cooptação. Organizações de base negra e organizações de direitos civis enfrentaram os desafios de seus aparentes êxitos. Esses desafios assumiram formas muito diversas. Por exemplo, considere-se o fato de que o poder da linguagem radical negra foi cooptado pelo Estado e utilizado em relação a indivíduos que recebem ofertas de empregos na crescente indústria prisional, bem como nas burocracias de assistência social e nas faculdades comunitárias que rastreiam estudantes afro-americanos em programas de graduação técnica. Como observa o antropólogo Steven Gregory, "a despolitização da raça no ativismo local pode ser vista, em parte, como resultado de uma instrumentalização da esfera pública da vida dos bairros afro-americanos por parte dos mecanismos de participação política patrocinados pelo Estado, estabelecidos na esteira do ativismo da Era dos Direitos Civis e agitação urbana" (S. Gregory, Race, Identity and Political Activism, *Public Culture*, v. 7, n. 1, p. 149). Para uma discussão sobre cooptação, ver M. Omi e H. Winant, *Racial Formation in the United States*. A tarefa identificada por Radford-Hill é crítica. É igualmente importante reconhecer as pressões sobre a produção intelectual negra, nesse caso, o pensamento feminista negro e o ativismo político de base – ou seja, o trabalho comunitário das mulheres negras.

159

FEMINISMO, NACIONALISMO E MULHERES AFRO-AMERICANAS

meninas afro-americanas, como também os elogios dados ao feminismo negro dentro das escolas e universidades americanas ocorreram durante um período em que as mulheres afro-americanas enquanto coletividade estavam perdendo fontes tradicionais de poder. Vários autores apontam para os problemas de gênero que assolam as comunidades americanas. Por exemplo, basicamente apoiando a tese de Radford-Hill, em *Gender Talk: The Struggle for Women's Equality in African American Communities* (Conversa Sobre Gênero: A Luta Pela Igualdade das Mulheres nas Comunidades Afro-Americanas), Johnnetta Cole e Beverly Guy-Sheftall sugerem que na sociedade civil negra as questões das mulheres ainda importam menos que as dos homens negros. Da mesma forma, em *Black Sexual Politics: African Americans, Gender, and the New Racism* (Política Sexual Negra: Afro-Americanos, Gênero e o Novo Racismo), procuro entender como as estruturas de poder generizadas continuam a impedir o desenvolvimento da comunidade negra. Se o feminismo negro de fato tem um impacto sobre os afro-americanos, o que explica o forte apoio a artistas de rap negros cujo trabalho é crivado de misoginia, o uso arrogante de termos como "bitches" e "hos" (putas, vadias) para se referir às mulheres negras na linguagem cotidiana, ou a popularidade do termo "wife-beater" (espancador de esposa) para designar a camiseta regata de cor branca usada pelos jovens negros da classe trabalhadora?

Responder a essas perguntas requer retornar ao tema das políticas de identidade coletiva a fim de indagar não se a política de identidade coletiva deve orientar o feminismo negro, mas sim quais políticas de identidade coletiva são sustentáveis e eficazes para o feminismo negro contemporâneo. Na década de 1990, a academia perdeu interesse em discutir as políticas de identidade coletiva e os movimentos sociais que elas podem gerar; isso se deu em consequência das análises pós-modernistas e pós-estruturalistas que chamaram a atenção dos acadêmicos ocidentais, bem como da incapacidade ou falta de vontade dos acadêmicos e intelectuais de enfrentar as políticas sociais cada vez mais conservadoras que prejudicaram a juventude afro-americana. O feminismo negro se envolveu nessas políticas e, como resultado, se viu arrastado para acalorados debates acadêmicos, abordando questões que, no entanto, nem sempre refletiam as maiores preocupações

POR QUE POLÍTICAS DE IDENTIDADE COLETIVA IMPORTAM?

das mulheres afro-americanas. Diante dessa situação, acredito ser necessário revitalizarmos o trabalho comunitário das mulheres negras com o objetivo de empoderá-las. Para tanto, o trabalho comunitário das mulheres negras em geral e o feminismo negro em particular precisam ser recontextualizados dentro de um novo *framework* do nacionalismo feminista negro/feminismo nacionalista negro.

Como as visões dominantes de poder e resistência normalmente ignoram a importância do trabalho das mulheres, comunitário ou não, para as análises políticas, o comportamento das mulheres negras como atores e agentes políticos, dentro ou fora das comunidades afro-americanas, costuma ser frequentemente ignorado. Ao adotarem como padrão de medida um cidadão ocidental sem raça, sem gênero e sem classe, as teorias universalistas do poder findam por apagar o racismo, o sexismo, a exploração de classes, o heterossexismo e o nacionalismo que tornam essas mesmas teorias possíveis. Em contraste, tanto o feminismo quanto o nacionalismo negro veem as mulheres negras como atores políticos, como também reconhecem o significado do trabalho das mulheres negras. No entanto, apesar da importância do trabalho comunitário para as mulheres afrodescendentes, tanto nos Estados Unidos quanto globalmente, nem o feminismo ocidental nem o nacionalismo negro reconhecem plenamente as complexidades que cercam esse tipo de trabalho reprodutivo das mulheres. Como as ideologias feministas ocidentais e nacionalistas negras trabalham dentro de paradigmas específicos de gênero e raça, respectivamente, ambas têm perspectivas parciais sobre o trabalho comunitário das mulheres negras.

O feminismo ocidental critica a exploração inerente ao trabalho e às experiências familiares das mulheres negras, mas interpreta mal o possível significado do trabalho comunitário para o ativismo político delas. O feminismo ocidental em particular faz uma crítica importante da família nuclear ocidental que revela como o trabalho comunitário pode ser explorado dentro das premissas patriarcais do trabalho reprodutivo. No entanto, ao mesmo tempo, sua dependência para com a moldura dos direitos individuais, em que a *defesa de si mesmo (personal advocacy)* é tida como a mais alta forma de política, promove simultaneamente um mal-entendido e uma má

FEMINISMO, NACIONALISMO E MULHERES AFRO-AMERICANAS

leitura do trabalho comunitário das mulheres negras como parte de uma política baseada na identidade racial/étnica coletiva. O nacionalismo negro possui uma compreensão igualmente estreita do trabalho comunitário, mas por razões diferentes. Ao reconhecer a solidariedade de grupo como unidade básica da ação política, o nacionalismo negro promove o reconhecimento do trabalho comunitário das mulheres negras, especialmente as contribuições das mulheres negras para o bem-estar dos grupos raciais/étnicos. Ao mesmo tempo, ao aceitar de forma acrítica a retórica dominante da família, o nacionalismo negro termina por conferir legitimidade a um patriarcado nocivo, promovendo com isso um tipo de apropriação do trabalho das mulheres negras que na maioria das vezes é contrário a seus interesses. No geral, o feminismo ocidental fornece uma crítica muito necessária da exploração a que o trabalho comunitário das mulheres negras está submetido, mas ele não reconhece sua dimensão positiva de empoderamento, ao passo que o nacionalismo negro reconhece o poder inerente ao trabalho comunitário das mulheres negras, porém simultaneamente visa colocar esse poder sob a administração masculina e, muitas vezes, sob a exploração masculina.

Interpretações Feministas Ocidentais do Trabalho Comunitário das Mulheres Negras

O feminismo ocidental trouxe contribuições importantes para a identificação da opressão de gênero das mulheres nos Estados Unidos, Canadá, Grã-Bretanha, França e outras sociedades ocidentais industrializadas similarmente desenvolvidas[51]. No feminismo ocidental, reivindicar uma nova identidade enquanto mulher a partir de uma aliança de irmandade com outras mulheres significa abraçar o caminho da defesa em causa própria a fim de combater a exploração

---

51 Existe uma enorme literatura sobre o feminismo ocidental, e não faço nenhum esforço para resumi-la aqui. Em vez disso, conferir as seguintes obras para obter perspectivas sobre como o feminismo ocidental e o feminismo negro estão relacionados: H. Bannerji, *Thinking Through*; N. Caraway, *Segregated Sisterhood*; P.H. Collins, *Black Feminist Thought*; D. Hernández; B. Rehman (eds.), op. cit.; B. Roth, *Separate Roads to Feminism*. Sobre minha própria leitura atenta das interseções do feminismo ocidental nos Estados Unidos e do feminismo negro sob o novo racismo, ver o capítulo 6 deste volume.

do trabalho reprodutivo das mulheres. As feministas ocidentais argumentam que, apesar da história do liberalismo que promete proteção igual para os cidadãos enquanto indivíduos, é fato que a opressão de gênero deu mais direitos aos homens, principalmente ao relegar as mulheres à esfera desvalorizada e aparentemente privada da família. Em ambientes familiares, as mulheres contribuem com trabalho não remunerado que beneficia mais os homens e meninos do que as próprias mulheres e meninas. Em resposta a essa forma liberal e ocidental de patriarcado, a política das mulheres consiste em desafiar o aparente sistema binário público-privado que distingue duas esferas da sociedade, cabendo aos homens aquela referente aos bons empregos, o poder de voto, a administração dos negócios e uma série de direitos individuais. É conquistando seus direitos dentro da esfera pública que as mulheres podem ter a certeza de adquirir uma formação, perseguir uma carreira profissional condizente com seu talento, escolher parceiros amorosos sem a intromissão de família, abraçar práticas religiosas sem a necessidade de consentimento de suas famílias, e mover-se em público sem restrições. Dentro dos parâmetros do feminismo ocidental, o indivíduo constitui a unidade primária da ação política, e a defesa de si mesmo constitui a mais alta forma de política.

As análises feministas ocidentais do trabalho e da família têm levantado questões importantes sobre a opressão das mulheres dentro das sociedades industriais avançadas e das democracias modernas da Europa Ocidental e da América do Norte. O feminismo ocidental aponta, com razão, que o culto e a glorificação da mãe, cuja origem é a idealização da família nuclear de classe média, está na base de muitas práticas sociais que subordinam todas as mulheres em tais sociedades. Por exemplo, manter as mulheres fora do mercado de trabalho atenua significativamente a competição com os homens por bons empregos, assim como pagar às mulheres salários menores que os dos homens pelo mesmo trabalho prejudica as mulheres que não têm acesso à renda masculina. As feministas ocidentais também apontam que os atributos associados à maternidade – a saber, uma capacidade supostamente natural de nutrir, emotividade e disposição para cuidar dos outros – têm sido usados para desviar as mulheres para empregos

FEMINISMO, NACIONALISMO E MULHERES AFRO-AMERICANAS

com salários mais baixos, como enfermagem, ensino e secretariado em algum setor de serviço em expansão.

A crítica do feminismo ocidental à família nuclear contribuiu fortemente para desafiar a aparente naturalidade da família (bem como o conceito correlato de comunidade) como um conceito fundamental dentro dos sistemas políticos de diversas sociedades[52]. As famílias constituem locais para a transferência intergeracional de riqueza e pobreza de modo a normalizar hierarquias sociais de classe, raça, etnia e religião. As dinâmicas dentro das famílias também servem para naturalizar hierarquias de gênero, idade e sexualidade. Em outras palavras, torna-se natural que alguns grupos se submetam à autoridade de outros dentro das estruturas familiares. Nesse sentido, os membros da família reconhecem sua diferença natural e hierárquica e toleram uns aos outros por meio dessas diferenças[53]. Nos Estados Unidos, por exemplo, as mulheres aprendem seus papéis subordinados dentro de estruturas familiares nas quais a dominação masculina é naturalizada e, portanto, normalizada pelo ideal americano de família. No geral, a crítica do feminismo ocidental à família também tem sido crucial para estimular análises da família nuclear idealizada como um modelo para as desigualdades de raça, etnia, classe, nação e gênero[54].

A crítica do feminismo ocidental à família e a própria natureza desse feminismo permanecem um ponto sensível para as mulheres afro-americanas. Por exemplo, Cheryl Gilkes aponta que "se as feministas brancas identificaram a família como um local primário de

---

52 Ver, por exemplo, M.L. Andersen, Feminism and the American Family Ideal, *Journal of Comparative Family Studies*, v. 22, n. 2; J. Collier et al., Is There a Family? New Anthropological Views, em B. Thorne; M. Yalom (eds.), *Rethinking the Family*; B. Thorne, Feminism and the Family, em B. Thorne; M. Yalom (eds.), *Rethinking the Family*.
53 Para discussões mais amplas sobre como a família serve de modelo para naturalizar a hierarquia, ver: P.H. Collins, It's All in the Family: Intersections of Gender, Race, and Nation, *Hypatia*, v. 13, n. 3; idem, Like One of the Family, *Ethnic and Racial Studies*, v. 24, n. 1. Ver também o capítulo 1 deste volume.
54 Para uma análise multicultural das mulheres e do trabalho nos Estados Unidos, ver: T.L. Amott; J. Matthaei, op. cit. Para uma visão geral das mulheres negras e do trabalho, ver: J. Jones, *Labor of Love, Labor of Sorrow*. Para uma discussão extensa da família como uma instituição naturalizadora e normalizadora para sistemas interseccionais de opressão, ver o capítulo 1 deste volume.

POR QUE POLÍTICAS DE IDENTIDADE COLETIVA IMPORTAM?

opressão, as mulheres negras, apesar dos problemas que perturbam suas vidas familiares, não o fizeram"[55]. Muitas mulheres negras viram o feminismo ocidental basicamente como uma bandeira contra a família; essa interpretação, alimentada pela mídia ocidental, é um forte motivo para que elas o rejeitem. Além disso, a percepção de que ao feminismo ocidental é intrínseca a antimaternidade é especialmente problemática, dada a importância do trabalho materno dentro da política comunitária das mulheres negras. Em uma economia política transnacional e global, as mulheres deparam com normas e práticas sociais que de algum modo remontam às formas que o trabalho materno assume em suas respectivas sociedades. No entanto, nos Estados Unidos, a história das mulheres afro-americanas dentro dos sistemas de opressão interseccionais de raça, classe, nação, gênero e sexualidade tem produzido debates recorrentes sobre família e maternidade[56].

Essa resistência aos *frameworks* feministas ocidentais não significa que as mulheres afro-americanas estejam felizes e satisfeitas com a dinâmica familiar nem que lhes falte uma crítica à família ou à política da comunidade negra. Em vez disso, os problemas dentro das famílias não são vistos como inerentes às próprias famílias, principalmente porque o que se entende como família e parentes nas visões de mundo que sofrem influência da África não decorre de um pensamento organizado em torno das estruturas patriarcais da família nuclear ocidental; ademais, após os ataques às famílias negras desencadeados pelo relatório Moynihan de 1965, *The Negro Family: The Case for National Action* (Relatório Moynihan), os afro-americanos passaram a ficar alertas para qualquer coisa que pareça constituir um ataque às famílias negras[57]. Em geral, a centralidade

---

55 C.T. Gilkes, op. cit., p. 11.

56 Em outro lugar, escrevi extensivamente sobre mulheres negras e maternidade. Para uma versão inicial do argumento aqui apresentado, ver P.H. Collins, Shifting the Center, em E. Glenn et al. (eds.), *Mothering: Ideology, Experience and Agency*. Para uma visão geral das mulheres afro-americanas e da maternidade, ver P.H. Collins, *Black Feminist Thought*, p. 173-199.

57 Para trabalhos sobre influências africanas em famílias afro-americanas, especialmente o significado de famílias extensas e redes familiares consanguíneas, ver: H. Gutman, *The Black Family in Slavery and Freedom, 1750-1925*; N. Sudarkasa, Interpreting

FEMINISMO, NACIONALISMO E MULHERES AFRO-AMERICANAS

das críticas ao feminismo ocidental por parte das famílias, juntamente com a percepção de que existe uma insensibilidade com as questões familiares das mulheres negras, passa a impressão de que o feminismo ocidental é incapaz de entender o trabalho comunitário das mulheres negras de qualquer forma que não seja como mero instrumento da opressão patriarcal.

Fundamentar o feminismo ocidental em um liberalismo capaz de promover uma política pessoal individualista é algo que também não se coaduna com as tradições baseadas em grupos dos afrodescendentes[58]. O feminismo da Europa Ocidental tem sido especialmente crítico em relação ao nacionalismo enquanto ideologia, e algumas vertentes chegam a acusá-lo de ser intrinsecamente opressivo para as mulheres. A traços largos, pode-se dizer que o feminismo ocidental se situa no campo do nacionalismo cívico ocidental, pautando-se pela ideia dos direitos individuais e pela crença na racionalidade humana. Esse *framework* foi justaposto ao do nacionalismo étnico, onde o nacionalismo conota um tribalismo atrasado, menos esclarecido – família, tribo e grupo étnico como espelhos da nação[59]. As críticas feministas à família patriarcal e às nações construídas a partir dos blocos de construção do alegado nacionalismo patriarcal constituem um importante local de teorização feminista ocidental sobre a opressão das mulheres. Assim, família, etnicidade, raça e nação foram interligados, e esse nexo serve como um local interdependente de opressão das mulheres. Dada a história do nacional-socialismo na Alemanha, do fascismo italiano, o conflito étnico de longa data na Irlanda do Norte, que

---

the African Heritage in Afro-American Family Organization, em H.P. McAdoo (ed.), *Black Families*. Para um trabalho representativo que discute a importância dos ataques a famílias afro-americanas dentro da política pública dos Estados Unidos, ver: S. Coontz, *The Way We Never Were*; P.H. Collins, A Comparison of Two Works on Black Family Life, *Signs*, v. 14, n. 4; D.L. Franklin, op. cit., p. 153-214; D.P. Moynihan, *The Negro Family*.

58 Para duas visões gerais e críticas dessas tradições baseadas em grupos entre os afro--americanos, consultar os capítulos 3 e 4 deste volume. Ambos os ensaios enfatizam a importância da política de identidade coletiva para a sobrevivência dos afro-americanos. Ambos os ensaios também examinam algumas das contradições internas que afetam essas políticas.

59 Para uma discussão sobre as distinções entre nacionalismo cívico e étnico, ver C. Calhoun, Nationalism and Ethnicity, *Annual Review of Sociology*, v. 19.

POR QUE POLÍTICAS DE IDENTIDADE COLETIVA IMPORTAM?

é ostensivamente entre católicos e protestantes, e a violência mais recente (dos anos 1990) associada à "limpeza étnica" na Bósnia e na Europa Oriental, parece justificada essa antipatia que as feministas da Europa Ocidental manifestam a todos os tipos de nacionalismo[60]. O compromisso com uma agenda liberal que pudesse conceder às mulheres direitos individuais dentro dessa história de conflitos étnicos ou de "nações dentro das nações" constitui um pilar importante do empoderamento das mulheres.

Apesar dessas boas intenções, o trabalho comunitário das mulheres negras não pode ser corretamente compreendido à luz do nacionalismo cívico que, com base nos direitos individuais, encara a defesa pessoal como a forma mais significativa do ativismo político das mulheres. Esse pressuposto funciona muito melhor em sociedades onde os direitos individuais são legalmente protegidos, não em sociedades sem essa história ou onde, como é o caso nos Estados Unidos, os cidadãos não recebem a mesma proteção legal. A título de exemplo, consideremos a resposta padrão à violência doméstica dentro das sociedades ocidentais avançadas. As mulheres espancadas por seus maridos e parceiros são incentivadas a ir para abrigos onde serão protegidas até que possam começar uma nova vida. Essa estratégia significa que as mulheres devem abandonar todos os seus vínculos sociais a fim de se livrar da violência. Como os grupos feministas de defesa apontam, mesmo as mulheres brancas de classe média, com os direitos de cidadania de primeira classe, costumam ter muita dificuldade para deixar seus maridos e parceiros. Se a decisão de sair de um relacionamento é difícil para esse grupo, torna-se ainda mais difícil para as mulheres que vivem em sociedades onde os laços familiares e étnicos impõem a solidariedade do grupo. A súplica de Cleage para que a chamada violência doméstica dentro das comunidades afro-americanas seja reclassificada como "crime masculino contra mulheres" e censurada pela comunidade decorre desse esforço de tentar mudar a comunidade para que as mulheres negras não sejam

---

60 Em algumas tradições europeias, por exemplo, a construção da nação é vista como fundamentada no patriarcado. (G. Kaplan, Feminism and Nationalism, em L.A. West (ed.), *Feminist Nationalism*, p. 7-8.)

167

FEMINISMO, NACIONALISMO E MULHERES AFRO-AMERICANAS

obrigadas a sair. Para onde iriam as mães negras, solteiras e com filhos numa sociedade que ainda as discrimina?

Nesse contexto, as ações que as mulheres negras exercem em seu cotidiano não são categorizadas como resistência, ativismo ou política. Muitas vezes chamado de "política materna" dentro do feminismo ocidental e por ele incompreendido, o ativismo das mulheres negras catalisado pelo trabalho comunitário é frequentemente classificado como uma forma menor de política das mulheres[61]. Tomemos como exemplo as percepções de Julia Wells sobre o que ela chama de "política materna" e que, segundo ela, caracteriza as campanhas contra a Lei do passe das mulheres sul-africanas da década de 1960 e os protestos desencadeados em 1979, quando as mães da Plaza de Mayo na Argentina exigiam saber o paradeiro de seus filhos desaparecidos. De acordo com Wells, a política materna refere-se aos "movimentos políticos que estão enraizados na luta das mulheres pela defesa de seus papéis como mães e protetoras de seus filhos" [62]. Sugerindo que tais movimentos se desenvolvam em virtude de muitas mulheres verem o seu papel materno como força motriz por trás de ações políticas públicas, Wells então distingue entre "política maternal" e "feminismo":

> As políticas maternas claramente não devem ser confundidas com o feminismo. As mulheres envolvidas em movimentos centrados na mãe não estão lutando por seus próprios direitos pessoais como mulheres, mas por seus direitos de custódia como mães. Dado que a ideia do caráter sagrado da maternidade se acha tão profundamente enraizada no tecido social da maioria das sociedades, essa estratégia muitas vezes se mostra eficaz onde outras tentativas de gerar mudanças sociais falham. Tão potente tem sido o discurso tradicional sobre a maternidade que maridos, famílias e funcionários do governo tendem a reconhecer e respeitar as comoventes reivindicações das mães, de modo que, assim, as mulheres ganham uma quantidade incomum de espaço político para se organizar. Aliados significativos são facilmente conquistados, fortalecendo a influência política de tais movimentos. No entanto, esses movimentos devem

61 J. Wells, Maternal Politics in Organizing Black South African Women, em O. Nnaemeka (ed.), *Sisterhood, Feminisms, and Power*, p. 251.
62 Ibidem.

> ser reconhecidos como limitados em escopo, duração e sucesso no alcance de seus objetivos e, acima de tudo, não devem ser confundidos com maturidade política.[63]

Esse tipo de pensamento estabelece uma hierarquia para o ativismo político das mulheres, em que o ativismo de gênero das mulheres que lutam por seus "direitos pessoais como mulheres" constitui uma política feminista mais autêntica do que o ativismo de gênero que ocorre por meio de iniciativas de desenvolvimento comunitário. Dentro dessa lógica, as formas de ativismo das mulheres associadas à maternidade ou à defesa dos homens aparentemente carecem da "maturidade política" do ativismo feminista *bona fide*. Esse tipo de pensamento também atribui um *status* secundário ao trabalho comunitário das mulheres negras. Com efeito, esse é retratado como um veículo "politicamente imaturo", reivindicado por mulheres que não aceitam a tese de que a família é o local fundamental da opressão das mulheres nem que a defesa pessoal em seu próprio interesse é uma forma mais madura de política.

Quando não são contestadas, essas normas podem ofuscar algumas formas de política praticadas pelas mulheres negras. Grande parte do ativismo político das mulheres negras não é reconhecido, e essa falta de reconhecimento deixa as mulheres inconscientes de seu próprio poder político. Uma vez que a maioria das discussões sobre política pressupõe o interesse próprio como motivação para a participação, ações que decorrem do altruísmo ou da preocupação com o bem coletivo raramente são incorporadas às análises políticas contemporâneas. De acordo com uma pesquisa, as mulheres negras e porto-riquenhas devotadas ao trabalho comunitário em bairros de baixa renda eram relutantes em identificar suas ações como "políticas"[64]. Como Nancy Naples aponta: "A maioria dos trabalhadores não se definia como pessoas políticas, feministas, radicais ou socialistas. Eles simplesmente acreditavam que estavam agindo para proteger suas comunidades."[65] Um estudo semelhante

---

63 Ibidem, p. 253.
64 Ver N. Naples, Just What Needed to be Done, *Gender and Society*, v. 5, n. 4.
65 Ibidem, p. 491.

FEMINISMO, NACIONALISMO E MULHERES AFRO-AMERICANAS

com um grupo de mulheres negras idosas que administravam uma cooperativa no Harlem descobriu que as atividades das mulheres em cooperativas ligavam a vida doméstica à organização cooperativa. Líderes e inquilinos em cooperativas bem-sucedidas compararam seu prédio a uma família na qual mulheres negras idosas se tornaram líderes não apenas por causa de suas habilidades especiais, mas também por causa de sua participação em redes de relações sociais de longa data das quais dependiam para sobreviver[66]. Mas dado que o comportamento das mulheres em ambos os casos não podia ser codificado dentro das normas dominantes do interesse próprio político, suas ações não foram definidas como ativismo político.

Infelizmente, as mulheres negras americanas que rejeitam o feminismo ocidental porque ele menospreza seu trabalho comunitário correm o risco de jogar fora ideias que poderiam beneficiá-las. Por exemplo, ministros negros, filhos e filhas, netos e parceiros raramente pensam em perguntar se as mulheres afro-americanas são exploradas, essas mesmas mulheres afro-americanas que preparam jantares intermináveis na igreja, que trabalham gratuitamente como babás de seus netos, que dão dinheiro para seus filhos desempregados e que aceitam empregos com baixos salários e sem perspectiva de carreira. Certamente, muitas mulheres afro-americanas pagam um alto preço por se envolverem na vida de seus próprios filhos e dos filhos da comunidade; exemplo disso é a gama de doenças relacionadas ao estresse que aflige um grande número de mulheres negras. A linha entre o altruísmo e a exploração pode ser muito tênue. Por exemplo, Pauline Terrelonge afirma que uma visão comum dentro das comunidades afro-americanas é que as mulheres afro-americanas podem lidar com abusos principalmente por causa de sua "fortaleza, sabedoria e total capacidade de sobreviver"[67]. A essa ênfase na força das mulheres negras liga-se o argumento de que as mulheres afro-americanas são tão importantes para a união das famílias negras e para dar suporte aos homens negros que a responsabilidade pelo *status* da raça repousa

---

66 Ver S. Saegert, Unlikely Leaders, Extreme Circumstances, *American Journal of Community Psychology*, v. 17, n. 3.

67 P. Terrelonge, Feminist Consciousness and Black Women, em J. Freeman (ed.), *Women: A Feminist Perspective*, p. 557.

POR QUE POLÍTICAS DE IDENTIDADE COLETIVA IMPORTAM?

mais sobre seus ombros do que sobre o dos homens negros. Essas atividades têm sido importantes para compensar a aniquilação potencial dos afro-americanos enquanto "raça". Como resultado, "muitos negros consideram o papel de unir todos os negros como o principal dever da mulher negra, um dever que precisa substituir todos os outros papéis que ela possa querer desempenhar e que sem dúvida é essencialmente incompatível com sua própria libertação individual"[68].

Terrelonge, Cleage e outros, que descrevem os danos causados às mulheres afro-americanas por essas expectativas, apontam como a adesão à solidariedade negra a todo custo pode promover um paradigma de sacrifício individual que beira a exploração. Eles sugerem que o *framework* do trabalho comunitário das mulheres negras incentiva as mulheres afro-americanas não apenas a enxergar suas próprias necessidades como intrinsecamente atreladas às das famílias e comunidades negras, mas também a enxergar suas necessidades como *sempre* secundárias em relação a essa luta política maior e mais significativa. Uma vez que os problemas identificados como questões das mulheres acabam sempre sendo vistos como menos importantes do que as necessidades maiores da comunidade negra em geral, fica difícil falar abertamente sobre temas feministas em debate, como equiparação salarial, direitos reprodutivos e iniciativas contra a violência doméstica. A resistência das mulheres afro-americanas à defesa pessoal pode ser tão profunda que muitas delas rejeitam qualquer ação política rotulada como "feminista", mesmo que se trate de algo favorável a seus próprios interesses. Persuadidas a ver a defesa pessoal como sinônimo de egoísmo, muitas mulheres negras parecem se sentir muito mais confortáveis em lidar com as questões das mulheres dentro do *framework* ideológico igualitário e coletivista do trabalho comunitário[69]. No entanto, quando

---

68 Ibidem. As ideias de Pauline Terrelonge foram um ataque inicial fulminante da crítica feminista negra que cada vez mais identificava as mulheres negras trabalhando para a comunidade não como um sinal de força, mas como evidência de exploração. Mais recentemente, a autodefinida feminista hip-hop Joan Morgan identificou e rejeitou esse ícone da "Mulher Negra Forte". (Ver J. Morgan, *When Chickenheads Come Home to Roost*.)
69 Ver N.A. Matthews, Surmounting a Legacy, *Gender and Society*, v. 3, n. 4; W.R. Poster, The Challenges and Promises of Class and Racial Diversity in the Women's Movement, *Gender and Society*, v. 9, n. 6.

esse trabalho as explora rotineiramente, sua entrega se converte numa abnegação que pode ser prejudicial a elas.

Interpretações Nacionalistas Negras do Trabalho Comunitário das Mulheres Negras

O nacionalismo cresceu em importância dentro da política global dos últimos cinquenta anos. Em particular, muitos movimentos sociais anticoloniais, que deram origem a novos Estados-nação na África e na Ásia, usaram ideologias nacionalistas como parte de suas lutas pela independência política. Os temas centrais da ideologia nacionalista – ou seja, a busca pela autodefinição, autossuficiência e autodeterminação – moldaram uma série de movimentos sociais que levaram os líderes negros ao poder em nações com expressivas maiorias negras[70]. Influenciada por essas tendências, a ideologia nacionalista também se enraizou dentro das fronteiras dos Estados Unidos, Grã-Bretanha, França e outras sociedades industriais avançadas cujas necessidades de trabalho promoveram seu crescimento como sociedades multiétnicas e multirraciais. Por exemplo, dentro da sociedade americana, os participantes no Movimento Black Power viram o nacionalismo negro como uma reação lógica à segregação racial profundamente enraizada que os afro-americanos enfrentavam[71].

---

70 Para obras gerais sobre o significado do nacionalismo, ver: B. Anderson, *Imagined Communities*; C. Calhoun, op. cit.; C. Enloe, *Bananas, Beaches, and Bases*; G. Kaplan, op. cit.; G.L. Mosse, *Nationalism and Sexuality*; N. Yuval-Davis, *Gender and Nation*.

71 A sociedade civil negra existe em grande parte devido ao racismo persistente organizado por meio da segregação racial. Esforços de longa data para manter os negros separados, por sua vez, estimularam um programa político histórico de influência nacionalista negra dentro da sociedade civil negra. É importante lembrar que, entre os afro-americanos, o nacionalismo negro não é apenas uma teoria acadêmica, mas tem repercussões políticas palpáveis. O nacionalismo negro há muito se difunde entre um segmento importante de afro-americanos, e sua influência é sentida entre os negros que não se identificam como nacionalistas. Para obras gerais sobre o nacionalismo negro, ver V.P. Franklin, *Black Self-Determination*; M.R. Karenga, Afro-American Nationalism: Beyond Mystification and Misconception, *Black Books Bulletin*; W.J. Moses, *The Golden Age of Black Nationalism, 1850-1925*; W.L. Van Deburg (ed.), *Modern Black Nationalism*. Para uma visão geral do nacionalismo negro na era pós-Direitos Civis, ver D.E. Robinson, *Black Nationalism in American Politics and Thought*.

POR QUE POLÍTICAS DE IDENTIDADE COLETIVA IMPORTAM?

Por várias razões, as ideias centrais do nacionalismo negro falam para os afro-americanos de diferentes classes sociais, gêneros, idades e regiões dos Estados Unidos. Ao invés de ver os afro-americanos como um grupo minoritário cujos interesses devem sempre ser defendidos por meio de agendas sociais mais amplas aptas a receberem o endosso de um público branco maior e pouco amistoso, os projetos nacionalistas negros centram suas agendas sem nenhum pudor nos interesses autodefinidos do povo negro. Às vezes, esses interesses correspondem aos da sociedade em geral, mas muitas vezes não. Além disso, enquanto filosofia política, o nacionalismo negro reflete as normas de longa data da solidariedade negra que, por sua vez, refletem o *éthos* religioso/espiritual da experiência vivida afro-americana. Além disso, diante das aparentes falhas da integração racial, o nacionalismo negro muitas vezes parece ser a única corrente ideológica que se concentra explicitamente nos afro-americanos pobres e da classe trabalhadora[72].

É importante lembrar que existem várias formas de nacionalismo: algumas progressistas, outras claramente reacionárias e a maioria ocupando uma posição intermediária. A ideologia nacionalista pode ser usada por grupos de ambos os lados do poder estatal para mobilizar populações na direção de agendas políticas específicas. Por exemplo, a política global na virada do século XXI é bastante diferente daquelas que circunscreveram as lutas anticoloniais no pós-Segunda Guerra Mundial, mas também as dos Black Power e de outros movimentos sociais dentro dos Estados Unidos. Sabemos agora que muitas das novas nações estabelecidas por meio de lutas anticoloniais converteram suas ideologias nacionalistas progressivas em nacionalismos que apoiam as políticas reacionárias do Estado. Basta olhar para a história conturbada do Haiti, a primeira República dirigida por negros no hemisfério ocidental e atualmente uma das nações mais pobres do mundo, para ver que a mera substituição de rostos brancos por negros no comando do governo pode não ser a resposta.

---

72 Discuto essas ideias em profundidade no capítulo 3 deste volume. Ver também V.P. Franklin, op. cit.; W.J. Moses, op. cit.; A. Pinkney, *Red, Black, and Green*; D.E. Robinson, op. cit.; W.L. Van Deburg (ed.), op. cit.

FEMINISMO, NACIONALISMO E MULHERES AFRO-AMERICANAS

O fato é que, quando se trata de afro-americanos, outras pessoas de cor e populações imigrantes não brancas nos Estados Unidos, a identidade nacional americana funciona como uma forma de "nacionalismo branco". Com a branquitude e a capacidade de falar o inglês americano padrão como marcadores da cidadania de primeira classe no Estado-nação americano, ser do estoque biológico correto (portanto, não ter ascendência africana) e possuir os valores aparentemente acarinhados pela cultura dominante (famílias organizadas em torno de casais heterossexuais que falam o inglês americano padrão) importa muito[73].

O fato de muitas mulheres afro-americanas atribuirem valor ao nacionalismo negro não significa que o nacionalismo negro tenha sido bom de maneira uniforme para as mulheres negras americanas. Por exemplo, influenciados pela política de gênero do nacionalismo cultural negro, os projetos afrocêntricos dentro da educação superior americana têm sistematicamente ignorado as questões das mulheres e se mostrado incapazes de encarar o gênero e a sexualidade como vitais para o desenvolvimento da comunidade negra[74]. Outras expressões do nacionalismo cultural negro têm empoderado as mulheres afro-americanas. Por exemplo, o importante estudo de Carolyn Rouse, *Engaged Surrender: African American Women and Islam* (Rendição Engajada: As Mulheres Afro-Americanas e o Islã), documenta como mulheres afro-americanas pobres e da classe trabalhadora construíram uma comunidade muçulmana sunita que as apoia em seus bairros problemáticos. Essas mesmas mulheres podem ter colocado todos os seus esforços em trabalhar para a reforma da escola pública ou tentar eleger candidatos que defendam seus interesses. No entanto, elas escolheram esse caminho, que segue

---

73 Para uma discussão mais aprofundada dessas ideias, consultar o capítulo 1 deste volume.

74 Ver o capítulo 4 deste volume. Para críticas relacionadas à política de gênero da cultura negra e do nacionalismo negro, ver: M. Dubey, *Black Women Novelists and the Nationalist Aesthetic*; W. Lubiano, Black Nationalism and Black Common Sense: Policing Ourselves, *The House That Race Built*; B. Ransby; T.A. Matthews, Black Popular Culture and the Transcendence of Patriarchal Illusions, *Race and Class*, v. 35, n. 1; E.F. White, Africa on My Mind: Gender, Counter Discourse and African-American Nationalism, *Journal of Women's History*, v. 2, n. 1.

POR QUE POLÍTICAS DE IDENTIDADE COLETIVA IMPORTAM?

orientações ligadas ao nacionalismo negro, a partir de uma visão de mundo em que as crenças religiosas são parte central da cultura. Nesse contexto, avaliar como expressões diversas do nacionalismo negro interpretaram o trabalho comunitário das mulheres negras, bem como avaliar a questão mais ampla da política de gênero do nacionalismo negro, é lidar com questões empíricas, não estabelecer definições. Seria o patriarcado tão central na política nacionalista negra a ponto de comprometer esta última de forma irremediável? Como as mulheres têm sido vistas dentro dos *frameworks* nacionalistas negros?

Se o nacionalismo negro reconhece a solidariedade de grupo como princípio basilar da ação política, isso decorre da persistência da segregação racial e da resistência das mulheres negras por meio do trabalho comunitário. O tema das mulheres afrodescendentes como agentes culturais reaparece sempre, no contexto da diáspora africana, lá onde essas mulheres frustraram os esforços de europeus e brancos americanos para solapar os *frameworks* culturais derivados da África[75]. No contexto dos racismos internos e externos associados ao tratamento dos negros na América, os esforços para preservar a identidade e a cultura negras tornam-se altamente significativos[76]. A identidade e a cultura podem proteger os indivíduos contra um racismo diário que, de tão rotineiro, muitas vezes é visto como normal por americanos negros e brancos[77]. No entanto, seu

---

[75] Ver A. Thiam, *Black Sisters, Speak Out*. Para uma discussão sobre mulheres afro-americanas como agentes culturais, ver B.J. Reagon, African Diaspora Women, em R. Terborg-Penn et al. (eds.), *Women in Africa and the African Diaspora*.

[76] O racismo interno e o racismo externo constituem duas formas inter-relacionadas de controle social que têm sido direcionadas aos afro-americanos. O racismo interno ocorre quando grupos raciais poderosos subordinam grupos raciais menos poderosos dentro de uma sociedade, geralmente porque precisam de tais grupos para manter seu padrão de vida. O racismo externo ocorre quando grupos raciais poderosos visam remover grupos menos poderosos de escolas, empregos, bairros, regiões, Estados-nação ou espaços sociais que esses grupos mais poderosos percebem como sendo sua propriedade ou direito inato. Projetado para manter a homogeneidade racial do bairro, escola, categoria ocupacional ou Estado-nação, esse racismo visa purificar o espaço geográfico ou social da ameaça que as raças inferiores aparentemente representam. Para uma discussão dessas formações raciais, ver E. Balibar; I. Wallerstein, *Race, Nation, Class*.

[77] Para um estudo detalhado das práticas do racismo cotidiano, ver P. Essed, *Understanding Everyday Racism*. Para pesquisas sobre as práticas usadas pelos americanos

propósito é destruir não apenas ações que resistem, mas as próprias ideias que podem estimular essa resistência. As ações das mulheres negras como agentes culturais tornam-se radicais por meio da luta para conservar as tradições culturais do grupo negro.

Esse tema das mulheres negras como agentes culturais é uma forma mais focada de realizar o trabalho comunitário das mulheres negras defendendo a importância da cultura tradicional dentro dos projetos nacionalistas de grupos oprimidos. As mulheres têm sido cruciais para uma variedade de projetos nacionalistas em ambos os lados do poder do Estado. Muitos projetos nacionalistas no mundo colonial celebraram suas culturas étnicas ou religiosas tradicionais como parte da oposição ao domínio europeu e viram as mulheres como elemento capital dessa causa. Na diáspora africana, pensadores como Amilcar Cabral e Frantz Fanon identificaram o significado da cultura negra, uma entidade dinâmica e mutável que eles viam como parte de uma complexa rede de práticas, ideias e ações sociais que estavam entrelaçadas na luta política[78].

Essa visão das mulheres negras como *agentes culturais* deve ser distinguida da ideia afim das mulheres negras como os pilares da cultura. Ao longo do tempo, algumas visões políticas da cultura negra, como as expressas por Cabral e Fanon, foram de tal modo transformadas que a cultura passou a ser vista como um pacote de regras e rituais que são replicados de uma geração para a outra, o que teve grandes implicações para as mulheres. Dentro dessa visão mais conservadora da cultura, o *status* das mulheres serve como um marcador da cultura tradicional[79]. Em projetos nacionalistas onde

---

brancos para minimizar o racismo, ver E. Bonilla-Silva, *White Supremacy and Racism in the Post-Civil Rights Era*.

78 Ver A. Cabral, National Liberation and Culture, em African Information Service (ed.), *Return to the Source*; F. Fanon, *The Wretched of the Earth*; E. San Juan Jr., *Racial Formations/Critical Transformations*.

79 Os novos Estados-nação administrados por negros, fundamentados nos princípios da democracia ocidental, também incorporaram legados de leis consuetudinárias que subordinavam mulheres e crianças. Ver, por exemplo, o caso de Unity Dow em Botswana. Dow nasceu em Botswana, filha de dois cidadãos de Botswana. Quando Dow se tornou mãe solteira, seu filho recebeu a cidadania de Botswana. No entanto, quando Dow se casou com um americano branco e teve mais dois filhos, que também nasceram em Botswana, os dois filhos cujo pai era americano tiveram a cidadania botswana

POR QUE POLÍTICAS DE IDENTIDADE COLETIVA IMPORTAM?

o colonialismo subordina as populações negras, mas não se esforça para suprimir as culturas tradicionais, as mulheres servem como símbolos da cultura tradicional que atuam como base de resistência. Esforços para vestir as mulheres com trajes tradicionais, mantê-las protegidas das incursões da cultura ocidental, fazê-las permanecer em casa para ensinar às crianças a cultura adequada e torná-las símbolos da nação, tudo isso são exemplos do uso das mulheres como os pilares da cultura. Se a cultura é vista como um pacote a-histórico e imutável de rituais e crenças, espera-se que as mulheres ajudem a sustentar a cultura dando à luz e nutrindo-a. Essa noção de que as mulheres são os pilares da cultura é uma dimensão do nacionalismo frequentemente criticada pelas feministas[80].

Os problemas que o nacionalismo cultural negro encontrou nos Estados Unidos estão relacionados a uma leitura errada da diferença entre as mulheres negras enquanto pilares da cultura e enquanto agentes culturais. Normalmente, os projetos afrocêntricos visavam transformar as mulheres inseridas em projetos nacionalistas afro-americanos em pilares da cultura de uma imaginada África ancestral e de um futuro promissor[81]. Afrocentristas tentaram construir uma nova identidade negra em substituição à que aparentemente fora destruída pela escravidão americana. Eles criaram novos mitos nacionais da era de ouro da África, onde mulheres e homens desfrutavam de uma complementaridade de gênero que seria inviabilizada pelo capitalismo. Por mais que esses programas

---

negada. Em Botswana, a cidadania descendia do pai; embora as crianças tenham nascido de uma mãe botswana em Botswana, elas não eram consideradas cidadãs. Dow, uma advogada, processou e ganhou. Apesar da participação das mulheres nas lutas nacionalistas e de classe, bem como de sua posse de direitos formais sob as novas leis nacionais, a desigualdade de gênero na esfera doméstica persiste. (Ver F.C. Steady, Women and Collective Action, em S.M. James; A.P.A. Busia (eds.), *Theorizing Black Feminisms.*)

80 Para um resumo acessível dessas ideias, ver N. Yuval-Davis, op. cit. Além disso, a distinção que faço aqui entre agentes culturais e portadores de cultura também pode funcionar como um critério importante para categorizar as formas do próprio nacionalismo negro americano.

81 Ver, por exemplo, pontos de vista sobre o papel das mulheres na sociedade mexicana tradicional e como isso afetou o nacionalismo mexicano em G.M. Padilla, Myth and Comparative Cultural Nationalism, em R. Anaya; F.A. Lomeli (eds.), *Aztlan: Essays on the Chicano Homeland*. Veja também como essas ideias moldaram o feminismo mexicano em B. Roth, op. cit., p. 129-177.

nacionalistas defendessem a complementaridade de gênero para mulheres e homens negros do passado, quando se tratava das relações de gênero contemporâneas, eles permaneciam comprometidos com as normas patriarcais do Ocidente. Tais projetos foram incapazes de desvendar os efeitos negativos da ideologia de gênero em sua própria prática política. Por exemplo, a glorificação das mães brancas de classe média como aquelas que estão mais "aptas" para se tornarem mães da nação define essas mulheres como os pilares da cultura no contexto da própria civilização ocidental[82]. Quando confrontados com essa situação, os nacionalistas culturais negros tentaram colocar as mulheres de sua raça em um pedestal semelhante, mas igualmente aprisionador. Assim, os projetos afrocêntricos podem ter reconhecido a importância do trabalho comunitário das mulheres negras para a luta pela liberdade negra, mas seu foco em interpretar as ações das mulheres negras como agentes da cultura por meio do esquema das mulheres negras como os pilares da cultura, simultaneamente, promoveu a exploração de gênero das mulheres negras.

Os defensores do nacionalismo cultural negro podem ter entendido a importância da solidariedade negra e, consequentemente, do trabalho comunitário das mulheres negras, no entanto, como o argumento "dos pilares da cultura" sugere, na medida em que a ideia ocidental de família é aprovada de forma acrítica, o trabalho comunitário das mulheres negras fica sujeito a abusos e interpretações equivocadas. Assim como os pais devem ser os chefes naturais das famílias, as normas de gênero afro-americanas conferem primazia às preocupações dos homens negros em relação às das mulheres negras. Essa hierarquia de gênero não escrutinada (naturalizada pela retórica da família) promove uma construção generizada das vítimas raciais em que os homens negros surgem como mais prejudicados pelo racismo do que as mulheres negras. Como aponta Devon Carbado: "Como resultado desse foco nos homens negros e

---

82 Para uma análise mais ampla de como as ideias sobre as mulheres são importantes para a identidade nacional americana, ver minha discussão sobre como uma lógica eugênica molda a política populacional contemporânea no capítulo 2 deste volume. Para trabalhos que examinam esse processo em um contexto internacional, ver C. Enloe, op. cit.; G. Kaplan, op. cit.; N. Yuval-Davis, op. cit.

POR QUE POLÍTICAS DE IDENTIDADE COLETIVA IMPORTAM?

a ausência de um foco semelhante nas mulheres negras, os homens negros são percebidos como *significativamente* mais vulneráveis e *significativamente* mais 'ameaçados' do que as mulheres negras"[83]. A aceitação acrítica desses papéis de gênero promove uma glorificação da mãe que pode subordinar as mulheres negras aos homens negros, enquanto elogia as mulheres por sua submissão.

Essas normas de solidariedade negra que têm por base uma linguagem familiar não escrutinada e, portanto, naturalizada, não prejudicam só as mulheres afro-americanas. Elas também prejudicam as relações das mulheres com os homens afro-americanos, as relações entre os próprios homens negros e as relações com lésbicas negras, gays, bissexuais e transgêneros (LGBT)[84]. Elas também afetam o próprio funcionamento das ações políticas das mulheres negras. Como o envolvimento político das mulheres afro-americanas ocorre rotineiramente dentro de organizações negras, principalmente igrejas e comunidades religiosas, é principalmente nessas organizações que ocorre o engajamento político das mulheres negras. Nesse contexto, o trabalho comunitário das mulheres negras obtém reconhecimento e aplausos por seu valor para a sobrevivência negra americana, mas, ao mesmo tempo, se essas mesmas organizações aceitarem acriticamente as normas prevalecentes da família e da comunidade, elas também podem promover a subordinação daquelas mulheres que de alguma forma violam as normas da respeitabilidade negra, a exemplo das mães solteiras, das lésbicas, bissexuais, profissionais do sexo, das mulheres com antecedentes criminais ou portadoras de HIV[85]. Assim, enquanto líderes negros de igrejas e outras organizações comunitárias permanecem tão focados em salvar a masculinidade negra, eles têm dificuldade em ver as mulheres negras como líderes e persistem em vê-las principalmente como apoiadoras dos homens negros. Essa situação desencoraja as mulheres afrodescendentes a

---

83 D.W. Carbado, Introduction: Where and When Black Men Enter, em D.W. Carbado (ed.), *Black Men on Race, Gender, and Sexuality*, p. 4.

84 Para uma discussão mais ampla dessas questões, ver P.H. Collins, *Black Sexual Politics*.

85 Para uma discussão mais ampla sobre as políticas de classe e gênero da respeitabilidade e autenticidade negras, ver ibidem, p. 71-75 e 121-148.

identificar suas próprias ações cotidianas como formas competentes e importantes, se não indispensáveis, de resistência política, desse modo obscurecendo ainda mais o significado do trabalho comunitário. Como Gilkes aponta: "As mulheres brancas têm dificuldade em ver as mulheres negras como agentes da cultura e da comunidade; os homens negros não querem admitir que as mulheres negras são agentes eficazes da cultura e da comunidade; as próprias mulheres negras, sabendo que sua eficácia contradiz as expectativas da cultura dominante sobre as mulheres, muitas vezes se recusam a reconhecer abertamente sua própria capacidade de fazer a diferença."[86]

Algumas mulheres negras conseguem evitar o trabalho altruísta naquelas comunidades negras que se recusam a reconhecer a "capacidade das mulheres negras de fazer a diferença". Soando como uma Fannie Lou Hamer contemporânea, a autodefinida feminista de hip-hop Joan Morgan apresenta uma versão contemporânea de uma visão humanista que há muito caracteriza o feminismo negro. Respondendo a perguntas sobre seu compromisso com o feminismo negro, Morgan diz:

> Uma vez que minha preferência sexual não poderia ser de qualquer relevância para você, o que você realmente quer saber é como eu me sinto sobre os irmãos. É simples. Eu amo homens negros como não amo nenhum outro. E eu não estou falando de sexo ou estética, estou falando sobre amar vocês o suficiente para estar pronta para o drama – pisando qualquer coisa que ameace a sua existência. Agora só um tolo ama tanto sem pedir o mesmo em troca. Então, sim, eu exijo que os homens negros lutem contra o sexismo com a mesma paixão que lutam contra o racismo. Eu quero que você aniquile qualquer coisa que ponha em perigo o bem-estar das irmãs, incluindo a violência contra as mulheres, porque minha sobrevivência anda de mãos dadas com a de vocês.[87]

Morgan faz uma barganha dura: a muito elogiada complacência de gênero nas comunidades negras só é possível se "homens negros

---

[86] C.T. Gilkes, op. cit., p. 5.
[87] J. Morgan, op. cit., p. 44.

lutarem contra o sexismo com a mesma paixão que lutam contra o racismo". Morgan não está sozinha em suas críticas a essas normas de gênero dentro das comunidades afro-americanas. Como as mulheres negras da geração hip-hop estão posicionadas de forma a poder ver melhor que ninguém as contradições de um nacionalismo negro altamente dependente do trabalho das mulheres afro-americanas, mas que se recusa a combater o sexismo, elas desafiam quaisquer normas de solidariedade negra que pressuponham ou prediquem a sua subordinação.

Morgan não está sozinha em seu apelo para que as mulheres negras contemporâneas abandonem o manto da Mulher Negra Forte (sbw – Strong Black Woman), que há muito tem sido associada ao trabalho comunitário das mulheres negras. A exigência de Cleage de que homens e mulheres afro-americanos valorizem mulheres e meninas negras prenuncia o aumento da disposição das mulheres afro-americanas da geração hip-hop a desafiar as práticas comunitárias "domésticas" negras que prejudicam mulheres e meninas. Por terem sido feridas por muitas dessas práticas, elas podem fazer a defesa de si mesmas[88]. Um exemplo notório dessa disposição a recusar o sacrifício das mulheres negras para o bem maior da comunidade negra pode ser encontrado nas bases do trabalho feminista negro contra o estupro e a violência sexual[89]. Por exemplo, o filme de Aishah Simmons *No!*, que narra o problema da agressão sexual dentro das comunidades afro-americanas, rompe com a norma da comunidade negra de que as mulheres negras não devem criticar as ações dos homens negros. Em vez disso, esse trabalho inovador cria um espaço necessário para debater a questão de como a violência contra as mulheres machuca as mulheres negras e aqueles que as amam[90].

Além disso, o surgimento de um feminismo hip-hop entre as mulheres da geração hip-hop usa os gêneros da cultura popular

---

88 Por exemplo, Morgan critica os danos causados às mulheres negras pela imagem da Mulher Negra Forte.

89 Ver C. Pierce-Baker, *Surviving the Silence*; T.C. West, *Wounds of the Spirit*; E.C. White, *Chain, Chain, Change*.

90 No momento em que escrevo, Simmons ainda está levantando o dinheiro para concluir esse importante filme.

hip-hop – a saber, rap, autobiografia, cinema e revistas – para desafiar ideias e comportamentos misóginos de homens negros e normas da comunidade negra. Alice Walker, Toni Morrison e Ntozake Shange, entre outros, usaram a ficção para levantar questões de misoginia dentro das comunidades afro-americanas. Queen Latifah, Salt-n-Pepa, Missy "Misdemeanor" Elliott e outras artistas negras levantam questões semelhantes dentro do terreno da cultura popular. A natureza pública de seu protesto deixa muitas mulheres negras desconfortáveis, mas a escolha desse espaço é compreensível. Por serem tão difamadas dentro da cultura popular negra, é lógico que as meninas e mulheres negras procurem se defender nessa arena pública. Ironicamente, sua decisão de assumir protagonismo dentro do rap, um gênero que foi influenciado pela ideologia nacionalista negra, sinaliza um desafio feminista aos *frameworks* nacionalistas negros que dizem que os homens devem sempre estar no comando[91].

O Trabalho Comunitário das Mulheres Negras e os Frameworks Nacionalistas Feministas

A contínua recusa de muitas mulheres e meninas afro-americanas em se engajar na defesa de si mesmas – mesmo que possam enfrentar violência física, sexual e emocional, maternidade precoce, imagens negativas da mídia, e outros problemas importantes que resultam da opressão de gênero – decorre da ausência de um debate continuado de ideias feministas dentro das comunidades afro-americanas. O trabalho de Cleage sobre a violência contra as mulheres pode ser popular em alguns círculos feministas, mas o verdadeiro significado de sua ficção é que ela escreve para mulheres e homens afro-americanos na esperança de que eles repensem suas ideias sobre gênero e sexualidade. Ao contrário da atenção dada nas décadas de 1970 e 1980 à ficção séria e aos ensaios de Alice Walker, Audre Lorde, Toni Morrison, Ntozake Shange, Paule Marshall,

---

91 Para uma discussão a respeito desses problemas, ver G.D. Pough, *Check It While I Wreck It*.

POR QUE POLÍTICAS DE IDENTIDADE COLETIVA IMPORTAM?

June Jordan e outras grandes escritoras negras, o ataque da mídia de massa audiovisual, juntamente com a má qualidade da educação pública, dificulta que escritores sérios alcancem o público afro-americano[92]. Nesse clima, as imagens e mensagens da mídia de massa, como as das mulheres do rap, tornam-se ainda mais significativas[93]. Sem tais intervenções, as mulheres e meninas afro-americanas que rejeitam o feminismo sob a alegação de que isso é assunto de mulheres brancas ficariam sem acesso a críticas importantes da política de gênero prevalecente.

Como as comunidades afro-americanas permanecem bastante segregadas, a grande maioria das mulheres e meninas afro-americanas não tem acesso aos tipos de experiências educacionais que as aproximam do feminismo. O trabalho e as responsabilidades familiares tornam muito difícil seu envolvimento com qualquer tipo de ativismo político, especialmente as coligações feministas multirraciais. Nesse contexto, as tradições de influência nacionalista negra persistem entre mulheres e homens afro-americanos, muitas vezes aceitas de forma acrítica, incluindo os elementos sexistas muito criticados de algumas vertentes do nacionalismo negro. Em essência, os próprios círculos eleitorais que mais precisam dialogar sobre as questões que enfrentam enquanto mulheres negras foram excluídos do debate. Farah Jasmine Griffin chega ao coração do problema:

> As feministas negras tendiam a recuar da hostilidade e homofobia que muitas vezes encontravam quando tentavam levantar questões feministas em ambientes totalmente negros, fossem igrejas negras ou locais nacionalistas culturais. Como acadêmicas e críticas, elas continuaram a conversar e discutir com feministas brancas e acadêmicos negros do sexo masculino, mas não continuaram o diálogo

---

92 Pelo fato de os editores perceberem o poder de consumo das mulheres negras, já existe um crescente mercado de massa para romances voltados às mulheres negras. Em alguns casos, os autores afro-americanos conseguiram surfar na crista dessa tendência impulsionada pelas editoras e abrir um espaço intermediário entre a chamada alta ficção e o jornalismo tabloide. Estou pensando aqui no sucesso dos livros de Terri MacMillan, vários dos quais foram transformados em filmes, e na visibilidade das questões negras LGBT nas obras de E. Lynn Harris.
93 Ver G.D. Pough, op. cit.

183

FEMINISMO, NACIONALISMO E MULHERES AFRO-AMERICANAS

com as mulheres negras que compartilhavam políticas de gênero diferentes.[94]

Nesse contexto, a mídia de massa se torna o ambiente mais natural para se negociar a política de gênero dos negros.

Atualmente, não só é difícil encontrar ambientes sociais para esses debates tão necessários como também é difícil encontrar paradigmas interpretativos que expliquem as realidades sociais e políticas das mulheres afro-americanas contemporâneas. Por si só, as perspectivas feministas ocidentais e nacionalistas negras se apresentam como parciais quando se trata do trabalho comunitário das mulheres negras em geral, e do nacionalismo feminista negro/feminismo nacionalista negro, em particular. Situar um grupo de mulheres negras ativistas dentro do campo do feminismo e outro dentro do *framework* da política da comunidade negra é não só interpretar mal o ativismo de ambos os grupos como também decretar a impossibilidade do nacionalismo feminista negro/feminismo nacionalista negro. Essas aparentes contradições entre o feminismo e o nacionalismo apagam as visões radicais de mulheres como Hamer, Bambara e Cleage, cuja política não se encaixa confortavelmente no binarismo corrente do nacionalismo e do feminismo. Em contraste, ao invés de ver o feminismo principalmente como uma crítica do nacionalismo, e vice-versa, o feminismo e o nacionalismo podem reforçar um ao outro[95].

A insularidade americana atrapalha a compreensão dessas conexões potenciais. Os americanos em geral são lamentavelmente

---

94 F.J. Griffin, Conflict and Chorus: Reconsidering Toni Cade Bambara's The Black Woman, em E.S. Glaude (ed.), *Is It Nation Time?*, p. 122-123.

95 O volume editado por Lois A. West contém estudos de caso do movimento nacionalista feminista na Europa, Oriente Médio, África, Ásia Central e Oriental, Ilhas do Pacífico e nas Américas. West sugere que a academia ainda não definiu adequadamente as mulheres nas lutas políticas reais. Ela observa que, em grande parte do discurso sobre nacionalismo, as mulheres permanecem invisíveis, subsumidas sob a "fraternidade" da nação, constituem outra variável a ser estudada dentro de movimentos nacionalistas predefinidos, ou as mulheres são analisadas principalmente pelas lentes do nacionalismo cultural. Em resposta, West argumenta: "Não apenas devemos começar pelo ponto de vista das mulheres sobre o nacionalismo e o feminismo, mas devemos também avançar para uma compreensão da construção do nacionalismo como um fenômeno inerentemente de gênero." (L.A. West, Introduction: Feminism Constructs Nationalism, em L.A. West (ed.), *Feminist Nationalism*, p. xiv.)

POR QUE POLÍTICAS DE IDENTIDADE COLETIVA IMPORTAM?

desinformados sobre o resto do globo, e os negros não são exceção. A esse respeito, as mulheres afro-americanas têm muito a aprender com as mulheres que não vivem nos Estados Unidos. No contexto global, a grande maioria das mulheres de cor que se opõem à opressão de gênero veem a si mesmas não como indivíduos desimpedidos, mas como membros de famílias, comunidades, grupos raciais/étnicos ou grupos religiosos historicamente constituídos. Como mulheres africanas, asiáticas e latino-americanas, elas participam de um terceiro espaço, a saber: o do *nacionalismo feminista*[96]. Como o espaço global é segmentado por raça e classe (as ricas nações brancas do Norte justapostas às pobres negras e pardas do Sul), esse feminismo dentro dos espaços nacionalistas reaparece transnacionalmente:

> Vários tipos de ativistas de movimentos feministas e nacionalistas – sejam movimentos populares ou de elite – trabalham hoje para a identificação com seu grupo nacional – seja com base no compartilhamento da história, cultura (língua, religião, etnia, estilos, moda, gostos), senso de lugar (a região), ou parentesco – ao mesmo tempo que lutam por aquilo que definem como direitos das mulheres dentro de seus respectivos contextos culturais.[97]

As mulheres de cor estão reconstruindo significados para o nacionalismo e o feminismo dentro de contextos culturalmente específicos produzidos no âmbito do pós-colonialismo e da dessegregação racial[98].

---

96 As definições aqui são difíceis. Esse grupo pode ser visto como mulheres que foram prejudicadas pelo racismo ocidental – em outras palavras, mulheres de cor. Alternativamente, estou pensando aqui em mulheres do Sul *versus* do Norte. O termo "Terceiro Mundo" também visa encapsular essa população de mulheres de cor. O que as coloca nesse espaço intermediário não é sua etnicidade ou cor em si, mas a história de seu grupo com racismo que por sua vez fomentou respostas nacionalistas.
97 Ibidem, p. xiii.
98 Dentro de um *framework* feminista nacionalista, o próprio feminismo ocidental existe como uma forma de "nacionalismo feminista branco" em que os brancos têm controle sobre o aparato do Estado-nação, e o feminismo expresso pelas mulheres brancas em particular é construído segundo pressupostos nacionalistas associados à raça. Os *frameworks* nacionalistas feministas nos lembram que a branquitude também é uma "raça" e que é tão central para o feminismo produzido por mulheres brancas no Ocidente quanto por mulheres negras na África continental, América Latina, Caribe, Europa e

FEMINISMO, NACIONALISMO E MULHERES AFRO-AMERICANAS

Repensar o trabalho comunitário das mulheres negras americanas dentro de um *framework* nacionalista feminista global produz vários benefícios potenciais. Em primeiro lugar, interpretar o trabalho comunitário das mulheres afro-americanas pelo *framework* do nacionalismo feminista não só contraria essa tendência de ver o feminismo e o nacionalismo como antitéticos entre si, como também cria espaço para o diálogo necessário entre as mulheres negras americanas que estão posicionadas de forma diferente dentro de ambas as áreas. Essa tensão entre o nacionalismo e o feminismo afeta o feminismo negro americano há muito tempo. Por exemplo, a antologia de 1970 de Toni Cade Bambara, *The Black Woman* (A Mulher Negra), um texto fundador do moderno feminismo negro, situava-se "na junção de dois discursos opostos entre si – o nacionalismo negro e o feminismo negro –, ambos tendo ficado profundamente limitados por sua incapacidade de reconhecer o sexismo e racismo, respectivamente"[99]. Numerosas mulheres negras americanas têm falado a respeito da dificuldade de escolher raça ou gênero (nacionalismo ou feminismo) e sobre como essas falsas escolhas prejudicam as mulheres afro-americanas. O pensador da teoria crítica da raça Kimberlé Crenshaw fornece um exemplo especialmente convincente desse conflito, mostrando como discursos concorrentes de raça e gênero afetaram o resultado da sabatina de 1992 do juiz do Supremo Tribunal de Justiça Clarence Thomas. Na sabatina, narrativas de linchamento (raça) e estupro (gênero) foram apresentadas

---

América do Norte. O problema com o feminismo ocidental reside menos em seu conteúdo do que na tendência ocidental de elevá-lo ao *status* de feminismo universal, em vez de vê-lo como um ponto de vista em um contexto social e político particular. Para uma discussão mais ampla desse tema, consultar o capítulo 6 deste volume.

99 F.J. Griffin, op. cit., p. 117. A crítica de E. Frances White a alguns de meus trabalhos anteriores nesta área aponta para as dificuldades do tipo de síntese que tento aqui. (Ver E.F. White, Africa on My Mind: Gender, Counter Discourse and African-American Nationalism. *Journal of Women's History*, v. 2, n. 1.) Na época, ficou menos claro para mim que eu estava tentando sintetizar nacionalismo e feminismo. White descarta qualquer possibilidade de sucesso para tal projeto, principalmente porque ela está tão intimamente ligada aos pressupostos do feminismo ocidental que é difícil para ela imaginar um feminismo negro tão intimamente entrelaçado com as estratégias de desenvolvimento da comunidade negra que possa transformar as noções existentes do nacionalismo negro. Vejo as ideologias e as práticas sociais como muito mais maleáveis e historicamente contingentes.

POR QUE POLÍTICAS DE IDENTIDADE COLETIVA IMPORTAM?

de tal forma que uma não deixava espaço para a outra. As perdedoras foram as mulheres negras cujas experiências abarcavam ambas as situações narradas[100].

Em contraste com essas visões, sugiro que as mulheres afro-americanas politicamente ativas estão localizadas dentro de uma zona de fronteira fluida e muitas vezes contestada entre o feminismo ocidental dominante – que defende uma agenda política norteada por ideias sobre a importância do individualismo, o privilégio de classe e a reivindicação dos direitos de cidadania de primeira classe – e um nacionalismo negro profundamente enraizado (embora tipicamente sem nome) que continua a moldar a política da comunidade negra baseada no respeito pela ação política coletiva, na desvantagem de classe e num *éthos* de se recusar a ser tratado como cidadão de segunda classe por causa da identidade racial. Essa zona de fronteira do feminismo nacionalista negro/nacionalismo feminista negro contém pelo menos dois grupos de mulheres negras que se envolvem em diferentes expressões da política de identidade coletiva e que muitas vezes se percebem como estando em campos separados. Juntos, esses dois grupos podem conectar, nas palavras de Radford-Hill, "teorias da opressão de gênero com um novo ativismo popular que ressuscite o poder cultural negro para reconstruir comunidades negras".

Um grupo consiste nas feministas negras autoidentificadas que povoam as fileiras das mulheres de cor dentro da geração hip-hop e que se recusam a ser silenciadas dentro do feminismo ocidental contemporâneo e do nacionalismo negro. Por exemplo, as mulheres com formação universitária de *Colonize This! Young Women of Color on Today's Feminism* (Colonize Isso! As Jovens de Cor Sobre o Feminismo de Hoje), cujas políticas de identidade coletiva emergentes descrevo em outros lugares desta antologia, constituem mulheres cujo treinamento formal em teoria e política feministas lhes permite desafiar o feminismo ocidental[101]. Mulheres escritoras da chamada "Terceira Onda do Feminismo Negro" também contribuem para essa nova expressão de um nacionalismo feminista negro/feminismo

---

100 Ver K.W. Crenshaw, Whose Story Is It Anyway? Feminist and Antiracist Appropriations of Anita Hill, em T. Morrison (ed.), *Race-ing Justice, En-Gendering Power*.
101 Ver o capítulo 6 deste volume.

FEMINISMO,NACIONALISMO E MULHERES AFRO-AMERICANAS

nacionalista negro. A coleção de ensaios de Lisa Jones em *Bulletproof Diva: Tales of Race, Sex, and Hair* (Diva à Prova de Balas: Contos de Raça, Sexo e Cabelo), os ensaios de Joan Morgan em *When Chickenheads Come Home to Roost: My Life as a Hip-Hop Feminist* (Quando as Galinhas Voltam Para o Poleiro: Minha Vida Como uma Feminista de Hip-Hop), o livro de memórias de Veronica Chambers, *Mama's Girl* (Filhinha da Mamãe), são exemplos de uma escrita que desafia a política do feminismo ocidental e as normas da comunidade negra que têm sido a base das agendas nacionalistas negras[102]. As mulheres negras, cujo local de atuação é a cultura popular negra, também são importantes para abordar as tendências antifeministas do rap em particular e da cultura hip-hop em geral. Essas são as rappers femininas cujos esforços para interromper as práticas misóginas do rap são analisadas longamente por Gwendolyn Pough em *Check It While I Wreck It: Black Womanhood, Hip-Hop Culture e Public Sphere* (Confira Enquanto Eu Destruo: Feminilidade Negra, Cultura Hip-Hop e Esfera Pública).

O outro grupo dentro dessa zona de fronteira do feminismo nacionalista negro/nacionalismo feminista negro é o das mulheres afro-americanas preocupadas com a opressão racial que se dedicam ao tipo de trabalho comunitário descrito anteriormente. De certa forma, parece haver uma divisão geracional entre as mulheres que carregam o fardo do trabalho reprodutivo e as da geração hip-hop, porque as porta-vozes visíveis de cada grupo pertencem claramente a gerações diferentes. É importante lembrar, no entanto, que as mulheres negras ativistas de todas as idades podem ser encontradas em ambos os grupos, ao passo que as questões e estilos de ativismo da geração hip-hop são principalmente específicos de seu grupo. Mais importante, cada grupo detém uma peça importante do quebra-cabeça para capacitar as mulheres negras. Ambos negociam uma política distinta de raça, gênero, classe e sexualidade que pode ser melhor compreendida por meio do *framework* do nacionalismo feminista/feminismo nacionalista do que por meio das formas atuais

---

102 Ver V. Chambers, *Mama's Girl*; L. Jones, *Bulletproof Diva*; J. Morgan, *When Chickenheads Come Home to Roost*.

do feminismo e do nacionalismo. Além disso, ambos elaboram uma política coletiva de identidade negra que envolve uma consciência de gênero em que o *status* das mulheres e meninas negras é levado em consideração.

Trazer o ativismo das mulheres afro-americanas e sua diversidade de padrões para a zona de fronteira do nacionalismo feminista negro/feminismo nacionalista negro dos Estados Unidos, bem como para o *framework* mais amplo e global do nacionalismo feminista, pode ser interessante por vários motivos. Por um lado, isso pode criar espaço para o diálogo muito necessário entre as ativistas negras, que muitas vezes se percebem como estando em lados opostos de uma divisão geracional, bem como promover alianças com outros grupos de mulheres étnicas raciais. As mulheres afro-americanas não vivem no vácuo. As questões que enfrentam também confrontam outras mulheres raciais/étnicas nos Estados Unidos. Dessa forma, reconhecer as várias formas que o nacionalismo feminista pode assumir entre as mulheres americanas talvez venha a trazer alguma força política ao termo "mulheres de cor". Assim como as mulheres negras americanas, as mulheres mexicanas, porto-riquenhas e de grupos indígenas possuem, a despeito de suas diferenças, um histórico semelhante de luta nos Estados Unidos que se origina com a própria fundação do Estado-nação americano[103]. As mulheres desses diversos grupos lidam com o fato de serem vistas como portadoras de cultura ou agentes culturais dentro de seu respectivo grupo racial/étnico a partir de padrões distintos; como resultado, seu ativismo se assemelha ao das mulheres afro-americanas. Por exemplo, o feminismo mexicano seguiu um caminho semelhante ao do feminismo negro, com a diferença de que seu foco na família e na comunidade foi construído sob influência dos efeitos da colonização

---

103 Aqui faço uma distinção entre mulheres de cor cuja história dentro dos Estados Unidos antecede a onda massiva de imigração desde 1965. Grupos de imigrantes vietnamitas, cambojanos e paquistaneses de sociedades asiáticas e imigrantes caribenhos e africanos de sociedades africanas da diáspora se inserem nessas questões, mas de maneiras diferentes. Para uma discussão sobre o triângulo racial fundamental e como ele enquadrou a raça na América, ver o capítulo 1 deste volume.

FEMINISMO, NACIONALISMO E MULHERES AFRO-AMERICANAS

e não do legado da escravidão[104]. Algumas mulheres nativas americanas expressam uma sensibilidade semelhante sobre o que descrevo aqui como nacionalismo feminista no que tange a questões de cultura e soberania territorial. Considere-se, por exemplo, o desafio que Maria Anna Jaines Guerrero propõe ao feminismo ocidental: "Qualquer feminismo que não aborde os direitos a terra, bem como a soberania e o apagamento sistemático promovido pelo Estado das práticas culturais dos povos nativos, ou que classifique a participação das mulheres nativas nessas lutas como não feminista, é um feminismo limitado na visão e excludente na prática."[105] Além disso, as mulheres de cor desses grupos estão inseridas em tradições de trabalho comunitário onde o esperado é que elas se sacrifiquem por suas famílias e comunidades. As diferenças de classe podem mediar essas histórias, mas os desafios que confrontam aqueles que não são brancos na América, bem como as normas sociais que acompanham o fato de fazer parte de grupos raciais/étnicos, têm muito peso[106].

Um segundo benefício potencial de situar o trabalho comunitário das mulheres negras em *frameworks* nacionalistas feministas globais está relacionado à oportunidade de vincular a política das mulheres negras americanas a tendências importantes do feminismo global. Em vez de ver o trabalho comunitário das mulheres afro-americanas como o trabalho de uma minoria dentro de uma

---

104 Para trabalhos sobre o feminismo mexicano, ver N. Alarcón, Chicana Feminism, em C. Kaplan et al. (eds.), *Between Woman and Nation*; A.M. Garcia, The Development of Chicana Feminist Discourse, em L.A. West (ed.), *Feminist Nationalism*; B. Roth, op. cit., p. 129-177; A. Sampaio, Transforming Chicana/o and Latina/o Politics, em C.G. Velez-Ibanez; A. Sampaio (eds.), *Transnational Latina/o Communities*.

105 M.A.J. Guerrero, Civil Rights versus Sovereignty, em M.J. Alexander; C.T. Mohanty (eds.), *Feminist Genealogies, Colonial Legacies, Democratic Futures*, p. 101.

106 As mulheres étnicas brancas enfrentam pressões semelhantes. A pesquisa que examina o processo de americanização por alegação de branquitude ainda não abordou como isso pode ser um processo específico de gênero. Ver, por exemplo, o artigo "How Did Jews Become White Folks?", de Karen Brodkin Sacks, sobre o branqueamento dos judeus, e o livro *How the Irish Became White*, de Noel Ignatiev, sobre como os irlandeses se tornaram brancos. O trabalho sobre mulheres imigrantes de cor capta melhor essas dinâmicas interseccionais entre etnicidade (aqui discutida em sua forma politizada como identidade nacional), racismo e cidadania. Trabalho sobre imigrantes asiáticos e latinos investiga questões relativas à negociação de expectativas de gênero das comunidades de migrantes raciais/étnicos, as necessidades laborais de trabalho doméstico e assimilação na sociedade americana (americanização).

POR QUE POLÍTICAS DE IDENTIDADE COLETIVA IMPORTAM?

minoria – o tratamento atual das mulheres afro-americanas dentro do *framework* das relações de raça americana –, o trabalho comunitário das mulheres negras reflete com mais precisão lutas semelhantes travadas por mulheres ao redor do mundo. As mudanças de perfil no trabalho comunitário das mulheres em diversas sociedades sugere que a combinação particular de capitalismo, políticas de Estado, *frameworks* culturais da sociedade dominante, *frameworks* culturais dentro de grupos raciais/étnicos e o *status* de cidadania de mulheres e homens, a combinação desses fatores produz, sem anular as particularidades de cada caso, desafios semelhantes para as mulheres e, por conseguinte, para a resistência das mulheres.

Em diversas sociedades, muitos dos temas levantados pelas mulheres que precisam lidar com as contradições do nacionalismo feminista ressoam com aqueles que preocupam as mulheres afro-americanas engajadas no trabalho comunitário em Nova York, Detroit, Birmingham e Oakland. Diferenças culturais de religião, língua e costumes podem mascarar as semelhanças entre mulheres afro-americanas e mulheres que ocupam posições estruturais semelhantes em outras sociedades, especialmente sociedades não ocidentais[107]. Casos em que o *status* das mulheres dentro do grupo racial/étnico está vinculado ao empoderamento geral do próprio grupo se assemelham às condições sociais enfrentadas pelas mulheres afro-americanas no sentido de que essas mulheres se veem como agentes culturais engajadas no trabalho comunitário. Por exemplo, o envolvimento das mulheres nas lutas nacionalistas palestinas ilustra uma história específica relacionando feminismo, nacionalismo e um espaço político nacionalista feminista. Seria de se esperar que um conjunto semelhante de condições sociais pudesse desencadear reações comparáveis entre as mulheres. Esse parece ser o caso. Por exemplo, a participação de jovens mulheres palestinas na luta de libertação

---

107 Essa é uma vasta literatura, e não tento resumi-la aqui. Para uma visão teórica sólida da miríade de questões que afetam as mulheres de cor em um contexto global apresentado por mulheres de cor, ver M. Jacqui Alexander e Chandra Talpade Mohanty na introdução do livro *Feminist Genealogies, Colonial Legacies, Democratic Futures* que editaram, bem como os ensaios que fazem parte dessa mesma obra. Para artigos sobre as conexões entre feminismo e antirracismo em um contexto transnacional, ver F.W. Twine; K.M. Blee, *Feminism and Antiracism.*

FEMINISMO, NACIONALISMO E MULHERES AFRO-AMERICANAS

nacional do povo palestino aparentemente desencadeou uma consciência "feminista". Tal como as mulheres afro-americanas, muitas ativistas palestinas se recusam a ser identificadas como "feministas", geralmente sob a mesma alegação das mulheres afro-americanas, a saber, de que é preciso lutar ao lado dos homens contra um inimigo comum. No entanto, ao contrário das mulheres negras americanas, o movimento das mulheres palestinas se alinhou com os movimentos internacionais das mulheres[108]. Ao contrário das mulheres ocidentais, as mulheres palestinas, negras ou brancas, ou aquelas em contextos políticos, econômicos e sociais semelhantes sabem dizer qual a diferença entre um nacionalismo que oprime e um outro com aspirações libertárias.

Movimentos nacionalistas bem-sucedidos que capturam o poder do Estado correm o risco de instalar a ideologia conservadora sobre as mulheres enquanto portadoras de cultura no centro da identidade nacional do novo Estado. Quando apoiada pelo poder religioso e politizada dentro das instâncias governamentais, essa versão da organização do Estado-nação é capaz de gerar políticas sociais que podem aparentemente proteger as mulheres, mas que na verdade fazem mais mal do que bem[109]. Como uma democracia madura, que também encontrou suas raízes na revolução, os Estados Unidos se consolidam em torno de uma identidade nacional americana fundamentada na branquitude e no cristianismo e que reserva um lugar especial para as mulheres brancas enquanto mães da nação. Essa ideologia foi um fator importante para a rejeição da domesticidade pelas mulheres brancas e o movimento das mulheres que se seguiu. De maneira semelhante, as reações das mulheres muçulmanas ao

---

108 Ver S.B. Gluck, Shifting Sands, em L.A. West (ed.), *Feminist Nationalism*.

109 Em um contexto global, esse tema reaparece em várias sociedades em estudos que examinam como os novos Estados-nação são empreendimentos profundamente marcados pelo gênero. Para trabalhos dentro dessa tradição, veja o texto já citado de Gisela Kaplan, "Feminism and Nationalism: The European Case" sobre a Europa; o artigo de Geraldine Heng e Janadas Devan, "State Fatherhood: The Politics of Nationalism, Sexuality and Race in Singapore", sobre Cingapura; e o artigo de Paola Bacchetta, "Extraordinary Alliances in Crisis Situations: Women Against Hindu Nationalism in India", sobre a Índia. Para uma análise complexa dessas questões, ver o texto de M. Jacqui Alexander, "Erotic Autonomy as a Politics of Decolonization: An Anatomy of Feminist and State Practice in the Bahamas Tourist Industry".

POR QUE POLÍTICAS DE IDENTIDADE COLETIVA IMPORTAM?

crescimento do fundamentalismo islâmico e sua captura do poder do Estado (por exemplo, no Irã e no Afeganistão) também podem desencadear um nacionalismo feminista comprometido em proteger o Islã, o Estado-nação e a igualdade das mulheres dentro de ambos. Baseando-se nas mesmas crenças religiosas do Islã, assim como no nacionalismo palestino, as mulheres não apenas contestam as visões ocidentais sobre as mulheres muçulmanas enquanto vítimas rotineiras de opressão, mas também se insurgem contra as tentativas de fazer das mulheres portadoras passivas de cultura que não precisam ser educadas e cujos interesses devem estar subordinados aos dos homens de seu grupo. Ao desenvolver uma análise mais matizada do feminismo nas sociedades islâmicas, a feminista iraniana Haideh Moghissi capta essas contradições quando desafia a imagem que a mídia ocidental veicula da condição das mulheres no Islã como exemplo do atraso islâmico. Ao mesmo tempo, Moghissi se recusa a fazer a apologia do fundamentalismo islâmico. Seu texto, escrito na interseção do feminismo e do nacionalismo, oferece uma visão provocativa das negociações entre esses sistemas de pensamento. Também fornece um *framework* para o tipo de crítica interna às comunidades raciais/étnicas[110].

Os *frameworks* nacionalistas feministas aplicados à questão específica de entender a diáspora africana também lançam luz sobre o ativismo político das mulheres afro-americanas (ou a aparente falta dele), dessa vez dentro do contexto transnacional antirracista mais específico. Aqui, as experiências que ligam as mulheres afrodescendentes fornecem outra peça importante sobre como o trabalho comunitário das mulheres negras americanas pode ser reinterpretado. Quando se trata de questões de trabalho, família e *status* econômico, as mulheres afrodescendentes de toda a diáspora africana têm muito em comum. Por exemplo, os ataques ao estado de bem-estar social dentro da política doméstica americana, que tiveram um efeito negativo sobre as mulheres afro-americanas pobres e seus filhos, assemelham-se às políticas de ajuste estrutural apoiadas pela política externa dos EUA com efeitos semelhantes sobre

---

110 Ver H. Moghissi, *Feminism and Islamic Fundamentalism*.

as mulheres de África e Caribe[111]. Essas mudanças estruturais, por sua vez, afetam os contornos que definem a política das mulheres negras. Por exemplo, em seu estudo das mulheres nas sociedades da África Ocidental, Filomina Chioma Steady descreve um processo de perda de fontes tradicionais de poder comunitário devido à ocidentalização que tem forte semelhança com a tese de Sheila Radford-Hill de que as mulheres afro-americanas se tornaram menos empoderadas sob as condições da dessegregação racial. Ao invés de ver a ocidentalização como inerentemente boa para as mulheres por trazer direitos individuais mais fortes, Steady postula que os modelos derivados da África de redes fortes e resilientes centradas nas mulheres também podem ser corroídos pela urbanização e seus efeitos sobre os modos de vida tradicionais. Em sua discussão a respeito das mulheres e ação coletiva, Steady sugere que, no contexto africano, os "modelos femininos" de organização fornecem uma base para a mobilização e a solidariedade das mulheres. Em seu trabalho acerca das sociedades secretas femininas no povo Sande da África Ocidental, por exemplo, Steady descobriu que algumas sanções femininas tradicionais eram muito mais eficazes no controle da agressão masculina do que a aplicação da lei moderna. As mulheres de seu estudo se queixavam de que as formas tradicionais de ação coletiva das mulheres controlavam melhor a violência doméstica – nas áreas rurais, a reprimenda consistia em amarrar as mãos e os pés do infrator e deixá-lo rolar por uma colina rochosa. Isso não era mais possível nas áreas urbanas. Interrompidas pelas intervenções ocidentais e de modo geral incompreendidas pelo Ocidente, práticas como essas perderam muito de sua eficácia[112].

Esse foco na diáspora africana também pode esclarecer as semelhanças estruturais que moldam o trabalho comunitário das mulheres afro-americanas e o das mulheres afrodescendentes em diferentes tipos de Estado-nação. Os padrões do ativismo das mulheres negras na África do Sul refletem as diferenças dentro da sociedade sul-africana, bem como o esforço comum que os sul-africanos

---

[111] Ver G.T. Emeagwali, *Women Pay the Price*.
[112] F.C. Steady, op. cit., p. 92-93.

negros concentram em nome de uma prolongada luta pela liberdade. As mulheres negras na África do Sul pós-apartheid (1994) enfrentam várias questões, como o desenvolvimento do Estado-nação, uma persistente ideologia racial de supremacia branca e uma estrutura social em que muitas famílias são chefiadas por mulheres negras[113]. As mulheres negras sul-africanas não apenas enfrentam a perda do poder tradicional; elas também fazem parte de uma crescente população urbana global na qual as mulheres negras, como mães solteiras, carregam uma pesada responsabilidade pelo cuidado dos filhos. O romance de Sindiwe Magona, *Mother to Mother* (De Mãe Para Mãe), que relata de forma ficcional o trágico evento real do assassinato de uma jovem mulher branca que foi para a África do Sul com o objetivo de ajudar a reconstruir sua sociedade, descreve o trabalho das mulheres nos municípios sul-africanos onde elas têm que trabalhar e deixar seus filhos sem a supervisão de um adulto. Usando o formato de "mãe para mãe", em que a mãe do jovem negro acusado do assassinato fala com a mãe da jovem branca assassinada, Magona se recusa a individualizar a luta da mãe negra. Em vez disso, vemos como a violência que permeia a própria nação se desenrola por meio dessa tragédia pessoal[114]. Essa é a noção de Bambara de como uma comunidade que está "enclausurada no horror de um campo de concentração" engendra a violência aparentemente irracional desse assassinato, bem como a ainda mais habitual violência familiar.

As feministas negras britânicas demonstram ainda, por outros padrões, como as mulheres "negras" negociam as contradições do nacionalismo e do feminismo, dessa vez dentro dos limites de um Estado-nação democrático e industrialmente avançado, em que o multiculturalismo é acolhido politicamente. Imigrantes provenientes de ex-colônias britânicas no Caribe, África continental, Paquistão e Índia criam novas identidades raciais/étnicas como minorias na Grã-Bretanha, embora fossem maiorias em seus Estados-nação

---

113 Ver G. Fester, Closing the Gap-Activism and Academia in South Africa, em O. Nnaemeka (ed.), *Sisterhood, Feminisms, and Power*; e Z.A. Mangaliso, Gender and Nation-Building in South Africa, em L.A. West (ed.), *Feminist Nationalism*.
114 Ver S. Magona, *Mother to Mother*.

pós-coloniais. Assemelhando-se à criação de uma nova identidade coletiva em torno do termo "mulheres de cor", a primeira tarefa das mulheres negras britânicas foi elaborá-la como uma identidade política feminista[115]. O importante estudo empírico de Julia Sudbury sobre as organizações feministas negras britânicas na década de 1980 examina noções de raça que vão além dos modelos estáticos de autenticidade racial que caracterizaram a academia e a política afro-americanas. As mulheres negras britânicas também realizavam trabalhos comunitários, e contavam com maior aceitação das feministas. Ao mesmo tempo, a questão da sexualidade, e do lesbianismo em particular, era um grande obstáculo à eficácia organizacional[116]. Em *The Family* (A Família), a romancista nigeriana Buchi Emecheta descreve as provações de Gwendolyn, uma jovem migrante jamaicana, e a forma como ela lidava com as questões de família e maternidade. Apesar das semelhanças no que concerne a trabalho e família, as mulheres britânicas "negras" eram imigrantes de primeira e segunda geração, um *status* diferente daquele de populações com longa história de racismo interno em seu próprio país. A comunidade racial/étnica mais próxima daquela das mulheres afro-americanas pode não ser a das mulheres imigrantes de cor, mas a da população irlandesa, os "negros" da Grã-Bretanha, cuja história foi descrita como um tipo de colonialismo interno. A forma específica que o feminismo irlandês assumiu nesse contexto político constitui uma peça importante do nacionalismo feminista e pode ser pedagógico para o ativismo político das mulheres afro-americanas.

O contexto brasileiro contemporâneo é outro exemplo de como o trabalho comunitário pode se expandir para um ativismo político mais formal – no caso, um espaço feminista nacionalista dentro de uma democracia mais estabelecida que contém elementos de muitos outros lugares. O Brasil ilustra os problemas relativos aos direitos de cidadania em um Estado-nação com uma grande população negra e que continua a discriminar os afrodescendentes, mas que aparentemente comemora uma política oficial de democracia

---

115 Para uma série de ensaios de mulheres negras britânicas que lutaram para elaborar essa nova identidade, ver H.S. Mirza (ed.), *Black British Feminism*.
116 Ver J. Sudbury, *"Other Kinds of Dreams"*.

POR QUE POLÍTICAS DE IDENTIDADE COLETIVA IMPORTAM?

racial. A autobiografia da brasileira negra Benedita da Silva, uma servidora pública com carreira na política, fornece um caso clássico de como o trabalho comunitário pode servir de base para o desenvolvimento político. A sua decisão de ajudar a mudar a favela onde morava concorrendo a um cargo político foi a porta de entrada para um ativismo que abraçava o feminismo, o nacionalismo e a uma visão política de classe anticapitalista. Em seu livro, Benedita não apenas examina as contradições de ser uma mulher negra de pele mais escura em um país que aparentemente não reconhece raças, como também mapeia o caminho que vai do trabalho comunitário ao ativismo comunitário e à política mais formal[117].

Diante da segregação racial persistente, uma mudança estrutural substantiva para as mulheres afro-americanas só pode ocorrer por meio da revitalização das tradições do trabalho comunitário das mulheres negras em um contexto marcado pelo impacto da mídia de massa na vida das jovens mulheres e meninas negras. As mulheres afro-americanas que atuam politicamente na zona fronteiriça do feminismo nacionalista negro/nacionalismo feminista negro ainda não encontraram uma maneira de infundir essa sensibilidade nacionalista feminista global numa política de identidade coletiva revitalizada para as mulheres negras, política essa, vale dizer, capaz de desencadear respostas políticas eficazes ao novo racismo.

Quando se trata da resistência política das mulheres negras, importa muito o local onde você está, o que você consegue enxergar a partir dele e também aquilo que você representa. As versões da política apresentadas por qualquer grupo podem oferecer apenas uma perspectiva parcial sobre as definições de feminismo, nacionalismo ou qualquer forma de política das mulheres negras. Não importa o quão significativa seja a visão; eleger determinada versão do ativismo político das mulheres em detrimento das demais,

---

117 Ver M. Benjamin; M. Mendonça, *Benedita da Silva: An Afro-Brazilian Woman's Story of Politics and Love.*

FEMINISMO, NACIONALISMO E MULHERES AFRO-AMERICANAS

declarando-a como a abordagem "melhor" ou mais "autêntica", é tomar uma perspectiva parcial como verdade universal. Conceituações mais complexas de ativismo político que combinam ideias sobre individualismo, dignidade pessoal e direitos de cidadania com concepções de justiça social que levam em conta experiências históricas específicas de grupo requerem novos modelos de trabalho intelectual e político. Nesse sentido, são balizas importantes para a análise: as ideias de justiça social de Fannie Lou Hamer direcionada a grupos; os vínculos entre as lutas contra opressões múltiplas e interseccionais; e a importância de capacitar mulheres e homens individualmente no contexto de suas vidas cotidianas. A sra. Hamer insistiu em trabalhar pela justiça social para todas as pessoas desprivilegiadas. Como ela observou uma vez, "Se você tem doutorado., um pós-doutorado ou nenhum doutorado, estamos juntos no mesmo balaio"[118].

---

[118] G. Lerner (ed.), op. cit., p. 613.

6 O Pessoal Ainda É Político?
movimento das mulheres, feminismo e mulheres negras na geração hip-hop

Garotas brancas não chamam seus homens de "irmãos", o que tornava a luta delas invejavelmente mais simples do que a minha. O racismo e a vontade de sobreviver a ele criam um sentimento de lealdade intrarracial que torna impossível para as mulheres negras virarem as costas para os homens negros – mesmo em seus momentos mais feios e sexistas. Eu precisava de um feminismo que nos permitisse continuar amando a nós mesmas e aos irmãos que nos machucam, sem deixar que a lealdade racial nos comprasse lápides antes da hora.

JOAN MORGAN[1]

---

[1] *When Chickenheads Come Home to Roost*, p. 36.

Em seu livro de ensaios muito discutido, *When Chickenheads Come Home to Roost: My Life as a Hip-Hop Feminist*, Joan Morgan reivindica o feminismo, mas quer um feminismo que permita às mulheres negras "continuar amando a si mesmas e aos irmãos que nos machucam sem deixar que a lealdade racial nos compre lápides antes da hora". Nessa busca, Morgan expõe as contradições que confrontam não apenas as mulheres afro-americanas, mas também aquelas de grupos raciais/étnicos cujas histórias foram moldadas pela opressão racial. Trocando em miúdos, a questão é saber se, para as mulheres negras e outras mulheres de cor, há espaço para a fusão do feminismo (amar a nós mesmas) e do nacionalismo (lealdade racial) que Morgan afirma ser crucial para o feminismo de que ela precisa. Se sim, como esse espaço pode ser construído dentro da política contemporânea que marcou o fim do Movimento Black Power e o crescimento explosivo do hip-hop?

Além do conteúdo em si, o livro de ensaios pessoais de Morgan também é relevante pelo fato de ter sido escrito para leitores não acadêmicos. Em sua escolha de conteúdo e estilo, Morgan se junta a uma lista crescente de mulheres afro-americanas da geração hip-hop que ignora os veículos acadêmicos e outros canais tradicionais do pensamento feminista. Em vez disso, elas expressam sua política feminista por meio da mídia de massa e dos veículos da cultura hip-hop, a saber: as coletâneas de ensaios, a ficção, o rap e a poesia falada[2]. A coletânea

---

2 Outras mulheres de cor demonstram escolhas semelhantes. Por exemplo, *Colonize This! Young Women of Color on Today's Feminism*, uma coletânea de ensaios escritos

FEMINISMO, NACIONALISMO E MULHERES AFRO-AMERICANAS

de ensaios de Lisa Jones *Bulletproof Diva: Tales of Race, Sex, and Hair*, o livro de memórias de Veronica Chambers, *Mama's Girl*, e o livro de Morgan constituem três textos-chave de mulheres afro-americanas na geração hip-hop. Todos os três volumes empregam esse formato de ensaios pessoais ou ficção para as massas como uma forma de examinar os relacionamentos das mulheres negras em um ambiente de lealdade racial nacionalista e amor-próprio feminista[3].

Uma característica marcante da política feminista expressa pelas mulheres afro-americanas da geração hip-hop, que usam esses meios de publicação, parece ser um novo foco na ideia de que o "pessoal é político". A versão delas sobre aquilo que constitui tanto o pessoal quanto o "político" assemelha-se, mas difere dramaticamente do que fora expresso pelas feministas dos anos 1960 e 1970. Nesse sentido, essas mulheres podem ser a face mais visível do movimento das mulheres contemporâneo dos Estados Unidos. Apesar das previsões da mídia de massa sobre seu fim iminente, o movimento moderno das mulheres nos Estados Unidos persiste enquanto movimento social. Trata-se de um movimento que passou, porém, por várias fases: a de mobilização (décadas de 1960 e 1970); declínio (décadas de 1970 e 1980); estado de suspensão (de 1980 até o presente); e, talvez, uma nova mobilização, dessa vez conduzida pelas mulheres da geração hip-hop (de 1990 até o presente)[4]. De maneira semelhante, o significado inicial do *slogan* feminista "O Pessoal É Político" também sofreu mudanças, refletindo as necessidades e limites de cada estágio do movimento moderno das mulheres. Ironicamente, o movimento das mulheres e os caminhos que ele tomou desde as décadas de 1960 e 1970 deixaram muitas mulheres afro-americanas alheias a suas realizações e

---

por jovens negras de diferentes perfis, aborda essas questões de feminismo e nacionalismo por meio do uso de narrativas pessoais.

3 Ver K. Springer, Third Wave Black Feminism? *Signs*, v. 27, n. 4.

4 A próxima seção se baseia na teoria do movimento social – em particular, no trabalho sobre o movimento das mulheres. Pesquisas recentes acerca de movimentos sociais enfocam a continuidade dos movimentos durante tempos de estagnação, momentos em que a ação coletiva é menos visível. Para análises extensas dessas ideias, ver: V. Taylor, Social Movement Continuity, *American Sociological Review*, v. 54; V. Taylor; L.J. Rupp, Women's Culture and Lesbian Feminist Activism, *Signs*, v. 19; V. Taylor; N. Whittier, Collective Identity in Social Communities, em A.D. Morris; C.M. Mueller (eds.), *Frontiers in Social Movement Theory*.

ideologia. No entanto, Morgan, Jones, Chambers e outras mulheres raciais/étnicas da geração hip-hop, que realmente conseguem ir ao encontro do feminismo, conquistam cada vez mais um espaço em que os princípios do feminismo e do nacionalismo são simultaneamente aceitos e rejeitados. Dito em termos mais específicos, em resposta aos desafios que enfrentam, elas podem estar transformando a tese basilar da ideologia feminista de que o pessoal é político.

O Movimento das Mulheres se Mobiliza: "O Pessoal É Político" na Política Feminista

> *Acreditamos que o objetivo do chauvinismo masculino é primordialmente obter a satisfação psicológica do ego, e que apenas secundariamente isso se manifesta nas relações econômicas [...] A opressão política contra as mulheres tem sua própria dinâmica de classe; e essa dinâmica deve ser entendida em termos anteriormente chamados de "não políticos" – ou seja, a política do ego.*

> NEW YORK RADICAL FEMINISTS
> (Feministas Radicais de Nova York, 1969)[5]

> *A declaração mais geral de nossa política no momento seria que estamos ativamente comprometidas com a luta contra a opressão racial, sexual, heterossexual e de classe e vemos como nossa tarefa particular o desenvolvimento de uma análise e prática integradas baseadas no fato que os principais sistemas de opressão estão interligados. A síntese dessas opressões cria as condições de nossas vidas.*

> COMBAHEE RIVER COLLECTIVE (1982)[6]

As opiniões das Feministas Radicais de Nova York e do Coletivo Combahee River refletem as análises de dois importantes coletivos de mulheres amplamente reconhecidos dentro do movimento moderno das mulheres em sua segunda onda de mobilização. As estruturas de

---

5 The Politics of the Ego: A Manifesto for New York Radical Feminists, em J. Hole; E. Levine (eds.), *Rebirth of Feminism*, p. 442.
6 A Black Feminist Statement, em B. Guy-Sheftall (ed.), *Words of Fire*, p. 13.

FEMINISMO, NACIONALISMO E MULHERES AFRO-AMERICANAS

cada grupo, bem como sua adesão a uma política identitária, entendida como uma ferramenta poderosa para o empoderamento das mulheres, podem ter muitas semelhanças, mas suas perspectivas sobre o feminismo difeririam dramaticamente. Em seu manifesto de 1969 "The Politics of the Ego: A Manifesto for New York Radical Feminists" (A Política do Ego: Um Manifesto para as Feministas Radicais de Nova York), as integrantes do Feministas Radicais de Nova York pensam a opressão contra as mulheres a partir da estrutura abrangente do patriarcado. Elas consideram que o trabalho de extração psicológica de pressupostos e práticas patriarcais é fundamental para o ativismo político das mulheres. Por meio de seu foco na política do ego, elas perceberam que entender e desafiar a subordinação das mulheres aos homens na vida cotidiana era um tipo de ativismo político. Nesse esforço, defenderam a conscientização em pequenos grupos como uma estratégia importante para o empoderamento das mulheres e adotaram o *slogan* "O Pessoal É Político" como emblemático da política feminista.

Durante o mesmo período de mobilização feminina, as mulheres afro-americanas, especialmente as da classe trabalhadora, expressaram muito menos fidelidade ao feminismo em geral e a esse *slogan* feminista em particular. Autodescritas como um coletivo de feministas negras iniciado em 1974, as mulheres do Combahee River, com sede em Boston, não rejeitaram o feminismo, mas trouxeram uma reivindicação diferente para dentro dele. Fundamentando seu feminismo no trabalho comunitário das mulheres negras, o coletivo afirmou que "o feminismo negro contemporâneo é o resultado de inúmeras gerações de sacrifício pessoal, militância e trabalho de nossas mães e irmãs"[7]. Elas apontaram que o racismo continuou sendo uma força tão difundida na vida das mulheres negras que limitou a sua capacidade de "olhar mais profundamente para nossas próprias experiências e definir as coisas que tornam nossas vidas o que são e nossa opressão uma especificidade relativa a nós"[8]. Elas claramente viam seu trabalho como uma forma de expandir o princípio feminista de que o pessoal é político. O coletivo

---

7 Ibidem, p. 233.
8 Ibidem.

O PESSOAL AINDA É POLÍTICO?

argumentou abertamente que atuar em causa própria não era ser desleal à "raça", nem indicava que elas haviam se vendido para as feministas brancas. Em vez disso, elas afirmaram: "Percebemos que as únicas pessoas que se preocupam conosco o suficiente para trabalhar consistentemente por nossa libertação somos nós."[9] Os membros do coletivo declararam que a política identitária constituía a forma mais válida de política para elas porque a política mais radical era a que vinha do trabalho em causa própria a partir de suas posições afiadas em opressões interligadas que tanto restringiam suas vidas.

Durante esse período de mobilização, as Feministas Radicais de Nova York, o Coletivo Combahee River e outros grupos semelhantes que conectavam as experiências pessoais das mulheres a um sistema mais amplo de dominação masculina deram contribuições inestimáveis para aumentar a consciência sobre a opressão das mulheres. Inicialmente, grupos feministas radicais que argumentavam que suas experiências pessoais como mulheres não eram apenas problemas pessoais, mas, em vez disso, tinham implicações políticas mais amplas, adotaram o *slogan* "O Pessoal É Político"[10]. O *slogan* é mais frequentemente associado à conscientização, uma técnica de

---

9 Ibidem, p. 234.
10 Para uma visão geral e tratamento histórico da centralidade do pessoal como político para a teoria feminista, ver L. Stanley; S. Wise, *Breaking Out Again*. Elas identificam três características definidoras que consideram centrais para a teoria feminista: 1. as mulheres são oprimidas; 2. o pessoal é o político; e 3. a consciência feminista é essencial para que as mulheres compreendam as duas primeiras características. As origens reais da ideia do pessoal como político permanecem contestadas. Rey Chow, em *Writing Diaspora*, atribui o conceito à conscientização durante a Revolução Chinesa, onde os camponeses foram encorajados a "destilar fel" contra o antigo regime. Barbara Omolade, em *The Rising Song of African American Women*, atribui a popularidade do conceito nos Estados Unidos ao uso de Ella Baker durante o Movimento dos Direitos Civis na década de 1950. Charles Lemert, em *Sociology After the Crisis*, tem uma visão diferente, atribuindo as origens intelectuais do conceito à tradição populista de C. Wright Mills dentro da sociologia. Isso tudo levanta a questão de como o domínio das "expressões privadas" se relaciona com a conscientização como método feminista e com a consciência individual e coletiva. Por exemplo, Catherine McKinnon afirma que a conscientização é um método feminista de teorização. Em contraste, como sugerem Chow, Omolade e Lemert, essa forma de práxis não foi inventada pelo feminismo e não pretendia ser um exercício acadêmico. Em vez disso, dissociar esse método de teorizar de sua amarração política inicial resulta em um empobrecimento da política. No caso do feminismo ocidental, o abandono da práxis deixou tanto o pessoal quanto o político vulneráveis à cooptação.

discussões intensivas em grupo sobre as experiências das mulheres. A estratégia geral de conscientização era: 1. aumentar a consciência individual das mulheres sobre a opressão de gênero em suas vidas; e 2. organizar esse grupo de indivíduos em uma coletividade que, em conjunto, desenharia e implementaria estratégias de ação que resistissem à opressão das mulheres. A conscientização visava ajudar individualmente as mulheres a ver as ligações entre suas experiências pessoais com a dominação masculina e as estruturas mais amplas do patriarcado. Assim, a conscientização criou uma consciência de grupo sobre problemas comuns[11].

Pessoas de fora frequentemente consideravam a conscientização entre as mulheres como uma terapia, mas as mulheres envolvidas nessa prática insistiam que suas atividades enfatizavam a construção de teorias, que não se tratava de encontrar soluções pessoais para problemas pessoais. Além disso, essas primeiras sessões de conscientização não eram vistas como precursoras da ação política. Elas já eram ações políticas. Como assinala Carol Hanisch, "essas sessões analíticas são uma forma de ação política. Nesse ponto, é uma ação política contar como as coisas são, dizer o que realmente penso sobre minha vida, em vez do que sempre me falaram para dizer"[12]. Concebendo a conscientização das mulheres como política em si, Hanisch também discute como as questões pessoais são políticas: "Uma das primeiras coisas que descobrimos nesses grupos é que os problemas pessoais são problemas políticos. Não há soluções pessoais neste momento. Só existe ação coletiva para uma solução coletiva."[13] As feministas britânicas Liz Stanley e Sue Wise adotam uma posição semelhante: "O entendimento feminista radical da teoria feminista é que 'o pessoal' é verdadeiramente o político, e que há em ambos uma relação direta e necessária entre teoria e prática. 'A revolução' está dentro de cada um de nós e acontecerá – e está acontecendo – como resultado de muitas 'pequenas revoluções', muitas

---

11 Ver K. Sarachild, Consciousness-Raising: A Radical Weapon, em Redstockings (ed.), *Feminist Revolution*.
12 Ver C. Hanisch, The Personal Is Political, em Redstockings (ed.), *Feminist Revolution*, p. 204.
13 Ibidem.

O PESSOAL AINDA É POLÍTICO?

pequenas mudanças nos relacionamentos, comportamentos, atitudes e experiências."[14]

A estratégia pode ter sido a mesma, mas logo ficou claro que as mulheres nos grupos de conscientização geralmente traziam problemas pessoais muito diferentes para as reuniões. Como as estudantes universitárias americanas brancas de classe média que começaram na política de esquerda predominavam nos primeiros grupos feministas, as questões que elas levantavam refletiam o ponto de vista desse grupo. Apesar da homogeneidade desse reconhecido grupo de fundadoras, seria um erro subestimar a importância da conscientização ao vê-la como uma estratégia adotada apenas por mulheres americanas brancas de classe média ou por feministas lésbicas radicais. Os grupos de base desse período normalmente deixavam poucos registros, mas as mulheres raciais/étnicas e da classe trabalhadora também encontraram um argumento convincente na ideia de que a vida pessoal das mulheres tinha um significado social mais amplo e que o cotidiano poderia servir como um lugar crucial para a política feminista. Vários grupos feministas negros surgiram nesse período, entre eles a Third World Women's Alliance (Aliança das Mulheres do Terceiro Mundo), o Black Women's Liberation Group de Mount Vernon/New Rochelle (Grupo de Libertação das Mulheres Negras de Mount Vernon/New Rochelle), a National Black Feminist Organization (Organização Nacional Feminista Negra), a National Alliance of Black Feminists (Aliança Nacional de Feministas Negras), a Black Women Organised for Action (Mulheres Negras Organizadas Para a Ação) e o Combahee River Collective (Coletivo Combahee River)[15]. Como esses grupos foram influenciados por ideias mais amplas de mobilização feminista, suas agendas e estilos de operação baseavam-se em uma política pessoal semelhante.

A NBFO – National Black Feminist Organization (Organização Nacional Feminista Negra) foi uma das organizações feministas negras mais conhecidas. Embora tenha durado pouco (1973-1975), ela lançou um ataque frontal ao sexismo e ao racismo. Em sua

---

14 L. Stanley; S. Wise, op. cit., p. 57.

15 Para uma discussão sobre essas organizações, ver B. Roth, *Separate Roads to Feminism*, p. 76-128.

FEMINISMO, NACIONALISMO E MULHERES AFRO-AMERICANAS

declaração de propósito, a NBFO criticou a prática de estereotipar as mulheres negras, tratando as questões dos homens negros como mais importantes do que aquelas enfrentadas pelas mulheres negras e vendo negativamente as realizações das mulheres negras. A NBFO foi igualmente feminista ao criticar as práticas que permeavam a política da comunidade negra. Ela advertiu que as comunidades afro-americanas precisavam cultivar a liderança feminina e parar de usar mulheres negras para tarefas domésticas. A organização visava aumentar a consciência das mulheres afro-americanas sobre esses problemas, bem como sobre suas necessidades e direitos. Para esse fim, voltaram-se para temas específicos, como creches, desemprego, treinamento profissional, direitos das trabalhadoras domésticas, dependência, direito ao aborto, direitos sociais e assistência médica. Como aconteceu com a National Organization of Women (NOW), a conscientização constituiu a principal ferramenta de organização da NBFO[16].

As feministas negras podem ter usado ferramentas semelhantes de conscientização, mas os problemas sobre os quais elas debateram eram bem diferentes. Quando questionada a respeito do conteúdo dos grupos de conscientização das mulheres negras, Brenda Eichelberger, presidente da sede da NBFO em Chicago, apresenta uma lista de tópicos que se desenvolveram a partir da situação social das mulheres negras dentro dos sistemas interligados de opressão. Por exemplo, Eichelberger aponta que as mulheres afro-americanas estavam preocupadas com o "fenômeno homem negro-mulher branca", no qual homens negros namoravam e se casavam com mulheres brancas, quando já havia tão poucos homens negros. Proeminentes nos grupos de conscientização das mulheres negras, segundo Eichelberger, eram as questões relacionadas a uma política da aparência, como os efeitos da cor da pele e da textura do cabelo para a autoimagem das mulheres negras e como elas eram vistas pelos outros. As mulheres negras que frequentavam grupos de conscientização levantavam ainda outros temas que eram importantes para elas – por exemplo, a maior mobilidade das mulheres brancas em

---

16 D.G. White, *Too Heavy a Load*, p. 242-253.

O PESSOAL AINDA É POLÍTICO?

ambientes de trabalho, a falta de moradia, a prevalência de estupro e crime nas comunidades negras, o fardo da tese do matriarcado e os mitos relativos à promiscuidade das mulheres negras[17].

O fim das organizações nacionais feministas declaradamente negras com agendas diversas não significou que seu impacto desapareceu. A NBFO, por exemplo, catalisou a criação de pelo menos duas importantes organizações feministas negras que sobreviveram a ela. Em Chicago, a NABF – National Alliance of Black Feminists (Aliança Nacional de Feministas Negras) sobreviveu até 1979. Na área de Boston-Cambridge, o Coletivo Combahee River abriu a duras penas seu próprio caminho, em parte por causa da posição da NBFO sobre a sexualidade. A BWOA – Black Women Organized for Action (Mulheres Negras Organizadas Para a Ação), organização estabelecida na área da baía de São Francisco na década de 1970, tinha conexões tanto com a NBFO quanto com a NOW. Coletivamente, esses grupos levaram o feminismo negro para as comunidades afro-americanas e ampliaram a base do feminismo, criando centros para mulheres vítimas de estupro e abrigos para mulheres vítimas de espancamento[18].

As limitações da prática de conscientização estão menos na técnica em si do que em outros fatores. Por um lado, quando comparado ao período inebriante da mobilização feminina, a reação conservadora contra todo o movimento das mulheres que caracterizou os doze anos das administrações de Reagan e Bush (1980-1992) levou o movimento das mulheres ao declínio ou à estagnação. O uso da violência impulsionado pelo crescente movimento antiaborto nos Estados Unidos exemplifica esse processo. Durante esse período,

---

17 Ibidem, p. 243-245. O Grupo de Libertação das Mulheres Negras de Mount Vernon /New Rochelle, uma reunião coletiva no final dos anos 1960, que consistia principalmente de mulheres afro-americanas e pobres, também usou táticas de conscientização para identificar questões que eram importantes para os membros do grupo. Inicialmente, elas se encontravam a fim de discutir suas experiências pessoais como mulheres negras. Com o tempo, porém, esse grupo passou a criticar abertamente a opressão das mulheres e a defender a libertação delas. A história da National Welfare Rights Organization (NWRO), também composta principalmente por mulheres pobres e afro-americanas, baseou-se na conscientização como uma importante ferramenta de organização política.
18 B. Roth, op. cit., p. 118-127; D.G. White, op. cit., p. 256.

209

FEMINISMO, NACIONALISMO E MULHERES AFRO-AMERICANAS

o amplo movimento pelos direitos reprodutivos, inicialmente promovido pelo movimento das mulheres, ficou estigmatizado pelas imagens midiáticas de feministas egoístas e carreiristas que desejavam a liberdade pessoal (e a falta de responsabilidade pessoal) para fazer abortos sob encomenda. Feministas envolvidas em lutas para abordar uma ampla gama de assuntos relacionados aos direitos reprodutivos encontraram seu tempo e energia minados pela questão abrangente de proteger o direito de escolha das mulheres. Por outro lado, a segregação racial e de classe dos bairros, igrejas e escolas dentro da sociedade americana dividiu as mulheres, limitando o grau em que elas poderiam generalizar suas questões pessoais para a população maior de mulheres. Os grupos de conscientização tiveram dificuldade em transcender as limitações da homogeneidade das experiências pessoais de seus membros porque também não tinham acesso a grupos que diferiam deles (por exemplo, entre grupos como o New York Radical Feminists e o Coletivo Combahee River). Como os primeiros grupos de conscientização liderados por mulheres brancas de classe média falharam diretamente em abordar como as relações de raça e classe social fomentavam sua homogeneidade, havia pouco ímpeto dentro desses grupos para organizar diálogos entre grupos ou examinar as suposições sobre seu próprio grupo que militavam contra a diversidade[19]. Como é o caso hoje, a segregação racial profundamente arraigada, juntamente com a estratificação de classe social que dividiu a população americana em grupos homogêneos, militou contra o desenvolvimento de um movimento de base ampla que promoveu uma identidade coletiva para mulheres que englobava diversos grupos[20].

---

19 Benita Roth sugere que as feministas brancas engajadas na construção de um movimento que fosse independente da Nova Esquerda decidiram não tentar construir coalizões entre raças e classes. Para uma análise semelhante da política de raça e classe do movimento das mulheres, ver N. Caraway, *Segregated Sisterhood*.

20 Muitos grupos de mulheres podem ter usado a conscientização como um estilo de organização política, mas essa tática também tem certos pressupostos-chave que podem não ser compartilhados por diversos grupos raciais, étnicos ou de classe social. As estratégias que tipificam a democracia participativa dos grupos feministas radicais de conscientização – a falta de estrutura formal do grupo, a ênfase na participação de todos, o compartilhamento deliberado de tarefas entre os membros do grupo e a exclusão dos homens como pré-condição para a cura das mulheres – não foram uniformemente

O PESSOAL AINDA É POLÍTICO?

Declínio e Estagnação do Movimento das Mulheres: As Mutações do Pessoal e do Político

Apesar dessas pressões, o movimento das mulheres não prevaleceu nem desapareceu. Em vez disso, entrou em um período de declínio ou estagnação que simultaneamente garantiu a continuidade do movimento e criou as condições para futuras mobilizações. Durante os períodos de estagnação, os valores, a identidade e a visão política podem ser sustentados por meio de estruturas internas que permitam às organizações manter um núcleo pequeno e comprometido de ativistas e se concentrar em atividades de caráter interno[21]. É importante notar que a versão da política sugerida por "O Pessoal É Político" constitui uma ênfase importante dentro do movimento das mulheres dos EUA. O ativismo político das mulheres assumiu muitas formas nas décadas de 1970 e 1980, expressando-se por meio de uma ampla gama de perspectivas ideológicas e agendas ativistas[22]. Grupos que enfatizavam a importância de se promover os direitos

---

endossadas por outros movimentos progressistas. Por exemplo, um estudo das práticas de construção de grupos de dois movimentos ambientais de base revelou abordagens divergentes para a comunidade que refletiam as diferenças culturais dos membros de cada grupo. Um grupo – em grande parte branco, de classe média e com formação universitária – construiu uma comunidade de movimento personalizada que acentuou a responsabilidade individual e a voz individual dentro de um esforço coletivo. Em contraste, o outro grupo – principalmente de mulheres afro-americanas de baixa a moderada renda – criou um movimento comunitário local que enfatizava o esforço coletivo de união. Embora ambos os grupos apoiassem uma agenda ambiental comparável, as diferenças no que cada grupo via como comunidades políticas apropriadas interferiam em sua capacidade de trabalhar em conjunto. (Ver P. Lichterman, Piecing Together Multicultural Community, *Social Problems*, v. 42, n. 4.)

21 Ver V. Taylor, Social Movement Continuity, *American Sociological Review*, v. 54; V. Taylor; L.J. Rupp, Women's Culture and Lesbian Feminist Activism: A Reconsideration of Cultural Feminism, *Signs*, v. 19; V. Taylor; N. Whittier, Collective Identity in Social Communities, em A.D. Morris; C.M. Mueller (eds.), *Frontiers in Social Movement Theory*.

22 Por exemplo, o feminismo mexicano lidou com as questões do poder das mulheres pobres, *status* de cidadania e normas dentro das comunidades mexicanas. (Ver A.M. Garcia, The Development of Chicana Feminist Discourse, em L.A. West (ed.), *Feminist Nationalism*.) O feminismo porto-riquenho trouxe o tema dos efeitos do *status* de Porto Rico como uma pseudocolônia dos Estados Unidos no que diz respeito às mulheres – em particular, questões reprodutivas e situação trabalhista.

FEMINISMO, NACIONALISMO E MULHERES AFRO-AMERICANAS

das mulheres dentro das estruturas políticas e econômicas – por exemplo, o feminismo liberal do NOW – constituíam outra ênfase dentro do movimento das mulheres nos Estados Unidos.

Apesar da considerável heterogeneidade do movimento das mulheres, algumas de suas formas de ativismo político prevaleceram como emblemas do ativismo político *feminista*, enquanto outras definharam como formas menores de política feminina ou careceram de reconhecimento como política feminista. Diante do declínio da mobilização visível das mulheres e em um contexto social cada vez mais conservador, o *slogan* "O Pessoal É Político" tornou-se cada vez mais simbólico do ativismo político feminista[23]. Existe agora uma hierarquia do que conta como ativismo político feminista, com formas de ativismo das mulheres que se aproximam mais das ações das feministas radicais de Nova York e, secundariamente, das ações do Coletivo Combahee River, consideradas mais autenticamente "feministas" do que outras manifestações de ativismo. Dentro de uma hierarquia muitas vezes não declarada do ativismo político das mulheres, as mulheres cuja ideologia ou ações refletem a política pessoal do mencionado *slogan* acham mais fácil reivindicar o título de "feminista" do que mulheres que advogam em nome de crianças, homens, grupos raciais/étnicos ou de questões sociais. Além disso, o *slogan* "O Pessoal É Político" permaneceu visível, porém a política de identidade associada a ele, do tipo descrito pelo Coletivo Combahee River, mudou dramaticamente. Apesar da heterogeneidade que continuou a caracterizar o movimento das mulheres, mesmo depois de sua estagnação, a política pessoal associada a uma compreensão estreita do pessoal como político desenvolveu uma qualidade duradoura que começou a eclipsar seus concorrentes.

---

23 Existiram outros modelos desde o início do feminismo moderno. Por exemplo, o Coletivo Combahee River desenvolveu um modelo interseccional de feminismo no início dos anos 1980. (Ver Combahee River Collective, A Black Feminist Statement, em B. Guy-Sheftall (ed.), *Words of Fire.*) Esse grupo identificou raça, classe, gênero e sexualidade como categorias de análise que se interseccionam. Eles preconizavam um feminismo baseado na inclusão. No entanto, como poucas mulheres negras ou mulheres de cor assumiam posições de liderança dentro do feminismo dominante, grupos como esses se encontraram em uma zona fronteiriça, tendo de "explicar" a ausência de mulheres negras e outras mulheres de cor dentro das organizações feministas brancas.

O PESSOAL AINDA É POLÍTICO?

Vários fatores influenciaram essa situação. Primeiro, os aparentes êxitos do feminismo liberal na conquista de direitos políticos básicos para as mulheres americanas fizeram com que o foco deixasse de ser a economia política enquanto causa fundamental da opressão das mulheres. Como resultado da mobilização do feminismo liberal, as mulheres ganharam direitos muito necessários nos Estados Unidos. A legislação que proibia o assédio sexual, a discriminação no emprego e a discriminação habitacional contra as mães, juntamente com garantias de direitos reprodutivos e políticas de ação afirmativa, ajudou a constituir o Estado como um defensor dos direitos das mulheres, em vez de uma fonte de opressão das mulheres. E foram as mulheres que optaram por não identificar seu ativismo político como explicitamente feminista que em muitos casos lideraram essas ações. Por exemplo, no início dos anos 1970, as mulheres lobistas tentaram trabalhar dentro do sistema e enfatizaram os direitos das mulheres em vez da sua libertação. Respondendo ao sexismo e à injustiça nas organizações em que já foram voluntárias ou trabalharam, suas ações combinaram seu trabalho profissional com o ativismo em nome das mulheres. Esmagadoramente brancas e de classe média, essas mulheres estavam interessadas em "construir poder – tanto o seu quanto o do movimento – por meio dos canais estabelecidos"[24].

Na década de 1980, essa "mobilização discreta" de mulheres no ensino superior, fundações, serviços sociais, mídia, profissões, Forças armadas, igrejas e outras instituições centrais da sociedade americana obteve considerável sucesso como estratégia durante um período de estagnação do movimento[25]. Porém, como muitos defensores dos direitos das mulheres evitavam usar o termo "feminista", em parte para escapar do estigma associado ao termo, suas ações normalmente não eram vistas como ativismo político feminista, mas antes como um ativismo político das mulheres mais palatável. Ao estigmatizar o termo "feminismo", a mídia de massa facilitou esse processo. Ao descrever as imagens feministas na mídia, Deborah Rhode aponta que a cobertura da mídia "encoraja os indivíduos a acreditarem que podem

---

24 A.K. Daniels, Careers in Feminism, *Gender and Society*, v. 5, n. 4, p. 592.
25 Ver M.F. Katzenstein, Feminism Within American Institutions, *Signs*, v. 16, n. 1.

FEMINISMO, NACIONALISMO E MULHERES AFRO-AMERICANAS

enfrentar todos os desafios individualmente – escolhendo o traje certo, o grau certo de assertividade, as habilidades certas de gerenciamento de tempo e assim por diante. Nesse universo jornalístico, as aspirações do feminismo à igualdade são amplamente compartilhadas, mas seu apelo à ação coletiva é amplamente ignorado"[26]. Ironicamente, os êxitos no âmbito legal e a sofisticação política dessas feministas de carreira na obtenção de ganhos institucionais aparentemente fizeram com que muitas mulheres americanas sentissem que a igualdade das mulheres havia sido alcançada. Conforme a mídia americana fazia crer, na década de 1990 a maioria das mulheres nos EUA pensava que havia chegado lá, com algumas mulheres lançando-se contra um feminismo então visto como antiquado, estridente e fora de contato com questões contemporâneas. O êxito do feminismo liberal na conquista dos direitos das mulheres ironicamente minou o movimento feminista mais amplo.

A proeminência de um feminismo organizado em torno da política pessoal em comparação a um feminismo que destaca argumentos políticos e econômicos persistiu por um segundo motivo. Dentro da sociedade civil americana, os republicanos conservadores prevaleceram ao conseguir desviar a atenção das causas estruturais da desigualdade social para o fracasso pessoal como causa dos problemas sociais. Nesse contexto, a situação das mulheres mais vulneráveis – a saber, as solteiras chefes de família, as que trabalham em empregos mal remunerados e sem perspectiva de crescimento, as que recebem auxílios do governo e as raciais/étnicas – passou cada vez mais a ser explicada não como uma questão feminista, mas como produto de seus valores deficientes e decisões pessoais equivocadas. O comportamento de cada mulher, especialmente em relação aos aparentes fracassos da família americana, ganhou enorme visibilidade. Por exemplo, quando o ex-vice-presidente Dan Quayle usou o termo "valores familiares" perto de encerrar um discurso durante um evento de arrecadação de fundos partidários em 1992, ele aparentemente tocou num ponto nevrálgico da nação. Após o discurso de Quayle, cerca de trezentos artigos contendo o termo "valores familiares"

---

26 D.L. Rhode, Media Images, Feminist Issues, *Signs*, v. 20, n. 3, p. 703.

O PESSOAL AINDA É POLÍTICO?

em seus títulos apareceram na imprensa popular. Apesar da gama de perspectivas políticas expressas sobre os valores familiares, uma coisa permaneceu clara: os valores familiares, independentemente de sua definição, eram vitais para o futuro da América, e as mulheres eram fundamentais para mantê-los ou destruí-los. O tema dos valores familiares constituiu, assim, uma pedra de toque, uma ideia que aparentemente tocou os sentimentos mais profundos em relação à importância das questões relacionadas a valores e família para um público americano cada vez mais conservador.

Nesse clima político, a maleabilidade do *slogan* "O Pessoal É Político" (bem como a atual inflexão em seu significado para um entendimento mais conservador) significava que ele poderia ser reformulado para significar que as fontes pessoais da mudança social deveriam ter precedência sobre as estruturais. A ideia do pessoal como político lembrava as estruturas ideológicas existentes do individualismo americano: eficácia pessoal, talento individual, trabalho árduo e valores morais e culturais como características definidoras do sucesso econômico e do poder político. Modelos psicológicos para explicar não apenas a desigualdade social, mas também fenômenos sociais de todos os tipos, permanecem mais compatíveis com os valores profundamente arraigados que permeiam as instituições sociais americanas. Diferentemente das interpretações estruturais que enfatizam o poder político e o desenvolvimento capitalista, atributos pessoais como inteligência, motivação, treinamento moral e antecedentes familiares há muito dominam as explicações americanas para a desigualdade social[27]. A partir dessa perspectiva, os problemas sociais são melhor enfrentados não por meio da ação coletiva, mas sim da iniciativa e engenhosidade individuais. As questões sociais essencialmente sistêmicas ficam relegadas ao terreno da psique, de modo que trabalhar o próprio eu é a chave para dirimir os problemas sociais. A ênfase no fator pessoal, especialmente se associado a uma noção individualizada do político, está em sintonia com as normas culturais dos EUA.

As pensadoras feministas socialistas provaram não estar preparadas para a convergência entre o aparente sucesso do feminismo

---

27 Ver M.B. Katz, *The Undeserving Poor.*

liberal em conquistar os direitos das mulheres, as forças conservadoras que pregavam valores familiares e as mensagens oportunistas de responsabilidade pessoal que estigmatizavam os indivíduos por seus fracassos. Essas pensadoras criticaram os efeitos da globalização e do transnacionalismo sobre a condição das mulheres. No entanto, nos Estados Unidos, elas não podiam organizar ou formar coalizões com as mulheres pobres e da classe trabalhadora que vinham sofrendo as adversidades do desenvolvimento capitalista, nem apelar para as lideranças vindas majoritariamente da classe média e do público universitário americano que se beneficiavam do sistema de classe social[28]. O feminismo socialista nos Estados Unidos enfrentou várias barreiras. Por um lado, desde a década de 1950, indivíduos e movimentos sociais que defendiam filosofias radicais foram reprimidos supostamente em resposta às exigências da política da Guerra Fria. Como um grande segmento da população americana acreditava que o socialismo e o comunismo eram antitéticos aos interesses americanos, ela apoiou políticas públicas que baniam essas ideias do debate público. Esse apagamento histórico empobreceu o radicalismo americano[29]. Por outro lado, o colapso do bloco soviético em 1990 e o fim dos Estados socialistas na década de 1990 deixaram o socialismo à deriva. O capitalismo emergiu como o sistema econômico global, deixando os Estados socialistas como vestígios de um passado anacrônico. Por sua vez, o sucesso do feminismo liberal em obter concessões do Estado-nação dos EUA ajudou ironicamente a criar um contexto no qual análises mais contundentes da economia pareciam fora de questão. Além disso, apesar do fato de que as mulheres da classe trabalhadora foram politicamente ativas durante esse período, seu ativismo normalmente não era identificado como feminista. Por exemplo, embora a Southeast Women's Employment Coalition (Coalizão para o Emprego das Mulheres do Sudeste), uma

---

28 Ver, por exemplo, E. Fox-Genovese, Personal Is Not Political Enough, *Marxist Perspectives*.

29 Um exemplo é o radicalismo afro-americano que se enraizou na década de 1930, que poderia ter oferecido críticas raciais eficazes ao capitalismo americano, mas foi reprimido. (Ver R.D.G. Kelley, *Freedom Dreams*.) Essa tradição também pode ter defendido uma análise de classe do lugar das mulheres na economia política americana que era mais evidente no trabalho feminista britânico e francês livre dessa supressão.

O PESSOAL AINDA É POLÍTICO?

organização multirracial de mulheres fundada em 1979, abordasse a desvantagem econômica experimentada por mulheres da classe trabalhadora de todas as raças, organizações como esta continuam a ser vistas principalmente como ativismo de classe[30].

Coletivamente, o contexto social tornou cada vez mais difícil para o movimento das mulheres ver e sobretudo analisar a erosão do significado do lema "O Pessoal É Político" dentro de suas práticas. Os debates internos referentes ao significado da política pessoal sugaram uma energia que poderia ser canalizada para desafiar forças estruturais mais amplas e acabaram dividindo o movimento em dois campos. As tensões dentro do feminismo *mainstream* em relação à sexualidade, especialmente a política de identidade lésbica, ilustram esses debates internos sobre duas versões da política pessoal, ambas com implicações importantes para o feminismo americano. As lésbicas foram uma parte importante do surgimento do movimento das mulheres durante o período de mobilização. A política de identidade lésbica constituiu uma extensão natural da política pessoal que caracterizou o tipo de feminismo radical americano proposto pelas Feministas Radicais de Nova York e pelo Coletivo Combahee River.

Por um lado, ao longo do tempo, as lésbicas não apenas reivindicaram uma política pessoal que politizou a sexualidade como uma importante categoria identitária, como passaram a ser mais abertamente identificadas como notórias representantes do feminismo. Via de regra, as feministas radicais se tornaram lésbicas, e vice-versa, e o feminismo, especialmente na academia, passou a ser identificado como a defesa de uma agenda lésbica. Por outro lado, esse mesmo foco na sexualidade, juntamente com o surgimento da teoria *queer* na década de 1990, promoveu uma política feminista organizada em torno de noções de identidade mais fluidas que reintroduziram a ideia da escolha individual da identidade. O surgimento de um novo foco em sexualidades plurais, gêneros múltiplos e identidades socialmente construídas não apenas falhou em desafiar os modelos de escolha de identidade individual baseados no mercado, modelos estes tão celebrados na cultura de consumo dominante, mas

---

30 Ver B.E. Smith, Crossing the Great Divides, *Gender and Society*, v. 9, n. 6.

FEMINISMO, NACIONALISMO E MULHERES AFRO-AMERICANAS

inadvertidamente acabou por apoiar noções conservadoras de política pessoal. Ademais, isso também promoveu uma nova versão da política pessoal que, ironicamente, deu margem para que fossem feitas críticas à política de identidade lésbica. Assim, o feminismo que se tornou excessivamente associado a um segmento do movimento das mulheres – ou seja, os grupos de conscientização do feminismo radical – tornou-se instável devido a críticas internas que acusavam a política baseada em grupos lésbicos de suprimir a liberdade pessoal individual. Na década de 1990, as feministas radicais foram redefinidas como feministas lésbicas radicais, cujo aparente radicalismo estava em desacordo com os comportamentos supostamente transgressores da teoria *queer*. Além do mais, tudo isso ocorreu sob o olhar atento de um público americano que fora treinado para ver tanto o movimento das mulheres em geral quanto os movimentos de lésbicas, gays, bissexuais e transgêneros (LGBT) como sendo, na melhor das hipóteses, desnecessários e, na pior, antiamericanos.

A teoria *queer* pouco fez para interromper a crescente ênfase no individualismo dentro da cultura americana, a branquitude do sujeito individual e os pressupostos dos direitos de cidadania que sustentavam a nova política *queer* de transgressão, para não mencionar o racismo antiquado e a pobreza. Ao descrever os elos entre as noções relacionadas ao conceito do pessoal como político e a política sexual que veio à tona por meio das análises dos nexos entre sexualidade e opressão, o crítico cultural britânico Kobena Mercer observa que "a política sexual é reduzida primeiro à sexualidade, depois ao eu. Parece-me que esse 'egocentrismo' é uma característica da política sexual branca, ou melhor, é uma interpretação de 'O Pessoal É Político' que ocorre de maneira altamente individualista, que tende a excluir as questões de raça porque, dando tanta atenção ao 'eu', negligencia o 'social'"[31]. A nova política de identidade pessoal associada à teoria *queer* reforçou a importância da voz e da narrativa individual, muitas vezes às custas das políticas de identidade coletiva que têm sido tão eficazes em provocar mudanças sociais.

---

31 K. Mercer, *Welcome to the Jungle*, p. 148.

Política Pessoal e Estudos das Mulheres

O *slogan* que ligava o pessoal ao político permitiu que as ativistas voltadas a um viés mais conservador extraíssem das instituições sociais americanas algumas reformas muito necessárias. Em nome da política pessoal, invocou-se cada vez mais normas de responsabilidade pessoal e programas individuais de mudança social. Isso explica seu apelo às burocracias cuja missão é trabalhar com indivíduos, não com grupos. Mas o sucesso dessa versão do pessoal como político teve um preço porque simultaneamente lançou as bases para a incorporação de uma versão menos robusta da política feminista nas burocracias do Estado, especialmente agências de prestação de serviço social, e nas burocracias acadêmicas, principalmente por meio de programas de estudos das mulheres e pesquisa das mulheres.

Invocar o significado original de "O Pessoal É Político" como emblemático do feminismo enquanto efetivamente se negocia as regras e regulamentos do serviço social e das burocracias acadêmicas continua sendo uma questão desafiadora para o movimento das mulheres dos EUA. Considerando a violência doméstica, os direitos reprodutivos, o assédio sexual e o estupro como questões importantes que emergem das atividades de conscientização, muitos dos primeiros grupos feministas se organizaram em suas comunidades locais para atender às necessidades de seus membros, amigos e familiares. Esses grupos de base entendiam que ajudar as mulheres por meio da prestação de serviços e da estratégia de pressionar as agências governamentais apropriadas era parte de sua missão. Com o tempo, grupos feministas gerados pelo movimento das mulheres que se desenvolveram em organizações feministas encontraram um novo conjunto de desafios.

Seu sucesso levou essas organizações a buscar financiamento e inclusão por meio das agências de prestação de serviços sociais apoiadas pelo governo. Essa incorporação não apenas as incluiu nas burocracias preexistentes do serviço social; também mudou a missão inicial de muitas organizações feministas de base. A vasta gama de organizações feministas reflete a variedade das respostas a esse

FEMINISMO, NACIONALISMO E MULHERES AFRO-AMERICANAS

dilema básico de manter-se como uma organização de movimento social – aqui exemplificada por meio da conscientização e do *slogan* "O Pessoal É Político" – e garantir os benefícios que acompanhavam o fato de estar dentro de organizações *mainstream* de serviços profissionais[32]. Estudos de caso com organizações feministas refletem sobre o caráter controverso desse tipo de relação em abrigos para mulheres espancadas e centros para vítimas de estupro[33]. Com o tempo, muitos grupos abandonaram o foco no empoderamento das mulheres para se tornarem agências de assistência social que atendem às necessidades pessoais das mulheres[34].

Os dados sobre como as mulheres afro-americanas e outras mulheres de cor se saíram com a criação desses novos serviços burocráticos para mulheres não são unívocos. Por um lado, muitas mulheres negras com treinamento e habilidades apropriadas conseguiram empregos ajudando mulheres. Mas, como apontam algumas mulheres ativistas de cor, "o 'escurecimento' da América ainda não serviu como um alerta para as organizadoras feministas"[35]. Mais de trinta anos depois que o movimento feminista enfrentou acusações de racismo e elitismo, as diretoras executivas das organizações de mulheres e suas equipes seniores ainda são majoritariamente brancas. Como apontam as ativistas feministas Daisy Hernández e Pandora L. Leong,

---

32 Para uma discussão acerca das organizações feministas, ver, por exemplo, P.Y. Martin, Rethinking Feminist Organizations, *Gender and Society*, v. 4, n. 2.
33 A. Fried, "It's Hard to Change What We Want to Change": Rape Crisis Centers as Organizations, *Gender and Society*, v. 8, n. 4; N.A. Matthews, Surmounting a Legacy, *Gender and Society*, v. 3, n. 4; N.M. Rodriguez, Transcending Bureaucracy, *Gender and Society*, v. 2, n. 2.
34 Em sua visão abrangente das organizações feministas, Patricia Yancey Martin, no artigo citado acima, "Rethinking Feminist Organizations", distingue entre um grupo feminista e uma organização feminista, entendida como um grupo relativamente duradouro de pessoas e que é estruturado para perseguir objetivos identificados coletivamente. Meu argumento refere-se ao ponto em que os grupos feministas se institucionalizam como organizações feministas. Como Martin observa: "Organizações feministas que combinam as qualidades das organizações de movimentos sociais e das organizações tradicionais de serviços profissionais são criticadas por terem sido cooptadas [...] Na verdade, poucas organizações feministas refletem um tipo puro ou ideal, e os estudiosos devem ter cautela ao rotular tipos mistos como cooptados, institucionalizados ou que não fazem mais parte do movimento das mulheres." (P.Y. Martin, op. cit., p. 186.)
35 D. Hernández; P.L. Leong, Feminism's Future, *In These Times*. Disponível em: <http://www.inthesetimes.com/site/main/article/feminisms_future>.

O PESSOAL AINDA É POLÍTICO?

um mundo sem fins lucrativos cada vez mais profissionalizado que internalizou as expectativas corporativas aprofundou as divisões raciais e de classe. As mulheres que não podem pagar para trabalhar de graça permanecem marginalizadas e, em busca de aceitação popular, "as organizações estão perdendo o contato com as bases que poderiam reviver o feminismo"[36].

Os programas de estudos das mulheres em faculdades e universidades americanas enfrentaram as mesmas pressões para abandonar seus vínculos originários com os movimentos feministas pela chance de trazer questões femininas para a academia, com resultados semelhantes. Em um artigo intrigante intitulado "Academic Feminism Against Itself" (O Feminismo Acadêmico Contra Si Próprio), Robyn Wiegman aborda a questão de como os estudos das mulheres estão se saindo nas faculdades e universidades contemporâneas e como essa colocação, por sua vez, afeta a pesquisa feminista. Ela descreve as origens do feminismo acadêmico no início dos anos 1970 como sendo "um conhecimento renegado, cuja ilegitimidade demonstrou a reivindicação política central do movimento em relação à opressão das mulheres e à exclusão sistemática"[37]. Quando comparado com suas origens, em termos burocráticos, os estudos contemporâneos sobre mulheres vão muito bem. O número crescente de cursos, a criação de programas de doutorado, exigências dentro dos programas de educação geral e o crescimento de departamentos que oferecem estabilidade aos professores sinalizam que o feminismo acadêmico não é mais um "conhecimento renegado". No entanto, Wiegman também aponta que esse aparente sucesso foi acompanhado por uma "crescente inquietação entre muitas estudiosas feministas, às vezes beirando o desespero, sobre o futuro do feminismo acadêmico"[38].

---

36 Ibidem.

37 R. Wiegman, Academic Feminism Against Itself, *NWSA Journal*, v. 14, n. 2, p. 18.

38 Ibidem. Dois fatores se destacam como causa dessa preocupação. Um deles é o persistente temor de que os estudos de gênero tenham emergido como uma alternativa aos estudos das mulheres, tirando as mulheres do centro do foco e, assim, enfraquecendo o vínculo histórico entre o movimento das mulheres dos EUA e a institucionalização do feminismo na academia. O outro diz respeito aos custos da burocratização. Também em virtude da nova tendência carreirista e orientada para o consumidor de faculdades e universidades, muitas das ênfases pedagógicas dos primeiros estudos das mulheres foram perdidas.

Curiosamente, o que Wiegman propõe para esse aparente problema é resistir ao impulso de tentar "consertá-lo", isto é, de tentar infundir no feminismo acadêmico um *éthos* de movimento social de base. Em vez disso, ela se concentra nos desafios que o feminismo acadêmico enfrenta ao se posicionar nos debates acadêmicos sobre a produção de conhecimento disciplinar e interdisciplinar[39]. O feminismo acadêmico certamente deveria *estudar* os movimentos sociais feministas, mas isso não pode ser a ponta de lança intelectual da política feminista. Wiegman também aponta que os estudos sobre as mulheres "têm se voltado cada vez mais para um sujeito vivo como o centro metodológico e epistemológico de seu projeto de conhecimento. Seja na linguagem da teoria do ponto de vista ou no registro etnográfico do testemunho e da autobiografia, seja vinculado a uma ênfase dos estudos culturais no cotidiano ou como parte de uma análise social interpretativa voltada para a autoridade da experiência, o sujeito vivo é o mais citado, a forma (e fórmula) mais conceituada para vincular o mundo real à pesquisa dos estudos das mulheres"[40]. Em outras palavras, a política pessoal dentro das salas de aula para estudos das mulheres, aquela que é o legado da primeira versão do pessoal como político, ofuscou outras formas de criação e validação de conhecimento. Essa política pessoal baseada na sala de aula é agora emblemática da pesquisa acadêmica feminista, e no entanto ela deve permanecer desconectada dos movimentos sociais coletivos.

Reivindicando a legitimidade como o repositório da teoria feminista, os projetos de estudos das mulheres na academia que falham em questionar essas tendências podem facilmente mudar de um discurso sobre patriarcado, dominação e opressão para uma ênfase crescente em uma diferença apolítica. Defendendo a importância de considerar a diferença, a teoria social pós-moderna evita centros e o saber unitário em favor de saberes múltiplos e desconstrói grupos

---

39 Para um tratamento abrangente desse tema, bem como um bom levantamento da história dos estudos das mulheres nos Estados Unidos, ver E. Buker, Is Women's Studies a Disciplinary or an Interdisciplinary Field of Inquiry?, *NWSA Journal*, v. 15, n. 1.
40 R. Wiegman, op. cit., p. 29.

O PESSOAL AINDA É POLÍTICO?

de todos os tipos, incluindo os feministas[41]. Infelizmente, a "voz" que se desenvolveu nos ambientes acadêmicos promoveu uma separação entre teoria e ativismo. O processo de dar voz às mulheres e incorporar muitas vozes pode ter uma semelhança superficial com a conscientização feminista de base, mas conversas intermináveis sobre a diferença no ambiente rarefeito da academia são insuficientes para perturbar as relações de poder hegemônicas que impedem as mulheres da classe trabalhadora e as raciais/étnicas de chegar à universidade. A pensadora afro-americana Sheila Radford-Hill descreve as contradições dessa situação em que as ideias são dissociadas das ações, embora perdure a ilusão de que elas permaneceram conectadas:

> Muito do pensamento feminista de meados dos anos 1980 até o início dos anos 1990 [...] trabalhou com explicações precisas sobre qual perspectiva uma obra representava (por exemplo, lésbicas, judias, latinas ou *queer*) ou qual ponto de vista pretendia expressar. Essa preocupação com as conexões entre identidade política e vertentes particulares da teorização feminista é mais o reflexo da autoabsorção do feminismo pela política de sua própria identidade do que dos dilemas da identidade e empoderamento das mulheres como indivíduos ou como membros de grupos sociais.[42]

A necessidade de proteger e desenvolver o feminismo acadêmico é um argumento convincente, mas me pergunto o que essa ruptura pode significar para o pensamento feminista negro. Estudiosas afro-americanas deparam com pressões semelhantes para separar o pensamento feminista negro enquanto discurso acadêmico da política do movimento social ligado ao feminismo negro emergente e ao trabalho comunitário das mulheres negras. Muitas acadêmicas negras, ao tomarem conhecimento de como seu trabalho estava sendo usado nos cursos de estudos das mulheres, reagiram com alarme. Barbara Christian foi uma das primeiras estudiosas negras a constatar que a literatura feminina afro-americana estava cada

---

41 P.H. Collins, *Fighting Words*, p. 124-154.
42 S. Radford-Hill, *Further to Fly*, p. xvii–xviii.

vez mais sendo reformulada no sentido de se adequar aos padrões da "corrida pela teoria" dentro da academia. Christian lamentou o destino de uma literatura que um dia fora uma voz legítima para o pensamento das mulheres afro-americanas e que agora vinha se apequenando para servir aos propósitos da análise acadêmica[43]. Que ironia! – uma sala cheia de garotas brancas escrevendo artigos sobre *Beloved* (Amada), de Toni Morrison, e desejando ter alguém que considerassem autenticamente negro para conversar a respeito. Reconhecendo os custos do sucesso das feministas negras, Farah Jasmine Griffin revisitou *The Black Woman: An Anthology*, de Toni Cade Bambara, e observou: "Em seu início, o pensamento feminista negro (incluindo ficção, crítica literária e teoria, as ciências sociais, as polêmicas) reivindicara uma relação com a luta política."[44] Seu ensaio fornece uma análise provocativa de por que os ricos debates dentro do feminismo negro publicados no volume de Bambara desapareceram em grande parte. Infelizmente, as ativistas feministas negras que aceitam acriticamente os princípios do feminismo dominante e sua agenda podem deixar de ver as contradições que atormentaram o próprio feminismo. Assim, a enxurrada de ensaios, ficção e outras narrativas pessoais a que falta uma atenção mais efetiva às estruturas sociais ou às lutas dos afro-americanos ilustra como um feminismo negro exercido dentro dos limites seguros da academia acaba padecendo dos mesmos problemas do feminismo convencional[45].

Ao mesmo tempo, a atenção dada ao feminismo negro na academia e, mais amplamente, a versão da política de identidade pessoal dentro dos estudos sobre as mulheres, muitas vezes ofusca outras formas de ação política das mulheres que não carregam o *imprimatur* do feminismo. Por exemplo, o "mulherismo" praticado por

---

43 Ver B. Christian, The Race for Theory, *Feminist Studies*, v. 14, n. 1.

44 F.J. Griffin, Conflict and Chorus: Reconsidering Toni Cade Bambara's The Black Woman, em E.S. Glaude (ed.), *Is It Nation Time? Contemporary Essays on Black Power and Black Nationalism*, p. 116.

45 Apresento uma extensa discussão desse argumento em P.H. Collins, *Fighting Words*, p. 44-76. Ver também a análise de Sheila Radford-Hill sobre a mudança nos contornos do empoderamento das mulheres negras dentro das comunidades afro-americanas. (S. Radford-Hill, op. cit., p. xvii-xviii.)

O PESSOAL AINDA É POLÍTICO?

teólogas negras traz uma crítica e práxis necessárias para as comunidades de igrejas afro-americanas, um local importante dentro da sociedade civil afro-americana onde as mulheres constituem aproximadamente 70% da congregação. Como as igrejas negras continuam sendo locais importantes para a opinião política negra e para o ativismo social, trabalhar dentro dessas instituições, em vez de ficar de fora e criticar suas práticas, constitui uma dimensão importante do ativismo político das mulheres negras. Alguém tem que se juntar a essas igrejas para obter credibilidade e poder mudá-la por dentro. Nesse sentido, o uso de filosofias "mulheristas" (evitando assim a conturbada história associada ao termo "feminista") permite que as mulheres afro-americanas desenvolvam e desafiem as tradições do trabalho comunitário das mulheres negras[46].

Essas questões não resolvidas dentro do feminismo ocidental sobre quem é o dono do feminismo e como a percepção dessa propriedade molda a própria definição do termo ajuda a explicar uma contradição recorrente dentro da política das mulheres afro-americanas. Por um lado, elas rejeitam consistentemente o termo "feminismo" e com frequência afirmam não apoiar o feminismo[47]. Muitas mulheres afro-americanas compartilham a visão de Taigi Smith sobre o feminismo que ela estudou na faculdade:

> Eu me declarei mulherista quando percebi que o feminismo das mulheres brancas realmente não atendia às minhas necessidades como filha de uma trabalhadora doméstica negra e solteira. Eu senti que, historicamente, as mulheres brancas estavam trabalhando duro para se libertar do trabalho doméstico e do cuidado dos filhos, enquanto as mulheres negras ficavam presas limpando as cozinhas delas e criando os bebês delas. Quando percebi que o feminismo libertou em grande parte as mulheres brancas às custas – em termos

---

46 As expressões do trabalho comunitário das mulheres negras que lutam com as contradições levantadas pelas interseções do feminismo e do nacionalismo também são potencialmente aptas a abordar as dissociações entre a teoria e o ativismo que caracterizaram muito do feminismo acadêmico.

47 Outras mulheres de cor nos Estados Unidos, bem como mulheres em sociedades não ocidentais, expressam um desdém semelhante pelo termo "feminismo".

economicos e sociais – das mulheres de cor, entendi que eu era fundamentalmente incapaz de me declarar feminista.[48]

Muitas mulheres negras americanas rejeitam abertamente o feminismo a ponto de serem acusadas de temer o feminismo e de carecer de consciência política. Ao mesmo tempo, as pesquisas de opinião indicam que as mulheres afro-americanas apoiam questões que há muito são centrais para a agenda feminista global, a saber: acesso a bons empregos e remuneração igual para homens mulheres; políticas contra a violência sexual e doméstica; uma agenda abrangente de direitos reprodutivos que forneça às mulheres serviços de saúde de qualidade; escolaridade igual para meninas e meninos; políticas familiares adequadas, especialmente creches para mães trabalhadoras; e forte apoio das políticas sociais para mulheres pobres, especialmente habitação e segurança pública. Como é que as mulheres afro-americanas podem abraçar as ideias de um movimento global de mulheres e rejeitar o termo "feminismo" que aparentemente catalisou essa mesma agenda nos Estados Unidos? O que exatamente há no feminismo americano ou ocidental que as mulheres negras aparentemente rejeitam?

Política de Identidade Pessoal e Feminismo Ocidental: Por Que Raça, Classe e Nação Importam

Raça, classe e nação são importantes nas definições do ativismo político das mulheres em geral e no próprio feminismo americano. Estratégias políticas que pressupõem que a unidade fundamental da organização política consiste em um *indivíduo* com direitos ganham significado principalmente em um contexto de privilégio racial e suas correspondentes noções de individualidade, cujo plano de fundo é um sistema de classe social que assegura aos indivíduos de classe média individualidade e privacidade. Dentro de um

---

48 T. Smith, What Happens When Your Hood Is the Last Stop on the White Flight Express?, em D. Hernández; B. Rehman (eds.), *Colonize This! Young Women of Color on Today's Feminism*, p. 62.

O PESSOAL AINDA É POLÍTICO?

contexto de individualismo possessivo, os direitos políticos passam a ser vistos como mercadorias que os cidadãos americanos possuem ou adquirem como indivíduos. Quando vinculado a um sistema racial que descarta um grande número de pessoas que são vistas não como indivíduos, mas como membros de um grupo, esse individualismo possessivo também promove um individualismo irresponsável. Como todas as mulheres nos Estados Unidos compartilham da mesma sociedade, mas em posições sociais muito diferentes, esses valores americanos afetam a política das mulheres. Nesse contexto, raça, classe e nação moldam a compreensão do pessoal, do político e do lugar tanto da política de identidade pessoal quanto da política de identidade coletiva na sociedade americana.

Como *indivíduos*, as mulheres afro-americanas e as brancas americanas são notavelmente diferentes. No entanto, as relações hierárquicas de poder nos Estados Unidos, ao classificarem essas mulheres em *grupos* raciais e de classe social, criam diferentes tipos de experiência entre elas segundo o seu *status* de cidadania – cidadã de primeira classe, de segunda classe e não cidadã. Por exemplo, a segregação racial de bairros, escolas e ocupações continua a promover estruturas de oportunidades separadas e amplamente desiguais para mulheres e meninas afro-americanas, latinas, da classe trabalhadora e imigrantes. Individualmente, as mulheres podem expressar reações divergentes a essas restrições estruturais – por exemplo, a diferença entre mulheres brancas de classe média que aderem ao *status quo* ou que escolhem se tornar "traidoras da raça". No entanto, comportamentos rebeldes e transgressores raramente podem levar uma mulher a apagar as diferenças no que concerne às estruturas de oportunidades de sua vida, como aquela entre bairros suburbanos brancos em grande parte ricos e de classe média e bairros negros e latinos situados no centro da cidade ocupados majoritariamente pela classe trabalhadora. Apesar dessas diferenças, no entanto, mulheres brancas e afro-americanas têm em comum a cidadania americana, um pressuposto compartilhado que ofusca outras questões da maior relevância, como o de pertencer ao corpo político americano. Questões de cidadania não estão ausentes; em vez disso, elas são refratadas por meio de um *framework* de cidadania de primeira e segunda classe, de modo que ser branco e de classe média é receber tratamento de primeira classe, enquanto ser negro e pobre ou da classe trabalhadora é merecer o *status* de segunda classe.

O racismo é socialmente construído nos Estados Unidos por meio de classificações raciais destinadas a atribuir individualidade aos cidadãos de primeira classe e negá-la aos cidadãos de segunda classe e aos não cidadãos. Os brancos normalmente se veem como "sem raça", mas percebem os negros, latinos e povos indígenas como tendo uma "raça" ou etnicidade[49]. Brancos e negros representam, portanto, duas extremidades de um *continuum* racial, com uma extremidade povoada por *indivíduos* brancos sem raça e a outra ocupada por um *grupo* negro intensamente racializado. Latinos, asiáticos e grupos raciais/étnicos de imigrantes disputam um lugar entre esses dois polos, forçados a se posicionar entre os significados sociais atribuídos a brancos e negros – nesse caso, o tratamento benéfico oferecido aos indivíduos e a discriminação e o estigma associados aos negros como um grupo racial menosprezado. O traço comum que atravessa essas diferentes formações raciais é que quanto mais próximo se está da branquitude, mais provável é ser visto como indivíduo e receber os direitos de cidadania de primeira classe. Como um sistema de poder, o racismo obscurece seu próprio funcionamento ao criar um tratamento diferenciado baseado na raça. Sejam as práticas históricas associadas à Regra de uma gota (*one-drop rule*) dos Estados Unidos para classificar os indivíduos como brancos ou negros, ou as formações raciais mais fluidas de Brasil, Porto Rico e outras sociedades latino-americanas, ou a ainda emergente ordem racial americana em resposta à considerável crise asiática e à imigração latina, em todas elas o tratamento individual está ligado ao *status* do grupo[50].

O privilégio branco permite que os americanos brancos evitem enfrentar o fato de que ser membro de um grupo racial gera os

---

49 Para uma análise das estratégias que os americanos brancos usam para construir essas identidades raciais e não raciais, consultar E. Bonilla-Silva, *White Supremacy and Racism in the Post-Civil Rights Era*.

50 Para uma discussão sobre como esse processo funcionou nos Estados Unidos, ver o capítulo 1 deste volume.

O PESSOAL AINDA É POLÍTICO?

privilégios de que desfrutam – nesse caso, o de ser um indivíduo. Nesse contexto, os americanos brancos são rotineiramente encorajados a racializar os problemas sociais – por exemplo, atribuir taxas mais altas de desemprego, pobreza e problemas de saúde que afetam os americanos negros às chamadas características raciais dos negros. Valendo-se de uma variedade estonteante de argumentos biológicos e culturais para explicar as condições de grupo dos afro--americanos, eles não conseguem aplicar essa mesma lógica à sua própria situação de privilégio. Em vez disso, os brancos rotineiramente atribuem seu próprio sucesso não à vantagem injusta que emana de sua classificação de grupo como brancos em uma formação racial que privilegia a branquitude, mas a seus atributos *individuais*, como habilidade, talento, motivação, autodisciplina e trabalho duro. Dentro dessa lógica de individualismo irresponsável, eles não são responsáveis por ninguém além de si mesmos. Este não é um argumento novo. O apagamento da individualidade negra e a criação dos negros como grupo racial tiveram origem na economia política da escravidão que, em termos legais, classificava os negros como bens móveis e propriedades, e não como seres humanos. O que é novo é a capacidade da branquitude de continuar a obscurecer seu próprio funcionamento no contexto das condições sociais muito alteradas do novo racismo.

Essa ideologia do individualismo irresponsável tem efeitos concretos sobre os negros e outros grupos oprimidos, os quais, por sua vez, influenciam a política feminista. Considere a descrição de Siobhan Brooks sobre como a aceitação desse sistema de crenças promoveu a violência normalizada no bairro afro-americano pobre em que ela foi criada em San Francisco: "Era como se questões de abuso não tivessem nada a ver conosco, como se apenas os brancos fossem dignos de falar de abuso. O sofrimento e o abuso sistemático em comunidades de cor foram assim normalizados. Muitas vezes nem sabíamos que éramos oprimidos. Alguns de nós pensavam que o sofrimento era apenas uma parte de ser negro."[51] Somente os indivíduos brancos

---

[51] S. Brooks, Black Feminism in Everyday Life, em D. Hernández; B. Rehman (eds.), *Colonize This! Young Women of Color on Today's Feminism*, p. 108.

229

possuem os benefícios de reivindicar danos individuais; membros de grupos historicamente oprimidos deveriam simplesmente aguentar calados. Erica Gonzalez Martinez oferece outra visão de como as concepções americanas de individualismo funcionam de maneira diferente em comunidades porto-riquenhas com um histórico de filhas criadas para serem construtoras obedientes de comunidades: "Como uma mulher solteira e politicamente consciente, estou exposta à crítica interna, assim como ao juiz cultural externo, para avaliar se estou agindo como uma gringa egoísta e individualista ou como uma latina que respeita e constrói uma comunidade."[52]

Uma política feminista incapaz de criticar a imagem da "gringa egoísta e individualista" permanecerá limitada e nunca se tornará um movimento das mulheres de base ampla. Recusar-se a abordar essas questões acerca de um individualismo racializado é ir contra uma política de identidade coletiva de mulheres afro-americanas que sabem que negociar um caso de cada vez pode render resultados muito modestos para as mulheres negras como um grupo. Essa visão estreita da política feminista pode ser eficaz dentro dos pressupostos do liberalismo; porém, para aqueles que historicamente tiveram negados os benefícios da individualidade, essa postura pode agravar a ordem racial preexistente. Ao mesmo tempo, Martinez é igualmente taxativa em sua crítica sobre o que agora é visto como o reverso do individualismo irresponsável: o tipo de política promovida pela "latina que constrói a comunidade e tem respeito", que é encorajada a subordinar suas necessidades como indivíduo às necessidades do grupo. Essas duas visões de individualidade não precisam ser contraditórias, mas muitas vezes são percebidas dessa forma[53].

Raça e classe se interseccionam de tal modo nos Estados Unidos que muitas vezes a raça se torna um indicador de classe. No entanto, a classe social também produz diferenças de grupo importantes,

---

52 E.G. Martinez, Dutiful Hijas, em D. Hernández; B. Rehman (eds.), *Colonize This! Young Women of Color on Today's Feminism*, p. 153.

53 Analiso essas aparentes contradições como decorrentes das maneiras pelas quais o feminismo ocidental e o nacionalismo negro são construídos como opostos. Sugiro que o *framework* do nacionalismo feminista pode ser um caminho promissor para a síntese política e teórica. Ver o capítulo 5 deste volume.

O PESSOAL AINDA É POLÍTICO?

muitas vezes subestimadas devido à atenção exagerada conferida ao racismo. As classes representam categorias sociais com interesses diferentes que nascem de suas respectivas posições dentro do capitalismo[54]. Por exemplo, é do interesse dos americanos ricos eliminar programas de bem-estar social vistos por eles como apoio a pessoas irresponsáveis ou a um tipo de governo que gasta mal os recursos federais (embora não seja corrupto). A globalização tende a beneficiar essa camada da população, pois a redução de barreiras comerciais e tarifas cria maiores oportunidades de investimento. Ela se beneficia da mobilidade do capital. Em contraste, a classe trabalhadora e os americanos pobres buscam educação, empregos e serviços humanos básicos. Na falta de riqueza acumulada que lhes sirva de anteparo contra os mercados capitalistas, eles procuram as instituições governamentais para protegê-los dos piores aspectos do desenvolvimento. A globalização normalmente é prejudicial a essa população. Seus empregos desaparecem e são transferidos para nações estrangeiras. Por conta da globalização, as bases tributárias que sustentavam escolas, criavam empregos e ofereciam serviços humanos básicos diminuíram, onerando essa população com elevados gastos médicos e sem plano de saúde.

Assim como o direito ao individualismo é reservado aos brancos, o direito à privacidade constitui um privilégio de classe associado à classe média. Crenças na sacralidade da propriedade privada típicas

---

54 Concentrações de poder econômico (ser dono de propriedade geradora de renda), poder político (autoridade de supervisão direta nos locais de trabalho juntamente com domínio em arenas governamentais) e poder ideológico (funções gerenciais e controle sobre escolas, mídia e outras formas de representação) distinguem a classe média da classe trabalhadora. Em contraste com os modelos de *status* social que refletem crenças no individualismo, as abordagens pautadas na classe social permanecem fundamentadas em noções de posicionamento de grupo. (E. Higginbotham; L. Weber, Moving Up with Kin and Community, *Gender and Society*, v. 6, n. 3.) Em contraste com os modelos de classe social baseados em grupo, educação, prestígio e renda representam formas de *status* social – classificações relativas hierarquicamente estruturadas da posição na escada do sucesso econômico e do prestígio social. As posições desse tipo não são estabelecidas por relações sociais de dominação e subordinação, mas sim como classificações em escalas que representam recursos e desejabilidade. A confiança nas categorias de *status* social reforça a tendência de ver as questões sociais em termos individualistas, enquanto a classe social promove uma orientação coletiva. Essa distinção entre indivíduo e grupo também molda as discussões dos pontos de vista individuais e grupais.

FEMINISMO, NACIONALISMO E MULHERES AFRO-AMERICANAS

de quem pode comprar uma casa bem localizada num subúrbio – espaço fundamentalmente privado conexo ao espaço público de habitação pública, transporte público e escolas públicas – permitem que as famílias de classe média não sofram com a intromissão de vizinhos, colegas e as regulamentações governamentais. Para os membros da classe média, o privilégio de classe compra a privacidade, afastando a intervenção do Estado de suas famílias nucleares. A retórica da família idealizada pinta os lares de classe média como refúgios em face da esfera pública, territórios de nutrição onde os membros individuais da família encontram todo o suporte que lhes permite contribuir com a esfera pública. O privilégio de classe também garante a proteção da individualidade em face do espaço público – ou seja, o uso do poder de polícia para proteger os interesses dos indivíduos de classe média que mantêm algum tipo de contato com as pessoas da classe trabalhadora. Juntas, as conexões entre essas noções de privacidade familiar e a proteção dos direitos dos indivíduos de classe média em espaços públicos estabelecem uma orientação distinta para os direitos individuais. Fundamentado na noção de cidadão como ser humano que possui direitos individuais, o pressuposto dos direitos individuais permanece fundamental para a política democrática.

Nos Estados Unidos, o lugar das mulheres brancas de classe média dentro desse contexto racial e de classe social explica como esse grupo é tratado nas políticas públicas americanas[55]. Também explica por que o modelo do *pessoal como político* foi predominante nesse grupo e por que a ausência de uma análise de raça e classe social promoveu uma análise de gênero individualista dentro do feminismo americano. Como aponta Barbara Ellen Smith: "As estratégias específicas de gênero tendem a ser altamente individualistas, em parte porque [...] o gênero nos Estados Unidos não cria comunidades territoriais de mulheres."[56] As análises feministas dos vínculos entre o pessoal e o político refletem esse viés individualista. A branquitude e o privilégio da classe média supostamente

---

55 Para uma discussão de como esse tratamento diferenciado molda as políticas populacionais dos Estados Unidos, consultar o capítulo 2 deste volume.

56 B.E. Smith, Crossing the Great Divides, *Gender and Society*, v. 9, n. 6, p. 692.

O PESSOAL AINDA É POLÍTICO?

forneciam as condições para que alguém fosse um indivíduo na privacidade de sua casa e pudesse proteger sua individualidade em face da esfera pública, mas o gênero excluía as mulheres brancas de classe média de desfrutar plenamente de qualquer um desses privilégios. Especificamente, as análises feministas da família criticando a dominação masculina dentro de casa não viam a esfera privada do lar como um local de expressão e liberdade pessoal. Os pais e maridos das mulheres brancas as impediam de obter educação, aspirar a um emprego significativo e controlar suas próprias capacidades reprodutivas. Em vez de ser um local que promovia a individualidade dessas mulheres, a esfera privada do lar passou a simbolizar a supressão dos direitos individuais de expressão pessoal. Questões como os direitos de escolha reprodutiva fundamentados nos direitos individuais da mulher de controlar seu próprio corpo emergem desse contexto interpretativo. Da mesma forma, o medo de estupro limitava o acesso seguro à esfera pública das ruas, o assédio sexual retardou o acesso ao local de trabalho e as representações culturais das mulheres brancas como frágeis, fracas e dependentes jogaram contra o surgimento da independência das mulheres.

Essas aspirações individualistas de exercer poder e controle dentro de espaços públicos e privados refletem os privilégios da classe média branca que acompanham a cidadania de primeira classe – mulheres de cor da classe trabalhadora, raciais/étnicas e imigrantes receberam muito menos privacidade e individualidade. Por exemplo, as mulheres afro-americanas lutaram para manter seus direitos tanto na esfera privada da vida familiar quanto nas esferas públicas da sociedade civil negra e das instituições governamentais, trabalhistas e sociais dominadas pelos brancos. Isso significa que as mulheres afro-americanas têm uma relação diferente com o sistema de classe social e com as noções de privacidade familiar e a proteção dos que são vistos como indivíduos no espaço público. Como as mulheres americanas brancas de classe média, as mulheres americanas negras experimentam a dominação masculina em casa e o assédio na esfera pública. Mas, ao mesmo tempo, visões distintas sobre o individualismo emergente de uma convergência comparável de raça e classe promoveram uma perspectiva diferente para as mulheres negras,

FEMINISMO, NACIONALISMO E MULHERES AFRO-AMERICANAS

evitando abordagens individuais para questões sociais em favor de respostas coletivas[57].

Esses sistemas de crenças retardam a capacidade das mulheres negras de desenvolver uma política robusta que seja totalmente sensível às necessidades das mulheres que não as cidadãs americanas brancas de classe média. Tomemos, por exemplo, a necessidade das mulheres negras por uma nova política sexual negra. A política pessoal do feminismo vista através das lentes do individualismo irresponsável e dos direitos à privacidade, juntamente com a política pessoal transgressora estimulada pela teoria *queer*, deixa pouco espaço para uma nova política do corpo negro que proporcione às mulheres negras um grau de autonomia sexual e relações interpessoais honestas[58]. Uma contribuição importante do aumento da atenção à sexualidade é o surgimento de uma política corporal baseada em direitos que argumenta que as mulheres têm o direito de controlar seus próprios corpos, especialmente sua sexualidade e fertilidade. A dificuldade está em reconciliar essa política corporal baseada em direitos com o contexto em que ela se originou: um individualismo baseado em direitos, cuja fonte jurídica são os direitos individuais de propriedade. Dentro dessa lógica, os corpos tornam-se bens a serem descartados como se queira. Essa linguagem de propriedade acerca do próprio corpo reflete a linguagem de propriedade associada à escravidão americana e à tendência histórica de se ver mulheres e crianças pelas lentes da propriedade masculina. Quando combinadas com o individualismo aparentemente irrestrito da política *queer* transgressiva, essas políticas pessoais fazem pouco para desafiar o racismo e a exploração de classe social que condenam a vida das mulheres afro-americanas.

No geral, as primeiras noções do feminismo ocidental acerca do pessoal enquanto uma metáfora para ideias mais transgressoras em

---

57 Discuto essas ideias longamente em P.H. Collins, *Black Feminist Thought.*

58 Essa negação da individualidade e privacidade também ajuda a explicar por que pessoas negras LGBT não abraçaram uniformemente a política aparentemente transgressora da teoria *queer*. Pessoas LGBT negras têm uma posição distinta dentro dessas relações sociais que moldam sua política. Para uma discussão mais ampla desse tema, ver P.H. Collins, *Black Sexual Politics*, p. 105-114. Para uma pesquisa das opiniões LGBT negras, incluindo a relutância em reivindicar o termo *queer*, consultar J. Battle et al., *Say It Loud, I'm Black and I'm Proud.*

234

relação ao empoderamento das mulheres deram lugar a uma versão da política pessoal cada vez mais narcisista e passível de anexação por parte das forças políticas conservadoras nos Estados Unidos. Além disso, as noções do político, que inicialmente se concentravam na pobreza das mulheres como uma janela para as desigualdades de classe nos Estados Unidos, também evoluíram para a demanda por um nicho dentro dos sistemas preexistentes de estratificação de classe. A política das mulheres negras, bem como a de todas as mulheres de raça, classe e grupos étnicos subordinados, enfrenta as mesmas pressões.

Descobrindo o Feminismo: As Mulheres Negras da Geração Hip-Hop

> *Eu costumava achar que tinha perdido meu tempo. Achei que a chama que iluminava os corações dos ativistas havia se apagado [...] Mas enxergar o ativismo para além das restrições e construções dos anos 1960 abriu minha mente para um novo mundo de trabalho e pensamento progressista. Agora me dá força saber que as pessoas têm combatido ativamente o sexismo, o racismo e outras opressões interseccionais por muito tempo. Muitos desses ícones que respeito ainda estão em cena fazendo ativamente suas coisas por nós. Esse saber é a munição que utilizo quando me junto a eles e a meus colegas para continuar lutando nessas batalhas e em outras frentes exclusivas de nosso tempo. Não podemos ficar complacentes. A coisa mais importante que podemos fazer como geração é ver nossas novas posições como poder e armas a serem usadas estrategicamente na luta, e não como despojos de guerra.*
>
> SHANI JAMILA[59]

Nascida na geração que atingiu a maioridade após a mobilização das mulheres nas décadas de 1960 e 1970, a feminista negra da geração hip-hop shani jamila achou que havia perdido seu tempo. Suas experiências a levaram a crer que a "chama que iluminava os corações das

---

[59] S. Jamila, Can I Get a Witness? Testimony from a Hip Hop Feminist, em D. Hernández; B. Rehman (eds.), *Colonize This! Young Women of Color on Today's Feminism*, p. 393-394.

ativistas havia se apagado". Mas assim como jamila passou a ver que os ícones que ela respeitava continuaram seu trabalho político, agora vemos que o movimento das mulheres não desapareceu. Estaria o movimento das mulheres entrando em uma nova fase de mobilização, uma fase que requer participação ativa, senão liderança, das mulheres negras da geração hip-hop? Como o movimento das mulheres responderá aos desafios de seu foco nos direitos individuais, à exclusão dos projetos de justiça social baseados em grupos, a esse *framework* que trata direitos como posses que as mulheres detêm e controlam e às pressões conservadoras para anexar noções de política pessoal voltadas a agendas políticas conservadoras? As mulheres negras aparentemente rejeitam certas expressões do feminismo não porque discordam de suas principais ideias, mas porque rejeitam os princípios feministas refratados pelas relações americanas de raça, classe e nação. Além disso, quando se trata das sensibilidades feministas das mulheres negras da geração hip-hop, o pessoal ainda é político?

Aqui vou me concentrar em temas que, a meu ver, dizem respeito às novas formas de mobilização que nascem com as mulheres afro-americanas da geração hip-hop, bem como aos impactos sobre elas das mudanças no conceito do pessoal como político. Um desses temas procura entender por quais mecanismos as mulheres afro-americanas e outras mulheres raciais/étnicas podem descobrir o feminismo. As mulheres que frequentam faculdades e universidades com programas de estudos das mulheres e que acabam sendo expostas a esse tipo de conhecimento têm mais probabilidade de descobrir o feminismo do que as mulheres que não recebem educação formal ou cujas vidas transcorrem inteiramente dentro dos limites de comunidades raciais/étnicas. Isso é sintomático porque, para as mulheres raciais/étnicas pobres e da classe trabalhadora nos Estados Unidos, já é difícil frequentar uma faculdade, quanto mais se matricular em cursos de estudos das mulheres. O acesso ao feminismo atual é racionado: não é mais público, ao contrário, vem se tornando cada vez mais privado.

A primeira exposição das mulheres afro-americanas ao feminismo pode ocorrer nas salas de aula de estudos das mulheres; porém, como muitas sentem as contradições predominantes entre o

O PESSOAL AINDA É POLÍTICO?

nacionalismo negro e o feminismo ocidental, elas questionam aquilo que seus professores ensinam a respeito do feminismo. Como outros movimentos sociais nos Estados Unidos, os estudos das mulheres reagiram à pressão generalizada para reduzir as questões sistêmicas e estruturais da opressão ao nível de problemas pessoais individuais. Domar e conter com segurança o radicalismo feminista dos anos 1960 e 1970 nas salas de aula dos estudos das mulheres acaba promovendo as noções atenuadas de política pessoal como emblemáticas do ativismo político feminista. Preocupadas com as questões do "eu" em detrimento do "social", muitas salas de aula, como resultado, adotam uma política de identidade pessoal empobrecida que se baseia em narrativas simples que imitam a política pessoal da sociedade americana mais ampla, onde política *é* trabalhar os próprios problemas pessoais.

O fato de que a primeira exposição das mulheres negras ao feminismo ocorra nas salas de aula de estudos das mulheres levanta várias questões. Pode um feminismo acadêmico que carece de vínculos com um movimento das mulheres e que é prejudicado por sua posição sobre raça, classe e nação ter alguma serventia para mulheres afro-americanas e outras mulheres raciais/étnicas além de ajudá-las a explorar seus problemas pessoais? Aqui, o termo "mulheres de cor" pode obscurecer mais do que revelar. Termos como "afro-americano", "mexicano", "porto-riquenho", "vietnamita", "jamaicano" e "povo indígena" se referem a grupos raciais/étnicos com histórias com opressão racial ou nacional. Em contraste, o termo "cor" carece desse contexto histórico e é mais facilmente associado aos corpos individuais tão celebrados nos *frameworks* pós-modernos. Em um clima onde uma mulher de "cor" é tão boa quanto outra, o potencial radical de mulheres raciais/étnicas que trazem uma perspectiva crítica não apenas sobre gênero, mas também sobre questões de raça, classe e nação, pode ser facilmente eliminado da faculdade em geral, e das aulas de estudos das mulheres em particular. Essas jovens têm muito a dizer, mas se forem nomeadas porta-vozes do "feminismo de cor", de que maneira poderão promover os objetivos do novo racismo e seu foco na cegueira de cor? Elas são conscientes da "cor", mas são racialmente/etnicamente conscientes? Por outro

FEMINISMO, NACIONALISMO E MULHERES AFRO-AMERICANAS

lado, a própria marginalidade das mulheres raciais/étnicas nos estudos das mulheres cria uma nova identidade coletiva – ironicamente, a das "mulheres feministas de cor" – que se situa entre as políticas de identidade coletiva das comunidades raciais/étnicas (nacionalismo) e as agendas de direitos individuais dos projetos de estudos das mulheres (feminismo).

Dadas essas contradições, nas salas de aula de estudos das mulheres, apegar-se ao pessoal como político pode ser a salvação para as mulheres afro-americanas, mexicanas, porto-riquenhas e imigrantes raciais/étnicas da classe trabalhadora e de comunidades pobres. As poucas que encontram seu caminho para as salas de aula de estudos das mulheres usam os pressupostos de sua própria conscientização política pessoal para desafiar a política igualmente pessoal de seus colegas de classe. Siobhan Brooks, graduada em estudos das mulheres afro-americanos, descreve como essas dinâmicas ocorrem em muitas salas de aula: "As aulas de estudos das mulheres não precisam ser uma luta pelo poder entre mulheres brancas e mulheres de cor, mas geralmente é isso que elas são por causa do racismo das mulheres brancas [...] Não é construtivo para as mulheres brancas nos dizer que nossa raiva está dificultando o relacionamento delas conosco, que nossa raiva gera uma situação desconfortável para elas, que não estamos dispostas a encontrar os pontos em comuns com elas. Este é um exemplo clássico de racismo de mulheres brancas."[60] Além disso, as salas de aula de estudos das mulheres que abandonam a práxis feminista em favor de uma política pessoal narcisista correm o risco de interpretar mal ideias importantes que mulheres de cor podem trazer para esses ambientes. Veja, por exemplo,

---

60 S. Brooks, op. cit., p. 116-117. O argumento de Wiegman é racista ou elitista? Pelo fato de estar familiarizada com a política da academia, não creio que seja. Wiegman é simpática ao ímpeto de examinar as ligações entre o feminismo acadêmico e o feminismo do movimento social. Ela apenas não quer que isso seja uma exigência do feminismo acadêmico contemporâneo. Ao mesmo tempo, também posso ver como argumentos como o de Wiegman podem ser facilmente reformulados por aqueles que buscam alguma forma de negociar as tensões criadas por seu "feminismo cotidiano" e o feminismo teórico na sala de aula. A liberdade de não considerar o ativismo do movimento social é um privilégio que se correlaciona fortemente com branquitude, riqueza e cidadania americana.

238

O PESSOAL AINDA É POLÍTICO?

a descrição de Paula Austin do tipo de "feminismo cotidiano" que ela aprendeu com sua mãe:

> Minha mãe me ensinou tudo o que sei sobre "feminismo", mesmo que ela não soubesse que estava me ensinando. Ela me ensinou a trabalhar duro, a ser dura, a lutar com firmeza, a temer o amor (a questionar o amor). Ela me ensinou o significado de honra, retribuição e medo, bem como de uma dor que vem de longe. Ela me ensinou o que sabia. Ela me ensinou sobre desejo, sexo e sensualidade. Como flertar, ser tímida e recatada. Como ser feminina, uma diva, mostrar meu decote. Como ser olhada, como ser invisível e ter medo. Como sobreviver, como permanecer viva. Ela me ensinou o que podia. Sobre o poder e a autoridade das mulheres.[61]

Esta é uma sensibilidade política muito diferente expressa pelas mesmas mulheres cujas colegas de classe mais privilegiadas são encorajadas a vê-las como subalternas marginalizadas e sem voz que não podem falar.

Felizmente, as mulheres de cor que postulam uma identidade coletiva emergente como "mulheres de cor feministas" decidiram voltar suas vozes não somente para dentro das salas de aula, mas também para fora, fornecendo uma análise mais abrangente da conscientização contemporânea. Veja, por exemplo, os temas recorrentes em *Colonize This! Young Women of Color on Today's Feminism*, um livro de ensaios que nos fala muito sobre as ideias das mulheres negras que descobrem o feminismo na faculdade. Por um lado, as mulheres de cor que escrevem esses ensaios chegaram ao feminismo não por meio de família, política comunitária e/ou experiência de movimento social, mas por terem sido expostas a isso na faculdade. Para muitas mulheres, inicialmente o feminismo nas salas de aula de estudos das mulheres parecia libertador. Como aponta Paula Austin, "De muitas maneiras, esta foi uma época idílica: o ativismo social e a diversidade funcionam em um ambiente relativamente seguro. Eu não saberia o real impacto do patriarcado e sua interseção com racismo, sexismo e

---

61 P. Austin, Femme-Inism: Lessons from My Mother, em D. Hernández; B. Rehman (eds.), *Colonize This! Young Women of Color on Today's Feminism*, p. 157.

FEMINISMO, NACIONALISMO E MULHERES AFRO-AMERICANAS

homofobia até que saísse da escola."[62] Ao mesmo tempo, algo estava faltando. Como uma mulher afro-americana aponta sucintamente: "O feminismo cotidiano com o qual cresci não estava presente em minhas aulas; as mulheres tinham a teoria, mas não a prática."[63] As autoras responsáveis pela edição do livro descrevem esse processo em suas próprias vidas: "Como tantas outras mulheres de cor, nós duas aprendemos a linguagem do feminismo na faculdade por meio de uma perspectiva branca e de classe média, o que não deixa de ser uma forma de colonização. O feminismo deveria ter nos aproximado de nossas mães e irmãs e de nossas tias no Terceiro Mundo. Em vez disso, nos levou para mais longe."[64]

Outro tema recorrente em *Colonize This!* é referente à tensão entre a postura "libertadora" do feminismo branco e o desejo das mulheres de permanecer conectadas às mulheres de cor que nutriram seu feminismo. Várias delas alegaram que suas mães (e, em alguns casos, pais) as criaram para serem mulheres fortes e autossuficientes. As mães desempenharam um papel importante em muitas dessas narrativas, porém, diferentemente do que ocorre em algumas obras da literatura feminista branca, aqui elas não aparecem para serem acusadas de algo, mas antes pela influência que tiveram na vida de suas filhas. O modo como Martinez descreve suas sensibilidades feministas é bastante comum: "Minha primeira compreensão real do feminismo veio por meio das mulheres que se pareciam comigo e que dialogavam comigo cultural e politicamente. Elas estavam comprometidas com a libertação, fosse de uma colônia ou de si mesmas. Como porto-riquenha, essas questões de raça, classe e libertação nacional eram cruciais para mim."[65] Esse "feminismo

---

62 Ibidem, p. 162.

63 S. Brooks, op. cit., p. 115.

64 D. Hernández; B. Rehman (eds.), *Colonize This! Young Women of Color on Today's Feminism*, p. xxii. Kimberly Springer também examina brevemente a importância da introdução do feminismo negro nas salas de aula do ensino superior. Springer indaga como as ideias do feminismo negro podem chegar ao público jovem que não tem acesso ao *Village Voice*, uma importante publicação que divulga o trabalho das mulheres que ela pesquisa, ou, nesse caso, que não moram na cidade de Nova York. (K. Springer, Third Wave Black Feminism? *Signs*, v. 27, n. 4, p. 1077.)

65 E.G. Martinez, op. cit., p. 146.

O PESSOAL AINDA É POLÍTICO?

cotidiano" assumia muitas formas. Para algumas, suas mães eram migrantes cujas lutas para sustentar seus filhos deram a suas filhas o dom da oportunidade e a vontade de "migrar" para longe de casa e para os espaços brancos do ensino superior. Outras admiravam a vontade de suas mães, mas não seus valores. Nenhuma aprendeu a nomear o comportamento das mulheres em suas vidas como "feminista" antes de descobrir o termo dentro dos programas formais de estudos das mulheres. Elas sabiam que as mulheres que as criaram encorajavam sua resiliência, mas parecia haver pouco espaço dentro do que era considerado feminismo para suas mães, irmãs, tias e vizinhas. Como resultado dessa tensão, muitas das autoras também expressaram vários graus de conforto e desconforto com o que aprenderam sobre o feminismo. Elas claramente abraçaram suas ideias principais, mas permaneceram ambivalentes em relação à sua aplicabilidade às mulheres de suas vidas.

A escolha de narrativas de identidade pessoal como método preferencial de discussão sobre o feminismo é um dos temas mais marcantes de *Colonize This!* Em um certo sentido, essas jovens feministas lançam o *slogan* feminista "O Pessoal É Político" não dentro dos limites de grupos de conscientização, mas, ao contrário, no espaço da cultura popular contemporânea. Ao mesmo tempo, poucos autores escrevem *dentro* das identidades coletivas tradicionais de grupos raciais, étnicos, religiosos ou de cidadania, mesmo aqueles que cresceram dentro deles. Em vez disso, eles contam com as memórias dos espaços domésticos, bem como com as lições aprendidas em jornadas fora dessas identidades coletivas. A partir desses espaços externos de narrativas de identidade pessoal, praticamente nenhum dos ensaios lançou com firmeza um olhar externo sobre as condições sociais que afetam as mulheres nos Estados Unidos e além[66]. Não há praticamente nenhuma discussão a respeito de políticas populacionais, reforma social, equiparação salarial, política familiar ou organizações de base de mulheres, a menos que tais discussões estejam diretamente ligadas às experiências pessoais da autora. Em vez disso, a política não apenas cresce a partir de suas

---

66 Ver, por exemplo, os ensaios em T.C. Bambara (ed.), *The Black Woman*.

vidas pessoais; ela não parece ir muito além disso. As autoras entendem claramente e têm visões progressistas sobre racismo, sexismo,
heterossexismo e exploração de classe, porém suas narrativas não
examinam, em suas origens estruturais, nem como esses sistemas
afetam as mulheres nem as respostas organizadas das mulheres a eles
(por exemplo, o movimento das mulheres). Questões sociais feministas permeiam as narrativas – aborto, infecção pelo HIV, as agruras
do trabalho doméstico não remunerado das mulheres, os desafios da
maternidade sem dinheiro e assim por diante –, e o impacto da leitura das narrativas individuais como uma coletividade é poderoso.
Ao mesmo tempo, o contexto do movimento social do feminismo
continua sendo um pano de fundo para questões mais pessoais.

Cito os ensaios em *Colonize This!* porque as ideias e experiências das mulheres de cor da geração hip-hop sinalizam uma ruptura
significativa com os caminhos anteriores para a política feminista
trilhado pelas mulheres raciais/étnicas. Na contemporaneidade,
as mulheres de cor aparentemente seguem um caminho pessoal de
descoberta do feminismo diferente daquele seguido por mulheres
afro-americanas, mexicanas, porto-riquenhas e outras nas décadas
de 1960 e 1970; elas também deparam com uma realidade política
diferente quando o descobrem. Durante esse período inicial, um rico
contexto de movimento social desempenhou um papel importante
na formação de todos os segmentos do movimento das mulheres.
Descrevendo os efeitos desse contexto na política feminista, Benita
Roth argumenta que as mulheres negras, mexicanas e brancas seguiram "caminhos distintos em direção ao feminismo" que refletiam
e moldavam a multiplicidade de feminismos da época[67]. Em contraste, os governos republicanos conservadores e de direita, desde a
década de 1980 até o presente, lideraram o caminho para criticar e
ridicularizar não apenas o movimento das mulheres, mas também as
aspirações de sindicatos, grupos de direitos civis, minorias sexuais,
grupos de imigrantes e pessoas pobres. Além disso, as mulheres de
cor que se identificam como feministas podem ser menos propensas
a manter laços dentro de comunidades raciais/étnicas estabelecidas,

---

67 Ver B. Roth, op. cit.

O PESSOAL AINDA É POLÍTICO?

onde outro tipo de "feminismo cotidiano" que está ligado a uma identidade política coletiva pode ser praticado.

Preocupa-me profundamente qualquer grupo de mulheres que faz do feminismo uma suposta ideologia radical por meio de um processo que restringe a educação para poucos privilegiados. Poucos espaços dentro do ensino superior americano são radicais: eles são progressistas, talvez, e liberais ocasionalmente, mas definitivamente não são radicais. "Um professor radical com estabilidade" é um oxímoro. O radicalismo não é tolerado dentro das instituições de elite, aquelas que contêm os programas de estudos das mulheres mais visíveis, porque o verdadeiro radicalismo tem na mira as próprias condições sociais que produzem essas estruturas de sala de aula e as dinâmicas que elas engendram. As mulheres mais "radicais" que conheci nas faculdades e universidades americanas trabalham em faculdades comunitárias, onde entendem que sua missão é contribuir para o desenvolvimento dos estudantes da classe trabalhadora, especialmente os estudantes de cor. O trabalho desses professores é teoricamente informado, mas por terem de ministrar cinco cursos por trimestre ou semestre, eles acabam dispondo de pouco tempo para publicar, muito menos para se envolver em debates extensos sobre o significado da diferença.

Há também a importante questão do que constitui o cânone feminista nas salas de aula de estudos das mulheres. As jovens negras muitas vezes não estão cientes das muitas obras de escritoras e teóricas feministas negras e certamente não estão obtendo informações acerca dessas mulheres em suas aulas da graduação. A maioria das aulas da graduação sobre estudos das mulheres apresenta alguns nomes importantes – por exemplo, Audre Lorde e bell hooks – e, na melhor das hipóteses, encara algumas de suas obras como o cânone feminista negro. Dentro dos espaços de estudos feministas/ das mulheres em grande parte brancos, as complexidades do pensamento feminista negro são construídas de duas maneiras: ou a partir da noção de uma alma da disciplina, a mulher como "Terra/ Mãe/Deusa" (conforme ilustrado nas obras de Audre Lorde) ou a partir de uma "polícia moral" dos estudos das mulheres (como os primeiros trabalhos de bell hooks) que critica o fato de a disciplina

243

FEMINISMO, NACIONALISMO E MULHERES AFRO-AMERICANAS

excluir as vozes das mulheres de cor. Trabalhos de feministas negras que ligam as narrativas pessoais de mulheres negras a hierarquias sociais de raça, classe e nação e que usam experiências negras variadas para desmascarar e criticar estruturas sociais de desigualdade e dominação são excluídos do currículo básico. Mulheres negras e outras mulheres raciais/étnicas em tais salas de aula geralmente escrevem a partir de experiências pessoais sem conexões explícitas com realidades estruturais, muitas vezes porque isso é o que lhes foi oferecido como o cânone feminista negro. Como afirma uma perspicaz aluna de estudos das mulheres, "A energia criativa das pensadoras feministas negras, bem como seus produtos, ainda são apresentados de tal modo que acabam servindo aos objetivos maiores das mulheres brancas, deixando, assim, de destacar em primeiro lugar a realidade das mulheres negras."[68]

É importante enfatizar que as mulheres afro-americanas (e muitos homens) rejeitam não as ideias do feminismo, mas seu rótulo. Descobri que, em minhas próprias turmas de estudos afro-americanos, as mulheres negras estão abertas a discutir ideias feministas negras porque veem os benefícios potenciais para si mesmas e para suas comunidades. Os homens negros, que são corajosos o suficiente para se juntar a elas, também demonstram muito menos resistência às ideias feministas negras do que as imagens difundidas pela mídia sobre o sexismo dos homens negros e sua hipermasculinidade nos fazem acreditar. Dada essa receptividade, a falta de conhecimento em relação ao feminismo negro, mesmo entre as mulheres que tiveram acesso à educação universitária, é preocupante. Se as mulheres negras e outras mulheres de cor se autodenominam "feministas", não é isso o mais importante. O poder de um rótulo estigmatizado para acabar com o protesto radical e impedir que as jovens negras aprendam sua própria história por medo de serem roduladas de "feministas" é um problema muito maior para os afro-americanos como coletividade do que o racismo ou o elitismo contínuo de qualquer feminista americana branca individual.

---

68 Estou em dívida com Whitney Peoples, uma estudante de pós-graduação em estudos das mulheres na Universidade de Cincinnati, pelas ideias contidas neste parágrafo.

O PESSOAL AINDA É POLÍTICO?

O segundo tema que afeta as mulheres negras da geração hip-hop diz respeito ao modo como elas usam o conhecimento adquirido por meio da conscientização nas salas de aula de estudos das mulheres, especialmente a importância da ideia do pessoal como político. Ironicamente, embora causem desconforto, as contradições que as mulheres afro-americanas, mexicanas, porto-riquenhas e outras mulheres raciais/étnicas vivenciam podem ser uma coisa boa. Elas veem a incongruência que caracteriza o aprendizado do feminismo nas salas de aula da faculdade, porém sua resposta não consiste em se tornarem acadêmicas que negociam o conhecimento no mercado acadêmico. Em vez disso, muitas optam por se engajar em um mercado diferente – qual seja, o terreno da cultura popular. Várias certamente defendem ou apoiam as políticas de base que têm sido o alicerce da política de identidade coletiva racial/étnica das mulheres. No entanto, como a discussão anterior do trabalho de Joan Morgan, Lisa Jones, Veronica Chambers e dos autores em *Colonize This!* sugerem, mulheres de cor educadas também escolhem filmes, videoclipes, ficção, poesia falada, revistas e outras dimensões da cultura popular como veículos para sua política feminista. Dito de outra forma, em contraste com as mobilizações feministas dos anos 1960 e 1970, a mobilização do movimento das mulheres ocorre não dentro das burocracias do Estado ou do ensino superior, mas dentro da cultura popular e da mídia de massa.

A cultura hip-hop atinge muito mais mulheres do que o número relativamente pequeno de mulheres negras que consegue se matricular em turmas de faculdades e universidades para estudar o tema das mulheres. A cultura hip-hop é em si uma resposta da juventude negra e latina que teve acesso negado não apenas à educação universitária, mas também à educação básica, moradia adequada, atividades recreativas e aulas de música. Em vez de se tornarem seres derrotados e desprovidos de direitos, esses jovens criaram novas formas de arte a partir dos fragmentos que herdaram[69]. Para os jovens negros e latinos a quem foi negada uma educação de

---

69 Ver N. George, *Hip Hop America*; B. Kitwana, *The Hip Hop Generation*; T. Rose, *Black Noise*.

FEMINISMO, NACIONALISMO E MULHERES AFRO-AMERICANAS

qualidade, a escola não é mais o lugar onde se alfabetizam e aprendem sobre política. Para muitos, a mídia de massa se tornou sua sala de aula. A criação e persistência dessa cultura geracional representa não apenas a resiliência da juventude negra e latina. Ela também fala para uma população jovem global. O rap, sobretudo, é um fenômeno global que transcende o provincianismo da academia americana e que tem influência muito além dos bairros negros e latinos onde apareceu pela primeira vez na década de 1980.

Isso não significa que a cultura hip-hop e, em particular, o rap não sejam problemáticos. Antes disso, como uma forma de arte, o rap pode acomodar todos os tipos de ideias – provocativas, medíocres e, em alguns casos, bastante perigosas. Reconhecendo o poder desse novo fórum tanto para oprimir quanto para libertar mulheres, muitas mulheres de cor escolhem os veículos do mercado de massa a fim de expressar percepções feministas. Isso faz sentido, dada a misoginia que é rotineiramente expressa por alguns artistas de rap. Para as mulheres afro-americanas em particular, os vínculos parecem claros. As mulheres negras, na virada do século xx, viram suas imagens vilipendiadas em uma mídia de massa emergente; as mulheres negras contemporâneas da geração hip-hop enfrentam um desafio semelhante. Mary Church Terrell e outras mulheres filiadas a clubes de classe média organizaram um movimento das mulheres negras para tratar da questão do *status* da mulher negra, e uma parte importante de sua agenda era refutar as representações negativas da feminilidade negra. As mulheres afro-americanas contemporâneas encontram-se sob ataque semelhante. As mulheres negras que conseguiram desenvolver uma análise feminista reconhecem a necessidade de usar o rap como um fórum com a finalidade de atingir mulheres jovens que não têm outros meios de descobrir o feminismo.

Se o hip-hop é a voz dessa geração, não deve ser surpresa que esse veículo possa se tornar uma área crítica para o surgimento de um feminismo hip-hop. Ao escolherem os caminhos da mídia para o feminismo hip-hop em vez de atividades mais tradicionais de políticas comunitárias negras de base ou integração acadêmica, as políticas dessas jovens feministas negras se tornam alvo da crítica e do menosprezo de alguns. Uma outra visão, porém, é a que considera que

246

O PESSOAL AINDA É POLÍTICO?

essas mulheres estão usando o espaço público de maneiras novas e necessárias. Examinando o trabalho de Morgan, Chambers e Jones, Kimberly Springer classifica os temas explorados pelas feministas negras do hip-hop da seguinte forma: 1. as relações das mulheres negras com suas histórias pessoais e políticas; 2. sua relação consigo mesma; e 3. seus relacionamentos com homens negros[70]. Trabalhando numa perspectiva diferente, Gwendolyn D. Pough, em *Check It While I Wreck It*, afirma que as rappers negras demonstram uma atitude feminista quando interrompem ou "destroem" as representações misóginas das mulheres negras em sua música. Especificamente, escritoras influenciadas pelo hip-hop e artistas de rap ou do rhythm--and-blues, como Salt-n-Pepa, Lauryn Hill, Queen Latifah, India/ Arie e Alicia Keyes, argumentam frequentemente que as mulheres negras têm o direito de ser respeitadas e amadas por suas famílias e parceiros, de se expressar livremente (artística e sexualmente) e de não serem confundidas com os estereótipos que foram associados a elas. As artistas negras encorajam meninas e mulheres negras a abraçar seu individualismo e expressão pessoal. Essa é uma política pessoal, mas que parece se diferenciar bastante dos acalorados grupos de conscientização da era do Coletivo Combahee River.

Essas mulheres desafiam as normas vigentes nas comunidades afro-americanas que aconselham as mulheres negras a colocar suas necessidades e desejos como indivíduos a serviço das necessidades supostamente maiores da comunidade negra. As mulheres afro--americanas da geração hip-hop parecem muito mais propensas a desafiar a imagem da mulher negra forte e a fazerem a sua própria defesa do que as mulheres das gerações anteriores[71]. Em particular, essas feministas negras do hip-hop percebem a recusa por parte de muitas mulheres afro-americanas a se engajar na defesa em causa própria ou em nome das mulheres negras como um grupo como um grande obstáculo para o desenvolvimento político e econômico afro-americano. Como um grupo pode progredir se metade de seus membros permanece oprimida?

---

70 Ver K. Springer, op. cit.
71 Ver J. Morgan, op. cit.

247

Essa nova versão da política pessoal expressa nos espaços da cultura popular é importante, mas as representações que permanecem desvinculadas dos movimentos sociais reais tornam difícil para os consumidores da cultura popular dizer se estão participando de uma nova forma importante de política feminista ou se simplesmente estão se divertindo com isso. Por exemplo, questões estruturais e problemas sociais estão visivelmente ausentes do esquema elaborado por Springer a respeito do conteúdo do feminismo hip-hop. Além disso, Springer sugere que uma ruptura geracional caracteriza atualmente as feministas negras, pois a geração que atingiu a maioridade durante o período de mobilização falhou, de alguma forma, em prover a geração atual[72]. Beverly Guy-Sheftall leva a sério as acusações de Springer, porém também afirma: "Não estou tão convencida quanto Springer de que as jovens feministas negras estão dando continuidade ao legado deixado por abolicionistas do século XIX, inimigas de linchamentos, mulheres de clubes, organizadoras dos direitos civis, revolucionárias nacionalistas negras e feministas negras dos anos 1970, embora eu goste de abraçar seu argumento."[73]

Essa acusação me leva ao meu tema final – qual seja, investigar as conexões entre as tendências do feminismo hip-hop e a ampla necessidade de desenvolver novas organizações feministas de base dentro das comunidades afro-americanas e promover a sensibilidade feminista nas igrejas, atividades recreativas e organizações de direitos civis da sociedade civil negra. É preciso fazer a ligação entre os tipos de trabalhos comunitários que constroem instituições e as incursões feitas pelas mulheres negras na cultura popular. Os temas do feminismo articulados por essa próxima geração de feministas negras precisam ser debatidos nas comunidades afro-americanas e deveriam informar o trabalho comunitário das mulheres negras. Em essência, pode-se perguntar se as mulheres negras da geração hip-hop estão começando a fazer essas importantes conexões entre o poder da mídia de massa e a necessidade de uma organização

---

72 Para respostas à análise de Springer, consultar: S. Radford-Hill, op. cit.; B. Guy--Sheftall, Response from a "Second Waver" to Kimberly Springer's 'Third Wave Black Feminism?, *Signs*, v. 27, n. 4.

73 B. Guy-Sheftall, op. cit., p. 1093.

O PESSOAL AINDA É POLÍTICO?

política de base, ainda que as conexões possam não ser prontamente aparentes. Por outro lado, é preciso saber até que ponto as mulheres negras que atuam em organizações de base estão abertas à cabeça de praia das mulheres negras na cultura popular.

Eu vejo essa divisão entre as mulheres negras e de cor que atuam na cultura popular e aquelas que atuam nas organizações de base menos como uma fratura geracional do que como reflexo da ausência de uma análise que conceitualize essas expressões do ativismo das mulheres negras a partir da distinção entre a esfera de atividade interseccional e a paralela. Por exemplo, o feminismo não precisa ser central, nem mesmo aparecer como item na lista de atividades de uma organização para que a política feminista se faça presente. Só porque um indivíduo ou uma organização se recusa a reivindicar o feminismo não significa que o empoderamento das mulheres afro--americanas esteja sendo negligenciado. Por exemplo, em *Stand and Deliver: Political Activism, Leadership, and Hip-hop Culture* (Ficar e Entregar: Ativismo Político, Liderança e Cultura Hip-Hop), de 2004, Yvonne Bynoe fala relativamente pouco sobre o feminismo, mas claramente infunde sua análise da necessidade de uma liderança popular revitalizada com uma sensibilidade feminista. Em seu capítulo "Lições de Nossa Avó Política: Ella J. Baker", Bynoe afirma que os estilos de liderança e a política de base das antepassadas negras são cruciais para mulheres e homens da geração hip-hop. E o que é mais significativo: o livro de Bynoe não é escrito *sobre* a geração hip-hop, mas *para* ela.

O número pequeno, mas crescente, de projetos feministas negros que se opõem ao estupro e à violência contra as mulheres diz das interseções entre o ativismo de base e a mídia. As mulheres afro--americanas são muito menos propensas a sacrificar sua própria segurança pessoal e a de suas filhas em prol de uma vaga solidariedade negra. Por um lado, as mulheres negras estão claramente envolvidas em organizações de base para desafiar as questões relacionadas à agressão sexual[74]. Ao mesmo tempo, outras mulheres se esforçam para fazer incursões na mídia. Veja, por exemplo, os esforços

---

74 Ver C. Pierce-Baker, *Surviving the Silence*; T.C. West, *Wounds of the Spirit*; E.C. White, *Chain, Chain, Change*.

FEMINISMO, NACIONALISMO E MULHERES AFRO-AMERICANAS

incansáveis de Aishah Simmons para arrecadar dinheiro a fim de financiar seu documentário *NO!*, que escancara as realidades do estupro e da agressão sexual nas comunidades afro-americanas. Simmons não tem interesse em estrelar sua produção. Seu objetivo não é a fama pessoal. Em vez disso, sua política pessoal em torno do problema da agressão sexual, bem como sua experiência na televisão, catalisou seu ativismo: ela pretende controlar o conteúdo e a distribuição de sua produção intelectual. O objetivo dela é que *NO!* seja mostrado à juventude negra para aumentar a conscientização nas comunidades negras[75].

Binários antigos não funcionam mais – se é que alguma vez funcionaram. Livros como *When Chickenheads Come Home to Roost e Colonize This!* nos lembram que o feminismo dos EUA não é nem nunca foi propriedade exclusiva de mulheres brancas, de classe média ou ricas. Antes como agora, o movimento das mulheres dos EUA atraiu mulheres de diversas origens que consideram as ideias feministas poderosas para explicar e ajudar a mudar suas experiências vividas com a desigualdade de gênero. Que as mulheres afro-americanas sejam mais propensas a rejeitar o que muitos percebem como um feminismo ocidental que incorporou, muitas vezes de forma acrítica, marcas da sociedade americana – como individualismo, materialismo e escolha pessoal sem responsabilidade – fornece um importante corretivo para o que atualmente conta como feminismo. No entanto, como as mulheres afro-americanas também são membros da sociedade americana, como seus homólogos tradicionais, elas ao mesmo tempo acatam muitas dessas ideias que se originam do *framework* ideológico comum e abrangente do liberalismo e do capitalismo. O materialismo da geração hip-hop desmente qualquer espírito coletivo, humanitário e socialista. A esse respeito, as jovens negras americanas são americanas – elas querem CDs de rap, tênis de ginástica e roupas de bebê sofisticadas para seus filhos tanto quanto as jovens americanas brancas. Todos esses grupos possuem cidadania americana e, portanto, incorporam as ideias

---

75 Informações adicionais sobre *NO!* estão disponíveis por meio do contato com AfroLez Productions, P.O. Box 58085, Filadélfia, Penn. 19102-8085, www.echosoul. com/ aishah.htm.

O PESSOAL AINDA É POLÍTICO?

predominantes da identidade nacional americana em suas políticas. Extrair essas e outras expressões do ativismo político das mulheres provenientes das ideologias americanas de raça, classe e nação não apenas cria novas estruturas para analisar o ativismo político das mulheres negras em particular. Também cria novas oportunidades para revitalizar o feminismo americano.

As mulheres negras e outras mulheres de cor da geração hip--hop parecem estar indo em uma direção diferente e, na maioria das vezes, gosto de onde elas parecem estar indo. Tomemos, por exemplo, a discussão de Silja Talvi sobre a terceira onda do feminismo, onde "mulheres no limite" falam mais fortemente sobre as interseções de racismo, classismo, homofobia e sexismo. São mulheres que reveem as "definições internas e externas de feminilidade, feminismo e feminidade" e que se rebelam não apenas contra a cultura dominante, mas também contra uma "cultura feminista que pode ser igualmente excludente em sua definição do que é 'normal'". Talvi aponta como essas mulheres exigem mudanças, mas mudanças que agora acontecem cada vez mais em nível pessoal. Como ela mesma afirma, "o pessoal, para usar os termos da segunda onda feminista, ainda é político [...] [Estas] são mulheres jovens que se recusam a permitir que qualquer coisa (ou alguém) dite a elas como devem parecer, agir ou pensar. Elas não estão abandonando a sociedade ou ignorando o conceito de feminismo, pelo contrário, continuam a se envolver com suas comunidades, mas a seu modo"[76]. A diva do rap Queen Latifah descreve uma sensibilidade semelhante: "Eu não me comporto como a sociedade diz que uma mulher 'deve' se comportar. Eu não sou delicada. Eu não escondo minhas opiniões. Não sou o suporte de um homem. Não estou aqui para viver segundo os padrões de outra pessoa. Estou definindo o que é para mim ser uma mulher. Em suma, não estou interessada em ratificar o que a sociedade decidiu para metade da humanidade. Eu sou um indivíduo."[77] Talvi e Queen Latifah expressam uma nova política pessoal que cria espaço para mulheres livres que rejeitam as definições

---

76 S.A. Talvi, Women on the Edge. *In These Times*, August 15, 2003. Disponível em: <http://www.inthesetimes.com/site/main/article/women_on_the_edge>.
77 Q. Latifah, *Ladies First*, p. 126-127.

FEMINISMO, NACIONALISMO E MULHERES AFRO-AMERICANAS

que não funcionam para elas. A mesma política pessoal de ousadia adorna a revista *Fierce*, uma nova publicação destinada a mulheres que são "muito ousadas para respeitar limites".

Quão maravilhoso e assustador deve ser adentrar um espaço de possibilidades onde a pessoa se define segundo seus próprios termos, de modo a criar uma nova identidade pessoal multiétnica, flexível, birracial, sexualmente dinâmica e fluida, que é vista e respeitada por todos os tipos de pessoas que parecem tão diferentes de nós mesmas. A responsabilidade e a liberdade potencial que isso promete são ilimitadas. No entanto, é óbvio que essas novas identidades pessoais nunca podem ocorrer sem uma mudança estrutural fundamental que torne tais identidades possíveis para todos. Essa é a mensagem das mulheres em *Colonize This!* Elas parecem estar lutando por novas identidades nas quais possam ser "muito ousadas para respeitar limites", mas se recusam a seguir sozinhas e deixar seus entes queridos para trás. Quando Joan Morgan diz: "Eu precisava de um feminismo que nos permitisse continuar amando a nós mesmas e aos irmãos que nos machucam, sem deixar que a lealdade racial nos comprasse lápides antes da hora"[78] ela descreve esse caminho que as mulheres negras na geração hip-hop esperam desbravar. Quando a feminista hip-hop negra shani jamila afirma: "Não podemos ser complacentes. A coisa mais importante que podemos fazer como geração é ver nossas novas posições como poder e armas a serem usadas estrategicamente na luta, e não como espólios de guerra", ela faz um apelo às mulheres de cor da geração hip-hop[79]. Se os colaboradores de *Colonize This!*, Silja Talvi, Queen Latifah, os editores da revista *Fierce*, Joan Morgan e shani jamila conseguirem, um número crescente de mulheres jovens que chegam ao feminismo encontrará uma nova liberdade. Se isso acontecer, então um novo e necessário movimento, nutrido nos espaços de um latente movimento das mulheres, está realmente em curso. Se assim for, é porque a "chama que ilumina os corações das ativistas" não foi apagada. Shani jamila não perdeu a hora. Em vez disso, ela chegou na hora certa.

---

78 J. Morgan, op. cit., p. 36.
79 S. Jamila, op. cit., p. 393-394.

ANEXO

Entrevista

Entrevista concedida em São Paulo, em junho de 2023,
por Patricia Hill Collins (PHC) a Jaqueline Lima Santos (JLS),
Daniela Vieira (DV) e Sergio Kon (SK).

E m primeiro lugar, muito obrigada por passar esse tempo conosco para falar sobre este livro importante que acreditamos nos ajudar a entender o racismo, o feminismo e o nacionalismo no Brasil. *Temos algumas perguntas para você. A primeira é: qual foi o contexto em que você decidiu escrever* Do Black Power ao Hip-Hop?

PHC Escrevi *Do Black Power ao Hip-Hop* preocupada com o aparente desaparecimento do ativismo político negro que caracterizou as lutas negras de meados do século XX. No início dos anos 2000, eu lecionava já há mais de vinte anos no Departamento de Estudos Afro-Americanos da Universidade de Cincinnati. Como educadora numa grande universidade pública urbana, que matriculava um número considerável de estudantes negros, a questão dos rumos futuros do ativismo político negro era em especial premente. Como estudante universitária e jovem professora, apoiei todos os aspectos da educação negra, em especial o estabelecimento de programas de estudos negros, como o meu, em universidades muitas vezes hostis. Ministrar cursos como "Sociologia da Comunidade Negra", "A Família Negra" e "Desenvolvimento da Comunidade Negra Urbana" me deu uma visão peculiar sobre os jovens negros e seu engajamento no ativismo político. Eu sabia que agora tínhamos menos alunos e que as preocupações dos alunos negros em nossas aulas tinham mudado. Eles estavam lutando para sobreviver em uma universidade onde cursar matérias de Estudos Negros e, mais ainda, se formar em nossa área, parecia cada vez mais um luxo.

ANEXO

As dinâmicas na minha sala de aula sinalizaram uma questão maior – como poderia ou iria a próxima geração de jovens negros sustentar o ímpeto das anteriores lutas pela liberação negra? Eu sabia como eu havia compreendido e participado de tais lutas, primeiro como estudante universitária e depois como professora em uma escola comunitária negra de ensino fundamental e médio. Mas será que os meus alunos viam da mesma forma a nova cegueira de cor que enfrentavam, um racismo que cada vez mais assumia a forma de racismo antinegro? E, se sim, o que eles fariam a respeito? Protestos negros em massa haviam diminuído, mas o que, se é que havia alguma coisa, os estava substituindo? Havia uma resposta bem debaixo do meu nariz. Os estudantes negros matriculados em meus cursos estavam muito entusiasmados com o hip-hop. Os alunos negros, mas também os alunos brancos que formavam uma minoria nas minhas aulas, estavam realmente sendo politizados pela música que ouviam. O hip-hop lhes dizia algo. Naquela época, havia muita energia no hip-hop, paralelamente às controvérsias suscitadas por ele dentro das comunidades negras, sem falar da própria cultura em geral. Suspeitei que algo de significativo tivesse mudado na política negra, mas não tinha certeza do que era.

Intitulei o livro *Do Black Power ao Hip-Hop* a fim de poder investigar esse inquieto período em que os protestos em massa não pareciam mais fundamentais para a política negra. Estava o hip-hop aprimorando os movimentos dos Direitos Civis e do Black Power de antes ou substituindo-os? Quais eram as implicações políticas do hip-hop para a luta pela liberdade dos negros no início do século XXI? Na década de 1990, tínhamos muito menos clareza que agora no que concerne aos efeitos políticos do hip-hop. O hip-hop era uma mistura de diferentes vozes políticas, algumas delas progressistas, como Public Enemy, que os alunos dos meus cursos de Estudos Negros debatiam tão exaustivamente quanto faziam com textos escritos por autores negros. Havia algumas vertentes preocupantes no hip-hop, que se baseavam em ideias de negritude apresentadas por *rappers* aparentemente radicais, mas que eram politicamente conservadores. A comercialização do hip-hop estava no horizonte na década de 1990. Os artistas de hip-hop não estavam sujeitos

ENTREVISTA

às restrições enfrentadas pelos líderes das principais organizações negras. Eles aparentemente tinham uma licença para dizer e fazer o que quisessem, o que foi negado a figuras como Martin Luther King ou Malcolm x. Como forma de expressão criativa e artística, o hip-hop ofereceu aos artistas liberdade para expressar orientações políticas tão diferentes quanto os próprios artistas individuais.

Para mim, essa questão de mapear os contornos do ativismo negro não é apenas acadêmica – ela afetou a vida dos meus alunos, como a minha própria. No final da década de 1990, estava claro que o contexto político dos EUA tinha mudado dramaticamente, e o hip-hop foi uma reação à crescente visibilidade do racismo antinegro. Quando eu estava pesquisando para escrever este livro, não havia nenhuma mensagem política consistente no hip-hop, não havia líderes designados, e, vendo a coisa retrospectivamente, nem deveria mesmo haver. Para examinar a ligação entre o hip-hop e o ativismo negro, precisei dar um passo atrás e pensar sobre a história dos movimentos sociais negros. Em vez de assumir que o hip-hop era inerentemente antirracista ou estava impedindo o progresso dos negros, eu via o hip-hop como um lugar contraditório que criticava o racismo antinegro, mas que também tinha o potencial de alimentá-lo. O hip-hop era claramente uma forma importante de política cultural negra, mas ninguém conseguia prever o seu futuro. A minha sensação era que o hip-hop, de forma clara e óbvia, participou de uma longa história de ação social antirracista, muitas vezes sem pretender explicitamente fazê-lo. Mas como, exatamente?

JLS/DV *Dentre os elementos que te mobilizaram a escrever este livro, quais as contribuições que você quis trazer?*
PHC Escrevi *Do Black Power ao Hip-Hop* por vários motivos. Por um lado, eu queria ampliar a própria definição do que é considerado um movimento social. Enquanto eu escrevia este livro, era claro que protestos em massa haviam diminuído. Mas durante a minha investigação, comecei a me perguntar se não estaria utilizando uma definição demasiado restrita de movimentos sociais negros para capturar o espírito de rebelião no hip-hop. A maioria das pessoas

ANEXO

presumia que os movimentos sociais assumiam a forma de protestos em massa em resposta a algum incidente de racismo antinegro. Vejamos, por exemplo, como o movimento BLM – Black Lives Matter (Vidas Negras Importam) ganhou visibilidade através de repetidos protestos em massa contra incidentes de violência policial e outras formas de violência sancionadas pelo Estado. No entanto, não queremos confundir a definição de movimento social negro com a visibilidade do protesto em massa durante um período de tempo. Quando surge um protesto em massa como o BLM, a sua visibilidade aponta para um movimento social contínuo e mais amplo. Os movimentos sociais são multifacetados – ocorrem quando você não pode vê-los, e estão organizados de maneiras que você talvez não consiga ver. Às vezes, essa invisibilidade é intencional – quando a resistência pública pode resultar na morte, as pessoas encontram outras formas de resistir. Os movimentos sociais são maiores que os protestos em massa.

Se os movimentos sociais têm ondas de visibilidade e invisibilidade, talvez a luta política consistente ofereça uma melhor janela para os movimentos sociais ativos do que os protestos em massa. O trabalho comunitário das mulheres negras a nível local é intergeracional, contínuo, e lança os alicerces para múltiplas formas de política. No entanto, esse tipo de ação política raramente é visto como essencial para os movimentos sociais negros. No meu caso, eu sabia que o trabalho diário de tentar manter um Departamento de Estudos Negros funcionando era uma dimensão importante do ativismo negro, em vez de largar tudo e ir a um protesto. Os protestos são episódicos, já a organização comunitária acontece todos os dias. Para mim, a organização comunitária contínua é a base de movimentos sociais bem-sucedidos, com momentos de visibilidade dentro da cultura surgindo aqui e ali. Usando essa definição de movimentos sociais, o período inicial do hip-hop foi marcado pela ausência de protestos em massa. Ora, o problema estava no fato de o hip-hop não se encaixar ou na própria definição de movimentos sociais, uma definição inadequada para explicar as políticas do hip-hop?

Por outro lado, escrevi este livro porque queria analisar a relação entre o ativismo político negro e a interseccionalidade. Eu estava

ENTREVISTA

ministrando um curso intitulado "Pensamento Social e Político Afro-Americano" e queria alinhar a política do mundo real ao meu redor com a heterogeneidade teórica dentro do pensamento social e político afro-americano, passado e presente. Especificamente, através do seu foco no racismo, nacionalismo e feminismo, *Do Black Power ao Hip-Hop* faz parte desse projeto mais amplo para examinar a análise interseccional na política negra. O racismo reflete legitimamente a maior parte da preocupação do pensamento social e político afro-americano, que também foi influenciado pelo pensamento da diáspora africana. Uma visão mais ampla do pensamento intelectual negro continha boas doses de raça, classe e gênero. No entanto, uma ênfase excessiva na raça, que para os pensadores negros significava compreender e resistir ao racismo, ofuscou outras dimensões importantes da experiência vivida pelos negros. Para mim, as análises teóricas da ação política negra apontavam para a interseccionalidade, que diz que as análises apenas de raça, ou apenas de nação, ou apenas de gênero são inadequadas. O livro centra-se no antirracismo, no feminismo e no nacionalismo como três importantes conjuntos de ideias que informam múltiplas estratégias do ativismo negro.

Racismo, nacionalismo e feminismo tiveram implicações importantes para o hip-hop. Ficou claro que o hip-hop era a voz da juventude negra e que, como forma de política cultural, estava amadurecendo. Ficou igualmente claro que o racismo certamente não desapareceu – na verdade, parecia estar recrudescendo. Mas como seria o ativismo político contra as novas formas de racismo antinegro? Variações do nacionalismo negro – nacionalismo cultural negro, nacionalismo econômico – informam há muito tempo os movimentos sociais negros. Pude ver a influência do nacionalismo na política negra, mas estava muito pouco convencida de que todas as variações do nacionalismo negro eram inerentemente radicais e progressistas. Alguns artistas de hip-hop usavam símbolos e *slogans* nacionalistas, mas quais eram as implicações políticas desse uso? A geração de mulheres negras que atingiram a maioridade durante as primeiras décadas do hip-hop se engajavam nas ideias do hip-hop e do feminismo, mas eram muito mais cautelosas em reivindicar o feminismo do que mulheres negras de outros contextos nacionais.

ANEXO

O feminismo negro aparentemente superou essa divisão, mas, novamente, de que forma? Eu via a política negra situada nesses diversos campos intelectuais que enfatizavam ou raça, ou nação ou gênero, respectivamente. Mais uma vez, quais os ganhos de uma atenção centralizada nesse ou naquele campo e o que se perdia com isso?

JLS/DV *Estamos falando sobre como este livro nos ajuda a compreender esses contextos. Tenho uma pergunta sobre o que você acabou de começar a dizer: quando e como o hip-hop trouxe a lente intersecccional e como ela aparece nele?*

PHC Você pode ter que me ajudar com isso. Tenha em mente que eu estava tentando entender as implicações políticas do hip-hop na década de 1990, uma década crucial em que ele deixou de ser um movimento *underground* para estabelecer as bases para sua atual proeminência global. À medida que evoluiu, o hip-hop mudou constantemente e foi um alvo móvel para minha análise. Dito isto, a minha compreensão do hip-hop nas décadas de 1970, 1980 e 1990 mudou. O álbum *The Last Poets*, de 1970, expressou a análise política radical dos jovens do movimento Black Power (Poder Negro). Para mim, a canção "The Revolution Will Not Be Televised" (A Revolução Não Será Televisionada, de Gil Scott-Heron, 1971) marca um momento importante que liga as ideias radicais de grupos como The Last Poets com a tremenda influência que os meios de comunicação de massa viriam a ter no hip-hop. Essa versão do hip-hop surgiu dentro de um ambiente de movimento social. Contra esse ponto de origem, o crescimento subsequente do hip-hop parecia ser dominado por jovens negros que produziam e performavam um estilo de confronto de poder masculino. Eles trouxeram uma lente interseccional de negritude e masculinidade, mas que era sexista. Jovens mulheres negras eram uma parte importante do público mais amplo que apoiava o trabalho de artistas negros do sexo masculino, que eram a face pública do hip-hop. Se as mulheres negras tivessem virado as costas ao hip-hop e se recusado a apoiá-lo, ele não teria ido a lugar nenhum. Além disso, as mulheres negras estão envolvidas há muito tempo no hip-hop como artistas. Mas ganhar visibilidade pela

ENTREVISTA

sua participação faz parte de uma luta contemporânea para tornar o seu trabalho conhecido. A série em quatro partes da Netflix, *Ladies First: A Story of Women in Hip-Hop* (Damas Primeiro: A História das Mulheres no Hip-Hop), faz um ótimo trabalho ao levantar as questões enfrentadas pelas mulheres negras no hip-hop, do ponto de vista das artistas. Mas esse trabalho está apenas começando.

Novamente, aqui tenho mais perguntas do que respostas. Quero saber como as mulheres negras foram uma força intelectual e política dentro do hip-hop. Para mim, quando artistas negras se envolveram com o hip-hop, elas trouxeram intencionalmente consigo uma análise interseccional de raça e gênero. Tomemos, por exemplo, a canção U.N.I.T.Y, de Queen Latifah (1993), que confronta diretamente a política de gênero no hip-hop. Quando as *rappers* se envolveram, muitas adotaram esse estilo de confronto, de rebelião, de quebrar as regras. Dentro desse espaço que enfatizava a masculinidade negra, pergunto-me se as mulheres negras reivindicavam um poder semelhante ao dos homens negros, usando uma voz que era negra, jovem, urbana e feminina. Elas falavam para o mesmo público que seus colegas negros do sexo masculino, muitas vezes usando os mesmos recursos artísticos dos homens negros. Pela sua própria presença, demonstraram a dinâmica de gênero da masculinidade negra excludente e criaram um espaço de feminilidade negra, mas de que tipo? E quais expressões do hip-hop e de artistas masculinos eram comparativamente mais receptivas às mulheres? As primeiras mulheres do hip-hop tiveram que derrubar barreiras. Isso é importante por si só. Mas as ligações entre os trabalhos das mulheres artistas de hip-hop ao longo do tempo e a forma como a interseccionalidade evoluiu continuam a ser um tema de debate.

JLS *Você foi ao Geledés e eu trabalho lá. Não pude vê-la porque estava viajando, mas nós terminamos um livro agora…*

PHC Minha visita ao Geledés foi tão maravilhosa! Eu voltei com um imenso respeito em relação à forma que o Geledés entende o pensamento negro feminista por meio de lentes interseccionais, transnacionais…

ANEXO

JLS … *Nós terminamos um livro sobre o encontro entre o feminismo negro e o hip-hop, e sobre como o feminismo negro foi responsável por trazer uma consciência negra e uma abordagem de gênero para o hip-hop, na década de 1990, no começo, há trinta anos. Eles escreveram um importante projeto que, não sei se eles não eram treinados, mas eles deram capacitações para as posses de hip-hop, a maioria do sexo masculino, sobre justiça racial, justiça de gênero e direitos humanos. Eu acredito que você adoraria ler esse livro.*

PHC Eu creio que sim!

JLS *Nós iremos lhe enviar o livro.*

PHC Eu não conheço, eu não sou da geração que produziu o hip-hop, eu preciso estudá-lo. Movimentos sociais negros nas décadas de 1960 e 1970 contavam com a música soul como uma trilha sonora para o ativismo político. Poderosas mulheres negras como Aretha Franklin e Nina Simone dominavam o som do protesto. Dado esse contexto, que diretamente precedeu a emergência do hip-hop, a ausência de poderosas mulheres negras no hip-hop é digna de nota. Mas talvez o poder das mulheres negras seja expresso de outra forma no hip-hop. Eu admiro o espírito rebelde de jovens artistas negras de rap que reivindicam seus corpos e suas sexualidades em público. Eu quero saber como as ideias de interseccionalidade se manifestaram no hip-hop. Artistas negras trouxeram temas que abordam intersecções entre racismo, sexismo, homofobia e exploração econômica em suas vidas? Fico feliz em saber que há uma conversa em curso da qual possivelmente eu participarei.

Sua análise das conexões entre feminismo negro e hip-hop confirma minhas suspeitas. Mulheres negras que são politizadas pelas suas próprias experiências trazem essas experiências em sua arte. Mas mulheres negras são politizadas por muitas experiências, seja por meio de suas próprias identidades como jovens mulheres negras, ou como mães de seus filhos e filhas, e isso também pode adentrar o hip-hop. Muitas mulheres negras ouvem seus filhos, porque elas amam seus filhos, que estão crescendo em meio aos problemas discutidos pelo hip-hop, e assim elas levam o hip-hop a sério

ENTREVISTA

o suficiente para criticá-lo. Elas sabem o que está em jogo para elas mesmas como mulheres negras e para a juventude negra. Entretanto, eu alertaria para uma distinção entre o envolvimento de mulheres negras no desenvolvimento basilar do hip-hop, que oferece o tipo de complexidade que eu procuro, com as maneiras em que a história do hip-hop é apresentada ao público geral. Há pouco tempo terminei de assistir à série de dezesseis partes *Hip-Hop Evolution* (Evolução do Hip-Hop) na Netflix, que oferece uma visão masculinista dos primeiros trinta anos do hip-hop. Eu considero essa série de vídeos como *uma* interpretação do hip-hop e não *a* interpretação definitiva. A série de quatro partes *Ladies First* oferece um importante ponto de vista que falta em *Evolution*. As boas notícias são que, no presente momento, estão ambos na Netflix. As pessoas podem vê-los e chegar às suas próprias conclusões. A necessidade de estudos sérios acerca do hip-hop é o motivo de este livro ser crucial. Precisamos de múltiplos pontos de vista para que possamos decidir por nós mesmos.

JLS/DV *Acredito que a consciência do hip-hop brasileiro começou com o pensamento e o sentimento feminista. Não sei se eles lhe deram um exemplar, mas a primeira revista brasileira de hip-hop, há trinta anos, foi produzida pelo Geledés.*

PHC Foi? Não! Eu definitivamente quero uma cópia dessa revista. Tendo visitado o Geledés, o seu envolvimento com o hip-hop não me surpreende.

JLS *Completamos 31 anos nesse projeto, porque começou em 1992, e temos um livro, um documentário, com legendas em inglês, que ativistas de hip-hop vão apresentar em Nova York no aniversário de cinquenta anos do hip-hop, e um fac-símile com todas as revistas. Podemos lhe enviar. É importante entender como o feminismo negro teve uma participação importante no desenvolvimento de coletivos nas periferias, nas favelas, no Brasil, porque começou com as posses de hip-hop.*

263

ANEXO

PHC Eu estou realmente interessada em ler esse livro e ver esse documentário. Tenho muito interesse nas conexões entre o feminismo negro dos EUA e do Brasil. Para mim, as metas e formas de luta são muito similares, ainda que nossos distintos contextos nacionais e as políticas públicas por eles engendradas expliquem os caminhos variados que esses dois projetos trilharam. O hip-hop fornece uma maneira de ver essas conexões. É realmente estimulante analisar como as mulheres negras e o feminismo negro demarcaram suas posições ao longo de cinquenta anos de hip-hop. Como um fenômeno cultural global, o hip-hop vai muito além das realidades das pessoas negras. Em um certo sentido, pensar através do feminismo negro e de suas conexões com o hip-hop através de um olhar mais próximo do Brasil e dos EUA é uma maneira de corrigir a história do hip-hop como um lugar de consciência negra inerentemente masculinista. As conexões entre o hip-hop e o feminismo negro no Brasil e nos EUA, durante a Diáspora Negra no Novo Mundo (a importante noção de *amefricanidade*, de Lélia Gonzalez), bem como na diáspora mais ampla na Europa e África continental está produzindo trabalhos de ponta. Em termos de Brasil, eu sou sua aluna, estarei aprendendo com você, e estou muito feliz por estar nessa situação. Isso me anima.

JLS/DV *Como é que, a seu ver, os temas de racismo, nacionalismo e hip-hop se encontram?*
PHC Eu vejo a emergência do hip-hop alinhada ao nacionalismo negro, mas a heterogeneidade da expressão cultural negra dentro do hip-hop nos últimos cinquenta anos nem tão alinhada. O nacionalismo é um ideário poderoso que pode ser usado para uma variedade de projetos políticos. Projetos de extrema direita e lutas de libertação conjuntas encontraram inspiração em ideologias nacionalistas. Dentro de ideologias nacionalistas, as ideias de comunidade, pessoas e nações enfatizam entendimentos grupais do mundo social e das políticas que mantêm a desigualdade social. As lutas de libertação negra nos EUA têm produzido múltiplos e inter-relacionados projetos negros de nacionalismo e que vão além do breve sumário

ENTREVISTA

que ofereço neste livro. Uma ideia central do nacionalismo negro consiste em declaradamente defender pessoas negras em contextos de racismo antinegros. Tais projetos frequentemente discutem entre si – eles não necessariamente concordam em estratégias ou análises políticas – mas concordam que são devotados ao empoderamento coletivo de pessoas negras. Como os EUA foram por tanto tempo segregados racialmente, o ativismo negro se alinhou às estratégias políticas de grupo que se colocam à disposição das agendas do nacionalismo negro. Esse senso de políticas coletivas de grupo fundamentada na solidariedade negra difere das agendas integracionistas cuja ênfase é ajudar indivíduos negros a se assimilar às instituições sociais existentes. Difere das políticas de classe que encorajam pessoas negras a verem seus interesses coletivos como um grupo historicamente constituído como secundário dentro de uma luta de classes mais abrangente. A ênfase em políticas coletivas de grupo também difere das agendas feministas dentro das sociedades ocidentais que têm por foco os direitos individuais de mulheres individuais enquanto cidadãs do Brasil, dos EUA e de outras nações.

Muitas pessoas percebem o hip-hop como um projeto que é assumidamente negro, um projeto que é *inerentemente* oposto ao racismo antinegro. Ainda assim, o próprio hip-hop frequentemente explora e é explorado pelas mesmas instituições que oprimem pessoas negras. O estilo do hip-hop pode parecer radical – escutar a raiva e o sofrimento que as pessoas experienciam dentro de sistemas de poder é real. Mas além do estilo, quão radical é o hip-hop em substância e em prática? Levanto essa questão não porque tenho uma resposta, mas na verdade porque penso que pessoas que acriticamente celebram o hip-hop precisam pensar sobre ele. Alguns artistas oferecem performances agressivas, e então vão para casa e gastam o dinheiro que recebem. Seus trabalhos são designados para entreter, não para educar e politizar as pessoas. Outros artistas reconhecem o poder de suas criações na promoção de um ativismo político. Os melhores artistas fazem as pessoas pensarem; sua arte simultaneamente questiona o *status quo* e impele as pessoas a mudá-lo. O hip-hop politicamente motivado oferece uma poderosa crítica da injustiça social por meio de indivíduos que veem os efeitos do

ANEXO

racismo, sexismo e exploração de classe em suas vidas, mas que não falam meramente apenas como indivíduos e sim como porta-vozes de uma comunidade mais abrangente. Suas experiências representam aquelas de jovens, pobres e pessoas negras como um grupo. Trazer uma análise crítica do hip-hop é essencial para ir além da atitude celebratória que tolhe as potencialidades radicais dessa música.

Para mim, uma análise crítica do nacionalismo negro representa uma porta para tal análise. Acredito que é importante revisitar o nacionalismo negro a partir de um olhar que busque cultivar uma conversação crítica entre as ideias do nacionalismo negro e o poder do hip-hop. Para mim, o hip-hop é uma forma de política cultural em que se constata uma influência africana em suas maneiras de entender voz e comunidade, uma forma de *ubuntu*. Basicamente, o hip-hop é sobre dar espaço a uma variedade de expressões da identidade negra – ele oferece uma compreensão expansiva da "consciência negra". Mas nem toda consciência negra é a mesma, e nem todo o hip-hop se enquadra dentro de políticas negras radicais e progressistas. E seria interessante para mim pensar em como o hip--hop se conecta com isso. Ir além da análise do discurso das letras de hip-hop, ou de seu estilo musical, ou celebrar sua "sobrevivência" talvez sugira possibilidades políticas inexploradas ou minas explosivas escondidas. Neste livro, não abordo esses temas, mas o tipo de análise do hip-hop que tenho em mente se assemelha à análise do Afrocentrismo que ofereço nele. Ainda que seus estilos e símbolos sejam diferentes, como formas de políticas culturais, ambos buscam moldar uma consciência negra e um comportamento negro.

SK *Acredito que temos no movimento hip-hop brasileiro um certo protagonismo negro, mas percebo que mais recentemente o movimento indígena também vem se apropriando dessa linguagem como forma de expressão, denúncia e afirmação das suas pautas específicas. Cantam em suas línguas maternas, lembram dos processos de integração entre comunidades negras marginalizadas e os povos indígenas, cantam a quilombagem. Isso me parece gerar uma grande força transformadora, não acha?*

ENTREVISTA

PHC Isso certamente embasa minha visão de que o hip-hop é uma forma de políticas culturais grupais onde ideias moldam comportamentos políticos. Ideias viajam muito mais facilmente que pessoas através do espaço e tempo. Afro-americanos e povos indígenas, ambos utilizaram e utilizam a cultura como uma forma de resistência. A música, a dança, a poesia, os discursos e outros aspectos das políticas culturais não precisam passar por canais institucionais formais de escolas ou agências governamentais, mas a expressão criativa não está separada da política, é fundamental para ela. O hip-hop se baseia nas raízes profundas das políticas culturais negras em comunidades, amplificando isso em escala global. Mudanças massivas nas formas de comunicação durante as últimas décadas proveram um novo contexto para a circulação de ideias, imagens e produções culturais de uma geração de jovens. O hip-hop para mim é muito portátil; por ser a voz de pessoas desempoderadas que não têm voz, o hip-hop afirma um empoderamento individual e coletivo. As ideias por elas mesmas viajam e influenciam umas às outras, então essa coisa de um hip-hop indígena realmente não me surpreende. O compartilhamento de ideias é importante, por exemplo, para artistas de hip-hop na França, onde a juventude periférica está lidando com problemas muito parecidos. O hip-hop oferece uma linguagem aos jovens despossuídos que estão criativamente reformando o hip-hop como um mecanismo para abordar as realidades onde vivem.

Nesse contexto global, não me surpreende que ambas as populações negras e indígenas no Brasil gravitaram em direção ao hip-hop. O hip-hop pode prover uma arquitetura cultural para uma fertilização cruzada de políticas e diálogos entre esses diferentes grupos oprimidos. O hip-hop é um discurso político progressista, que reutiliza (*samples*) o passado de maneiras familiares e novas, mas expressa pouca nostalgia por ele. Nesse sentido, o hip-hop é uma forma moderna, híbrida, de arte, forma que é baseada na reutilização (*sampling*) de muitos sons, movimentos e estilos para produzir algo inteiramente novo. Em um contexto global, populações indígenas e negras estão ambas envolvidas em recuperar e preservar o passado de maneiras que podem informar ativismos políticos.

267

ANEXO

Mas como ambos os grupos estão dentro do Estado nacional do Brasil, o hip-hop não precisa ser nacionalmente cruzado ou diaspórico ou transnacional. O hip-hop no contexto brasileiro pode falar diretamente sobre os problemas da identidade nacional brasileira, especialmente sobre as versões levadas a cabo por atores da extrema direita. O Brasil representa um local importante dentro da fusão global de projetos políticos negros e indígenas. Espero que o hip-hop levante algumas questões importantes para ambos os grupos no Brasil. Nesse sentido, o Brasil é realmente muito singular.

JLS/DV *Baseado no que você sabe sobre nosso país, como isso pode nos ajudar a pensar sobre racismo, nacionalismo e feminismo no Brasil?*
PHC *Do Black Power ao Hip-hop* fornece um portal para algumas dessas áreas que prenunciam problemas sociais contemporâneos. Veja, por exemplo, os paralelos entre o Brasil e os EUA no que diz respeito ao legado da escravidão. A emergência de movimentos de extrema direita, nacionalistas, em ambos os países, deu visibilidade pública aos problemas de racismo sistêmico e racismo antinegro. Os EUA e o Brasil, duas importantes democracias, experienciaram polarizações políticas de projetos nacionalistas de extrema direita que casaram ideologias supremacistas com agendas nacionalistas de extrema direita. Nesse aspecto, as formas pelas quais projetos nacionalistas tomam lugar tanto nos EUA como no Brasil, em ambos os lados do poder estatal, são provocativas. As similaridades retóricas e propostas políticas de políticos de extrema direita nos âmbitos da justiça criminal, das ações afirmativas, dos direitos reprodutivos, dos direitos dos indígenas e das proteções ambientais demonstram o entrelaçamento entre o racismo sistemático e o poder estatal. Existem fortes paralelos no que diz respeito às ameaças que esses projetos de extrema direita representam à democracia participativa em ambos os países. Apesar de diferenças históricas, o Brasil e os EUA lidam com legados de racismo contra populações negras e indígenas. Em ambas as nações, pessoas de descendência africana e povos indígenas tiveram a intenção de desenvolver instituições democráticas, não de destruí-las. Cidadãos em ambos os países têm demonstrado interesse

ENTREVISTA

em cultivar a democracia participativa. Democracias participativas trabalham com a ideia de que ampliar a participação aprofunda o conjunto de talentos em um país. Apoiar políticas públicas que alimentam, abrigam e educam a juventude fortalece interesses nacionais. Populações negras e indígenas têm um interesse pessoal em apoiar esse entendimento da democracia participativa.

Como mulheres negras nos EUA e no Brasil apontam, o feminismo também tem uma história distinta em cada contexto nacional. O feminismo é um amplo projeto global devotado ao empoderamento feminino, e certamente não é propriedade de mulheres brancas. Como mais mulheres negras em ambos os países aderem ao ativismo político que almeja a interseccionalidade de raça, classe, gênero e sexualidade, elas desafiam a visão de que o feminismo tem pouco a dizer para mulheres em grupos subordinados. Felizmente, não estamos mais em um momento que vê o feminismo como antiético aos interesses de jovens mulheres negras. Vejo uma maturidade no feminismo negro tanto nos EUA como no Brasil, especialmente no aprofundamento do feminismo negro como um abrangente feminismo transnacional. Hoje, jovens mulheres negras têm muito mais oportunidades de se deparar com as ideias sobre o feminismo do que quando escrevi este livro. Nos EUA, cursos de estudos femininos foram firmados quando mulheres negras e mulheres de cor – mulheres indígenas, latinas, mulheres asiáticas e mulheres imigrantes – se depararam pela primeira vez com ideias feministas. Quando mulheres negras e mulheres de cor começaram a escrever e publicar nossos próprios livros, as ideias do feminismo negro se tornaram mais acessíveis. Mais recentemente, o acesso em massa das redes sociais foi uma virada de jogo para o feminismo negro em ambos os países.

JLS/DV *Como você vê o encontro entre hip-hop e feminismo?*
PHC Eu concordaria com o que você falou há alguns minutos. Eu não havia reparado o quanto o hip-hop no Brasil foi influenciado pelo feminismo negro. Já não tenho tanta certeza se, nos EUA, as políticas e ideias do feminismo negro afetaram o hip-hop. Quando olho para os EUA, vejo um padrão diferente. Mulheres negras que

ANEXO

atingiram a maioridade na era do hip-hop (começo da década de 1970 até o presente) abraçaram e criticam o hip-hop e o feminismo negro em conjunto. Ainda estou aprendendo sobre o Brasil, mas até agora vejo o feminismo negro como emergindo em conjunto com o movimento negro, continuando a ser parte dessa luta, ao mesmo tempo que cultiva uma voz independente para o feminismo negro no Brasil e em um contexto diaspórico. A existência do Geledés pontua esse tipo de trajetória. Em ambos os contextos nacionais, há o encontro mútuo entre o hip-hop e o feminismo negro, mas com histórias diferentes no Brasil e nos EUA, demonstrando variações desse encontro.

A minha percepção é de que, nos EUA, uma geração de jovens mulheres negras, que cresceu reivindicando o hip-hop, se baseou na política rebelde do hip-hop para desafiar a normatividade individual do feminismo *mainstream*, entendido por elas como "branco". Elas também criticam a presumida respeitabilidade daquelas políticas feministas negras que, a seu ver, só funcionam para mulheres negras de classe média. Ambas as expressões de feminismo pareciam estar desconectadas de suas experiências de vida, mas por diferentes razões. O hip-hop forneceu ferramentas culturais para rejeitar o que elas percebiam como uma linha de políticas respeitáveis dentro do feminismo negro, que era simplesmente irrelevante para suas vidas. Essencialmente, elas construíram um terceiro espaço para um hip-hop feminista que de fato falava sobre suas vidas (ver Joan Morgan, *When Chickenheads Come Home to Roost*). Ao mesmo tempo, o hip-hop forneceu uma sensibilidade grupal baseada nelas mesmas como mulheres negras, que permitiu a elas rejeitar a irmandade individualista e imaginária do feminismo branco. Elas encontraram, e, acredito, reconfiguraram o feminismo negro de maneiras que aprofundaram as ideias do feminismo negro através da própria utilização dessas ideias. Elas recriaram a irmandade de modo a posicionar os problemas das mulheres negras no centro. Feministas negras que utilizam redes sociais e novas tecnologias de comunicação foram vitais no desenvolvimento desse terceiro espaço. Estou pensando em políticas culturais do Crunk Feminist Collective, que expressa essa conexão entre o feminismo negro e o hip-hop. Esse

ENTREVISTA

é um dos muitos projetos feministas negros contemporâneos nos âmbitos local e *online* onde habitam ambos, o feminismo negro e o hip-hop. Se eu estivesse escrevendo este livro agora, investigaria essa forma de feminismo negro que se vale do hip-hop. Essencialmente, elas não precisam se identificar como "feministas negras" para fazer o trabalho do feminismo negro. Elas apenas realizam o feminismo negro, e, nesse aspecto, se baseiam – levando-a adiante – numa tradição muito longa de trabalho comunitário feminino e negro (ver capítulo 5 supra).

JLS/DV *Para você, quais seriam as principais diferenças políticas e culturais entre a geração do movimento negro e a geração do hip-hop?*
PHC Aqueles de nós que atingiram a maioridade nos EUA por volta da metade do século XX herdaram uma luta compartilhada de libertação negra. Para jovens pessoas negras crescendo em situações de segregação racial legalizada, a necessidade de desafiar o racismo sistêmico era clara. Você poderia ser um indivíduo negro excepcional e mesmo assim não poder ter acesso à educação, aos espaços públicos e não poder escolher onde morar. As placas no Sul indicando "de cor" e "branco" eram um lembrete diário e frequentemente doloroso da subordinação negra. As placas talvez fossem invisíveis no Norte, mas a situação política era similar. A ampla luta de libertação negra estava prestes a mudar as regras do jogo por meio do ganho de poder para passar legislações, adentrar as escolas e criar oportunidades econômicas. O objetivo do período era derrubar barreiras, tentando virtualmente tudo, sem medo de pensar fora da caixa. Fossem as estratégias dessegregar as universidades, ou adquirir terra, ou ter um estado separado no sul dos EUA, uma proposta que circulava, ou votar e aumentar o número de representantes negros eleitos, ou desafiar a representação midiática de pessoas negras, de um forma ou de outra havia o entendimento de que, como as pessoas negras não eram livres, ações coletivas eram necessárias para enfrentar o racismo. Nesse sentido, os movimentos dos Direitos Civis e do Black Power não foram sequenciais, com um substituindo o outro, mas sim sobrepostos e interativos. Era um tempo de muitas ideias

ANEXO

e projetos, havia uma heterogeneidade de pensamento negro nos meios sociais e políticos. Havia conflito dentro daquela geração, mas ninguém ignorava o problema mais amplo. Todos apontavam para a mesma direção, que era a liberdade.

Esse período atual, acredito, é muito diferente. Até a visibilidade crescente do movimento BLM na década de 2010, a geração que atingiu a maioridade após o enfraquecimento dos movimentos sociais negros de meados do século XX não tinha nenhum ponto sólido de referência para ativismos políticos negros de massa. Para eles, ativismo político coletivo era coisa de um passado, algo que eles não haviam construído nem, em muitos casos, vivido. A geração do hip-hop cresceu com a promessa da geração anterior de que as leis haviam mudado, de que as coisas iriam melhorar. Mas para um grande número de jovens pessoas negras, as condições em seus bairros se deterioraram; suas oportunidades de moradia, educação, família e trabalho nunca se materializaram. A juventude negra que atingiu a maioridade nesse período, especialmente a juventude que atingiu a maioridade desde que *Do Black Power ao Hip-Hop* foi publicado, herdou uma reação branca poderosa e cada vez mais visível às reivindicações anteriores pelo Black Power e às lutas políticas para concretizá-lo. O hip-hop preencheu o vácuo no pensamento social e político negro com políticas culturais que continuaram a diagnosticar importantes problemas sociais e políticos, mas oferecendo poucas soluções ou ações estratégicas para trazer alguma mudança.

O hip-hop critica políticas públicas que falharam em relação a um grande número de jovens negros, especialmente em áreas urbanas. O hip-hop serve como uma forma de política cultural que expressa esse ponto de vista. Como resultado, a juventude da geração hip-hop tem menos ilusões sobre possibilidades de justiça, igualdade e prosperidade econômica. As mensagens dentro do hip-hop mudaram durante seus cinquenta anos de história, mas, para mim, o hip-hop como um local de pensamento político e social negro desafiador permaneceu constante. O hip-hop foi o primeiro a pontuar os temas do encarceramento em massa e da diferença no tipo de tratamento policial como formas de racismo sistêmico. Essas políticas afetam diretamente jovens negros, famílias negras e comunidades negras.

ENTREVISTA

Políticas de ação afirmativa em que você possuía o direito, mas não a oportunidade de se sentar onde quisesse em ônibus e cinemas ou de ingressar em universidades que não o desejavam, foram deixadas de lado. Tais políticas públicas constituíram uma vitória política oca para aqueles que cresceram em áreas urbanas deterioradas ou cenários de pobreza rural profundamente enraizada. Para mim, através do hip-hop, a juventude negra basicamente disse à classe média negra "se nós não podemos chegar aí com vocês, não esperem que cooperemos com políticas negras *mainstream*". Nesse sentido, ao pontuar a deterioração das condições de seus bairros e comunidades que negava-lhes um futuro, a geração do hip-hop rejeitava a liderança e o direcionamento tanto de movimentos *mainstream* de direitos civis como de projetos nacionalistas negros, a exemplo do Afrocentrismo. A própria existência do hip-hop reflete a voz da rebelião contra o sistema em si mesmo.

Mas aqui está o problema para os dias de hoje – como o hip-hop e sua geração transformam sua voz em projetos políticos que refletem suas preocupações geracionais? Como a juventude negra traduz as políticas culturais de um hip-hop desafiador em um poder político que represente seus interesses políticos? Suspeito que isso talvez esteja acontecendo em comunidades locais, mas não necessariamente através das organizações tradicionais de direitos civis das igrejas negras. O hip-hop é claramente uma força política global com o poder de moldar as visões de mundo de jovens de Norte a Sul do globo. Nesse aspecto, a crescente proeminência de mulheres negras dentro do hip-hop está trazendo um feminismo negro mais complexo para um grande número de pessoas. A proeminência de mulheres em movimentos negros contemporâneos é óbvia – mulheres negras foram centrais para o movimento BLM e incorporaram o *éthos* do feminismo negro a esse movimento. Estamos vendo uma nova fase em que mulheres negras expressam uma sensibilidade interseccional que reconhece que os problemas enfrentados por jovens mulheres negras e jovens homens negros são ambos distintos e interdependentes. Jovens mulheres negras continuam a ver seus interesses políticos alinhados àqueles de jovens homens negros. Não há sentido em tentar criar ou defender um patriarcado masculino

ANEXO

negro dentro de tais condições: isso não é possível, exceto na imaginação de alguém. Mulheres negras reconhecem que frequentemente se tornam líderes dentro de comunidades negras porque muitos homens negros estão encarcerados. Para a geração do hip-hop, o problema estrutural do encarceramento em massa talvez seja um tópico tão importante quanto ganhar acesso à educação foi para a juventude negra na geração do Black Power. Mas mulheres na geração do hip-hop expressam uma vontade maior de abraçar análises interseccionais e ações que enfrentem esses desafios compartilhados.

JLS *Como aqui.*

PHC Acredito que sim. Uma boa parte do movimento BLM reside nas ações de pessoas comuns que protestaram contra políticas públicas que levaram a mortes prematuras de pessoas negras. Muitas pessoas jovens são declaradamente a favor dos negros face a instituições que eles veem como profundamente antinegras. Mulheres negras têm sido líderes proeminentes e participantes dentro do movimento BLM como em outros projetos contemporâneos de ativismo negro comunitário. Para mim, o BLM emergiu dentro de múltiplas comunidades locais nos EUA, lideradas por pessoas, muitas delas mulheres, que perderam filhos, parentes e amigos para a violência. Protestos individuais através do rap e protestos em massa em resposta a violências sancionadas pelo Estado são importantes para a elevação da consciência política nessa quadra atual da história. Mas o verdadeiro trabalho de organização comunitária é o trabalho cotidiano de fazer as coisas acontecerem. E é aí que muitas mulheres negras são politicamente ativas, ajudando as pessoas a continuarem vivas.

JLS/DV *Você também identifica o hip-hop como uma possibilidade de produção de teoria social?*

PHC Não tenho certeza, mas posso falar sobre alguns parâmetros que, acredito, iriam determinar o tipo de teoria social crítica que falaria sobre as necessidades da geração do hip-hop. Desenvolver uma análise crítica do hip-hop que parte do hip-hop é essencial.

ENTREVISTA

Quero saber qual critério utilizaríamos para diferenciar dentre aqueles que estão fazendo teoria social *sobre* o hip-hop e aqueles que, por suas experiências *a partir* do hip-hop, trazem uma sensibilidade teórica para as políticas culturais do hip-hop. Às vezes, podem ser as mesmas pessoas, mas frequentemente não são. O clássico trabalho de Paulo Freire, *Pedagogia do Oprimido*, é frequentemente categorizado como um método educacional, mas a maneira por ele utilizada de desenvolver uma teoria social sugere novos caminhos pelos quais a teoria social pode emergir de dentro do hip-hop. Alguns pontos de conexão incluem: 1. a necessidade de relações diferentes de poder entre artistas e críticos; 2. o hip-hop como um empreendimento que coloca problemas e os resolve; e 3. a permanência fundamental na experiência do hip-hop ao lado do reconhecimento de que só a experiência não basta. A realização da teoria social como feita tradicionalmente dentro da academia é uma pequena parte da realização da teoria social. Precisamos nos colocar algumas questões fundamentais: quem realiza a teoria social? Onde eles fazem? Fazem para quem? Quais são seus efeitos? Essas perguntas são fundamentais para a realização de uma teoria social crítica necessária ao ativismo negro. As dinâmicas de poder relativas a quem pode contar a história são uma parte fundamental dos movimentos sociais negros. O pensamento social e político negro é muito mais amplo que suas configurações acadêmicas e historicamente tem estado atrelado a projetos políticos negros.

DV *A minha inspiração para pensar em direção a seu texto é sobre a relação entre a experiência e o feminismo negro, e nós pensamos isso sobre o hip-hop também.*

PHC Espero que meu trabalho com a interseccionalidade ajude em relação a essa preocupação. A experiência não fala por si mesma. Na verdade, precisamos examinar nossas experiências, estar dispostos a escutar outros e, o mais importante, reconhecer que estamos errados. Questões sobre quem pode falar, quais autoridades lhes garantem tais direitos, com quem eles estão falando e porquê, e como avaliamos o que eles dizem são questões epistemológicas fundamentais

ANEXO

que moldam uma teoria social crítica. Acredito que o que é importante aqui é não assumir que o que você pensa em sua cabeça sobre sua própria experiência corresponde diretamente à teoria social. A realização da teoria social é colaborativa, frequentemente através das diferenças de poder.

A experiência tem um papel especialmente importante em dois de meus livros sobre interseccionalidade. *Intersectionality as Critical Social Theory* (A Interseccionalidade Como Teoria Social Crítica, 2019) defende a experiência examinada e autorreflexiva como uma forma válida de conhecimento. Mas isso deve ser lido cautelosamente. Nesse livro, critico a epistemologia da teoria social tradicional, incluindo a teoria social tradicional que afirma ser crítica, para criar espaço para outras formas de realizar teoria social crítica. Ao reconhecer outras formas de realizar teoria, estou tentando mudar os termos da conversa. Foi um livro difícil de escrever, precisamente porque lidou com questões de epistemologia que residem no coração do poder. Em *Lethal Intersections* (Intersecções Letais, 2023), aplico as ideias de interseccionalidade como uma teoria social crítica teorizando sobre a violência, utilizando as experiências das pessoas com a violência como fonte primária de informação e análise. Por exemplo, uma mulher negra cujo filho é assassinado por violência armada possui uma perspectiva distinta da violência em resposta às suas experiências. Agir é uma maneira de teorizar sobre as experiências vividas dela que, ao longo do tempo, e em diálogos com outras experiências, forjam um ponto de vista coletivo sobre a violência. Meu trabalho valoriza a ideia central da experiência como essencial ao trabalho da justiça social. Quando se trata da experiência, posso traçar uma linha reta desde meu primeiro livro, *Black Feminist Thought* (1990), passando por textos de conexão, como *Do Black Power ao Hip-Hop,* até esses dois últimos livros.

JLS/DV *Uma última pergunta: como muito mudou nos últimos dezessete anos, há alguma coisa que você gostaria de acrescentar na sua análise deste livro?*

PHC Minha percepção é que não – e aqui está a razão. Escrevi *Do Black Power ao Hip-Hop* no começo dos anos 2000 em resposta à

ENTREVISTA

situação política dos EUA. Ofereci uma análise que fez sentido para mim. O tempo e o espaço moldaram minha análise. Mas quando você está escrevendo durante o período de mudanças políticas e sociais, pode ser difícil identificar o que vai permanecer importante e o que vai se enfraquecer. Essencialmente, você está sempre escrevendo uma versão da história enquanto você está vivendo essa versão no presente. Como cada um de meus livros é escrito em um momento no tempo e em um contexto específico, tento estar consciente da situação política e social desse contexto. Acredito no pensamento crítico, tanto sobre o mundo como sobre o meu trabalho. Ninguém possui um monopólio sobre a verdade e, como o mundo social está sempre mudando, as ideias e ações de cada um de nós estão sempre em processo de construção.

Referências

ADLER, Karen S. "Always Leading Our Men in Service and Sacrifice": Amy Jacques Garvey, Feminist Black Nationalist. *Gender and Society*, v. 6, n. 3, 1992.

AKBAR, Na'im. *Visions for Black Men*. Talahassee: Mind Productions, 1991.

ALARCÓN, Norma. Chicana Feminism: In the Tracks of 'the' Native Woman. In: KAPLAN, Caren; ALARCÓN, Norma; MOALLEM, Minoo (eds.). *Between Woman and Nation: Nationalisms, Transnational Feminisms, and the State*. Durham: Duke University Press, 1999.

ALEXANDER, M. Jacqui. Erotic Autonomy as a Politics of Decolonization: An Anatomy of Feminist and State Practice in the Bahamas Tourist Industry. In: ALEXANDER, M. Jacqui; MOHANTY, Chandra Talpade (eds.). *Feminist Genealogies, Colonial Legacies, Democratic Futures*. New York: Routledge, 1997.

ALEXANDER, M. Jacqui; MOHANTY, Chandra Talpade. Introduction: Genealogies, Legacies, Movements. ALEXANDER, M. Jacqui; MOHANTY, Chandra Talpade (eds.). *Feminist Genealogies, Colonial Legacies, Democratic Futures*. New York: Routledge, 1997.

AMOTT, Teresa L. Black Women and AFDC: Making Entitlement Out of Necessity. In: GORDON, Linda (ed.). *Women, the State, and Welfare*. Madison: University of Wisconsin Press, 1990.

AMOTT, Teresa L.; MATTHAEI, Julie. *Race, Gender, and Work: A Multicultural Economic History of Women in the United States*. Boston: South End, 1991.

ANDERSEN, Margaret L. Feminism and the American Family Ideal. *Journal of Comparative Family Studies*, v. 22, n. 2, 1991.

ANDERSON, Benedict. *Imagined Communities: Reflections on the Origin and Spread of Nationalism*. London: Verso, 1983.

ANDERSON, Elijah. *Streetwise: Race, Class, and Change in an Urban Community*. Chicago: University of Chicago Press, 1990.

ANDERSON, Talmadge. *Black Studies: Theory, Method, and Cultural Perspectives*. Pullman: Washington State University Press, 1990.

ANDERSON-BRICKER, Kristin. "Triple Jeopardy": Black Women and the Growth of Feminist Consciousness in SNCC, 1964-1975. In: SPRINGER, Kimberly (ed.). *Still Lifting, Still Climbing: African American Women's Contemporary Activism*. New York: New York University Press, 1999.

ANTHIAS, Floya; YUVAL-DAVIS, Nira. *Racialized Boundaries: Race, Nation, Gender, Colour and Class and the Anti-Racist Struggle*. New York: Routledge, 1992.

APPIAH, Kwame A. *In My Father's House: Africa in the Philosophy of Culture*. New York: Oxford University Press, 1992.

ASANTE, Molefi K. *The Afrocentric Idea*. Philadelphia: Temple University Press, 1987.

_____. *Kemet, Afrocentricity, and Knowledge*. Philadelphia: Temple University Press, 1990.

_____. Racism, Consciousness, and Afrocentricity. In: EARLY, Gerald (ed.). *Lure and Loathing: Essays on Race, Identity, and the Ambivalence of Assimilation*. New York: Penguin Books, 1993.

ASANTE, Molefi K.; ASANTE, Kariamu W. (eds.). *African Culture: The Rhythms of Unity*. Trenton: Africa World Press, 1990.

AUSTIN, Paula. Femme-Inism: Lessons from My Mother. In: HERNÁNDEZ, Daisy; REHMAN, Bushra (eds.). *Colonize This! Young Women of Color on Today's Feminism*. New York: Seal, 2002.

AVERY, Byllye Y. Breathing Life into Ourselves: The Evolution of the National Black Women's Health Project. In: WHITE, Evelyn C. (ed.). *The Black Women's Health Book: Speaking for Ourselves*. Seattle: Seal, 1994.

BACCHETTA, Paola. Extraordinary Alliances in Crisis Situations: Women Against Hindu Nationalism in India. In: TWINE, France Winddance; BLEE, Kathleen M. (eds.). *Feminism and Antiracism: International Struggles for Justice*. New York: New York University Press, 2001.

BALDWIN, James; MEAD, Margaret. *A Rap on Race*. New York: Laurel, 1971.

BALDWIN, Joseph. The Psychology of Oppression. In: ASANTE, Molefi K. (ed.). *Contemporary Black Thought: Alternative Analyses in Social and Behavioral Sciences*. Thousand Oaks: Sage, 1980.

BALIBAR, Etienne; WALLERSTEIN, Immanuel. *Race, Nation, Class: Ambiguous Identities*. New York: Verso, 1991.

BAMBARA, Toni Cade. *The Salt Eaters*. New York: Vintage, 1992.

_____. *Deep Sightings and Rescue Missions: Fiction, Essays, and Conversations*. New York: Pantheon, 1996.

BAMBARA, Toni Cade (ed.). *The Black Woman: An Anthology*. New York: Signet, 1970.

BANNERJI, Himani. *Thinking Through: Essays on Feminism, Marxism, and Anti-Racism*. Toronto: Women's Press, 1995.

BARAKA, Imamu A. Black Woman. *Black World*, v. 19, n. 9, 1970.

BARNETT, Bernice McNair. Invisible Southern Black Women Leaders in the Civil Rights Movement: The Triple Constraints of Gender, Race, and Class. *Gender and Society*, v. 7, n. 2, 1993.

BATTLE, Juan; COHEN, Cathy J.; WARREN, Dorian; FERGERSON, Gerard; AUDAM, Suzette. *Say It Loud, I'm Black and I'm Proud: Black Pride Survey 2000*. New York: Policy Institute of the National Gay and Lesbian Task Force, 2002.

BAUMAN, Zygmunt. *Globalization: The Human Consequences*. New York: Columbia University Press, 1998.

BELLAH, Robert N. *The Broken Covenant: American Civil Religion in a Time of Trial*. Chicago: University of Chicago Press, 1992.

BENJAMIN, Medea; MENDONÇA, Maisa. *Benedita da Silva: An Afro-Brazilian Woman's Story of Politics and Love*. Oakland: Institute for Food and Development Policy, Global Exchange, 1997.

BEN-JOCHANNAN, Yosef. *Black Man of the Nile and His Family: African Foundations of European Civilization and Thought*. New York: Alkebu-lan, 1972.

BERRY, Mary Frances. *Black Resistance, White Law: A History of Constitutional Racism in America*. New York: Penguin, 1994.

282

REFERÊNCIAS

BOCK, Gisela. Racism and Sexism in Nazi Germany: Motherhood, Compulsory Sterilization, and the State. In: BRIDENTHAL, Renate; GROSSMANN, Atina; KAPLAN, Marion (eds.). *When Biology Became Destiny: Women in Weimar and Nazi Germany*. New York: Monthly Review Press, 1984.

BOGLE, Donald. *Prime Time Blues: African Americans on Network Television*. New York: Farrar, Straus and Giroux, 2001.

BONILLA-SILVA, Eduardo. Rethinking Racism: Toward a Structural Interpretation. *American Sociological Review*, v. 62, June 1996.

_____. *White Supremacy and Racism in the Post-Civil Rights Era*. Boulder, Colo.: Lynne Rienner, 2001.

BREWER, Rose. Race, Class, Gender and U.S. State Welfare Policy: The Nexus of Inequality for African American Families. In: YOUNG, Gay; DICKERSON, Bette J. (eds.). *Color, Class and Country: Experiences of Gender*. London: Zed, 1994.

_____. Gender, Poverty, Culture, and Economy: Theorizing Female-Led Families. In: DICKERSON, Bette (ed.). *African American Single Mothers: Understanding Their Lives and Families*. Thousand Oaks: Sage, 1995.

BRIDENTHAL, Renate; GROSSMANN, Atina; KAPLAN, Marion (eds.). *When Biology Became Destiny: Women in Weimar and Nazi Germany*. New York: Monthly Review Press, 1984.

BRODERICK, Francis L.W.E.B. Du Bois: History of an Intellectual. In: BLACKWELL, James E.; JANOWITZ, Morris (eds.). *Black Sociologists: Historical and Contemporary Perspectives*. Chicago: University of Chicago Press, 1974.

BRODHEAD, Frank. The African Origins of Western Civilization. *Radical America*, n. 21, May 1987.

BRODKIN, Karen. *How Jews Became White Folks and What That Says about Race in America*. New Brunswick: Rutgers University Press, 2000.

BROOKS, Siobhan. Black Feminism in Everyday Life: Race, Mental Illness, Poverty and Motherhood. In: HERNÁNDEZ, Daisy; REHMAN, Bushra (eds.). *Colonize This! Young Women of Color on Today's Feminism*. New York: Seal, 2002.

BROWN, Elaine. *A Taste of Power: A Black Woman's Story*. New York: Pantheon, 1992.

BROWN, Elsa Barkley. Negotiating and Transforming the Public Sphere: African American Political Life in the Transition from Slavery to Freedom. *Public Culture*, v. 7, n. 1, 1994.

BUKER, Eloise. Is Women's Studies a Disciplinary or an Interdisciplinary Field of Inquiry? *NWSA Journal*, v. 15, n. 1, 2003.

BYNOE, Yvonne. *Stand and Deliver: Political Activism, Leadership, and Hip Hop Culture*. New York: Soft Skull, 2004.

CABRAL, Amilcar. National Liberation and Culture. In: AFRICAN Information Service (ed.). *Return to the Source: Selected Speeches of Amilcar Cabral*. New York: Monthly Review Press, 1973.

CALHOUN, Craig. Nationalism and Ethnicity. *Annual Review of Sociology*, v. 19, 1993.

CALMORE, John O. Race-Conscious Voting Rights and the New Demography in a Multiracing America. *North Carolina Law Review*, v. 79, n. 5, 2001.

CANNON, Katie G. *Black Womanist Ethics*. Atlanta: Scholars Press, 1988.

CARAWAY, Nancie. *Segregated Sisterhood: Racism and the Politics of American Feminism*. Knoxville: University of Tennessee Press, 1991.

CARBADO, Devon W. Introduction: Where and When Black Men Enter. In: CARBADO, Devon W. (ed.). *Black Men on Race, Gender, and Sexuality*. New York: New York University Press, 1999.

CHAMBERS, Veronica. *Mama's Girl*. New York: Riverhead, 1996.

CHANG, Grace. Undocumented Latinas: The New "Employable Mothers". In: GLENN, Evelyn Nakano; CHANG, Grace; MOTHERING, Rennie Forcey (eds.). *Ideology, Experience, and Agency*. New York: Routledge, 1994.

CHILDRESS, Alice. *Like One of the Family: Conversations from a Domestic's Life*. Boston: Beacon, 1986.

CHOW, Rey. *Writing Diaspora: Tactics of Intervention in Contemporary Cultural Studies*. Bloomington: Indiana University Press, 1993.

CHRISTIAN, Barbara. The Race for Theory. *Feminist Studies*, v. 14, n. 1, 1988.

CLARKE, Cheryl. The Failure to Transform: Homophobia in the Black Community." In: SMITH, Barbara (ed.). *Home Girls: A Black Feminist Anthology*. New York: Kitchen Table, 1983.

CLEAGE, Pearl. What Can I Say? In: GUY-SHEFTALL, Beverly (ed.). *Words of Fire: An Anthology of African American Feminist Thought*. New York: New Press, 1995.

_____. *What Looks Like Crazy on an Ordinary Day*. New York: Avon, 1997.

_____. *I Wish I Had a Red Dress*. New York: Perennial, 2001.

CLEAVER, Eldridge. *Soul on Ice*. New York: McGraw-Hill, 1968.

COHEN, Cathy J. *The Boundaries of Blackness: AIDS and the Breakdown of Black Politics*. Chicago: University of Chicago Press, 1999.

COHEN, Cathy J.; JONES, Tamara. Fighting Homophobia Versus Challenging Heterosexism: "The Failure to Transform" Revisited. In: BRANDT, Eric (ed.). *Dangerous Liaisons: Blacks, Gays, and the Struggle for Equality*. New York: New Press, 1999.

COLE, Johnnetta Betsch; GUY-SHEFTALL, Beverly. *Gender Talk: The Struggle for Women's Equality in African American Communities*. New York: Ballantine, 2003.

COLLIER, Jane; ROSALDO, Michelle Z.; Yanagisako, SYLVIA. Is There a Family? New Anthropological Views. In: THORNE, Barrie; YALOM, Marilyn (eds.). *Rethinking the Family: Some Feminist Questions*. Boston: Northeastern University Press, 1992.

COLLIER-THOMAS, Bettye; FRANKLIN, V.P. (eds.). *Sisters in the Struggle: African American Women in the Civil Rights–Black Power Movement*. New York: New York University Press, 2001.

COLLINS, Patricia Hill. A Comparison of Two Works on Black Family Life. *Signs*, v. 14, n. 4, 1989.

_____. *Black Feminist Thought: Knowledge, Consciousness, and the Politics of Empowerment*. New York: Routledge, 1990. (Trad. bras.: Pensamento Feminista Negro: Conhecimento, Consciência e a Política do Empoderamento. São Paulo: Boitempo, 2019.)

_____. Shifting the Center: Race, Class, and Feminist Theorizing About Motherhood. In: GLENN, Evelyn Nakano; CHANG, Grace; FORCEY, Linda (eds.). *Mothering: Ideology, Experience and Agency*. New York: Routledge, 1994.

_____. *Fighting Words: Black Women and the Search for Justice*. Minneapolis: University of Minnesota Press, 1998.

_____. It's All in the Family: Intersections of Gender, Race, and Nation. *Hypatia*, v. 13, n. 3, 1998.

_____. The Tie That Binds: Race, Gender and U.S. Violence. *Ethnic and Racial Studies*, v. 21, n. 5, 1998.

_____. Producing the Mothers of the Nation: Race, Class and Contemporary U.S. Population Policies. In: YUVAL-DAVIS, Nira (ed.). *Women, Citizenship and Difference*. London: Zed, 1999.

_____. Gender, Black Feminism, and Black Political Economy. *Annals of the American Academy of Political and Social Science*, n. 568, March 2000.

_____. Like One of the Family: Race, Ethnicity, and the Paradox of US National Identity.

REFERÊNCIAS

Ethnic and Racial Studies, v. 24, n. 1, 2001.

_____. *Black Sexual Politics: African Americans, Gender, and the New Racism*. New York: Routledge, 2004. (Trad. bras.: Política Sexual Negra: Afro-Americanos, Gênero e o Novo Racismo. Rio de Janeiro: Via Verita, 2022.)

COMBAHEE River Collective. A Black Feminist Statement. In: GUY-SHEFTALL, Beverly (ed.). *Words of Fire: An Anthology of African-American Feminist Thought*. New York: New Press, 1995.

CONE, James H. *The Spirituals and the Blues: An Interpretation*. New York: Seabury, 1972.

CONYERS, James H. *The Evolution of African American Studies*. Lantham: University Press of America, 1995.

COONTZ, Stephanie. *The Way We Never Were: American Families and the Nostalgia Trap*. New York: Basic Books, 1992.

CRAWFORD, Vickie; ROUSE, Jacqueline Anne; WOODS, Barbara (eds.). *Women in the Civil Rights Movement: Trailblazers and Torchbearers, 1941-1965*. Bloomington: Indiana University Press, 1990.

CRENSHAW, Kimberlé W. Mapping the Margins: Intersectionality, Identity Politics, and Violence against Women of Color. *Stanford Law Review*, v. 43, n. 6, Jul. 1991.

_____. Whose Story Is It Anyway? Feminist and Antiracist Appropriations of Anita Hill. In: MORRISON, Toni (ed.). *Race-ing Justice, En-Gendering Power*. New York: Pantheon, 1992.

_____. Beyond Racism and Misogyny: Black Feminism and 2 Live Crew. In: MATSUDA, Mari J.; LAWRENCE, Charles R.I.; DELGADO, Richard; CRENSHAW, Kimberlé W. (eds.). *Words That Wound: Critical Race Theory, Assaultive Speech, and the First Amendment*. Boulder: Westview, 1993.

_____. Color Blindness, History, and the Law. In: LUBIANO, Wahneema (ed.). *The House That Race Built: Black Americans, U.S. Terrain*. New York: Pantheon, 1997.

CROSS, William. The Negro to Black Conversion Experience: Toward a Psychology of Black Liberation. *Black World*, v. 20, n. 9, 1971.

DANIELS, Arlene K. Careers in Feminism. *Gender and Society*, v. 5, n. 4, 1991.

DAVIS, Angela Y. *Angela Davis: An Autobiography*. New York: Bantam, 1974.

_____. *Women, Race, and Class*. New York: Random House, 1981.

_____. Afro Images: Politics, Fashion, and Nostalgia. *Critical Inquiry*, v. 21, n. 2, 1994.

_____. Race and Criminalization: Black Americans and the Punishment Industry. In: WAHNEEMA, Lubiano (ed.). *The House That Race Built: Black Americans, U.S. Terrain*. New York: Pantheon, 1997.

DAWSON, Michael C. *Behind the Mule: Race and Class in African-American Politics*. Princeton, N.J.: Princeton University Press, 1994.

DENT, Gina (ed.). *Black Popular Culture*. Seattle: Bay Press, 1992.

DICKERSON, Bette J. Introduction. In: DICKERSON, Bette J. (ed.). *African American Single Mothers: Understanding Their Lives and Families*. Thousand Oaks: Sage, 1995.

DILL, Bonnie Thornton. Our Mothers Grief: Racial Ethnic Women and the Maintenance of Families. *Journal of Family History*, v. 13, n. 4, 1988.

_____. Work at the Intersections of Race, Gender, Ethnicity, and Other Dimensions of Difference in Higher Education. *Connections: Newsletter of the Consortium on Race, Gender and Ethnicity*, Fall 2002.

DIOP, Cheikh A. *The African Origin of Civilization: Myth or Reality*. Ed. and trans. Mercer Cook. Westport: Lawrence Hill, 1974.

DOUGLAS, Kelly Brown. *Sexuality and the Black Church: A Womanist Perspective*. Maryknoll: Orbis, 1999.

DUBEY, Madhu. *Black Women Novelists and the Nationalist Aesthetic*. Bloomington: Indiana University Press, 1994.

DU BOIS, William E.B. *The Negro American Family*. Westport: Negro Universities Press/ Greenwood Press, 1969.

DUSTER, Troy. *Backdoor to Eugenics*. New York: Routledge, 1990.

DYSON, Michael E. *Reflecting Black: African-American Cultural Criticism*. Minneapolis: University of Minnesota Press, 1993.

EMEAGWALI, Gloria T. *Women Pay the Price: Structural Adjustment in Africa and the Caribbean*. Trenton: Africa World Press, 1995.

ENLOE, Cynthia. *Bananas, Beaches, and Bases: Making Feminist Sense of International Politics*. Berkeley: University of California Press, 1990.

ENTMAN, Robert M.; ROJECKI, Andrew. *The Black Image in the White Mind: Media and Race in America*. Chicago: University of Chicago Press, 2000.

ESSED, Philomena. *Understanding Everyday Racism: An Interdisciplinary Theory*. Thousand Oaks: Sage, 1991.

FANON, Frantz. *The Wretched of the Earth*. New York: Grove, 1963.

_____. *Black Skin, White Masks*. New York: Grove, 1967.

FELDSTEIN, Ruth. *Motherhood in Black and White: Race and Sex in American Liberalism, 1930-1965*. Ithaca, N.Y.: Cornell University Press, 2000.

FERBER, Abby L. *White Man Falling: Race, Gender, and White Supremacy*. Lanham: Rowman and Littlefield, 1998.

FESTER, Gertrude. Closing the Gap-Activism and Academia in South Africa: Towards a Women's Movement. In: NNAEMEKA, Obioma (ed.). *Sisterhood, Feminisms, and Power: From Africa to the Diaspora*. Trenton Africa World Press, 1998.

FOUCAULT, Michel. *Power/Knowledge: Selected Interviews and Other Writings, 1972-1977*. Ed. Colin Gordon. New York: Pantheon, 1980.

FOX-GENOVESE, Elizabeth. Personal Is Not Political Enough. *Marxist Perspectives*, Winter 1979-1980.

FRANKLIN, Donna L. *Ensuring Inequality: The Structural Transformation of the African--American Family*. New York: Oxford University Press, 1997.

FRANKLIN, Vincent P. *Black Self-Determination: A Cultural History of African-American Resistance*. New York: Lawrence Hill, 1992.

FRIED, Amy. "It's Hard to Change What We Want to Change": Rape Crisis Centers as Organizations. *Gender and Society*, v. 8, n. 4, 1994.

GARCIA, Alma M. The Development of Chicana Feminist Discourse. In: WEST, Lois A. (ed.). *Feminist Nationalism*. New York: Routledge, 1997.

GATES, Henry Louis. *Loose Canons: Notes on the Culture Wars*. New York: Oxford University Press, 1992.

GAYLE, Addison. *The Black Aesthetic*. Garden City: Doubleday, 1971.

GEIGER, Shirley M. African-American Single Mothers: Public Perceptions and Public Policies. In: VAZ, Kim Marie (ed.). *Black Women in America*. Thousand Oaks: Sage, 1995.

GEORGE, Nelson. *Hip Hop America*. New York: Penguin, 1998.

GILKES, Cheryl Townsend. From Slavery to Social Welfare: Racism and the Control of Black Women. In: SWERDLOW, Amy; LESSINGER, Hanna (eds.). *Class, Race, and Sex: The Dynamics of Control*. Boston: G.K. Hall, 1983.

_____. *If It Wasn't for the Women: Black Women's Experience and Womanist Culture in Church and Community*. Maryknoll: Orbis, 2001.

GILMAN, Sander L. Black Bodies, White Bodies: Toward an Iconography of Female Sexuality in Late Nineteenth-Century Art, Medicine, and Literature. *Critical Inquiry*, v. 12, n. 1, 1985.

REFERÊNCIAS

GILROY, Paul. *"There Ain't No Black in the Union Jack": The Cultural Politics of Race and Nation.* Chicago: University of Chicago Press, 1987.

_____. It's a Family Affair: Black Culture and the Trope of Kinship. *Small Acts: Thoughts on the Politics of Black Culture.* New York: Serpent's Tail, 1992.

_____. *The Black Atlantic: Modernity and Double Consciousness.* Cambridge: Harvard University Press, 1993.

_____. *Against Race: Imagining Political Culture beyond the Color Line.* Cambridge: Belknap Press of Harvard University Press, 2000.

GLASGOW, Douglas G. *The Black Underclass: Poverty, Unemployment, and Entrapment of Ghetto Youth.* San Francisco: Jossey-Bass, 1980.

GLENN, Evelyn Nakano. From Servitude to Service Work: Historical Continuities in the Racial Division of Paid Reproductive Labor. *Signs*, v. 18, n. 1, 1992.

GLUCK, Sherna Berger. Shifting Sands: The Feminist-Nationalist Connection in the Palestinian Movement. In: WEST, Lois A. (ed.). *Feminist Nationalism.* New York: Routledge, 1997.

GOLDBERG, David Theo. *Racist Culture: Philosophy and the Politics of Meaning.* Cambridge: Blackwell, 1993.

GORDON, Linda. *Pitied But Not Entitled: Single Mothers and the History of Welfare.* Cambridge: Harvard University Press, 1994.

GOSSETT, Thomas F. *Race: The History of an Idea in America.* Dallas: Southern Methodist University Press, 1963.

GOULD, Stephen Jay. *The Mismeasure of Man.* New York: W.W. Norton, 1981.

GRAHAM, Lawrence Otis. *Our Kind of People: Inside America's Black Upper Class.* New York: HarperPerennial, 2000.

GRANT, Jacqueline. *White Women's Christ and Black Women's Jesus: Feminist Christology and Womanist Response.* Atlanta: Scholars Press, 1989.

GRAY, Herman. *Watching Race: Television and the Struggle for "Blackness".* Minneapolis: University of Minnesota Press, 1995.

GREEN, Dan. S.; DRIVER, Edwin (eds.). *W.E.B. Du Bois: On Sociology and the Black Community.* Chicago: University of Chicago Press, 1978.

GREGORY, Steven. Race, Identity and Political Activism: The Shifting Contours of the African American Public Sphere. *Public Culture*, v. 7, n. 1, 1994.

GRIFFIN, Farah Jasmine. Conflict and Chorus: Reconsidering Toni Cade Bambara's The Black Woman: An Anthology. In: GLAUDE, Eddie S. (ed.). *Is It Nation Time? Contemporary Essays on Black Power and Black Nationalism.* Chicago: University of Chicago Press, 2002.

GUERRERO, Marie Anna Jaines. Civil Rights versus Sovereignty: Native American Women in Life and Land Struggles. In: ALEXANDER, M. Jacqui; MOHANTY, Chandra Talpade (eds.). *Feminist Genealogies, Colonial Legacies, Democratic Futures.* New York: Routledge, 1997.

GUINIER, Lani; TORRES, Gerald. *The Miner's Canary: Enlisting Race, Resisting Power, Transforming Democracy.* Cambridge: Harvard University Press, 2002.

GUTMAN, Herbert. *The Black Family in Slavery and Freedom, 1750-1925.* New York: Random House, 1976.

GUY-SHEFTALL, Beverly. Response from a "Second Waver" to Kimberly Springer's 'Third Wave Black Feminism? *Signs*, v. 27, n. 4, 2002.

HALL, Jacqueline D. The Mind That Burns in Each Body: Women, Rape, and Racial Violence. In: SNITOW, Ann; STANSELL, Christine; THOMPSON, Sharon (eds.). *Powers of Desire: The Politics of Sexuality.* New York: Monthly Review Press, 1983.

HALLER, Mark H. *Eugenics: Hereditarian Attitudes in American Thought*. New Brunswick: Rutgers University Press, 1984.

HANISCH, Carol. The Personal Is Political. In: REDSTOCKINGS (ed.). *Feminist Revolution*. 2. ed. New York: Random House, 1978.

HARDING, Sandra. *The Science Question in Feminism*. Ithaca: Cornell University Press, 1986.

HARRIS, Trudier. *Exorcising Blackness: Historical and Literary Lynching and Burning Rituals*. Bloomington: Indiana University Press, 1984.

_____. Introduction. In: CHILDRESS, Alice. *Like One of the Family: Conversations from a Domestic's Life*. Boston: Beacon, 1986.

HARTOUNI, Valerie. Breached Birth: Anna Johnson and the Reproduction of Raced Bodies. *Cultural Conceptions: On Reproductive Technologies and the Remaking of Life*. Minneapolis: University of Minnesota Press, 1997.

HARTSOCK, Nancy. The Feminist Standpoint: Developing the Ground for a Specifically Feminist Historical Materialism. In: HARDING, Sandra; HINTIKKA, Merrill B. (eds.). *Discovering Reality*. Boston: D. Reidel, 1983.

HENG, Geraldine; DEVAN, Janadas. State Fatherhood: The Politics of Nationalism, Sexuality and Race in Singapore. In: PARKER, Andrea; RUSSO, Mary; SOMMER, Doris YAEGER, Patricia (eds.). *Nationalisms and Sexualities*. New York: Routledge, 1992.

HERNÁNDEZ, Daisy; LEONG, Pandora L. Feminism's Future: Young Feminists of Color Take the Mic. *In These Times*, April 21, 2004. Disponível em: <http://www.inthesetimes.com/site/main/article/feminisms_future>. Acesso em: 25 jul. 2004.

HERNÁNDEZ, Daisy; REHMAN, Bushra (eds.). *Colonize This! Young Women of Color on Today's Feminism*. New York: Seal, 2002.

HERSKOVITZ, Melville. *The Myth of the Negro Past*. Boston: Beacon Press, 1990. HIGGINBOTHAM, Elizabeth; WEBER, Lynn. Moving Up with Kin and Community: Upward Social Mobility for Black and White Women. *Gender and Society*, v. 6, n. 3, 1992.

HIGGINBOTHAM, Evelyn Brooks. *Righteous Discontent: The Women's Movement in the Black Baptist Church 1880-1920*. Cambridge: Harvard University Press, 1993.

HINE, Darlene Clark. The Black Studies Movement: Afrocentric–Traditionalist–Feminist Paradigms for the Next Stage. *Black Scholar*, v. 22, n. 3, 1992.

_____. "In the Kingdom of Culture": Black Women and the Intersection of Race, Gender, and Class. In: EARLY, Gerald (ed.). *Lure and Loathing: Essays on Race, Identity, and the Ambivalence of Assimilation*. New York: Penguin, 1993.

HOLLOWAY, Joseph (ed.). *Africanisms in American Culture*. Bloomington: Indiana University Press, 1990.

HOOD, Robert E. *Begrimed and Black: Christian Traditions on Blacks and Blackness*. Minneapolis: Fortress, 1994.

HORD, Fred Lee; LEE, Jonathan Scott. *I Am Because We Are: Readings in Black Philosophy*. Amherst: University of Massachusetts Press, 1995.

HUGGINS, Nathan. *Afro-American Studies*. New York: Ford Foundation, 1985.

IGNATIEV, Noel. *How the Irish Became White*. New York: Routledge, 1995.

IKEMOTO, Lisa C. The InFertile, the Too Fertile, and the Dysfertile. *Hastings Law Journal*, v. 47, n. 4, 1996.

JACKSON, Peter; PENROSE, Jan. Introduction: Placing "Race" and Nation. In: JACKSON, Peter; PENROSE, Jan (eds.). *Constructions of Race, Place and Nation*. Minneapolis: University of Minnesota Press, 1993.

JAMES, Stanlie M. Mothering: A Possible Black Feminist Link to Social Transformation? In: JAMES, Stanlie M.; BUSIA, Abena P.A. (eds.). *Theorizing Black Feminisms: The Visionary Pragmatism of Black Women*. New York: Routledge, 1993.

REFERÊNCIAS

JAMILA, Shani. Can I Get a Witness? Testimony from a Hip Hop Feminist. In: HERNÁN-DEZ, Daisy; REHMAN, Bushra (eds.). *Colonize This! Young Women of Color on Today's Feminism*. New York: Seal, 2002.

JARRETT, Robin L. Living Poor: Family Life among Single Parent, African-American Women. *Social Problems*, v. 41, n. 1, 1994.

JHALLY, Sut; LEWIS, Justin. *Enlightened Racism*. Boulder, Colo.: Westview, 1992.

JONES, Jacqueline. *Labor of Love, Labor of Sorrow: Black Women, Work, and the Family from Slavery to the Present*. New York: Basic Books, 1985.

JONES, James H. *Bad Blood: The Tuskegee Syphilis Experiment*. New York: Free Press, 1993.

JONES, Lisa. *Bulletproof Diva: Tales of Race, Sex, and Hair*. New York: Doubleday, 1994.

JONES, Yvonne V. African-American Cultural Nationalism. In: HUTCHINSON, Janis F. (ed.). *Cultural Portrayals of African Americans: Creating an Ethnic/Racial Identity*. Westport: Bergin and Garvey, 1997.

JORDAN, June. *Civil Wars*. Boston: Beacon, 1981.

JORDAN, Winthrop D. *White Over Black: American Attitudes toward the Negro, 1550-1812*. New York: W.W. Norton, 1968.

KAPLAN, Gisela. Feminism and Nationalism: The European Case. In: WEST, Lois A. (ed.). *Feminist Nationalism*. New York: Routledge, 1997.

KARENGA, Maulana R. Afro-American Nationalism: Beyond Mystification and Misconception. *Black Books Bulletin*, Spring 1978.

_____. *Introduction to Black Studies*. Los Angeles: University of Sankore Press, 1982.

_____. The Nguzo Saga (The Seven Principles): Their Meaning and Message. In: VAN DEBURG, William L. (ed.). *Modern Black Nationalism: From Marcus Garvey to Louis Farrakhan*. New York: New York University Press, 1995.

KARENGA, Maulana R. (ed.). *Reconstructing Kemetic Culture: Papers, Perspectives, Projects*. Los Angeles: University of Sankore Press, 1990.

KATZ, Michael B. *The Undeserving Poor: From the War on Poverty to the War on Welfare*. New York: Pantheon, 1989.

KATZENSTEIN, Mary F. Feminism Within American Institutions: Unobtrusive Mobilization in the 1980s. *Signs*, v. 16, n. 1, 1990.

KELLEY, Robin D.G. *Race Rebels: Culture, Politics, and the Black Working Class*. New York: Free Press, 1994.

_____. *Freedom Dreams: The Black Radical Imagination*. Boston: Beacon, 2002.

KERSHAW, Terry. Afrocentrism and the Afrocentric Method. *Western Journal of Black Studies*, v. 16, n. 3, 1992.

KITWANA, Bakari. *The Hip Hop Generation: Young Blacks and the Crisis in African-American Culture*. New York: Basic Books, 2002.

KUUMBA, Monica B. Perpetuating Neo-Colonialism Through Population Control: South Africa and the United States. *Africa Today*, v. 40, n. 3, 1993.

LATIFAH, Queen. *Ladies First: Revelations of a Strong Woman*. New York: Quill, 1999.

LEE, Martha F. *The Nation of Islam: An American Millenarian Movement*. Syracuse, N.Y.: Syracuse University Press, 1996.

LEFKOWITZ, Mary. *Not Out of Africa: How Afrocentrism Became an Excuse to Teach Myth as History*. New York: Basic Books, 1996.

LEMERT, Charles. *Sociology After the Crisis*. Boulder, Colo.: Westview, 1995.

LERNER, Gerda (ed.). *Black Women in White America: A Documentary History*. New York: Vintage, 1972.

LICHTERMAN, Paul. Piecing Together Multicultural Community: Cultural Differences in

Community Building among Grass-Roots Environmentalists. *Social Problems*, v. 42, n. 4, 1995.

LINCOLN, C. Eric. *Race, Religion, and the Continuing American Dilemma*. New York: Hill and Wang, 1999.

LORDE, Audre. *SisterOutsider: Essays and Speeches*. Freedom: The Crossing Press, 1984.

LUBIANO, Wahneema. Black Ladies, Welfare Queens, and State Minstrels: Ideological War by Narrative Means. In: MORRISON, Toni (ed.). *Race-ing Justice, En-Gendering Power*. New York: Pantheon, 1992.

_____. Black Nationalism and Black Common Sense: Policing Ourselves. *The House That Race Built: Black Americans, U.S. Terrain*. New York: Pantheon, 1997.

LUSANE, Clarence. Rap, Race and Politics. *Race and Class*, v. 35, n. 1, 1993.

MADHUBUTI, Haki R. *Black Men, Obsolete, Single, Dangerous?* Chicago: Third World, 1990.

MAGONA, Sindiwe. *Mother to Mother*. Cape Town: David Philip, 1998.

MANGALISO, Zengie A. Gender and Nation-Building in South Africa. In: WEST, Lois A. (ed.). *Feminist Nationalism*. New York: Routledge, 1997.

MARABLE, Manning. Beyond Identity Politics: Towards a Liberation Theory for Multicultural Democracy. *Race and Class*, v. 35, n. 1, 1993.

MARTIN, Patricia Yancey. Rethinking Feminist Organizations. *Gender and Society*, v. 4, n. 2, 1990.

MARTINEZ, Erica G. Dutiful Hijas: Dependency, Power and Guilt. In: HERNÁNDEZ, Daisy; REHMAN, Bushra (eds.). *Colonize This! Young Women of Color on Today's Feminism*. New York: Seal, 2002.

MASSEY, Douglas S.; DENTON, Nancy A. *American Apartheid: Segregation and the Making of the Underclass*. Cambridge: Harvard University Press, 1993.

MATTHEWS, Nancy A. Surmounting a Legacy: The Expansion of Racial Diversity in an Anti-Rape Movement. *Gender and Society*, v. 3, n. 4, 1989.

MBITI, John. S. *African Religions and Philosophy*. London: Heinemann, 1969.

McCLINTOCK, Anne. *Imperial Leather: Race, Gender, and Sexuality in the Colonial Contest*. New York: Routledge, 1995.

McKEE, James B. *Sociology and the Race Problem: The Failure of a Perspective*. Urbana: University of Illinois Press, 1993.

McKINNON, Jesse. *The Black Population in the United States: March 2002*. V. P-20-541. Washington, D.C.: U.S. Census Bureau, 2003.

MEMMI, Albert. *Racism*. Minneapolis: University of Minnesota Press, 2000.

MERCER, Kobena. *Welcome to the Jungle: New Positions in Black Cultural Studies*. New York: Routledge, 1994.

MILES, Robert. *Racism*. New York: Routledge, 1989.

MILLER, Jerome G. *Search and Destroy: African-American Males in the Criminal Justice System*. New York: Cambridge University Press, 1996.

MINK, Gwendolyn. The Lady and the Tramp: Gender, Race, and the Origins of the American Welfare State. In: GORDON, Linda (ed.). *Women, the State, and Welfare*. Madison: University of Wisconsin Press, 1990.

MIRZA, Heidi Safia (ed.). *Black British Feminism: A Reader*. New York: Routledge, 1997.

MITCHELL, Henry H.; LEWTER, Nicholas C. *Soul Theology: The Heart of American Black Culture*. San Francisco: Harper and Row, 1986.

MOGHISSI, Haideh. *Feminism and Islamic Fundamentalism: The Limits of Postmodern Analysis*. London: Zed, 1999.

MOHANTY, Chandra Talpade. Women Workers and Capitalist Scripts: Ideologies of Domination, Common Interests, and the Politics of Solidarity. In: ALEXANDER, M.

REFERÊNCIAS

Jacqui; MOHANTY, Chandra Talpade (eds.). *Feminist Genealogies, Colonial Legacies, Democratic Futures*. New York: Routledge, 1997.

MORGAN, Joan. *When Chickenheads Come Home to Roost: My Life as a Hip-Hop Feminist*. New York: Simon and Schuster, 1999.

MOSES, Wilson Jeremiah. *The Golden Age of Black Nationalism, 1850-1925*. New York: Oxford University Press, 1978.

MOSSE, George L. *Nationalism and Sexuality: Middle-class Morality and Sexual Norms in Modern Europe*. New York: H. Fertig, 1985.

MOYNIHAN, Daniel Patrick. *The Negro Family: The Case for National Action*. Washington: U.S. Government Printing Office, 1965.

MYERS, Linda J. *Understanding an Afrocentric World View: Introduction to an Optimal Psychology*. Dubuque: Kendall/Hunt, 1988.

NAPLES, Nancy. "Just What Needed to be Done": The Political Practice of Women Community Workers in Low Income Neighborhoods. *Gender and Society*, v. 5, n. 4, 1991.

NEAL, Mark Anthony. *Soul Babies: Black Popular Culture and the Post-Soul Aesthetic*. New York: Routledge, 2002.

NELSON, Barbara. The Origins of the Two-Channel Welfare State: Workmen's Compensation and Mothers' Aid. In: GORDON, Linda (ed.). *Women, the State, and Welfare*. Madison: University of Wisconsin Press, 1990.

NEUBECK, Kenneth J.; CAZENAVE, Noel A. *Welfare Racism: Playing the Race Card Against America's Poor*. New York: Routledge, 2001.

NEW YORK Radical Feminists. "The Politics of the Ego: A Manifesto for New York Radical Feminists". In: HOLE, Judith; LEVINE, Ellen (eds.). *Rebirth of Feminism*. New York: Quadrangle, 1969.

NNAEMEKA, Obioma (ed.). *Sisterhood, Feminisms, and Power: From Africa to the Diaspora*. Trenton: Africa World Press, 1998.

NOBLES, Wade. African Philosophy: Foundations for Black Psychology. In: JONES, Rhett L. (ed.). *Black Psychology*. New York: Harper and Row, 1972.

NSIAH-JEFFERSON, Laurie. Reproductive Laws, Women of Color, and Low-Income Women. In: COHEN, Sherrill; TAUB, Nadine (eds.). *Reproductive Laws for the 1990s*. Clifton: Humana, 1989.

OKONGWU, Anne. Some Conceptual Issues: Female Single-Parent Families in the United States. In: MENCHER, Joan P.; OKONGWU, Anne (eds.). *Where Did All the Men Go? Female-Headed/Female-Supported Households in Cross-Cultural Perspective*. Boulder: Westview, 1993.

OLIVER, Melvin L.; SHAPIRO, Thomas M. *Black Wealth/White Wealth: A New Perspective on Racial Inequality*. New York: Routledge, 1995.

OMI, Michael; WINANT, Howard. *Racial Formation in the United States: From the 1960s to the 1990s*. New York: Routledge, 1994.

OMOLADE, Barbara. *The Rising Song of African American Women*. New York: Routledge, 1994.

ORFIELD, Gary; ASHKINAZE, Carole. *The Closing Door: Conservative Policy and Black Opportunity*. Chicago: University of Chicago Press, 1991.

PADILLA, Genero M. Myth and Comparative Cultural Nationalism: The Ideological Uses of Aztlan. In: ANAYA, Rudolfo; LOMELI, Francisco A. (eds.). *Aztlan: Essays on the Chicano Homeland*. Albuquerque: Academia/El Norte, 1989.

PALA, Achola O. (ed.). *Connecting Across Cultures and Continents: Black Women Speak Out on Identity, Race, and Development*. New York: United Nations Development Fund for Women, 1995.

PARIS, Peter J. *The Spirituality of African Peoples: The Search for a Common Moral Discourse*. Minneapolis: Fortress, 1995.

PATILLO-MCCOY, Mary. Church Culture as a Strategy of Action in the Black Community. *American Sociological Review*, n. 63, December 1998.

_____. *Black Picket Fences: Privilege and Peril Among the Black Middle Class*. Chicago: University of Chicago Press, 1999.

PIERCE-BAKER, Charlotte. *Surviving the Silence: Black Women's Stories of Rape*. New York: W.W. Norton, 1998.

PIETERSE, Jan N. Ethnicities and Multiculturalisms: Politics of Boundaries. In: MAY, Stephen; MADOOD, Tariq; AQUIRES, Judith (eds.). *Nationalism, Ethnicity and Minority Rights*. London: Cambridge University Press, 2004.

PINAR, William F. *The Gender of Racial Politics and Violence in America: Lynching, Prison Rape, and the Crisis of Masculinity*. New York: Peter Lang, 2001.

PINKNEY, Alphonso. *Red, Black, and Green: Black Nationalism in the United States*. London: Cambridge University Press, 1976.

POLLETTA, Francesca; JASPER, James M. Collective Identity and Social Movements. *Annual Review of Sociology*, v. 27, 2001.

POSTER, Winifred R. The Challenges and Promises of Class and Racial Diversity in the Women's Movement. *Gender and Society*, v. 9, n. 6, 1995.

POUGH, Gwendolyn D. *Check It While I Wreck It: Black Womanhood, Hip-Hop Culture, and the Public Sphere*. Boston: Northeastern University Press, 2004.

PROCTOR, Robert N. *Racial Hygiene: Medicine Under the Nazis*. Cambridge: Harvard University Press, 1988.

PSYCHOLOGICAL Nigrescence. *Consulting Psychologist*, v. 12, n. 2, Apr. 1989.

RADFORD-HILL, Sheila. *Further to Fly: Black Women and the Politics of Empowerment*. Minneapolis: University of Minnesota Press, 2000.

_____. Keepin' It Real: A Generational Commentary on Kimberly Springer's "Third Wave Black Feminism?", *Signs*, v. 27, n. 4, 2002.

RANSBY, Barbara; MATTHEWS, Tracye A. Black Popular Culture and the Transcendence of Patriarchal Illusions. *Race and Class*, v. 35, n. 1, 1993.

RAYMOND, Janice. *Women as Wombs: Reproductive Technologies and the Battle over Women's Freedom*. San Francisco: HarperSanFrancisco, 1993.

REAGON, Bernice Johnson. African Diaspora Women: The Making of Cultural Workers. In: TERBORG-PENN, Rosalyn; HARLEY, Sharon; RUSHING, Andrea Benton (eds.). *Women in Africa and the African Diaspora*. Washington: Howard University Press, 1987.

RHODE, Deborah L. Media Images, Feminist Issues. *Signs*, v. 20, n. 3, 1995.

RICHARDS, Dona. European Mythology: The Ideology of "Progress". In: ASANTE, Molefi K.; VANDI, A. (eds.). *Contemporary Black Thought*. Thousand Oaks: Sage, 1980.

_____. The Implications of African-American Spirituality. In: ASANTE, Molefi K.; ASANTE, K.W. (eds.). *African Culture: The Rhythms of Unity*. Trenton: Africa World Press, 1990.

ROBERTS, Dorothy E. *Killing the Black Body: Race, Reproduction, and the Meaning of Liberty*. New York: Pantheon, 1997.

ROBINSON, Dean E. *Black Nationalism in American Politics and Thought*. New York: Oxford University Press, 2001.

RODRIGUEZ, Noelle M. Transcending Bureaucracy: Feminist Politics at a Shelter for Battered Women. *Gender and Society*, v. 2, n. 2, 1988.

ROSE, Tricia. *Black Noise: Rap Music and Black Culture in Contemporary America*. Hanover, N.H.: Wesleyan University Press, 1994. (Trad. brasileira: *Barulho de Preto: Rap e Cultura Negra nos Estados Unidos Contemporâneo*. São Paulo: Perspectiva, 2021.)

REFERÊNCIAS

ROSS, Loretta J.; BROWNLEE, Sarah L.; DIALLO, Dazon Dixon; RODRIGUEZ, Luz; SISTERSONG Women of Color Health Project. Just Choices: Women of Color, Reproductive Health, and Human Rights. In: SILLIMAN, Jael; BHATTACHARJEE, Anannya (eds.). *Policing the National Body: Race, Gender, and Criminalization*. Cambridge: South End, 2002.

ROTH, Benita. *Separate Roads to Feminism: Black, Chicana, and White Feminist Movements in America's Second Wave*. New York: Cambridge University Press, 2004.

ROUSE, Carolyn Moxley. *Engaged Surrender: African American Women and Islam*. Berkeley: University of California Press, 2004.

ROWLAND, Robyn. Technology and Motherhood: Reproductive Choice Reconsidered. *Signs*, v. 12, n. 3, 1987.

SACKS, Karen Brodkin. Gender and Grassroots Leadership. In: BOOKMAN, Ann; MORGEN, Sandra (eds.). *Women and the Politics of Empowerment*. Philadelphia: Temple University Press, 1988.

_____. How Did Jews Become White Folks? In: GREGORY, Steven; SANJEK, Roger (eds.). *Race*. New Brunswick: Rutgers University Press, 1994.

SAEGERT, Susan. Unlikely Leaders, Extreme Circumstances: Older Black Women Building Community Households. *American Journal of Community Psychology*, v. 17, n. 3, 1989.

SAMPAIO, Anna. Transforming Chicana/o and Latina/o Politics: Globalization and the Formation of Transnational Resistance in the United States and Chiapas. In: VELEZ-IBANEZ, Carlos G.; SAMPAIO, Anna (eds.). *Transnational Latina/o Communities: Politics, Processes, and Cultures*. Boston: Rowman and Littlefield, 2002.

SAN JUAN Jr., E. *Racial Formations/Critical Transformations: Articulations of Power in Ethnic and Racial Studies in the United States*. Atlantic Highlands: Humanities, 1992.

SARACHILD, Kathie. Consciousness-Raising: A Radical Weapon. In: REDSTOCKINGS (ed.). *Feminist Revolution*. 2. ed. New York: Random House, 1978.

SCOTT, James C. *Weapons of the Weak: Everyday Forms of Peasant Resistance*. New Haven: Yale University Press, 1985.

_____. *Domination and the Arts of Resistance: The Hidden Transcripts*. New Haven: Conn.: Yale University Press, 1990.

SENGHOR, Leopold. Negritude: A Humanism of the Twentieth Century. In: HORD, Fred L.; LEE, Jonathan Scott (eds.). *I Am Because We Are: Readings in Black Philosophy*. Amherst: University of Massachusetts Press, 1995.

SEREQUEBERHAN, Tsenay (ed.) *African Philosophy: The Essential Readings*. New York: Paragon House, 1991.

SHAKUR, Sanyika. *Monster: The Autobiography of a L.A. Gang Member*. New York: Atlantic Monthly Press, 1993.

SIMON, David; BURNS, Edward. *The Corner: A Year in the Life of an Inner-City Neighborhood*. New York: Broadway, 1997.

SMALL, Mario Luis; NEWMAN, Katherine. Urban Poverty After The Truly Disadvantaged: The Rediscovery of the Family, the Neighborhood, and Culture. *Annual Review of Sociology*, v. 27, 2001.

SMITH, Barbara E. Crossing the Great Divides: Race, Class and Gender in Southern Women's Organizing, 1979-1991. *Gender and Society*, v. 9, n. 6, 1995.

SMITH, Barbara. *The Truth That Never Hurts: Writings on Race, Gender, and Freedom*. New Brunswick: Rutgers University Press, 1998.

SMITH, Taigi. What Happens When Your Hood Is the Last Stop on the White Flight Express? In: HERNÁNDEZ Daisy; REHMAN, Bushra (eds.). *Colonize This! Young Women of Color on Today's Feminism*. New York: Seal, 2002.

SMITHERMAN, Geneva. *Talkin' and Testifyin': The Language of Black America*. Boston: Houghton Mifflin, 1977.

_____. A Womanist Looks at the Million Man March. In: MADHUBUTI, Haki R.; KARENGA, Maulana (eds.). *Million Man March/Day of Absence*. Chicago: Third World Press, 1996.

SMOOTH, Wendy G.; TUCKER, Tamelyn. Behind But Not Forgotten: Women and the Behind-the-Scenes Organizing of the Million Man March. In: SPRINGER, Kimberly (ed.). *Still Lifting, Still Climbing: African American Women's Contemporary Activism*. New York: New York University Press, 1999.

SOBEL, Mechal. *Trabelin' On: The Slave Journey to an Afro-Baptist Faith*. Princeton: Princeton University Press, 1979.

SOLINGER, Rickie. *Wake Up Little Susie: Single Pregnancy and Race Before Roe vs. Wade*. New York: Routledge, 1992.

SOULJAH, Sister. *No Disrespect*. New York: Times, 1994.

_____. *The Coldest Winter Ever*. New York: Pocket Books, 1999.

SPIVAK, Gayatri C. *Outside in the Teaching Machine*. New York: Routledge, 1993.

SPRINGER, Kimberly. Third Wave Black Feminism? *Signs*, v. 27, n. 4, 2002.

SPRINGER, Kimberly (ed.). *Still Lifting, Still Climbing: African American Women's Contemporary Activism*. New York: New York University Press, 1999.

SQUIRES, Gregory D. *Capital and Communities in Black and White: The Intersections of Race, Class, and Uneven Development*. Albany: State University of New York Press, 1994.

STANLEY, Liz; WISE, Sue. *Breaking Out Again: Feminist Ontology and Epistemology*. New York: Routledge, 1993.

STEADY, Filomina Chioma. Women and Collective Action: Female Models in Transition. In: JAMES, Stanlie M.; BUSIA, Abena P.A. (eds.). *Theorizing Black Feminisms: The Visionary Pragmatism of Black Women*. New York: Routledge, 1993.

SUDARKASA, Niara. Interpreting the African Heritage in Afro-American Family Organization. In: MCADOO, Harriette P. (ed.). *Black Families*. Thousand Oaks: Sage, 1981.

SUDBURY, Julia. *"Other Kinds of Dreams": Black Women's Organizations and the Politics of Transformation*. New York: Routledge, 1998.

TAIT, Vanessa. "Workers Just Like Anyone Else": Organizing Workfare Unions in New York City. In: SPRINGER, Kimberly (ed.). *Still Lifting, Still Climbing: African American Women's Contemporary Activism*. New York: New York University Press, 1999.

TALVI, Silja A. Women on the Edge. *In These Times*, August 15, 2003.

TATE, Claudia (ed.). *Black Women Writers at Work*. New York: Continuum, 1983.

TAYLOR, Verta. Social Movement Continuity: The Women's Movement in Abeyance, *American Sociological Review*, v. 54, 1989.

TAYLOR, Verta; RUPP, Leila J. Women's Culture and Lesbian Feminist Activism: A Reconsideration of Cultural Feminism. *Signs*, v. 19, 1993.

TAYLOR, Verta; WHITTIER, N. Collective Identity in Social Communities: Lesbian Feminist Mobilization. In: MORRIS, Aldon D.; MUELLER, C.M. (eds.). *Frontiers in Social Movement Theory*. New Haven: Yale University Press, 1992.

TERBORG-PENN, Rosalyn; HARLEY, Sharon; RUSHING, Andrea B. (eds.) *Women in Africa and the African Diaspora*. Washington: Howard University Press, 1987.

TERRELONGE, Pauline. Feminist Consciousness and Black Women. In: FREEMAN, Jo (ed.). *Women: A Feminist Perspective*. 3. ed. Palo Alto: Mayfield, 1984.

THIAM, Awa. *Black Sisters, Speak Out: Feminism and Oppression in Black Africa*. London: Pluto, 1978.

REFERÊNCIAS

THOMPSON, Robert F. *Flash of the Spirit: African and Afro-American Art and Philosophy*. New York: Vintage, 1983.

THORNE, Barrie. Feminism and the Family: Two Decades of Thought. In: THORNE, Barrie; YALOM, Marilyn (eds.). *Rethinking the Family: Some Feminist Questions*. Boston: Northeastern University Press, 1992.

TREBAY, Guy. Homo Thugz Blow Up the Spot: A Gay Hip-Hop Scene Rises in the Bronx. *Village Voice*, 2-8 February, 2000.

TUAN, Mia. *Forever Foreigners or Honorary Whites? The Asian Ethnic Experience Today*. New Brunswick: Rutgers University Press, 1998.

TUCKER, William H. *The Science and Politics of Racial Research*. Urbana: University of Illinois Press, 1994.

TURNER, Patricia A. *Ceramic Uncles and Celluloid Mammies: Black Images and Their Influence on Culture*. New York: Anchor, 1994.

TWINE, France Winddance; BLEE, Kathleen M. *Feminism and Antiracism: International Struggles for Justice*. New York: New York University Press, 2001.

"TWO Mission Statements – National Black Women's Health Project and African American Women Are for Reproductive Freedom". In: SPRINGER, Kimberly (ed.). *Still Lifting, Still Climbing: African American Women's Contemporary Activism*. New York: New York University Press, 1999.

VAN DEBURG, William L. *New Day in Babylon: The Black Power Movement and American Culture, 1965-1975*. Chicago: University of Chicago Press, 1992.

VAN DEBURG, William L. (ed.). *Modern Black Nationalism: From Marcus Garvey to Louis Farrakhan*. New York: New York University Press, 1997.

VAN DIJK, Teun A. *Elite Discourse and Racism*. Thousand Oaks: Sage, 1993.

WALLACE, Michele. *Invisibility Blues: From Pop to Theory*. New York: Verso, 1990.

WATERS, Mary. Optional Ethnicities: For Whites Only? In: PEDRAZA, Silvia; RUMBAUT, Ruben G. (eds.). *Origins and Destinies: Immigration, Race and Ethnicity in America*. Belmont: Wadsworth, 1996.

WELLS, Julia. Maternal Politics in Organizing Black South African Women: The Historical Lessons. In: NNAEMEKA, Obioma (ed.). *Sisterhood, Feminisms, and Power: From Africa to the Diaspora*. Trenton: Africa World Press, 1998.

WELSING, Frances C. *The Isis Papers: The Keys to the Colors*. Chicago: Third World Press, 1991.

WEST, Cornel. *Race Matters*. Boston: Beacon, 1993.

WEST, Lois A. *Feminist Nationalism*. New York: Routledge, 1997.

WEST, Traci C. *Wounds of the Spirit: Black Women, Violence, and Resistance Ethics*. New York: New York University Press, 1999.

WHITE, Deborah Gray. *Too Heavy a Load: Black Women in Defense of Themselves 1894-1994*. New York: W.W. Norton, 1999.

WHITE, E. Frances. Africa on My Mind: Gender, Counter Discourse and African-American Nationalism. *Journal of Women's History*, v. 2, n. 1, Spring 1990.

WHITE, Evelyn C. *Chain, Chain, Change: For Black Women Dealing with Physical and Emotional Abuse*. Seattle: Seal, 1985.

WHITE, Joseph L.; PARHAM, Thomas A. *The Psychology of Blacks: An African-American Perspective*. 2. ed. Englewood Cliffs: Prentice-Hall, 1990.

WIEGMAN, Robyn. Academic Feminism Against Itself. *NWSA Journal*, v. 14, n. 2, 2002.

WILLIAMS, Brackett F. Classification Systems Revisited: Kinship, Caste, Race, and Nationality as the Flow of Blood and the Spread of Rights. In: YANAGISAKO, Sylvia; DELANEY, Carol (eds.). *Naturalizing Power: Essays in Feminist Cultural Analysis*. New York: Routledge, 1995.

WILLIAMS, Patricia. *The Rooster's Egg*. Cambridge: Harvard University Press, 1995.

WILSON, William Julius. *The Declining Significance of Race*. Chicago: University of Chicago Press, 1978.

_____. *The Truly Disadvantaged: The Inner City, the Underclass, and Public Policy*. Chicago: University of Chicago Press, 1987.

_____. *When Work Disappears: The World of the New Urban Poor*. New York: Knopf, 1996.

WINANT, Howard. *Racial Conditions: Politics, Theory, Comparisons*. Minneapolis: University of Minnesota Press, 1994.

_____. *The World Is a Ghetto: Race and Democracy since World War II*. New York: Basic Books, 2001.

YOUNG, Robert J.C. *Colonial Desire: Hybridity in Theory, Culture and Race*. New York: Routledge, 1995. (Trad. Bras.: *Desejo Colonial: Hibridismo em Teoria, Cultura e Raça*. São Paulo: Perspectiva, 2005.)

YUVAL-DAVIS, Nira. *Gender and Nation*. Thousand Oaks: Sage, 1997.

ZINN, Maxine B. Family, Race, and Poverty in the Eighties. In: THORNE, Barrie; YALOM, Marilym (eds.). *Rethinking the Family: Some Feminist Questions*. Boston: Northeastern University Press, 1992.

ZOOK, Kristal B. Reconstructions of Nationalist Thought in Black Music and Culture. In: GAROFALO, Reebee (ed.). *Rockin' the Boat: Mass Music and Mass Movements*. Boston: South End, 1992.

Índice

academia: afrocentrismo na, XLIX, 79-80, 88-91, 97-136; feminismo negro na, 223, 243-244; feminismo na, 218, 219-221, 235-239, 242-245; radicalismo na, 242-243; visões da cultura negra na, 103, 105, 109

acadêmicos: negros, 100, 112; mulheres negras, 126-128, 182-183, 223

adoção, 33, 51-53

África, LIII, 193-195 ; civilizações antigas da, 99, 109, 129

África do Sul, 194

agências de prestação de serviços sociais, 219

afrocentrismo, XLIX, 79-92, 97-102, 107-115, 125-136, 176-177; acadêmico, L, 79, 87-91, 97-136; como religião civil, L, 82-92; como teoria social crítica, 103-136; gênero no, 98, 115, 125-133, 173, 176 ; usos políticos do, 113, 133-136; apelo popular do, 94, 98, 100, 133-136

Akbar, Na'im, 111

Alemanha nazista, 45-46

Aliança Nacional de Feministas Negras, 207, 209

"alma", 105, 106, 108-112

americanos brancos: ignorância das desigualdades sociais por parte dos, 4, 227-230; e segregação, 22-24

Asante, Molefi Kete, 78, 80, 83, 84, 89-91, 107, 113, 130

asiático, 76, 93, 228

Associação Nacional Para o Progresso de Pessoas de Cor – ANPPC (National Association for Advancement of Colored People – NAACP), 141, 147

Associação Universal Para o Progresso Negro (UNIA), 149

ativismo político, L, LI; afrocentrismo e, 113, 130-136; conscientização como, 204; estudos das

mulheres e, 218, 219-224; "feminista", 211, 212, 213; mulheres negras (ver ativismo político das mulheres negras); no movimento das mulheres, dos anos 1960 ao presente, 204-218

ativismo político das mulheres negras, LIII-LV, 196-197; geração hip-hop e, 249-252; global, 189-197; na era da segregação, 144-133; não reconhecimento do 125-127, 167-171, 178-181; nas igrejas negras, 149, 158, 225. *Ver também* feminismo negro; ativismo político

Austin, Paula, 239

Baby Boom (filme), 51-52

Baldwin, James, 14-15, 26

Baltimore Afro-American, 3

Bambara, Toni Cade, 130, 132, 139, 140, 141, 142, 144, 145, 153, 184, 186, 195, 224

Baraka, Amiri, sobre "mulher negra", 117- 124

Ben-Jochannan, Yosef, 107

Bethune, Mary McLeod, 126

Black Feminist Thought (Collins), 150n28

Black Man of the Nile and His Family (Homem Negro do Nilo e Sua Família)

Black Sexual Politics (Collins), 160

Black Woman, The (Bambara), 130-132, 139, 184, 224

Bradley, Mamie Till, 152

branquitude, XXX, XLI, 8-15, 27, 71, 174, 228-230; e etnicidade, 14-15, 27, 71, 73; no afrocentrismo, 87-88; privilégios da, 228-229

Brasil, 196

Brooks, Siobhan, 229, 238

Buck vs. Bell (1927), 48-49

Bulletproof Diva (Jones), 187, 202

Cabral, Amilcar, 110, 115, 176

casamento interracial, 33
"casas", conceito de, 117-119, 121
categorias de censo, XLVIII, 63
categorias de censos multirraciais, XLVIII, 63,
cegueira de cor, XXIV, XXVIII-XXIX, 75
Chambers, Veronica, 188, 202, 203, 245, 247
Check It While I Wreck It (Pough), 188, 247
Childress, Alice, 3; personagens criadas por, 3-6, 20, 34
cidadania, 9-11, 27-31, 34, 41, 227-228,
ciências sociais, sobre a cultura negra, 103-104, 105, 110
classe média: mulheres brancas e, 49-52, 178, 227, 232; mulheres negras e, 56, 57-59; negra, XXXIII, XL, 154; privilégios da, 230-233
classe social, XXXIX-XL, 9, 226, 230-233; de negros americanos, 153-156; ideal americano de família e, 17-20, 36; iniciativas políticas baseadas na, XXXVI-XXXVIII. *Ver também* americanos pobres; classe média; classe trabalhadora
classe trabalhadora, 231; branca, e maternidade, 53-55; negra, 55-59, 154-156; políticas populacionais para, 53-59
Cleage, Pearl, 138-145, 167, 171, 181, 182
Coalizão de Emprego das Mulheres do Sudeste, 216
Coldest Winter Ever, The (Sister Souljah), XXIII
coletivo Combahee River,163-210: trabalho comunitário: de mulheres de cor, 188-190, 229 . *Ver também* trabalho comunitário das mulheres negras
Colonize This! (Hernández e Rehman), 187, 239-242, 245, 250, 252
Color Purple, The (Walker), 112
Comitê de Coordenação Estudantil Não Violenta (SNCC), 153
complementaridade de gênero, 123, 127-131, 177
comunidade negra, 144; crise na, XXV, XXXIII, 68, 151-153; nacionalismo cultural negro na, 103-104, 114-117; opressão de gênero na, 159-160, 170, 178-179, 182; tradições de justiça social na, 148-151; violência doméstica na, 138, 142, 167; violência na, 229, 247-248
consciência negra, 99, 101, 105
conscientização, feminista, 203, 204-210, 245
Conselho Nacional das Mulheres Negras – CNMN (National Council of Negro Women, NCNW), 92, 147
conservadorismo: e feminismo, LVI-LVII, 209-210, 213-215, 242; e identidade nacional americana, XXX, XLII, XLIII; e nacionalismo negro, 79, 112, 133; em novos estados-nação, 192; sobre política

baseada em grupos, 93;
Crenshaw, Kimberlé, XLVII, 186
crianças mestiças, 33
crimes de ódio, 31
cristianismo, 70-72, 73, 80
cultura hip-hop, XXIII-XXIV, XXV, 158, 245-247
cultura negra, 146 ; como desviante, XXVIII-XXX, XXXI, 103, 105; nacionalismo negro na, 103-115, 121, 123-124, 174; papel das mulheres na, 121, 174-176

Davis, Angela, 117
defesa pessoal, 162, 167-171, 181
democracia, XXVI-XXVIII, XXXI, 12, 232
desigualdades sociais: construção familiar das, 3-6, 16-25, 34-37, 43-44, 164; individualismo e, 226-230; percepção das, 4, 34, 227-230
diáspora africana, mulheres da, LII, 193-196
Diawara, Manthia, 115
direitos de privacidade, 232-234
discriminação baseada em grupo, XLVIII, 32-34, 143, 228
distrito eleitoral, XLVIII

Egito (Kemet), estudos afrocêntricos sobre, 99, 109, 129-130
Eichelberger, Brenda, 208
Elliott, Missy "Misdemeanor", 182
Emecheta, Buchi, 196
Engaged Surrender (Rouse), 174
era da segregação, 144-153
escravos africanos, 9, 71
escritoras, mulheres negras, 112, 128, 182, 187, 201-202, 224, 243
"escurecimento da América", 31-34
espaço na retórica da família-nação, 31, 41-44
essencialismo negro, 112-115, 133-134
Estados-nação, XXXIV; novos, 192
Estados-nação caribenhos, LII
Estados Unidos, 8, 12, 25, 29, 70-72, 173; política externa dos, 30; políticas populacionais nos, XLIV, 39-41, 44-59; religião nos, 71-73. *Ver também* hierarquia racial americana, ideal americano de família; identidade nacional americana; estética negra, 105-106; gênero em, 115-125
estudos das mulheres, 219, 220-223, 235-240, 242-246
estudos negros, XXXVI, 80, 88-89, 100, 107
etnicidade afroamericana, XLIX, 73-75, 76; nacionalismo negro e estratégia de mobilização para, 68-70, 77-82
ética do serviço , 107, 113-114, 117, 123

ÍNDICE

etnicidade: no sistema racial americano, 9-15, 26-28; imigrantes e 13-15, 27, 32-33, 72-76, *Ver também* etnicidade afroamericana

eugenia, 45-46; nas políticas populacionais dos EUA, 46-48, 50, 59

família, XLIII-XLIV; como modelo da comunidade negra, 106-108; como modelo da nação americana, 25-27, 41-44; crítica feminista da, 17, 18, 161-166; direitos de privacidade da, 232-234; e cidadania, 27-29; ideal americano de, 16-25, 41-42, 164; e segregação, 22-24; negra, visões da, 116-119, 163; no nacionalismo cultural negro, 105-107, 115-116, 121; novas formas de, 31-32, 63; papel das mulheres negras, 117-123, 160-170; reprodução de hierarquias pela, XLIV-XLV, 3-6, 16-25, 34-37, 41, 163; trabalho comunitário das mulheres negras e, 162-166.

família nacional americana, 24-26, 41-44; novas tendências da, 59-64

família negra, 164; como desviante, 115-116; modelo da comunidade negra, 106-107; e trabalho comunitário das mulheres, 162-164; nacionalismo cultural negro na, 105-107, 108, 119-120; responsabilidade das mulheres pela, 118-122, 169-170

Family, The (Emecheta), 196

Fanon, Frantz, 110, 115, 176

Farrakhan, Louis, 78-79

feminismo, XXXVII-XXXVIII; de 1960 a 1970, 163-209; de 1970 até o presente, 209-218 ; acadêmico, 217, 219-224, 237-239, 244-245; mulheres americanas negras e, XXXVII, LIV, 152, 158-171, 181-182-185, 223-225, 235-252; "de cor", 237; "cotidiano", 158, 240-241, 242; crítica familiar do, 16-17, 161-166; na geração hip-hop, LVI, 180-181, 187-188, 201-203, 235-252 ; individualismo no 164-167, 230-231, 234 ; crítica da maternidade do, 163-169; e nacionalismo, XLIII, LIII-LIV, 166, 229-231, 232; "O Pessoal É Político" no, 203-218, 241-242, 251; socialista, 215-216; mulheres de cor e, 184-190, 235-244, 251. *Ver também* feminismo negro; feminismo ocidental

feminismo britânico negro, 195-196

feminismo hip-hop 180-181, 187-188, 245-248

feminismo negro, XXXVII, LII-LIV, 132-133; acadêmico, 223, 243-244; britânico, 195-196; dos anos 1960 e 1970, 203-208; e afrocentrismo, 132, 133; e trabalho comunitário das mulheres negras, 149, 158-160; na geração hip-hop, LVI, 181-182, 188, 200-201, 235-252

feminismo ocidental, 161-165; crítica da maternidade do, 162-169; crítica familiar do, 16, 162-166; individualismo no, 165-168, 229-232; mulheres negras e, XXXIX, LIV, 162-171, 185, 226-227, 242, 243-246, 250

feministas radicais de Nova York , 203-204, 205, 212

Festa do Pantera Negra, XXXVII, 117

Fierce (revista), 252

framework da mobilização de recursos, LI

Freedom (jornal), 3

Further to Fly (RadfordHill), 158

Garvey, Amy Jacques, 150

Gender Talk (Cole e Guy-Sheftall), 160

Gênero, XXXIX, LVI; e nacionalismo, XLIV-XLV, 102, 174; no afrocentrismo, 90, 102, 115, 125-133, 173-174; no ideal americano de família, 6, 17-22, 25-26; no nacionalismo cultural negro, 115-125, 146-178

geração hip-hop, XXIII-XXVI, LVI-LVII, 154, 250-252; afrocentrismo e 90, 98; ativismo político e 247-252; feminismo e, LVI-LVII, 180-181, 187-188, 201-203, 235-252. *Ver também* juventude negra americana

Gilroy, Paul, 41

Globalização, XXX-XXXI, XXXIIn9, LIII, 216, 231

Grace Under Fire (programa de televisão), 54

Grã-Bretanha, 195.

Griffin, Farah Jasmine, 183, 224

grupos indígenas, 9, 10, 70, 189

grupos raciais/étnicos: na família nacional americana, 25-26; percepções de desigualdades sociais por, 4, 34-35 ; violência contra, 30-32

"guerras culturais", XLII

Guerrero, Maria Anna Jaines, 190

Guinier, Lani, XXIX

Guy-Sheftall, Beverly, 160, 248

Haiti, 173

Hamer, Fannie Lou, 139-145, 180, 184, 198

Hand That Rocks the Cradle, The (filme), 51

Hanisch, Carol, 206

Hernández, Daisy, 220

hierarquia racial, americana, XLI, 3-16, 23-34, 70-77, 226-230; ignorância branca da, 4, 227-230; individualidade e, 226-230; mulheres e 3-6, 226-228; novos imigrantes e, 32-33, 75-77, 93; persistência da, XLI, 5-6, 10-12; primeiros imigrantes e, 11-16, 28, 70-74; reprodução familiar da, XLII-XLV, 3-6, 20-25, 34-37

Higginbotham, Evelyn Brooks, 148

299

Hill, Anita, XLVII
Hill, Lauryn, 247
Hine, Darlene Clark, 97, 102, 148
história negra, afrocêntrica, 97, 98, 109, 125-127-130
Holmes, Oliver Wendell, 48-49
homens, ideais sobre, XLV, 16-17, 120-122, 179
homofobia, XXII, 90, 122
Hurston, Zora Neale, 128

ideal americano de família, 16-25, 35, 41, 162; e cidadania, 27-29; e família nacional americana, 25-27, 41-44; e hierarquias sociais, 16-25
identidade nacional, 7. *Ver também* identidade nacional americana
identidade nacional americana, XXX, XXXIX-XLIV, 3-14, 25-37 ; contradições da, 5, 33-36; direitos de cidadania e, 9-10, 27-31; hierarquia racial na, 5-15, 25-33, 70; nacionalismo na, 13, 27-28, 172, 191; religião na, 70-72; retórica familiar e, XLIII-XLIV, 5-6, 25-28
identidade negra, XXXVI, XLVIII-XLIX, 104, 141; no afrocentrismo, 88-89, 112-113, 131-133
identidade política coletiva, 139, 144; conscientização, 204-207, 209; desigualdades de raça e classe e, 144, 145-146, 226, 229-231, 233-234; geração hip-hop e, 247-252; na era da segregação, 144-153; no feminismo negro, 160-161, 203-205; mulheres jovens feministas de cor e 239-242, 251; mulheres negras e, 158-161, 203-205;. *Ver também* política baseada em grupos; política pessoal
ideologia do "pessoal é político": história da, 201-218; na geração hip-hop, 203, 241, 251
Igrejas negras, 81-82, 147-149, 156-157, 225
imigrantes: início do século XX, 13-15, 27, 72-73; novos, 32-33, 75-76, 93
imigrantes caribenhos, 15, 72-73, 77
imigrantes europeus, 13-15, 73
individualismo, 227-231, 234; discriminação baseada em grupos e, XLVIII, 28-30, 127, 227; e feminismo, 166-168, 215, 218, 230-233; e raça e classe, 226-235; na geração hip-hop, LVII, 250; negros americanos e 146-147, 227, 229, 234; *vs.* política de grupo, 68-69, 93, 214-215, 229
inglês negro, 104
integração racial, XXXIII-XXXV, XLVI
Irã, 192-193
Isis Papers, The (Welsing), 129
Islã, 145, 192-193

Jamila, Shani, 235, 252
Jones, Lisa, 187, 202, 245, 246

Judeus, 7-8, 46, 73, 78
juventude negra americana, XXIV-XXVIII, XXIX, 90, 99, 250; condições de vida da, XXV, XXXII-I-XXXIV, 153-154. *Ver também* geração hip-hop

Karenga, Maulana Ron, 84, 85, 88, 91, 107, 117
Kemet, Afrocentricity and Knowledge (Asante), 129-130
Kemet (Egito antigo), 129-130
Keyes, Alicia, 247
Killing the Black Body (Roberts), 57
King, Martin Luther, Jr., XXXVII
Kitwana, Bakari, XXIII
Kody Scott "monstro" (Sanyika Shakur), XXII
Kwanzaa, 91-92, 117

"lar", conceito de, 22, 23-25, 42-44, 233
latinas/mexicanas, 60, 94, 228, 238, 242, 245; feminismo e, 189
Liga Urbana, 147
língua desconhecida, 75, 104
Like One of the Family (Childress), 3-5, 34-37
Lincoln, C. Eric, 74, 78
literatura, das mulheres negras, 110, 128, 180-181, 195, 196, 197, 223-224, 239-244
Lorde, Audre, 182, 243
Lubiano, Wahneema, 58

Madhubuti, Haki, 130
mães e maternidade, XLIV, 39-64; crítica feminista de, 163-169; de classe média branca, 39, 49-52, 176-177; da classe trabalhadora branca, 51-55; latina, 60, 92-93; negra, visão branca da mulher, 55; 165-169, no nacionalismo cultural negro, 118-123; para mulheres de cor, 237-241; políticas sobre, por raça e classe, 39, 49-59; trabalho comunitário das mulheres negras e 151-153, 164-166
Magona, Sindiwe, 195
Mamma's Girl (Chambers), 188, 202
Marshall, Paule, 182
Martinez, Erica González , 230, 240
Matthews, Tracye, 114, 129
Mead, Margaret, 14, 26
mercado de trabalho, 17, 67
Mercer, Kobena, XLVIII, 218
mexicanas. *Ver* Latinas/Mexicanas
militar, XLV
Marcha de um Milhão de Homens (1995), 79, 134, 157
mídia de massa: afrocentrismo na, 99; cultura hip--hop e, 154, 245; cultura negra na XXX, XXXII,

300

ÍNDICE

154; feminismo hip-hop e, 245-246, 248; feminismo na, 184; juventude negra na, XXIV-XXVI, 154; mães brancas na, 51-52, 54; mães negras na, 57-59; política de gênero negra e, 182.

modelos de poder como dominação, L

Moghissi, Haideh, 193

Morgan, Joan, 180-181, 187, 201, 202, 203, 245, 247, 252

Morrison, Toni, 181, 182, 224

Mother to Mother (Magona), 195

movimento Black Power, L, 78, 100, 170

movimento das artes negras dos, 110, 114-115, 132

movimento das mulheres: dos anos 1960 ao presente, 201-218, 242; na geração hip-hop, 235, 245, 248

Movimento dos Direitos Civis, XXXIII, XXXIV, 75, 150, 153,

Movimento Garvey, 15, 73, 149

movimento pelos direitos reprodutivos, 63, 210

mudança social, metateorias da, L-LI,

"Mulher Negra, A", em nacionalismo negro, 116-117

mulheres: como portadoras de cultura, 121, 174-178, 191-194; construção da desigualdade pelas, 5-6; violência contra, 31, 167, 194-195; no ideal americano de família, 16, 21. *Ver também* família; feminismo; gênero; latinas/mexicanas; mães e maternidade; mulheres brancas americanas; mulheres de cor; mulheres negras americanas

mulheres brancas americanas, 5, 50-55; como mães, 21, 50-55; de classe média, 227, 232; políticas populacionais para, 50-55

mulheres de cor: e feminismo, 235-244; e nacionalismo feminista, 152-153, 188-196; globalmente, 190-197; e organizações de mulheres, 220; nos estudos femininos, 235-238, 239; trabalho comunitário das, 187-191, 229. *Ver também* latinas/ mexicanas; mulheres negras americanas;

mulheres muçulmanas, 193; negras, 174

mulheres negras americanas, 125-127; acadêmicas, 126-127; afrocentrismo e, 115, 125-133; ativismo político das (*ver* ativismo político das mulheres negras); como mães da nação negra, 118-125; como mães, na sociedade americana, 55-59; como "se fosse da família", 5, 35-37; da geração hip-hop e feminismo, LV-LVI, 201-202, 235-252; e direitos de privacidade, 233; e feminismo, 182, 183; e feminismo, ocidental, XXXIX, LIV, 162-171, 224-225, 234, 237, 241, 250; e organizações de mulheres, 219-220; escritoras, 112, 129, 182-183, 187, 201, 223, 243, 247; identidade coletiva política e, 140, 144-153, 233; literatura das, 110, 223; nacionalismo cultural negro e, 116-117, 172-174;

opressão na família e na comunidade, 158-160, 170; reprodução por, controle da, 56-58, 118-119; responsabilidades comunitárias e familiares das, 118-123, 169-171; sexualidade das, controle da, 119-121; trabalho comunitário das (*ver* trabalho comunitário das mulheres negras); trabalho materno das, 151-152, 165-168; violência contra, 142, 167, 180-182, 249-250

mulheres negras, globalmente, LII, 193-196

Mulheres Negras Organizadas Para a Ação (BWOA), 209

mulheres palestinas, 191, 192

mulheres portoriquenhas, 169, 228, 238. *Ver também* latinas/mexicanas

mulheres raciais/étnicas. *Ver* mulheres negras americanas; latinas/mexicanas; mulheres de cor

Myers, Linda Jane, 130

nação, mulheres negras como símbolos da, 123

Nação do Islã, XXXVI, 78, 79, 94, 134

nacionalismo, XXX, XXXVIII, XLII-XLV, 172, 174-175; americano, XLII, 12, 27, 28, 173, 174; branco, XXX, 12, 146; cívico, 12, 27, 28, 166-167; e feminismo, XLIII, LV, 166, 182-185; e gênero, XLIV-XLVI, 102, 175; étnico, 12, 27; e religião, 71. *Ver também* nacionalismo negro

nacionalismo branco, XXX, 12, 173-174

nacionalismo cívico, 12, 27, 28, 166-167

nacionalismo cultural negro, XXXV, XLIX, 80, 102-105; gênero no, 114-124, 113, 174-178

nacionalismo étnico, 12, 27

nacionalismo feminista, LIV-LV, 182-198; global, LIV-LV, 185, 190-197

nacionalismo feminista negro, 182, 183-184, 196-197

nacionalismo negro, XXXV-XXXVI, XLVI, XLVII, XLIX, 68-70, 77-94, 132-135, 172-175; apelo popular do, 98, 99, 170-174, 182; como estratégia de mobilização étnica, 67-70, 77-94, 98, 170-174, 182; e trabalho comunitário das mulheres negras, 161-162, 172-182. *Ver também* afrocentrismo; nacionalismo cultural negro; nacionalismo feminista negro

nativos americanos, 8, 9-12, 78, 189, 190

negritude: e individualidade, 128-129, 226-227, 229; "essencial" 105-113, 133-135; no nacionalismo negro, 86-91, 105

"negro", 88, 106; conversão de 90-91, 106

Negro Family, The (Relatório Moynihan), 165

negros americanos, 153-155; de classe média, XXXIII, XXXIX-XLI, 56, 57-58, 154; no sistema racial americano, 7-16, 68, 70, 73-75; religião e, 81-82;

respostas políticas ao racismo dos, XXXIII, 75; sofrimento dos, reações ao, 86, 150, 229

Nguzo Saba, 84, 85, 86, 91

niilismo, 83, 92, 135

No! (filme), 151, 250

novo racismo, XXIV, XXVIII-XXXVIII, XL-XLI, XLVII-LII, 68, 75-76; afrocentrismo e, 102, 133-136; nacionalismo negro e, XXXV-XXXVI, 67-70, 92-94, 133-136; trabalho comunitário das mulheres negras e, 153-158; respostas políticas a, XXXIII-XXXVIII, 76

opressão de gênero: na comunidade negra 136, 169-170, 178-181, 182; na família, 16-18, 19, 162-165; no nacionalismo cultural negro, 122

organizações de base, 148, 149, 157, 219-221, 248-249

organizações de mulheres, 219-221; negras, 157, 207-209, 247-249

organizações de serviços: feministas, 219-220; negras, 147-150, 156

organizações feministas, 219-221; negras, 207, 208-209, 246-249

Organização Nacional Feminista Negra, 207, 208

Organização Nacional das Mulheres, 208

organizações negras, 147-148, 156, 207-209

Patillo-McCoy, Mary, 81

Patriotismo, XLII, XLIV-XLV, 72, 78

planejamento familiar, 44-63. *Ver também* políticas populacionais

pobres americanos, 63, 231; negros, XXIV, XXV, 154-155

política baseada em grupos, 68, 93, 145. *Ver também* políticas de identidade coletiva

política de identidade, 139, 203-205, 211-212, 216-218 . *Ver também* política de identidade coletiva; política pessoal

política de identidade lésbica, 217-218

populações latinas 11, 32, 76, 228

política pessoal: no feminismo contemporâneo, 233-235; e organizações de serviço feminista, 218-219; das feministas hip-hop 247, 251; desigualdades de raça e classe e, 226-235; no movimento das mulheres, historicamente, 201-218 ; nos estudos das mulheres, 219, 221-224, 236-240; de mulheres jovens feministas de cor, 237-240

políticas de esterilização, 46-49, 57

políticas populacionais, XLIV, 40-41, 63; no nacionalismo cultural negro, 118-120; eugenia e, 44-50, 57, 58n24; por raça e classe, 40, 49-59

portadores da cultura, mulheres como, 122, 175-177, 189-194

Possessing the Secret of Joy (Walker), 112

Pough, Gwendolyn D., 188, 247

privatização, XXX, XXXII, 24, 236

Projeto Nacional de Saúde da Mulher Negra, 157

Queen Latifah, XXII, LVII, 181, 247, 251

raça. *Ver* negritude; hierarquia racial, americana; branquitude

racismo externo, 7, 9-11

racismo, externo *vs.* Interno. *Ver também* novo racismo; hierarquia racial, americana

RadfordHill, Sheila, 158-159, 187, 194, 223

radicalismo, na academia, 242-244

Ransby, Barbara, 114, 129

Rap, 160, 182, 188-189, 246, 247

Reagon, Bernice Johnson, 127

relações de poder, metateorias das, L, LI

religião: afrocentrismo como, xlix, 77-92; características da, 82; civil, 70-72; na Identidade nacional americana, 70-72; nacionalismo negro e, 77, 78, 79, 82; negros americanos e, 80-82

religião civil, 72 ; afrocentrismo como XLIX, 80-93; americana, 70-72

reprodução feminina, controle da: no nacionalismo cultural negro, 118-119; por raça e classe, 40, 49-59. *Ver também* políticas populacionais

reunião de família negra, 92

reuniões familiares, negras, 91

Robinson, Dean, 78-79, 94

Roe v. Wade (1973), 53

Roseanne (programa de televisão), 54

Sacks, Karen, 14

Salt-n-Pepa, 182, 247

segregação escolar, 29- 31

segregação, 22-24, 51-52, 210, 227; nova, XXVIII--XXXI, 75, 153-154, 155

Senghor, Leopold Sedar, 83

serviço, ética do, 107, 113-114, 123

sexualidade, XXXIX, 120-121, 217-218; e homofobia, XXII, 90, 122

Shakur, Sanyika, XXII

Shange, Ntozake, 182

Simmons, Aishah, 181, 250

Sister Souljah, XXII, XXIII, XXXVI, 99

Smith, Barbara Ellen, 232

Smith, Taigi, 225

socialismo, XXXVII, 216

solidariedade negra, XL, XLVII-XLVIII, 113-117, 123;

ÍNDICE

e as mulheres, LIII-LIV, 171-175, 178-181; na era da segregação, 145;
Solinger, Rickie, 54
Springer, Kimberly, 247, 248
Stand and Deliver (Bynoe), 249
Stanley, Liz, 206
Steady, Filomena Chioma, 194, 194
Sudarkasa, Niara, 127
Sudbury, Julia, 196

Talvi, Silja, 251-252
tecnologias reprodutivas, 50, 61-62
teoria *queer*, 217-218, 234
teoria social crítica, XLI; afrocentrismo como, 97-136
Terrell, Mary Church, 246
Terrelonge, Pauline, 170
Their Eyes Were Watching God (Hurston), 128
Thomas, Clarence, XXXV, XLVII, 113, 186
Till, Emmett, 152
Torres, Gerald, XXIX
tradições de justiça social, negras, 148-153
trabalho comunitário das mulheres negras, LV-LVI, 139-198; e geração hip-hop, 247-252; e novo racismo, 133-158; feminismo negro e 157-161; feminismo ocidental e, 162-171, 186-187; na

era da segregação, 144-133; no afrocentrismo, 125-127; nacionalismo feminista e, 181-182; nacionalismo negro e, 161-162
triângulo racial, 32-35, 75-76
Truth, Sojourner, 148
Tubman, Harriet, 126, 148

US (movimento cultural), 117

"valores familiares" debate, 214-215
valores: no afrocentrismo, 82, 83, 84, 85, 92; da geração hip-hop, XXIII, XXVII, LVI-LVII, 250-252
violência: na comunidade negra, 229; contra a mulher negra, 142, 166, 180-182; e nação, XLV, 30-32; contra a mulher, 30, 167, 194-197
violência doméstica, 138, 142, 167, 194

Walker, Alice , 112, 128, 181
Welsing, Frances Cress, 129
West, Cornel, 83, 92, 135
When Chickenheads Come Home to Roost (Morgan), 187, 200, 201, 250
Wiegman, Robyn, 221-222
Williams, Patricia, XXVIII, XXIX,
Women in Africa and the African Diaspora (Terborg-Penn et al.), 127

Agradecimentos

Como este projeto consiste em uma série de ensaios que foram escritos e publicados ao longo de alguns anos, a lista das pessoas que contribuíram é extensa. Muitos já foram reconhecidos em outras oportunidades, então aqui eu gostaria de prestar meu reconhecimento àqueles que colaboraram para a sua finalização.

Agradeço a Vallarie Henderson, Tamika Odum e Julie Hilvers, três estudantes de pósgraduação em sociologia da Universidade de Cincinnati que atuaram como assistentes de pesquisa de pósgraduação em várias partes deste projeto. Seu profissionalismo, diligência e grandes ideias fizeram uma diferença significativa.

A Universidade de Cincinnati ajudou a custear as despesas relacionadas a este manuscrito. O apoio fornecido pelo Taft Fund dentro do McMicken College of Arts and Sciences (Faculdade de Artes e Ciências) para as despesas relacionadas à preparação do manuscrito foi inestimável. Também agradeço ao reitor Anthony Perzigian por seu apoio incansável à minha pesquisa em tempos de crise financeira. Agradeço ainda o apoio de Karen Gould, reitora da Faculdade de Artes e Ciências, e dos membros de sua equipe administrativa. Josephine Wynne, que esteve à frente da Coordenação de estudos afroamericanos durante este projeto, também forneceu um apoio importante.

Este projeto não teria se concretizado sem o apoio da equipe da Temple University Press. Micah Kleit, meu editor, esteve comigo durante todo o projeto. Também sou grata a toda a equipe editorial que trabalhou no manuscrito, com agradecimentos especiais a Jennifer French e Gary Kramer por suas contribuições durante o processo de produção.

A edição de texto especializada foi feita por Susan Deeks. Finalmente, agradeço à minha família por seu apoio contínuo. Meu esposo, Roger, minha filha Valerie e meu pai, Albert Hill, estão entre meus apoiadores mais fortes e consistentes.

Este livro foi impresso na cidade de São Bernardo do Campo,
nas oficinas da Paym Gráfica e Editora, em novembro de 2023,
para a Editora Perspectiva.